行为经济学的形成

“错误”的行为

Misbehaving

The Making of Behavioral Economics

[美] 理查德·塞勒（Richard H. Thaler）_著　王 晋_译

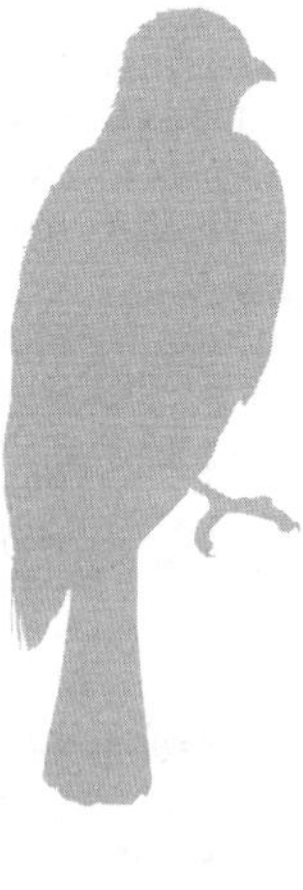

中信出版集团·北京

图书在版编目（CIP）数据

“错误”的行为：行为经济学的形成 /（美）理查德·塞勒著；王晋译 . -- 2 版 . —北京：中信出版社，2018.4（2026.1 重印）

书名原文：Misbehaving: The Making of Behavioral Economics

ISBN 978-7-5086-8451-2

I. ①错… II. ①理… ②王… III. ①行为经济学 – 通俗读物 IV. ① F069.9-49

中国版本图书馆 CIP 数据核字（2017）第 306104 号

“错误”的行为——行为经济学的形成

著　　者：[美] 理查德·塞勒
译　　者：王　晋
出版发行：中信出版集团股份有限公司
　　　　　（北京市朝阳区东三环北路27号嘉铭中心　邮编　100020）
承 印 者：北京通州皇家印刷厂

开　　本：880mm × 1230mm　1/32　　印　　张：14.25　　字　　数：330 千字
版　　次：2018 年 4 月第 2 版　　印　　次：2026年 1月第 31次印刷
京权图字：01-2015-8278
书　　号：ISBN 978-7-5086-8451-2
定　　价：69.00 元

服务热线：400-600-8099
投稿邮箱：author@citicpub.com

本书献给

给了我一年思考时间的维克托·富克斯（Victor Fuchs），

支持我的疯狂想法的埃里克·万纳（Eric Wanner）和罗素·赛奇基金会，

以及很早就涉足行为经济学领域的科林·卡默勒（Colin Camerer）

和乔治·勒文施泰因（George Loewenstein）。

政治经济学的基础[1]，或者从更广义的层面来说，每门社会科学的基础显然都是心理学。有朝一日，我们肯定能从心理学原理推导出社会科学的规律。

——维尔弗雷多·帕累托（Vilfredo Pareto），1906年

目 录

第一部分 行为经济学的发轫：1970—1978年

第二部分 心理账户：1979—1985年

第三部分　自我控制：1975—1988 年

第四部分　我与卡尼曼合作的时光：1984—1985 年

第五部分　埋首于经济学研究的日子：1986—1994 年

第六部分　金融市场：1983—2003 年

第七部分　助推计划：1995 年至今

第八部分 让世界变得更美好：2004 年至今

接地气的经济学
——理查德·塞勒与行为经济学

我是学主流经济学出身的。读的教科书、专著、论文都是主流经济学的。出于赶时髦，也读了点儿新剑桥学派、新左派和新制度学派，诸如琼·罗宾逊、斯威齐、加尔布雷思的著作，但颇为不屑。而且，读这些非主流的东西，反而加强了我对主流经济学的信念。以后我按主流经济学的思想写教科书、专著或论文，也用这一套来讲解和思考。如果把主流经济学作为一种宗教，我就是一个“受洗并虔诚的信徒和传教士”。

不过在学习与思考中，在与学生、朋友的交流中，我对主流经济学“教义”的基础之一——“理性人”假设有了些许不敬。主流经济学的假设是“理性人”。理性人的特点之一是自私，即“经济人”；特点之二是自觉地（或者说本能地）按最大化原则行事，也能自觉或不自觉地运用机会成本、边际分析法等原则做出选择。但随着阅读面的扩大和在社会上活动交往的增加，我对这种理性人假说逐渐有所动摇。“自私”固然是人的本性，但自私的人也有许多不自私的行为。这种行为肯定不是主流，但对社会却有不可忽视的效果。在美国，没有那些成功人士的捐助，能有那么多的名牌大学和基金会吗？正是许多人无私的奉献，才有了这个社会上许多美好的东西。按理性的方式行事，更有些远了。许多人其实是以非理性的方式行事的。以我自己为例，效用最大化、边际分析法，我可以讲得头头是道，但实际消费中有几次想到了这些原则？而且从事后来看，我的许多次消费肯定是边际效用为零，甚至为负。这种不理性在许多人身上都多次发生过。即使那些创立这些理论的人，他们会完全按照理性的方式做选择吗？看来经济学这个手电筒是用来照别人的，但最后谁也没照到。

理性人假说的动摇绝非小事，因为整个经济学体系都建立在这个基础之上。离开了这个前提，严密、精致的理论分析，逻辑性极强的数学推导，就都不那么坚实了，由此得出的结论也要打个折扣。经济学的基本中心之一就是证明市场机制的完善性，建立在理性人假说之上的一般均衡理论证明了这一点。从历史实践来看，谁也不会否认市场机制。但“完善”二字绝谈不上。市场机制出了多少问题？引发了多少次灾难？人们选择市场经济，并不在于它完善，而在于没有其他更好的选择。

当然，经济学家也不会长期忽视这些问题。其实，市场经济理论的创立者、现代主流经济学的奠基人亚当·斯密在他提出“经济人”和“看不见的手”的同时，也提出了人性的复杂性以及看不见的手会引发的问题。可惜他的继承者新古典经济学家忽略了后一种分析，而夸大了前一种分析。也许还有特立独行的学者想到了这个问题，不过他们被势不可当的主流经济学淹没了，也有更多的人和我一样因愚蠢的虔诚而不思考其他。

不过人们终究会不断追寻真理。强调理性人假说和市场机制完善性的主流经济学总会遇到挑战。最早产生影响的是西蒙的“有限理性”假说。西蒙教授认为，人不可能像主流经济学认为的那样完全理性，由于种种原因，他们有理性，但并非完全理性，而是有时理性，有时不理性；在有些问题上理性，在有些问题上不理性。换言之，理性是有限的。西蒙由于这个理论和其他贡献而获得了1978年诺贝尔经济学奖。其后兴起的则是我们这里要重点介绍的行为经济学了。

主流经济学日益数学化，靠数学推导建立了逻辑严谨的理论体系。在现代，奠定数学分析方法基础的是萨缪尔森的《经济分析基础》。我们不否认数学工具的运用和由此产生的数学经济学与计量经济学对经济学发展的重大意义，但主流经济学并不完善，数学方法也不是研究经济学的唯一方法，这就产生了行为经济学与实验经济学。行为经济学认为，人不是纯理性人，而是社会人。决定人们决策的不仅仅是经济理性，更重要的还有由许多因素共同决定的心理因素。这种心理因素中既包含理性，也包含许多非理性的，或者利己但不理性的因素。这些心理因素无法用数字来表达，也不能包括在数学模型中。数学模型中用随机变量来代表这些无法衡量与无法预测的因素，实际上否认了这些因素在决策中的作用。运用行为经济学的方法研究人们的经济行为，就要从对现实生活的观察和对人类行为的实验出发。所以说，观察现实和实验经济学是行为经济学的基础。2002年，对实验经济学做出开创性贡献的弗农·史密斯和对行为经济学做出开创性贡献的丹尼尔·卡尼曼共同获得诺贝尔经济学奖，这绝非偶然（可惜另一位对行为经济学做出开创性贡献的经济学家阿莫斯·特沃斯基由于英年早逝未在获奖之列）。行为经济学对经济学发展的重要性越来越大，另一位行为经济学大师理查德·塞勒终于在2017年获得诺奖。行为经济学更加贴近现实，因此我称之为“接地气的经济学”。

理查德·塞勒也是行为经济学的开创者之一，而且对这门学科的发展做出了许多重要贡献，他获得诺奖当之无愧。塞勒现任教于芝加哥大学布斯商学院，芝加哥大学是盛产诺贝尔奖得主的地方。塞勒在《美国经济评论》和《政治经济学杂志》等知名刊物上发表过许多重要文章，也出版过许多著作。本文将根据已译为中文的《赢家的诅咒》《助推》和《“错误”的行为》来介绍他对行为经济学的贡献。

《赢家的诅咒》出版于1991年，是塞勒的行为经济学论文集。20世纪80年代，塞勒在康奈尔大学任教，一次开会时另一位经济学家哈尔·瓦里安（他的中级微观经济学教科书在中国影响甚大，被广泛用作研究生的教材）告诉他美国经济学会正在筹办一份《经济展望期刊》（*Journal of Economic Perspectives*，这是一本非常好的杂志，收录的文章主要介绍经济学的最新进展，且不难读，我在美国进修时常读这本期刊，回国时还带了一些，并在回国后写的《重要的还在于学习》中对这本杂志称赞有加），希望他写专栏。在巴里·奈尔伯夫（他是介绍博弈论的《策略思维》的作者之一，这本书也极好，我常推荐给学生）和约瑟夫·斯蒂格利茨（诺奖获得者）的鼓励下，塞勒就经济中的反常现象为该杂志撰写专栏。这个专栏从1987年第一期开始。塞勒写了4年，共13篇文章，这本书就由这13篇文章组成。

这本书13篇文章的中心是分析经济中的反常现象。反常现象是指与主流经济学的分析和预测不一致的现象，但在现实经济中普遍存在。这些现象包括与囚徒博弈不一致的公共产品“搭便车”，与利己动机不一致的利他主义，与最后博弈不一致的对公正的关注，与传统理论不一致的行业间工资差异与流动性解释，与最大化目标不一致的赢家反而吃亏的“赢家的诅咒”，人们对自己拥有的东西评价更高（禀赋效应）、对损失的反应大于等额收益的损失规避与无差异曲线分析的不一致，与效用分析中偏好的转逆不一致的偏好反转，与消费函数不一致的跨期选择，与消费和储蓄理论不一致的心理账户，与传统博彩中不一致的热门—冷门偏差和前两名及前三名市场的无效率性，股市中有效市场理论和资本资产定价模型与1月效应、周末效应、月度转换效应等的不一致，华尔街股市的均值回归，封闭式共同基金的四种反常现象，外汇市场上的远期贴水溢价、风险预期失误等。

从对这些反常现象的分析中，塞勒运用博弈论、金融学、劳动经济学、心理学等跨学科知识在消费者选择、自我控制、储蓄行为和金融领域做出了巨大贡献，构成了行为经济学的基本内容。其中最重要的是：

禀赋效应。这个概念由塞勒在1980年提出，基础是特沃斯基和卡尼曼的前景理论。这一概念认为，人们在决策中对利害的权衡是不均衡的，即对“避害”的考虑大于“趋利”。这就挑战了消费者选择分析的基础，即效用取决于客观资产价值，而且它还冲击了科斯定理，即只要交易成本为零，产权配置的最初状态与效率无关。根据禀赋效应，最初的产权配置应更注重效率而不能过分指望市场调节。

跨期选择。此概念由塞勒与其合作者列文斯坦在1989年提出。跨期选择是指将成本与收益分散在各个期间进行决策。在跨期选择的情况下，人们的长期理性选择能力是值得怀疑的。与忽略心理分析的经济学家不同，塞勒认为心理学对这种决策既有破坏性又有建设性，他注重心理学理论与经济研究的结合。

心理账户和储蓄理论。人们如何评价不同的经济交易下的公平？塞勒在1990年提出，消费者经常会从价格比较中提取积极或消极的交易效用，并与自己的消费偏好结合得出相应的公平标准。人们更倾向于把小的损失和大的收获合并起来看待。心理账户概念最重要的是自我控制，它假定人们为了实现一定的目标也会在心里记账。塞勒对主流经济学中莫迪格利安尼的生命周期理论做出了两点重要的修改：一是人们对收入的敏感大于各种形式的财富；二是人们缺乏耐心，短期内对贴现率的重视大于利率。

行为金融理论。在这个领域塞勒贡献甚大。他提出在评价投资组合时，短视的损失厌恶使一大部分投资者放弃股票投资的长期高回报率，去投资具有稳定回报的债券。塞勒发现了“输者赢者效应”，即投资者对过去的输者组合过分悲观，对过去的赢者组合过分乐观，导致股价偏离其基本价格。等一段时间之后市场自动修正，前期的输者赢得正的超额收益，而前期赢者的超额收益为负。据此，他提出了预测股票收益的新方法，即采用反转策略买进过去3~5年的输者组合，卖出赢者组合。塞勒对股市的研究有三项重要结论：第一，价格变动可能与影响进出市场的习俗相关；第二，机构投资者对他们的投资组合进行季节性调整是一种“装饰门面”的活动；第三，日历效应与好消息、坏消息发布的时间选择相关。塞勒对封闭基金、折价或溢价等均有研究，这些研究对金融理论和现实的研究影响重大。

2000年后，塞勒把他的行为经济学研究运用于分析消费者行为和政府政策之中，这些成果体现在他与哈佛大学法学院教授卡斯·桑斯坦于2008年合写的《助推》中。这本书的副标题是“如何做出有关健康、财富与幸福的最佳决策”，由此可以看出，其目的在于帮助人们做出更好的消费决策以及指导政府如何运用政策来引导人们做出这种决策。行为经济学不是纸上谈兵，而是要真刀真枪运用于实际的，不是黑板上的经济学，而是实用性很强的生活中的经济学。

英文“nudge”（助推）一词的原意是“用胳膊肘等身体部位轻推或轻戳人的肋部，以提醒或者引起别人的注意”。以“助推”为书名，就是提醒你可能会犯的错误，助你回归正确之路。但如何助推呢？

塞勒把人的思维方式分为两种：一种是不假思索的直觉，即“直觉思维系统”或“自动系统”；另一种是比较认真的思考，即“理性思维系统”或“省思系统”。主流经济学假设人们用的是理性思维系统，但现实中人们运用更多的则是直觉思维系统，这种思维方式会引出错误的选择。这就需要设计一种方式，让直觉思维少犯错误。如为儿童摆放食物时，把有利于健康的食物放在容易看见、容易够到的地方，这种食物摆放方法就是助推。他提出了“自由主义的温和专制主义”的概念，这就是在不牺牲人们自由选择权的前提下运用助推的方式来引导大家。助推是一种全新且有效的引导式管理模式。这本书的作者之一桑斯坦用助推的方法帮助奥巴马竞选取得了成功，英国前首相戴维·卡梅伦也十分欣赏他们的思想和实践。

这本书第 1~5 章分析了如何用助推来克服偏见与谬误。靠直觉思维，难免会做出错误选择，如吸烟、肥胖等等都是这种偏见与谬误导致的结果。得克萨斯存在的在高速公路上乱丢垃圾的现象通过“不要给得克萨斯抹黑”为中心的公益宣传助推而得以消除，同样，用数字也可以为人们戒烟戒酒助推。第 6~9 章“探索如何更好地省钱、投资和借贷”，即家庭理财方法，直觉思维导致许多人“今朝有酒今朝醉”，不关心养老问题。塞勒建议：第一，为储蓄计划设计自动登记的方式；第二，“明天储蓄更多”。这就是要在传统的社会养老之外助推人们更多地进行储蓄。在讨论了参与一项保险计划并决定投资多少钱之后，又讨论如何进行投资，以及如何设计更好的信贷方案，如何打造更为人性化的社会保障体系。第 10~12 章讨论如何改善人们的健康状况，包括面对政府针对人们的医疗健康问题提供的复杂选择体系，人们应该如何做出选择；如何提高器官移植中的捐赠比例；如何为健康创造一个良好的环境，例如环境保护。第 13~15 章分析在许多没有多少自由的领域，如教育、医疗、婚姻中如何通过制度改进创造更多的自由。第 16~18 章可以看作总结，介绍了一些小的助推，提出会有越来越多的人认同助推，但要警惕恶意的助推行为和助推者，并建议把助推作为自由放任和国家干预以外的第三条道路。

第三本书《“错误”的行为——行为经济学的形成》可以看作一本回忆录，不过不是对个人经历的回忆，而是对行为经济学从 1970 年到现在的发展历程的回忆。书中介绍了众多经济学家对这门学科做出的贡献，勾勒了一幅群体图像。当然，也有塞勒本人在这一学科中耕耘并做出贡献的记录，包括他与特沃斯基、卡尼曼等人的合作。读这本行为经济学发展史，你会对这门学科的内容、贡献与社会的关系有更多的了解。只有知道了这门学科重要概念与理论的形成过程，它与实验经济学的关系等相关内容，你才能更好地理解行为经济学。

了解塞勒对行为经济学的贡献还应该注意几点。第一，行为经济学并不是对主流经济学的否定，而是对它的发展，或者更准确地说，是“扬弃”。它用的许多概念和分析方法仍来源于主流经济学，不了解主流经济学也学不好行为经济学。塞勒也认为，就整个经济学而言，还没有什么可以取代主流经济学。行为经济学无非是对主流经济学的一些失误进行了补充和发展，使经济学更贴近现实、更接地气，从而更有助于建设一个美好世界。第二，行为经济学前途无量。现在，越来越多的人接受行为经济学，它目前的分析主要集中在传统的微观领域，但塞勒预见它会进入宏观领域，还会有更丰富的成果。第三，行为经济学主要是由美国经济学家创立的，它用的例子、进行的实验都以美国为背景，分析的中心是美国人的行为。它得出的结论有一定的普遍适用性。但需要特别提出的是，中国人的行为有自己的特色，心理也不同于美国人，中国的经济与社会制度与美国有很大区别。因此，如何运用行为经济学的理论分析中国人的行为，设计出适合中国的助推方法，仍是一个亟待研究的问题。也许在运用行为经济学研究中国人的行为时，我们还可以为这门学科的发展做出新的贡献。

这三本书都不是“沉闷的经济学”，也没有数学统计，读起来很有趣，大家都可以读懂。这三本书可以浅读、泛读，也可以深读、精读。不同的人有不同的读法，并有不同的启发与收获。读者可以先读《“错误”的行为》，对行为经济学有一个大致的了解，再读其他两本书。

愿你愉快地读完这三本书，帮助你摆脱“偏见”与“谬误”，做出更好的选择，你也可以“助推”一下朋友和家人，让新的一年更加美好。

经济学家　梁小民

2018年元旦

塞勒三部曲导读

一般来说，获得诺贝尔经济学奖的学者不是代表自己，而是代表其所在的领域获奖的。一般来说，一旦一位经济学家获得了诺贝尔经济学奖，就意味着其所在的领域进入了经济学的主流。一般来说，一旦其所在的领域进入了经济学的主流，这个领域的原创力就会减弱，随后涌进来的是无数跟风的研究。

但是，2017 年诺贝尔经济学奖得主理查德·塞勒却不一样。

即使获得了诺贝尔经济学奖，塞勒身上依然洋溢着一股“异端”气质。获奖之后，他在其任教的芝加哥大学简短致辞。他在致辞里讲道，或许这是院长和系主任第一次没有用“浑蛋”这个词儿来形容他。然后，他又“补了一刀”：以后领导们还会不会再用这个词儿来形容他，他也不确定。你可以想象得出来，台下的院长、系主任，可能还有素来跟塞勒不和的几位资深教授，恨得牙根痒痒却又不得不故作大度且开心的样子。

塞勒研究的领域是行为经济学。这是最近十年来发展最为迅猛的经济学领域之一，也是少数从不驱逐“外来人口”的经济学领域。经济学家向来认为自己的学科是社会科学皇冠上的明珠，他们不“入侵”其他学科的阵地，就是给其他学科莫大的面子了，怎么可能容忍其他学科“入侵”经济学的地盘呢？唯独在行为经济学的帐篷里，进进出出的都是三教九流、各色人等，亦正亦邪。在正统的老一辈经济学家看来，行为经济学就是瞎搞。塞勒的同事，同样是诺贝尔经济学奖得主的法玛（Eugene Fama）教授曾经这样评价塞勒：“他做的研究很有趣，但什么价值也没有。”法玛对塞勒还算客气，两人有时会一起打打高尔夫球。芝加哥大学的另一位经济学大牛，也拿过诺贝尔经济学奖的米勒（Merton Miller）教授，据说在楼道里见到塞勒连招呼都不打。

喜欢也好，不喜欢也罢，死气沉沉的经济学最需要的就是一场新的“范式革命”，而无论是环顾还是远眺，隐隐然具备挑战原有“霸权”、发动一场革命的新领域，可能也就是行为经济学了。甚至，我们有可能期待，未来的社会科学将打破藩篱，统一为一种社会科学，那么这种社会科学的发源地就是行为经济学的营地。

理查德·塞勒有三部重要的著作，一是其学术自传《“错误”的行为》，二是《赢家的诅咒》，三是他与著名法学家卡斯·桑斯坦合著的《助推》。中信出版社现将这三部重要的著作一并出版，可以帮助中国读者更好地了解塞勒教授以及行为经济学。

《“错误”的行为》与塞勒的学术道路

塞勒教授 1945 年出生于美国新泽西州。他的家族是从乌克兰移民到美国的犹太人。塞勒教授的父亲是保险公司的精算师，母亲是一名教师。跟别的学霸不太一样，塞勒上过的学校不算最好的——他大学本科在凯斯西储大学（Case Western Reserve University），硕士和博士是在罗切斯特大学读的。打个不太恰当的比方，这个经历有点儿像一个中国学生在重点大学读完本科，然后到普通大学读了硕士和博士。要知道，很多经济学的学霸都是一路从哈佛、MIT（麻省理工学院）这样的顶级名校读下来的。如果你是在哈佛、MIT 读经济学，好处是能够直接跟着导师（尤其是年轻一点儿的导师）一头扎进学术前沿，走上一条捷径。像塞勒教授这样的求学经历，可能更多地要靠自己摸索，但也可能正是由于走了这样一条路，才使得他另辟蹊径、独树一帜。

走上这条“离经叛道”的路注定充满了艰辛。塞勒在罗切斯特大学的博士论文指导老师罗森说，当年，塞勒的老师们对他能够取得的成就“并不抱多高的期望”。刚刚博士毕业的时候，塞勒很难找到一份正式的工作，只得在罗切斯特大学当一名类似“临时工”的讲师。他写的论文也不符合主流学术期刊的口味，很难发表。更要命的是，塞勒觉得主流经济学的基本原则是错的。

主流经济学假设人们都是理性人——如果你是个消费者，就不会乱花一分钱。广告、推销员、“双 11”，对你一点儿影响都没有；如果你是个生产者，就不会丢掉赚每一分利润的机会。决策失误、一时冲动、错失良机，对你而言根本不可能发生。就像塞勒教授所说的，主流经济学假设我们都有爱因斯坦一样的智商，计算机一样的记忆力，圣雄甘地一样的意志力。理性人假设并非仅仅是经济学家的一种工作假设，到最后，这种假设发展成了经济学家的信仰。由于每个人都是理性人，他们在市场经济中的决策一定会导致所有的资源都得到最优的配置，因此，市场经济是完美的，所有的政府干预都是错误的。讲到这里，你可能就会明白，为什么主流经济学家要誓死捍卫“理性人”假设了。

在《“错误”的行为》一书中，塞勒讲到自己是如何逃离这一“范式”的。塞勒还在罗切斯特大学读博士的时候，发现了一个很奇怪的现象。他做了一个问卷调查，其中问了受访者两个问题：

A. 如果社会上流行一种致命的疾病，染病的人会在一周之内没有痛苦地死掉。你染上这种病的概率是万分之一。请问，假设你不幸染病，那么你愿意最多花多少钱治疗这种病？

B. 同样是这种病，假设你的老板要派你到疫区调查情况。到了疫区之后，你染上这种病的概率是万分之一。请问你的老板要给你多少赔偿，你才愿意到疫区去？

按照主流经济学的理论，这两个问题是等价的，都是在问“万分之一的死亡率值多少钱”，但是，受访者对这两个问题的回答却差异很大。很多人在第一种情况下选择花较少的钱治疗，但在第二种情况下却要求得到巨额的补偿。为什么会是这样呢？塞勒去找他的指导老师求教。他的指导老师却说，别在这种问题上浪费时间。

于是，塞勒只好自己去寻找答案。有一次，他读到两位以色列籍心理学家卡尼曼和特沃斯基关于决策心理的研究，又听说他们要到斯坦福大学访学的消息，就专门跑到加州，找到卡尼曼和特沃斯基。卡尼曼就是畅销书《思考，快与慢》的作者，也是2002年诺贝尔经济学奖得主。特沃斯基是卡尼曼的合作者，要不是他去世得早，他也能一起获奖。他们三个人志同道合，共同开创了行为经济学。不同之处在于：卡尼曼和特沃斯基是从心理学攻入经济学阵营，而塞勒则是打开了经济学的大门，欢迎心理学的进入。

卡尼曼和特沃斯基会怎么解释塞勒发现的反常现象呢？他们提出了“前景理论”，根据这一理论，决策者会选择一个参照点，其对得失的判断往往根据参照点来决定，而人们对损失比对获得更加敏感。也就是说，如果是在赚钱的时候，人们当然赚得越多越快乐。在卡尼曼和特沃斯基的实验中，收益增量带来的快乐强度大约是增量的0.5~1倍；但如果是在赔钱的时候，人们赔得越多越不开心。在卡尼曼和特沃斯基的实验中，损失增量产生的痛苦大约是同等收益增量的2.5倍。也就是说，人们特别不愿意遭受损失。

塞勒则提出了“禀赋效应”，与“前景理论”互相印证。“禀赋效应”讲的是，人们非常不愿意失去自认为原本属于自己的东西。这个理论对经济学的冲击很大。比如说，按照“禀赋效应”，即使不考虑交易成本，所有权的最初分配都会在很大程度上影响资源的最终配置。

塞勒教授在反对“理性人”假设的道路上越走越远。“禀赋效应”其实仍然假设每个决策者都会试图使其偏好最大化，只不过要考虑到一个“参照点”，也就是“禀赋”（所有权的最初分配）。后来，塞勒教授又提出了“心理账户”（mental accounting）理论。这个理论进一步偏离了主流经济学，却和现实更为接近。

“心理账户”理论注意到，消费者会把其支出分为不同的账户，比如花在买衣服上的钱、出去旅游的钱，或是买菜的钱。如果你去海南度假，花了20 000元。刚刚回来，又听旅行社说，有一个去北海道的旅行团，可以给你一个特别优惠的价格，团费原价20 000元，现在只需要5 000元。你会考虑吗？很多人都会犹豫。但是，如果这时候商场打折，原价20 000元的名牌服装，现在的价格是5 000元，你会考虑买吗？我相信很多人会立刻掏钱买。这说明消费者是把出去旅游的钱和买衣服的钱放在了不同的“心理账户”中。

为什么会有“心理账户”呢？塞勒教授讲道，这和我们的“自我控制”有关，我们之所以把钱放在不同的“心理账户”里，是为了防止自己乱花钱。在“心理账户”理论的基础上，塞勒教授进一步提出，消费者的效用包括两个部分，一个部分是获得效用，即买到了商品和服务之后获得的满足感，另一个部分是交易效用，是跟交易价格相关的。交易效用又跟消费者心目中期待的“公平价格”和实际交易价格之差有关。如果消费者觉得交易价格比他心目中的“公平价格”更高，即使他买到了自己心仪已久的东西，也会觉得很不爽。

总结一下，在塞勒教授看来，人性比“理性人”假设所想象的更为复杂。人不是完全理性的，而是有限理性的。人没有坚强的意志力，只有有限的意志力。此外，人不是完全自私的，因此公平问题始终受到人们的关注。

《赢家的诅咒》与经济学中的“反常”

《赢家的诅咒》是塞勒教授在《经济展望期刊》上发表的专栏文章的合集。他的这组文章旨在发现经济学中的“反常”(anomalies)。“赢家的诅咒”就是其中最著名的一篇文章。

20 世纪 70 年代，研究油田拍卖的几位工程师发现了一个有趣的现象。假设有个油田的开采权要拍卖，有很多家石油公司来竞拍。谁也不知道这个油田在地下的储量到底有多大，只能靠自己猜。每个公司都会给这个油田一个估值，每个公司都按照自己对这个油田的估值报价。

一般来说，公司会按照比自己的估值低一些的价格报价，而报价最高的公司将获得油田的开采权。但在现实的拍卖中，结果如何呢？这三位工程师发现，一般来说，竞拍中的赢家往往会变成输家。为什么这么说呢？因为，最糟糕的情况是，油田的实际价值没有竞拍成功的公司的报价高，这家公司花的钱越多，亏的也就越多。稍微好一点儿的情况是，这个油田的价值比公司的报价高，但没有公司当初的估值高，所以公司也会觉得吃亏了。这就叫“赢家的诅咒”。

真的有“赢家的诅咒”吗？1983年，两位经济学家巴泽尔曼和萨缪尔森做了一个实验。他们在课堂上拍卖一个存钱罐子，罐子里装满了硬币。学生们不知道里面有多少钱。每个学生都来猜，到底里面有多少钱。猜完了就竞价，出价最高的学生可以获得这个罐子和里面的硬币。罐子里实际上有8美元的硬币。他们做了许多次实验。学生们的猜测各不相同，平均估值是5.13美元。也就是说，大部分学生对罐子的估值都远低于真实价值。但赢家的出价平均是10.01美元，这意味着，平均每个赢家要亏损2.01美元。

课堂实验或许无法代表真实世界，但在现实生活中，“赢家的诅咒”比比皆是。比如，在1969年阿拉斯加北湾油田的拍卖中，赢家的出价是9亿美元，而次高的报价是3.7亿美元。这是不符合理性假设的。如果按照理性假设，赢家的报价和次高的报价应该相差不多才对。这只是一个特例吗？当然不是。研究者观察了很多油田竞拍，发现在26%的案例中，中标价是次高价的4倍甚至更高，在77%的案例中，中标价至少是次高价的2倍。

从1954年到1969年，墨西哥湾地区拍卖出了1 000多份租约，其中有62%的租约是赔钱的，另有16%的租约勉强持平，只有22%的租约最后赚了钱，但收益率并不高。我们再来看看身边的例子，最典型的就是央视广告“标王”。从20世纪90年代中期开始，各家企业争相在央视砸下重金，抢夺“标王”的桂冠。1995年孔府宴酒的中标金额是0.31

亿元，2015 年翼龙贷花了 3.6951 亿元，才拿下“标王”称号。荣登“标王”宝座的企业当然有好企业，比如茅台，但大部分“标王”很快就变成了“倒王”。听我给你报报它们的名字：孔府宴酒、秦池酒、爱多 VCD、步步高和熊猫手机。“赢家的诅咒”纠缠着这些曾经风光一时的企业：2002 年，孔府宴酒宣告破产；秦池酒已经无人知晓；2004 年，爱多 VCD 的掌门人胡志标被判有期徒刑 8 年；2005 年，熊猫手机的前掌门人马志平因涉嫌“虚报注册资本”被批捕。而那些没有破产的“标王”企业，在成为“标王”之后就真的平步青云了吗？恐怕这里面的苦闷，只有它们自己知道。

为什么总是会有“赢家的诅咒”呢？有两个原因。首先，最根本的原因是信息不对称，因为竞拍者不知道标的物的真正价值，所以只能靠主观猜测，这就会带来判断失误。其次，最直接的原因是傲慢。赢家过于自负，总认为自己比市场上的其他参与者判断更为准确，而且求胜心切，志在必得。抱着这样的心态，不犯错误那才叫反常。

《助推》与“自由意志的家长制”

在一个极端的经济自由主义者看来，既然人是理性的，理性的人自然会为自己的一切行为负责。比如，如果开车的人不系安全带，骑摩托车的人不戴头盔，那是他们自己的选择。政府非要规定大家系安全带或戴头盔，是不会有效果的，大家不会听政府的话。如果有人吸毒或是卖淫呢？在极端的经济自由主义者看来，不管你喜欢不喜欢，这也是你无法干涉的。反对吸毒或是卖淫，只会使吸毒或卖淫转入地下，反而更难控制，对社会的危害更大，所以最好的办法就是让吸毒或卖淫合法化。

我想，大部分经济学家都会反对政府的直接干预。政府来规定我的孩子必须学什么知识，这在我看来是非常荒谬的。政府来规定我的饮食搭配，也是我不能接受的，即使政府说这样的饮食搭配是更健康、更合理的。但是，通过行为经济学的研究我们可以知道，每个人都有可能犯错误，也很容易做出其实不利于自己的选择，遇到这种情况，我们该怎么办？政府是否应该帮助个人避免做出错误的决策？

2008年，塞勒教授和法学家卡斯·桑斯坦合著了《助推》。这本书很快成了全球畅销书，也受到各国政府的关注。书中提到，我们可以采取一种“自由意志的家长制”（libertarian paternalism），改善人们的最终决策。自由意志和家长制听起来是水火不容的，却能达成一种微妙的平衡。自由意志是指我们要保留人们自主决策的权利。家长制是指我们可以适当地影响人们做决策的过程，好让他们做出对自己更为有利的选择。

举例来说，如果政府强制规定人们不能吃垃圾食品，只能吃健康食品，这就是一种粗暴的干预。尽管政府的用心可能是好的，但结果一定很糟。这种粗暴的专制主义在现实中随处可见。但是，如果我们换一种方式呢？比如，我们可以把新鲜的水果以更低廉的价格、更方便地提供给消费者，那么，很可能就会有更多的消费者主动地选择健康食品。这就是塞勒和桑斯坦所说的“助推”。

吃不吃健康食品，其实还是小事。像养老金计划，不仅对个人，而且对整个社会，都是一件大事。美国的养老保险制度非常复杂，员工需要在各种五花八门的方案中做出选择。正如我们说过的，选择的机会越多，人们就越不愿意做出选择。于是，许多美国人就放弃了参加养老保险计划。这一选择对自己不利，因为到了退休之后，员工的收入水平会下降；这对政府也不利，因为这最后还是得由政府买单。有一些美国公司做了一个小小的调整，以前的方案是你要主动选择，才能加入养老保险计划，如今的方案是如果你不反对，就默认你同意参加养老保险计划。

塞勒和桑斯坦提出了“明天储蓄更多”的方案，并得到美国国会中保守主义者和自由主义者的联合支持，这在美国政治中也算是一个奇迹。“明天储蓄更多”是公司为其员工提供的养老金计划。签了这份合约的员工在加薪时，其在养老金账户中的储蓄额也会自动调高，于是，储蓄率随工资的上涨而上升。如果员工觉得存得太多，他们也有选择退出该计划的自由。这一方案没有强迫任何人做他们不想做的事情，也没有任何欺诈和隐瞒，只是巧妙地把人们的懒惰天性和他们的长远利益结合起来，让人们自己做出更有利的选择。

在塞勒和桑斯坦看来，在很多情况下，我们只要做出小小的调整，就能极大地改变决策的结果。比如，总会有人把尿尿到公共厕所的小便池外边，但是，如果在小便池里刻上一只苍蝇，男士就会自动地瞄准那只苍蝇尿尿，于是，尿到小便池外边的现象便减少了80%。如果你想让人们节约能源，仅仅在墙上张贴一些“节约能源，保护环境”的标语是没有用的。如果让每个家庭在收到账单的时候，都能够从账单上看到自己的用电量和邻居的用电量的对比，那么，出于“同侪压力”，很多人就有更大的自觉性去注意节约资源。这说明，帮助人们改进其行为的最好方法就是提供反馈。

对于是否在政策设计中采用“自由意志的家长制”方法，我持谨慎的保留态度，因为我们必须先相信政府是无私而善良的，才能相信它会为了我们的利益，帮助我们改善决策。但是，这一方法也给了我们很多日常生活的启示。家长对孩子的爱是无私的，老师对学生的关心也是发自内心的，为了让孩子和学生做出更好的选择，我们是该奉行毫不干预的自由主义原则，粗暴独裁的专制主义原则，还是找到一种中庸的“自由意志的家长制”呢?

北京大学汇丰商学院经济学教授

何帆

引　言

在阅读本书之前，我先讲两则故事，分别是关于我的良师益友阿莫斯·特沃斯基和丹尼尔·卡尼曼的，希望读者可以从中领会本书的大致内容。

特沃斯基的故事

即使是记不住几分钟前把钥匙放在哪里的人，生活中也会有很多难忘的时刻。其中有些事情是众所周知的，假如你和我的年纪差不多，那么约翰·肯尼迪遇刺给人们带来的震惊可以说是令人难忘的（当时你可能还是大一新生，正在学校的体育馆里打篮球）。对于能够阅读本书的适龄人来说，2001 年的“9·11”恐怖袭击事件则是另外一个例子［当时你可能刚刚起床，正在收听美国国家公共广播电台（NPR）的报道，想弄清楚究竟发生了什么］。

还有一些永远存留在记忆中的事情则与个人经历有关，比如参加婚礼或打高尔夫球一杆进洞。对我而言，丹尼尔·卡尼曼给我打过的一个电话可谓终生难忘。虽然我们俩常常通电话，但对大多数通话内容我几乎已经没有什么印象了，而那个电话却令我记忆犹新。那是

1996 年年初，卡尼曼打电话告诉我，他的朋友和搭档阿莫斯·特沃斯基已到了癌症晚期，大约只剩下 6 个月的生命了。当时我脑中一片空白，不得不把电话递给我的妻子，好平复一下自己悲痛的心情。不管是听到哪位好友即将离世的消息，我都会感到很震惊，但阿莫斯·特沃斯基绝不应该 59 岁就奔赴黄泉啊。他的桌子上只有并排摆放的一支笔和一个本子；他的论文和演讲精确得当，无懈可击；他绝不该就此离我们而去。

特沃斯基一直保守着这个秘密，直到自己无法再到办公室工作。在此之前，只有几个人知道实情，其中包括我的两个好友。除了我们各自的爱人，特沃斯基不让我们把他患病的消息告诉其他任何人，所以在那 5 个月里，我们常常只能彼此安慰，将这一可怕的消息深藏心底。

特沃斯基不想公开自己的健康状况，原因是不想在自己最后的日子里只做一个行将就木的人，他还有工作要完成。作为研究判断和决策行为的先行者，他和卡尼曼决定编辑一本专著，将他们俩与其他心理学家的论文汇集成册，命名为“选择、价值以及框架”（*Choices, Values, and Frames*）[2]。特沃斯基想做自己喜欢的事：完成工作，陪伴家人，看篮球比赛。在这段时间里，特沃斯基不希望别人看望他，但与工作有关的来访除外。所以，在他去世的 6 个星期前，我以要完成一篇我们合著的论文这一牵强的理由拜访了他。我们研究了一会儿论文，又一起看了一场 NBA（美国男子职业篮球联赛）季后赛。

特沃斯基几乎在生活的方方面面都表现得十分睿智，在对待疾病方面也是如此。① 他咨询了斯坦福大学的多位专家，在得知病情的发展和结果后，他认为与其让毫无意义的治疗毁掉自己最后的时光，只

① 特沃斯基在世时，心理学家中间流传着一个笑话，说特沃斯基发明了一个只有一道题的智力测试：你越早意识到他比你聪明，你就越聪明。

换来最多不过几周的生命，还不如顺其自然。特沃斯基像往日一样睿智，他向他的肿瘤医师解释说，癌症并不是零和博弈。“对肿瘤不利的，对我也未必有益。”有一天，我打电话给特沃斯基，询问他的身体状况。他说：“说起来很有意思。得流感的时候，我们觉得难受得快要死了，但是当真正快要离开这个世界的时候，大部分时间却感觉良好。”

特沃斯基于1996年6月去世，葬礼在他所居住的加利福尼亚州帕洛阿尔托举行。特沃斯基的儿子奥伦在葬礼上宣读了特沃斯基在去世前几天写给他的几句话：

> 我发现，在人生的最后时光，我们一直在谈论各种奇闻和故事，希望别人记住事情，至少是短暂地记住。我认为犹太教一直有个传统，即历史和智慧是通过奇闻逸事、有趣的故事，以及得体的玩笑，而非演讲和历史书流传下来的。

葬礼结束后，特沃斯基的家人在家里举办了一个传统的吊唁活动。那是一个周日下午，因为不想错过一场NBA季后赛的比赛，我们中有几个人在吊唁期间跑到了有电视机的房间。我们都觉得有些不好意思，但特沃斯基的儿子塔尔主动说：“如果我的父亲还在，他肯定会赞成你们观看球赛，并把葬礼和吊唁录下来。”

自1977年和特沃斯基相识以来，我坚持用一个标准来检验自己所写的每一篇论文，即：“特沃斯基会赞成发表这篇论文吗？”我的朋友埃里克·约翰逊（Eric Johnson）——后文中会提到此人——可以证明，我们合写的一篇论文在期刊同意刊载的三年之后才得以发表。当时，期刊的编辑、评审人和埃里克都认为这篇文章写得很好，但特沃斯基却因为其中一个观点而迟迟未表态。我不断地修改论文，可怜的埃里克在履历上若没有这篇论文则可能妨碍他的晋升。幸运的是，埃里克还写了其他几篇出色的论文，所以没有受到我的拖累，并且成功拿到了大学的终身教职。最后，特沃斯基终于认可了这篇论文。

在撰写本书的过程中，我认真践行了特沃斯基写给奥伦的话。本书读起来似乎并非出自经济学教授之手，它不是一本专著，其重点也不在于要辩驳某个观点。当然，书中会涉及专业研究，可也不乏奇闻逸事，甚至还有好玩的故事，以及古怪的笑话。

卡尼曼的故事

2001 年年初，有一天我去丹尼尔·卡尼曼在伯克利市的家里做客。我们像往常一样，坐在他家客厅里闲聊。突然，卡尼曼想起来要给罗杰·洛温斯坦（Roger Lowenstein）打电话。罗杰是一名记者，著有《赌金者》（*When Genius Failed*）[3]等畅销书，当时他正为《纽约时报杂志》（*New York Times magazine*）写一篇关于我的文章。[4]他很自然地想要和我的老朋友卡尼曼聊一聊。当时我真是进退两难，是离开房间，还是听一下他们的谈话呢？卡尼曼对我说："留下来听听吧，会很有意思的。"

采访开始了，聆听朋友讲述自己的过去没有什么可激动的，可听别人表扬自己又总令人尴尬。我随便拿起一本书读了起来，注意力也随之转移，直到我听到卡尼曼说："哦，塞勒最大的优点，或者说他的与众不同之处，就是他很懒。"

什么？真的吗？我从不否认自己很懒，但卡尼曼真的认为懒惰是我最大的优点吗？我朝卡尼曼又是摆手，又是摇头，但他并没有停下来，而是极力夸赞我的懒惰给我带来的好处。时至今日，卡尼曼仍然认为那是对我的高度赞许。他说，我的懒惰意味着我所研究的问题具有非比寻常的吸引力，才促使我克服逃避工作的潜在倾向。唯有卡尼曼可以把我的懒惰说成是一个优点。

现在你已经知道了这一点，所以在阅读本书前，一定要牢记这本书是由一个懒人所著。因此，我只会将有趣的内容，至少是我认为有趣的内容写进这本书中。这一点，卡尼曼可以做证。

第一部分

行为经济学的发轫：1970—1978 年

第 1 章

经济人与非理性的人

我刚做老师的时候，曾经教过微观经济学这门课，当时班上的学生都对我很不满，原因其实并不在于我上课所讲的内容，而是一次期中考试。

我设计了一次考试，意在将班上的同学分为三个组：第一组是熟练掌握了课程内容的优等生；第二组是掌握了基本概念的中等生；第三组是没有理解课程内容的后进生。为了达到这个目的，考试中必须设计一些只有优等生才能答对的问题，也就是说考试会很难。结果，考试分数的差异很大，我的目的达到了，但是学生们却很愤怒，因为总分为 100 分的考试，全班的平均分却只有 72 分。

学生的反应其实很奇怪，因为他们最终的考试成绩是以 A、B、C、D 划分的，学校一般会将平均分作为划分等级 B 或 B+ 的依据，所以具体的平均分分值对他们的成绩其实没有任何影响，得到 C 以下等级的学生仍旧仅占极少数。之前，我已经想到了平均分较低可能会引起混乱的情况，所以我提前说明了考试分值对应的具体等级。80 分以上会得到 A 或 A–，65 分以上、80 分以下是 B，只有低于 50 分才有可能达不到C。所以，最终的成绩分布与一般考试没有什么差异，但我的解释并没有明显改善学生们的情绪。他们还是很讨厌我的考试，对我也没什么好感。作为一名希望保住饭碗的年轻教授，我决定改变这种情况，但又不想降低考试的难度，我该怎么办呢？

后来，我想到了一个好主意。在接下来的那次考试中，我把考试总分从100分提高至137分。其实，这次考试比以往略难，学生一般只能答对其中70%的问题，但平均分却能达到96分。学生们十分开心！这一变化并没有改变他们的成绩等级，但每个人都很高兴。从那时起，每当教授这门课时，我都会把总分定为137分，我选择这一分数的原因有两个：第一，考试平均分会达到90分以上，有些学生的分数甚至会超过100分，这让他们欣喜若狂；第二，用心算把分数除以137并不容易，所以大多数学生不会费事地将自己的分数转化为百分制下的相应分值。为了防止别人说我欺骗学生，我总是在课程大纲中用粗体字注明："这门考试的总分为137分，而非平常的100分。这种打分方式不会影响最后的成绩等级，但有可能会让你更高兴。"事实上，做了这种改变后，再也没有学生抱怨我的考试难了。

在经济学家看来，我的那些学生的行为似乎"很不正常"，我的意思是他们的行为与理想的行为模型并不一致，而这些模型正是经济学理论的核心。对经济学家而言，与总分为100分时得到72分相比，在总分为137分时得到96分（相当于百分制下的70分）并不会更令人高兴，但我的学生们却恰恰相反。我正是因为意识到了这一事实，才得以顺利推行我的考试，同时还能保证不被学生抱怨。

从我读研究生时算起，40多年过去了，我的脑海里一直萦绕着各种各样类似的故事，其中的主人公的行为总是与经济学模型所假设的"理性经济人"大相径庭。我当然不是说问题出在我们身上，我们都是人，用生物学术语来说，我们都是智人。问题其实出在经济学家使用的模型上，他们的模型用虚拟的“经济人”代替了真实的普通人。与完全理性的经济人相比，我们人类有很多非理性的行为，所以利用经济学模型做出的很多预测都不准确，造成的后果也比让学生不满严重得多。几乎没有经济学家预测到2007—2008年经济危机的到来，[①]更糟糕的是，很多经济学家都认为这次危机根本不可能发生。

具有讽刺意味的是，这些曲解人类行为的模型反而让经济学成为社会科学中最强大的学科之一。它的强大体现在两个方面：第一个方面是毋庸置疑的，即在所有社会科学家当中，经济学家对公共政策的影响力最大。实际上，他们在为政策建言献策上几乎占据着垄断地位。直到最近，其他社会科学家才偶尔受邀加入这一行列。不过，即使得到邀请，他们的身份也仅仅相当于家庭聚餐时小孩子在餐桌上的位置。

第二个方面是，就知识性而言，经济学也被视为最强有力的社会科学之一，这是因为经济学拥有统一的核心理论，其他一切理论几乎都遵循这一理论。如果你提到“经济学理论”这个词，人们都明白你在说什么，其他社会科学则没有这一基础。相反，其他社会科学所涉及的理论往往只针对某一种特殊情境，只能解释在特定环境下会发生什么。事实上，经济学家常常将经济学与物理学进行类比。和物理学一样，经济学也建立在几个核心假设的基础上。

经济学理论的核心假设是，人们做选择时会遵循最优化原则。在一个家庭可能会购买的所有商品和服务中，这个家庭会在自身可承受的范围内选择最好的。另外，经济人做选择时的依据会被视为没有偏

---

① 确实有一位经济学家发出警告，认为房价的增长速度令人担忧。他就是我的同事、行为经济学家罗伯特·席勒。

见的，也就是说，他们做决定时会基于“理性预期”。如果创业人士认为平均成功率为75%，那么这应该是对实际成功率的一个很好的预估。经济人是不会过度自信的。

“约束最优化”（constrained optimization）是指在有限预算的前提下做出最优化选择，其前提与经济学的另一理论——“均衡理论”的前提可以结合起来。在价格自由浮动的竞争市场中，价格浮动意在使供求达到平衡。简化一些，我们可以说“最优化 + 均衡 = 经济学”。这一组合十分强大，是其他任何社会科学都无法匹敌的。

然而，一个关键问题在于，经济学理论的前提是有缺陷的。首先，当普通人碰到最优化问题时，往往无法解决它们，甚至离找到解决方案还差得很远。即便是去一家中等规模的杂货店购物，在他们的预算范围内可购买的商品组合也是不计其数的。他们真的做出最佳选择了吗？当然，比起购物，我们还会遇到更难的问题，比如选择职业、贷款种类或者配偶。鉴于我们在这些领域观察到的失败率，很难说人们做出的所有这些选择都是最优的。

其次，人们做选择时并不是没有偏见的。经济学家的词典里可能没有“过度自信”一词，但它却是人们与生俱来的性格特点。但心理学家发现人们固有的其他偏见数不胜数。

再次，正如以137分为满分的考试所表明的那样，有很多因素并没有被最优化模型考虑在内。在理性的经济人看来，很多事情之间都是无关的。经济人不会因为周日逛街时突然感觉饿了，而后在下周二为自己点一份大餐，周日的饥饿与下周二的点餐分量应该毫无关系。经济人不会因为已经付了钱又不想浪费，而在根本不饿的情况下吃光自己点的饭菜。对经济人而言，过去花的钱与现在吃多少食物是没有关系的。经济人不会期待在结婚纪念日或生日当天收到礼物，这个日子与其他日子有什么不同呢？事实上，经济人也会因为礼物的事情而困惑不已。经济人知道金钱可能是最好的礼物，因为金钱可以购买任何最好的礼物。不过，除非你的配偶是位经济学家，否则我并不建议你在下次结婚纪念日用金钱作为礼物送给她。细想一下，即使你的配偶是位经济学家，送钱也未必是最优选择。

我们都明白自己生存的世界并不是由经济人组成的，我们身边都是实实在在的人。经济学家也都是人，所以他们也知道自己生存的世界不是经济人的世界。"现代经济学之父"亚当·斯密曾明确承认这一事实，在撰写《国富论》(*The Wealth of Nations*)这部杰作之前，他还写了一本关于人类"情感"(passions，与"理智"相对)[5]的书。然而"情感"这个词从未在任何经济学教科书中出现。经济人没有情感，他们只是寻求最优化选择的冷血之人，想想《星际迷航》中的斯波克先生吧。

然而，以经济人为主体的经济行为模型却大行其道，并作为经济学的核心将其推向影响力的巅峰。多年来，尽管对这些模型的批评声不绝于耳，但总是因为理由牵强或实证证据不充分而未受到重视。不过，随着研究与人们的利害关系间的联系越发紧密，那些批评逐渐得到了验证。我们很容易对考试分数的故事不予理会，但是在存钱养老、选择抵押贷款、投资股票等利益攸关的领域，探讨糟糕选择的研究就没那么容易被搁置一旁了。我们也不可能对1987年10月19日之后金融市场的暴涨、泡沫与崩溃置若罔闻。那一天，在没有任何实质性负面消息的情况下，全球股市暴跌超过20%，随后便是科技股的泡沫破裂与崩盘，很快又是房地产泡沫的破裂，继而引发了全球经济危机。

我们不应该再找借口，而应该丰富经济学的研究方法，将人的存在和相关性考虑在内。值得高兴的是，我们无须抛弃已经掌握的经济学和市场知识。假设所有人都是理性经济人的理论，我们也不必弃之不理，它可以作为研究的起点，为建立更符合实际情况的模型奠定基础。在某些特定场合，比如人们要解决的问题十分简单，抑或经济活动主体的专业技能很高，由这些理论得出的结果与实际情况相差不大。但是，正如我们在下文中将要看到的，这些只是例外情况，而非常态。

经济学家的主要工作就是收集和分析市场数据，他们的研究通常十分谨慎，而且需要深厚的统计学知识。更重要的是，大多数研究并不是建立在最优化的基础之上。过去25年中出现了两种研究工具，极大地提高了经济学家认识世界的能力。第一种工具是随机控制实验，长期以来它一直被用于医学等科学领域，最典型的实验就是研究一些人接受了某种利益“处理”后会发生什么。第二种工具是自然实验（比如有些人加入了某个项目而其他人没有）或是巧妙的计量经济学方法。即使在没有特意设计某种情境的情况下，计量经济学方法也能发现处理因素的影响。这些新工具催生了大量有关社会重要问题的研究。研究中的处理因素包括：接受更多的教育、小班授课、安排更好的老师、提供咨询和管理服务、帮助就业、判刑、搬到更贫困的地区、接受医疗补助计划中的健康保险等。这些研究表明，即使不用最优化模型，我们也可以从很多角度认识世界。有些研究提供了可信的证据，可以检测最优化模型是否与人们的真实反应一致。

对于大多数经济学理论来说，“经济活动的所有主体都将追求最优化”并不是一条重要的假设，即使研究对象不是专家也是如此。例如，如果化肥价格下降，农民会使用更多的化肥，这一预测是很稳妥的，虽然很多农民对市场价格变化的反应不会那么快。这条预测出错的概率之所以很小，是因为其本身就是不精确的：预测的只是方向而非结果。这就相当于预测苹果脱离树枝后，会向下掉而非向上升一样，这条预测就其本身而言是正确无误的，但却不是确切的万有引力定律。

当经济学家所做的预测必须十分精确，且其判断依据是所有人都是理性的经济人时，他就会陷入麻烦。让我们回到农民使用化肥的那个例子，假设科学家发现使用比平时的剂量多或者少一些的化肥，农民将会获得更多的收益。如果所有人知道正确信息后都会照做，就不需要合适的政策法令，只要将信息免费公开就行了。将研究结果发表出来，让农民免费阅读，剩下的就交给市场吧。

除非所有农民都是理性的经济人，否则这将是一个糟糕的建议。也许跨国食品公司会对最新的研究成果快速做出反应，但是印度或非洲的农民会有什么举动呢？[6]

同样，如果你认为所有人都会像经济人一样，会为养老存储适当额度的资金，你就会得出这样的结论：没有必要帮助人们存钱（比如制订养老金计划）。这样一来，你就会错过让很多人获益的机会。如果你认为金融泡沫从理论上讲是不可能出现的，而你又是央行行长，那么你会犯下严重的错误，正如艾伦·格林斯潘所承认的那样，在他身上就发生过类似的事情。

我们还可以继续发明描述虚拟经济人行为的抽象模型，但是我们必须停止假设这些模型会提供关于人类行为的准确描述，必须不再根据这些有缺陷的分析做出决策。同时，我们必须开始关注那些看似无关的因素（supposedly irrelevant factors），这些因素被简称为 SIFs。

想改变人们早餐吃什么的想法不太容易，更不用说想改变他们对一生都试图解决的问题的看法了。多年来，很多经济学家都强烈反对将模型建立在对人类行为的精确描述上。但是，一大群具有创新精神的年轻经济学家已然涌现，他们愿意冒险，摆脱传统的经济学研究方法，所以，丰富经济学理论的梦想正逐渐变成现实。这一新兴领域被称为“行为经济学”，它与经济学并非分属两门学科，而只是融会了大量心理学和其他社会科学内容的经济学分支。

将人的因素加入经济学理论中，主要目的是提高这些理论的预测准确性。同时，它还有另外一个好处：比起传统经济学，行为经济学更有趣、更好玩，这是一门不会让人感到沉闷的科学。

作为经济学的一个分支，行为经济学正在不断发展，在全球各地的高等学府里几乎都能找到研究这门学科的人。最近，行为经济学家与行为科学家也开始在客观决策领域占有一席之地。2010年，英国政府建立“行为研究团队”。现在，其他国家也纷纷效仿英国，希望在制定公共政策时，将其他社会科学的研究成果考虑在内。商界也迎头赶上，人们发现要想打造成功的企业，深入了解人类行为与充分理解财务报表和运营管理同样重要。毕竟，公司是由人经营的，员工和顾客也都是人。

本书讲述的就是这一切是如何发生的，至少是从我的观感出发。虽然其中涉及的研究并不都是我做的——你知道，我是很懒的，但这门学科自萌芽之日起我就一直参与其中。正如特沃斯基留给他儿子的那几句话，你将会读到很多故事，但我的主要目的是讲述故事发生的原因，解释我们可以从中学到些什么。当然，采用新方法的人与捍卫传统经济学研究方法的人会发生很多争吵，这些争吵也并不总是有趣的。但是，这正像一次糟糕的旅行，经历过后，它可以成为很好的故事题材，这些争吵也让行为经济学变得越来越强大。

和所有故事一样，本书的故事也并不是线性发展的——不是一件事之后自然而然地发生了另一件。很多观点都在不同时期以不同的速度形成，所以，本书既按时间顺序展开，又分为不同的主题。这里做个简要介绍，本书将从行为经济学的发轫讲起，回溯到我读研究生的时候，那时我整理了很多关于奇怪行为的例子，它们似乎并不符合我们在课堂上所学的经济学模型。本书的第一部分主要针对行为经济学产生的最初几年，讲述了很多质疑这门学科价值的经济学家所发起的挑战。然后，我会将重点放在研究生涯的前 15 年中我自己最感兴趣的一系列话题上：心理账户、自我控制、公平和金融。我的目的是阐述我和我的同事在这个过程中的收获，希望通过我们得出的结论，帮助大家了解他人的行为。同时，我们还会提供一些有用的方法，教你如何改变人们思考问题的方式，尤其是在人们竭力维持现状的时候。随后，我会转向近些年的研究成果，从纽约市出租车司机的行为到美国国家橄榄球联盟如何遴选球员，再到奖金很高的比赛类电视节目。最后，我会讲到伦敦唐宁街 10 号，那里有一系列令人兴奋的新的挑战和机会正在浮出水面。

对于本书，我唯一的阅读建议是：当你觉得不再有意思时，就不要再往下读了，否则，就是所谓的“错误”的行为了。

第 2 章

机会成本和禀赋效应

我开始对经济学理论产生怀疑，是在纽约州北部罗切斯特大学经济系读研究生的时候。虽然我对课上的某些内容表示怀疑，但我并不确定那是经济学理论本身的问题，还是因为我自己没有很好地理解它们。当时，我不算是一名好学生。我在引言中提到，罗杰·洛温斯坦曾写了一篇有关我的文章发表在《纽约时报杂志》上。他在那篇文章中提到，我的研究生论文指导老师舍温·罗森（Sherwin Rosen）对我在研究生院的表现给出了这样的评价："当时我们对他并没有抱多大的期望。"

我的研究生论文题目是"生命的价值"，这听起来很有些离经叛道的味道，但研究方法却是完全符合学院式标准的。从概念上讲，如何正确思考这个问题，托马斯·谢林（Thomas Schelling）已经在其论文"你挽救的生命也许是你自己的"（The Life You Save May Be Your Own）中阐述过。谢林是行为经济学最初的支持者，也为这门学科的发展做出了重要贡献，多年来，我的兴趣很多次都与谢林的兴趣相重合。下面是他论文中很有名的一段：

> 如果一个6岁的棕发小女孩需要几千美元来做手术，这样她才能活到圣诞节，人们寄去救她的钱就能塞满邮局。但是，如果取消征收一项销售税，马萨诸塞州的医疗设施就会老旧耗损，导致本可通过疾病预防措施就可避免的死亡人数增多，却没有几个人会流下同情的泪水或是捐款。[7]

谢林说话时常常带着一丝戏谑的笑容，眼睛里闪烁着调皮的光芒，他写作时亦是如此——他想给你设置一些障碍。① 在上述这段话中，生病女孩的故事是这篇文章的最大亮点。按照谢林的定义，医院代表的是“统计意义上的生命”（statistical life），而女孩代表的则是“可识别的生命”（identified life）。在现实世界中，我们偶尔会碰到“可识别的生命”面临危险的情况，比如拯救被困矿工这样惊心动魄的故事。正如谢林所说，我们几乎不会让任何可识别的生命只是因为缺钱而消逝。但是，每天都有成千上万“不可识别的”人因缺少蚊帐、疫苗或干净的水而死亡。

与生病女孩的例子不同的是，美国一般的公共政策都很抽象，缺少对人情感上的冲击。假设我们正在修建一条新公路，安全工程师告诉我们中央隔离带如果加宽1米需要耗资4 200万美元，但这样做可以在未来30年里平均每年减少1.4次死亡事故。我们应该加宽隔离带吗？当然，我们并不知道那些出车祸的人的身份，他们只是统计学意义上的生命。但是，要决定中央隔离带建多宽，我们需要赋予那些被延长的生命一个价值，或者更形象地说，赋予这项工程支出所拯

---

① 谢林设计的经典思维实验：假设有一种治疗方法会适当提高你的健康水平，但过程异常痛苦。治疗过程中会使用一种药物，虽然它不会减轻你的痛苦，但能够抹掉你对这次治疗的记忆。你愿意接受治疗吗？

救的那些生命一个价值。而在理性经济人的世界里，与拯救 20 个统计意义上的生命相比，社会不会支付更多的钱去挽救一个可识别的生命。

正如谢林所说，正确的问题应该是：使用这条公路的人（或者他们的朋友和家人）愿意支付多少钱，从而略微提升这条公路的安全性？谢林让这个问题变得明确，但是当时还没有人找到答案。要回答这个问题，需要找到一个情境，观察人们如何在金钱和死亡风险之间做权衡，从中我们可以推断他们为了安全愿意支付多少钱。但是，问题在于，从哪里能找到这样的情境呢？

谢林的学生理查德·泽克豪泽（Richard Zeckhauser）也是一位经济学家，他发现俄罗斯轮盘赌为思考这个问题提供了线索。这里，我们略微改编一下他的例子。假设艾丹要玩一次俄罗斯轮盘赌，他所用的枪能装很多子弹，比如 1 000 颗。现在随机装入 4 颗子弹，艾丹必须扣动一次扳机。（幸运的是，这支枪是单发枪。）艾丹愿意支付多少钱移除其中的一颗子弹呢？① 虽然泽克豪泽的俄式轮盘赌实验提出了这样一个好问题，但对解决问题并无帮助。让实验对象拿着上膛的枪对准自己的脑袋，这种实验并不能真正进行。

在思考这些问题时，我想到了一个方法。我可以先找到不同职业的死亡率数据，包括采矿、伐木、高层建筑外立面清洁等高危工作，也包括种地、开店、低层建筑外立面清洁等相对安全的工作。在经济人看来，更危险的工作应该得到更高的报酬，否则没有人会愿意做这

---

① 泽克豪泽提出的问题是：艾丹愿意支付的金额与枪膛中子弹的数量有多大关系？如果枪膛是满的，那么艾丹应该倾其所有（甚至借钱）来移除哪怕是一颗子弹。但是，如果枪膛里只装了两颗子弹呢？他会为移除一颗子弹支付多少钱？与前一种情况相比，他愿意支付更多还是更少的钱呢？

样的工作。事实上，为危险工作所支付的额外薪水，主要用于补偿工人在工作中所承担的风险（或是其他工作属性）。所以，如果还可以查找到每种职业的薪资水平，那么无须让任何人参与俄罗斯轮盘赌，我也能估算出生命的价值。然而，我到处寻找，却找不到任何有关职业死亡率的数据。

这时，我的父亲艾伦帮了我的忙。他是一名保险精算师，工作内容就是使用数学方法来帮助保险公司控制风险。我问他能否找到有关职业死亡率的数据，没过多久，我就收到了一本薄薄的红皮精装书，它是由北美精算师协会出版的，其中正好有我需要的数据。根据职业死亡率以及我已经找到的职业薪资水平数据，我就可以估算出必须支付多少钱，人们才愿意接受死亡风险较高的工作。

想到这个方法并找到数据，的确是一个好的开始，但是正确进行统计计算才是关键所在。我需要在经济系找一位愿意为我的这篇论文提供指导的老师。我的选择当然是前文提到的舍温·罗森，他当时是一位很有前途的劳动经济学家。我们此前并没有合作过，但因为我的论文题目与他正在做的理论研究相关，所以他同意做我的论文指导老师。

基于这篇研究生论文，我和舍温又合写了一篇学术论文。通过我们计算得出的生命价值[8]一直以来被不断更新，直到现在仍被用于政府的成本–效益分析。目前，一个生命的价值大约为700万美元。

在写作研究生论文期间，我觉得如果问人们一些假设性的问题应该很有意思，而且这些问题可以作为另一种方式，用以得出人们在权衡金钱和死亡风险时的偏好。在写下问题前，我首先要确定应该怎么来问这些问题：是问他们愿意支付多少钱，还是愿意接受多少钱？如果采用第一种问法，问题就是：你愿意支付多少钱，以降低自己明年的死亡风险概率，例如千分之一？如果采用第二种问法，问题就是：如果需要承受同等概率的死亡风险，你会要求得到多少钱？结合各种数据可计算出，一位 50 岁的美国公民一年中面临的死亡风险概率约为 0.4% 。

下面是我在课堂上提出的一个典型问题，以 A 和 B 两种形式提问，学生对这两个问题均要作答。

A. 假设来上这堂课，你会接触到一种罕见的致命疾病。如果染上此病，下周你就会毫无痛苦地死去，你患病的概率是千分之一。我们只有一份解药，会卖给出价最高的人。如果你买到解药，你的死亡风险会降至零。你最多愿意为此药支付多少钱？（如果你缺钱，我们可以借钱给你买解药，分 30 年还清而且免息。）

B. 校医院的研究人员正在研究一种罕见的疾病。他们需要招募一些志愿者，志愿者只需走进房间待 5 分钟，染病率为千分之一，如果染上此病，患者第二周会没有痛苦地死去。目前这种病没有任何解药。如果参加这项研究，你最少会向研究人员要多少钱？

对于人们将如何回答这两个问题，经济学模型很容易做出预测，即两个问题的答案几乎是一样的。对于一个 50 岁的人来说，第一种情况下的死亡风险概率会从 0.5%（0.4%+0.1%）降为 0.4%，第二种情况则会从 0.4% 提高为 0.5%，所以在 A 和 B 两种情况下如何权衡金钱和死亡风险，答案应该不会有太大的差异。实际上，人们给出的答案千差万别，但有一点很清楚：两个问题的答案截然不同。一般的回答方式是这样的：在第一种情况下我最多出 2 000 美元，在第二种情况下若报酬低于 50 万美元我是不会参加的。实际上，对于情况 B，很多人表示，不管给多少钱都不会参与。

并非只有经济学理论认为情况 A 和 B 的答案应该相同，逻辑一致性也是如此。我们还是以一位年龄为 50 岁的人为例，在见到我之前，他第二年面临的死亡风险概率是 0.4%。假设他对上述两种情况的回答是：A 为 2 000 美元，B 为 50 万美元。第一种情况表明，0.1% 的死亡风险概率从价值上讲相当于 2 000 美元，因为他不愿意支付更多的钱来规避风险。但是，第二种情况表明，如果少于 50 万美元，他不会接受同样是 0.1% 的死亡风险概率。当然，0.4% 到 0.5% 的风险变化不可能最高值 2 000 美元，而最低值 50 万美元！

这个道理并非每个人都能参透。实际上，即使经过解释，很多人还是不会认同，可能就像现在的你一样。但是，其中的逻辑是无法逃避的。① 对一位经济学家来说，这些发现既令人困惑，又让人觉得荒谬。我把结果告诉了舍温，他让我别在这件事上浪费时间，赶紧写论文，但我对此却十分着迷。这到底是怎么一回事呢？当然，生命受到威胁的情况并不寻常，但当我开始搜集案例时，我却发现类似的情况到处可见。

其中一个例子与经济系主任理查德 · 罗塞特（Richard Rosett）有关，他一直是一个十分喜欢收藏葡萄酒的人。他告诉我在他的酒窖中，有的酒是他当初花 10 美元买来的，现在却价值 100 美元。实际上，当地有位叫伍迪的酒商愿意以当前的市价收购罗塞特收藏的酒。

---

① 从理论上讲，问题的答案会因经济学家所说的“收入效应”（或“财富效应”）而不同。情况 A 比情况 B 更糟糕，因为在 B 情况下如果你不参与就不会染病。但是，这种效应却无法解释我观察到的巨大差异。在其他调查中，我会在问题 A 中注明“你会得到（比如）5 万美元”，但这并不会消除两种答案的差异。

罗塞特说自己会在某个特殊的日子开一瓶葡萄酒喝，但绝不会花 100 美元买一瓶葡萄酒喝，他也没有把酒卖给伍迪，这很不理性。如果他愿意喝掉一瓶能卖 100 美元的酒，那么这瓶酒的价值肯定是 100 美元。既然如此，他为什么不愿意花 100 美元买一瓶这样的酒呢？为什么他拒绝购买任何价值接近 100 美元的酒呢？作为经济学家，罗塞特知道这样的行为并不理性，但他依然这么做了。[①]

这些案例都涉及一点，即经济学家所说的“机会成本”（opportunity cost）。某项活动的机会成本是指，为了这项活动而放弃的其他活动的价值。如果我今天去登山，而没有待在家里看球赛，那么我登山的机会成本就是看球赛的乐趣。对于那瓶 100 美元的酒来说，喝这瓶酒的机会成本就是伍迪愿意出的价钱。不管是罗塞特喝了自己的藏酒或是买一瓶葡萄酒喝，其机会成本都是一样的。但是，我们可以从罗塞特的行为中看出，即使是经济学家，有时也不会将机会成本等同于实际的现金支出。自掏腰包购买这种产品比放弃出售这种产品的机会更令人不情愿。与实际支付现金相比，机会成本是模糊的、抽象的。

我的朋友汤姆·罗素（Tom Russell）讲了另外一个有趣的案例。信用卡开始普及的时候，信用卡发卡机构与零售商打起了官司，双方争论的问题是，对于使用信用卡的消费者和支付现金的消费者，商家是否可以收取不一样的价钱。因为信用卡发卡机构会向零售商收取交易处理费用，所以有些零售商，尤其是加油站，想要向信用卡用户收取更高的价钱。当然，信用卡行业的人并不喜欢这种做法，他们希望

① 罗塞特似乎并不为自己的行为感到困扰。我后来发表过一篇文章，讲述了他的行为，其中的 R 先生指的就是他。文章发表后，我给罗塞特寄去了一份样章，他回复了几个字：“哦，我出名了！”

消费者认为使用信用卡是免费的。当这个案件进入监管程序后，信用卡发卡机构采取了两边下注的策略，将重点放在形式而非内容上，并坚称，如果商店一定要对使用信用卡的消费者和支付现金的消费者收取不同的价钱，那么“正常价格”应该是向信用卡用户收取的价钱，而现金用户则可以享受“打折”的优惠。另一种方法则是，将向现金用户收取的价钱设定为正常价格，而信用卡用户则需要支付“附加费”。

对于理性的经济人而言，这两种策略其实是一样的。如果向信用卡用户收取 1.03 美元，向现金用户收取 1 美元，那么你将 3 分钱的差价说成是“折扣”或“附加费”并没有什么区别。尽管如此，信用卡发卡机构都更倾向于打折的做法，他们的这种做法其实是正确的。很多年后，卡尼曼和特沃斯基将这种差别称为“框架效应”，但在此之前营销人员已经察觉到了框架效应的重要性。支付附加费是要从兜里掏钱的，而享受打折“只是”机会成本。

我将这种现象称为“禀赋效应”，因为用经济学家的行话说，你拥有的东西属于你的一部分禀赋。另外，我偶然发现，与你即将拥有的那些东西相比，你更看重自己已经拥有的东西。

禀赋效应对人的某些行为有显著的影响，比如是否参加某场特殊的音乐会或体育赛事。通常来说，这些活动的零售票价会远低于市场价格。有些人很幸运，通过排队或者以最快的速度点击网页，买到了门票。这时，他们需要做一个决定：是去看比赛，还是把票卖出去？现在很多国家都设有简单、合法的网上市场，人们可以在上面转售各种门票，比如 Stubhub.com 网站。有票的人无须站在赛场外兜售，在互联网上就可以通过售出自己手上的门票发一笔小财。

除了经济学家，很少有人支持这种做法。[9] 经济学家迪安·卡兰（Dean Karlan）为我们提供了一个很好的例子。迪安现在在耶鲁大学工作，当他还在芝加哥大学读 MBA（工商管理硕士）的时候，迈克尔·乔丹（Michael Jordan）正处于其篮球职业生涯的巅峰期。在乔丹为芝加哥公牛队效力期间，该队曾 6 次夺得 NBA 总冠军。有一年，芝加哥公牛队在季后赛第一轮对决华盛顿奇才队。虽然大多数人都认为胜利者肯定是公牛队，但比赛门票仍然很紧俏，部分原因在于粉丝们知道越往后比赛票价就会越高。

迪安有个大学同学为奇才队工作，他给了迪安两张门票。迪安还有个朋友是神学院的研究生，也和迪安一样得到了两张免费门票。研究生一般在经济上都不是很宽裕，他们二人也是如此，虽然从长期来看迪安的经济前景会更好：MBA 往往会比神学院的研究生收入高。[①]

迪安和他神学院的朋友都认为，“是把票卖了还是去观看比赛”这个决定很容易做。那位神学院的学生邀请别人和他一起去观看比赛，而且看得很高兴。迪安则忙着琢磨哪些教授既是篮球迷，同时又做着利润丰厚的咨询工作。最后，迪安的两张票都卖了数百美元。迪安和他神学院的朋友都认为对方的行为很愚蠢：迪安无法理解他的朋友怎么会认为自己看得起那场球赛，而他的朋友则无法理解为什么迪安意识不到那两张票是免费的。

这就是禀赋效应。虽然我知道这种效应真实存在，但我并不知道自己能对此做些什么。

---

① 当然，神学院的学生在毕业后的很长一段时间之后可能会缩小这种收入差距。

第3章

非理性行为清单

买卖价格的差异让我的头脑运转起来，人们还有什么行为是与经济学家的理性选择模型相矛盾的呢？当我集中精力思考时，很多事例都呈现在我的脑海中，我在办公室的黑板上将其一一列出。这里仅列举我朋友的一些行为：

- 我和杰弗里买了两张职业篮球比赛的门票，比赛在布法罗举行，从我们所在的罗切斯特开车到布法罗一般需要一个半小时。不幸的是，比赛那天正赶上暴风雪，我认为不去看比赛比较好，但杰弗里说，既然我们买了这么贵的票，就应该冒着风雪驱车前往。
- 斯坦利每个周末都要修剪草坪，这让他染上了严重的枯草热。我问他为什么不雇一个小孩帮他修剪草坪，斯坦利说他不想支付那10美元。我问他："如果给你20美元，你会给邻居修剪草坪吗？"而斯坦利的回答是"不，当然不可能"。
- 林内亚要买一台闹钟收音机，她找到了一款自己喜欢的，并且经过比价发现价钱很合理——45美元。当她正准备付款的时候，店员告诉她离这10分钟车程的地方开了另一家分店，正在搞开业酬宾，这款收音机仅售35美元。她会驱车前往另一家分店购买吗？

在另外一次购物经历中，林内亚准备买一台电视机，价钱也很合理：495美元。店员告诉她在离这10分钟车程的另外一家店里，同一款电视机的售价为485美元。同样的问题，却可能有不同的答案。

- 李先生的妻子给他买了一件很贵的羊绒衫当作圣诞礼物。他之前在店里看到过这件羊绒衫，但觉得它的价钱太高，买下来的话实在太奢侈了。但是当妻子把它作为礼物送给他时，他却很高兴。李先生和他的妻子将所有的钱都放到一起，两人都没有其他的资金来源。
- 我有一些朋友来我家吃饭，我们边喝东西边等烤箱烤熟食物。我端出一大碗腰果让大家先垫垫肚子。5分钟之内，大家就吃了大半碗，再吃下去的话就会影响我们吃饭时的食欲。于是，我拿走了那碗腰果，藏在厨房里，每个人都很高兴我这样做。

上述每个例子中的行为都与经济学理论不符。杰弗里违背了经济学家“忽略沉没成本”的原则，沉没成本就是已经花出去的钱，我们买门票花的钱不应该影响我们是否去观看比赛的决定；斯坦利违背了买价和卖价应该相等的规则；如果林内亚愿意花10分钟为一件小商品节省10美元，而不会为一件大商品这样做，那么她对时间的珍惜程度就是不一致的；如果是妻子做的决定，即使羊绒衫没有便宜一分钱，李先生也可以接受用夫妻共同财产买一件昂贵的羊绒衫；拿走腰果，朋友就没有多吃的选择了，可是对经济人而言，选择越多越好。

我盯着我列举的例子看了好一会儿，并不断加上新的例子，但我并不知道对这些例子我能做些什么。以“人们做的蠢事”为题写一篇学术论文，实在不能令人满意。后来，我决定暂时把这件事放下。

1976年夏天，我和舍温去加州蒙特雷附近的一个地方参加一次会议，探讨生命的价值。对我来说，这次会议最特别的地方就是有两位心理学家出席，他们是巴鲁赫·菲施霍夫（Baruch Fischhoff）和保罗·斯洛维奇（Paul Slovic），都在决策研究方面有所建树。见到他们，我仿佛发现了新物种，因为我尚未在学术圈见过拥有像他们这样背景的人。

会议结束后，我开车送巴鲁赫去机场。路上，巴鲁赫告诉我，他在以色列希伯来大学拿到了心理学博士学位。他导师的名字我在此之前从未听说过：阿莫斯·特沃斯基和丹尼尔·卡尼曼。巴鲁赫和我讲起他的论文，是有关"后见之明的偏见"（hindsight bias）[10]的，现在这篇论文在学术界的知名度很高。该论文的结论是，事情发生过后我们会认为自己早就知道结果会是这样。当竞选前几乎无人知晓的非裔美籍议员巴拉克·奥巴马打败众人都看好的希拉里·克林顿，成为民主党总统候选人后，很多人都认为自己早就知道结果会是这样。但是，其实他们原本并不知道。

我觉得"后见之明的偏见"这个概念很有意思，对管理领域来说绝对非常重要。公司首席执行官面临的最大难题之一就是，在项目有风险但预期收益足够高时，如何让手下的管理者相信他们应该做这些项目。管理者会担心，如果项目进展十分不顺利，不管当时的决定是好是坏，主持项目的那个经理都将受到批评，他们的担心是有充分理由的。后见之明的偏见极大地加剧了这个问题的严重性，因为首席执行官会误以为不管项目失败的原因何在，都应该能提前预测到。另外，因为后见之明的偏见的存在，首席执行官认为自己早就知道这个项目风险很高。事实上，我们总会看到别人的偏见，却无视自己的偏见，这会导致后见之明的偏见害处更大。

巴鲁赫认为，我可能会喜欢阅读他导师的著作。第二天，我刚回到罗切斯特大学的办公室，就起身去了图书馆。此前我一直关注的都是图书馆中经济学区域的书，那天我却觉得自己身处图书馆里一个全新的地方。我最开始读的是巴鲁赫的两位导师发表在《科学》杂志上的总结性论文——“不确定性下的判断：启发法和偏见”（Judgment Under Uncertainty: Heuristics and Biases）[11]。当时，我还不清楚“启发法”具体是什么意思，之后才明白它原来是经验法则的一种华丽表达。读这篇文章的时候，我的内心激动不已，仿佛观看一场比赛的最后几分钟一样。从头至尾读完那篇文章，我用了 30 分钟，但正是这 30 分钟彻底改变了我的人生。

文章的论题十分简洁，即人类的时间和脑力是有限的，所以人们会使用简单的经验法则（启发法）做出判断。以“可得性”为例，假如我问你“德鲁弗”（Dhruv）是不是一个常见的名字，如果你来自印度以外的其他国家，你很可能会说不是，但德鲁弗这个名字在印度却很常见。鉴于印度人口众多，所以以全球人口的角度来看，这个名字其实属于常见名。在思考某件事发生的频率时，我们往往会问自己，我们能够想起多少类似的事。这是一条很好的经验法则，在我们所在的社区，我们能回想起的叫某个名字的人的数量，是推断这个名字实际出现频率的一条很好的线索。但是，如果某件事的发生次数与你能想到的实例（比如德鲁弗这个名字）的相关性不强，经验法则就会失效。这篇文章的主要论点是人们使用这样的经验法则时会犯下“可预测的错误”（predictable error），所以论文题目叫作“启发法和偏见”。上述那个例子就很好地证明了这个让我激动得双手颤抖的论点，可预测的偏见这个概念为我后来的一系列想法提供了框架。

在特沃斯基和卡尼曼之前，这个领域还有一位先驱人物，他就是赫伯特·西蒙（Herbert Simon）。他博学多才，职业生涯的大部分时间都在卡内基－梅隆大学度过。西蒙几乎在社会科学的所有领域都很出名，包括经济学、政治学、人工智能和组织理论。但有一点让他与本书的关系最密切：他早在特沃斯基和卡尼曼之前就撰文讨论过“有限理性”（bounded rationality）。西蒙提出，人的理性是有限的，意思是人们缺少解决复杂问题的认知能力，这一点显然是正确的。虽然他获得了诺贝尔经济学奖①，但我认为他对经济学领域的影响甚微，这么说其实很公平。我相信很多经济学家都忽略了西蒙的研究，因为他们很容易将有限理性看作“正确但毫不重要的”概念。如果你说经济学家的模型不精确，或是这些模型所做的预测存在一定的错误，他们肯定会接受你的说法。他们的处理方式是在所用的统计模型中加入“误差”（error）一词。假设你要用父母的身高作为预测因子来预测他们的小孩成年后的身高，统计模型会表现得很好，因为高个子的父母一般会生出高个子的孩子，但是该模型又不会十分精确，这就是使用“误差”一词的妙处。另外，只要误差是随机的，也就是说，模型得出过高或过低的结果的频率相等，就万事大吉了。因为其中产生的误差会相互抵消。这就是经济学家认为有限理性产生的错误完全可以被忽略的原因，还是依靠完全理性的模型吧！

卡尼曼和特沃斯基冒着会引发众怒的危险声称，这些误差并不是随机的。如果我们问美国人，被枪杀的人数多还是饮弹自杀的人数多，大多数人都会说他杀的人数更多，但实际上用枪自杀的人几乎是被枪杀人数的两倍（实际上，只要在家里放一把枪就会提高家人自杀的风险）。[12] 这就是一个可预测的错误。即使回答这个问题的人很多，

① 诺贝尔经济学奖并不是根据阿尔弗雷德·诺贝尔遗嘱设立的奖项之一，但与其他奖项一同颁发。诺贝尔经济学奖的全名为“纪念阿尔弗雷德·诺贝尔瑞典银行经济学奖”，但在此将其简称为诺贝尔经济学奖。

误差的平均值都不会为零。虽然当时我还未能完全领会其中的奥秘，但卡尼曼和特沃斯基的真知灼见已经把我向前推了一步，使我对自己列的行为清单有了进一步的认识。清单上的每个案例都是一种“系统性偏差”（systematic bias）。

此外，这些案例还有一个值得注意的特点。在每个案例中，经济学理论对其中的重要问题都有一个十分明确的预测，比如腰果是否要端下去，以及篮球比赛门票的价格等。经济学理论明确表示，这些问题不应该影响决策，它们都是看似无关的因素。后来有大量的行为经济学研究显示，这些看似无关的因素对于预测人们的行为至关重要，并且应用的解释依据往往是特沃斯基和卡尼曼在1974年那篇论文中所提出的系统性偏差。[①] 到此时为止，我的清单已经列得很长了，远远超过几年前我在办公室黑板上所列的那些。

我花了几个小时的时间兴奋地读完了卡尼曼和特沃斯基合写的文章，直到离开图书馆时，我的头脑还一直在高速运转。

---

① 你可能想知道卡尼曼和特沃斯基的论文中名字排列先后的问题。最开始的时候他们二人采用了一种极不寻常的策略，轮换被列为第一作者，以这种微妙的方式表明二人是平等的。在经济学领域，按字母排序是默认做法，但是在心理学领域，名字的顺序通常会表明作者对文章的贡献大小。他们的做法避免了决定每篇文章谁的贡献更大。这种评价方式会很麻烦（详见第28章）。

第4章

前景理论和价值函数

从图书馆回来的第二天，我打电话给巴鲁赫，对他表示感谢。他说卡尼曼和特沃斯基正在写一篇有关决策的新论文，应该正对我的胃口。巴鲁赫告诉我，沃顿商学院的霍华德·昆鲁斯（Howard Kunreuther）那里可能有这篇论文。我打电话给霍华德，找到了这篇宝贵的文章。他有这篇文章的初稿，复印了一份寄给我。

那篇文章初稿的题目还是“价值理论”，在霍华德寄来的复印稿的空白处全是他做的评论。这篇文章后来为卡尼曼赢得了2002年的诺贝尔经济学奖。（如果特沃斯基在世，他会共享这一殊荣。）后来，卡尼曼和特沃斯基又将文章的名字改为“前景理论”（Prospect Theory）[13]。① 对我的行为清单来说，这篇文章比“启发法和偏见”那篇更有用。其中有两点立刻吸引了我，即“组织原则”和“一幅简单的曲线图”。

---

① 我问过卡尼曼为什么要更改论文的题目。他的回答是：“价值理论容易产生误解，所以我们决定使用一个完全没有意义的词。不过，如果过一段时间后，这个理论幸运地成为一个重要理论，这个词就有意义了。‘前景’这个词就很合适。”

规范性理论和描述性理论

组织原则包含两种理论：规范性理论和描述性理论。规范性理论会告诉你思考某一问题的正确方式。这里的“正确”一词并非指道德层面的正确，而是指逻辑层面的一致性，正如经济推理（有时被称为“理性选择理论”）中最优化模型所规定的那样，本书中使用“规范性”一词时指的就是这个意思。例如，勾股定理就是一个规范性理论，它规定了已知直角三角形的两条边的边长时，如何计算另一条边的边长的方法。如果你使用其他公式，就会算错。

下面这道题可以测试一下你是否对勾股定理有一个很好的直观认识。假设有两条铁轨，每条长1英里[①]，首尾相接（如图1），接头部分并不固定，只是将其余的两端用钉子钉牢。现在，假设天气变热，两条铁轨各延展了1英寸[②]。因为铁轨的两端已经与地面固定，所以只能从中间接头的地方隆起，就像吊桥一样。另外，因铁轨十分坚硬，隆起时仍保持笔直的状态。（这样描述只是为了让问题变得简单，所以别抱怨这种假设并不实际。）现在你需要回答：

> 假设我们只考虑一条铁轨，在这个直角三角形中，底边为1英里，斜边为1英里1英寸，那么高是多少？换句话说，铁轨升高了多少？

---

① 1英里≈1.609千米。——编者注

② 1英寸≈2.54厘米。——编者注

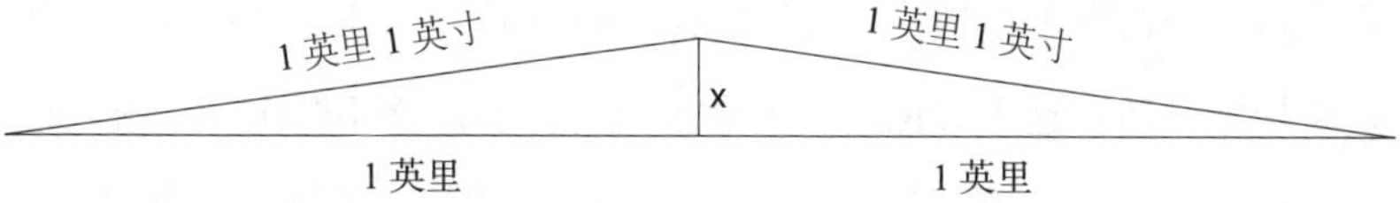

图1　猜一猜高度x是多少

注：此图并不是按照实际比例画的。本书中的图表如无特别注明，皆出自凯文·奎利（Kevin Quealy）。

如果你还记得高中几何知识，手上有一个拥有平方根求解功能的计算器，你还知道1英里等于5 280英尺①、1英尺等于12英寸，就可以解答这个问题了。但是，如果只凭直觉，你认为高度x会是多少？

大多数人认为，既然铁轨延展了1英寸，那么它应该隆起差不多的高度，比如两三英寸。

正确答案是29.7英尺！你是怎么算的？

现在，假设我们要预测人们会如何回答这个问题。如果我们是理性选择理论的践行者，我们就会假设所有人都会得出正确答案，所以我们使用勾股定理，并且将其作为规范性以及描述性模型，预测人们得出的答案大概是30英尺。对这个问题来说，这个预测可谓十分糟糕，因为人们给出的答案的平均值仅为约2英寸。

这就是传统经济学问题的症结所在，也是前景理论在概念上的创新之处。当时的经济学理论会将一个理论既当作规范性理论，也当作描述性理论，现在大多数经济学家还在这样做。以公司理论为例，该理论规定公司应该追求利润最大化（或公司价值最大化），并且进一步阐述了公司应该如何做，比如应该如何定价才能使边际成本等于边

① 5 280英尺=1 609.344米。——编者注

际收益。经济学家使用“边际”（marginal）这一术语时，指的其实就是增加值，所以这个理论暗含的意思是：公司应该不断生产，直到最后一件产品的成本刚好等于收益的增加值。同样，经济学家加里·贝克尔（Gary Becker）率先提出的人力资本理论[14]强调，人们可以正确地预测在未来的职业生涯中能赚多少钱（以及能获得多少乐趣），从而据此选择某种教育以及为其投入多少时间和金钱。可是现在，高中生和大学生对教育的选择，很少能反映出他们对这些因素进行了仔细分析。相反，很多学生都会选择自己最喜欢的课程，而不会仔细思考这会为他们创造什么样的未来生活。

传统思想认为，一个行为理论既可以是规范性的，也可以是描述性的，而前景理论则试图打破这种传统。具体而言，卡尼曼和特沃斯基的那篇论文讲述的是不确定性下的决策问题。前景理论的最初想法可以追溯到 1738 年的丹尼尔·伯努利（Daniel Bernoulli）[15]那里。伯努利可以说是一名全才，精通数学、物理等几乎所有科学。与前景理论相关的是，他解答了其堂兄尼古拉斯·伯努利（Nicolas Bernoulli）提出的“圣彼得堡悖论”。①（伯努利家族是一个人才辈出的家族。）从本质上讲，伯努利提出了“风险厌恶”（risk aversion）这一想法，因为他认为，人们的幸福感或者经济学家所说的“效用”，会随着财富

① 圣彼得堡悖论：假设有人邀请你玩一个赌博游戏，游戏中你不断投掷硬币，直到硬币正面朝上为止，游戏结束。如果第一次投掷就成功了，可得 2 美元，如果第二次才成功，可得 4 美元，依此类推，如果第 n 次投掷成功，奖金为 2 的 n 次方美元。你预期得到的奖金是 1/2×2 美元 +1/4×4 美元 +1/8×8 美元……这一序列的数值将是无穷大的，那么为什么人们不愿意支付一大笔钱玩这个游戏呢？伯努利的回答是，假设随着财富的增加，人们对金钱的期望效用是递减的，就会产生风险厌恶现象。一个简单的解决办法是，设想世界上的财富是有限的，所以你应该担心如果赢了游戏，庄家能否支付起最后的金额。只需在第 40 次投掷时让硬币正面朝上，奖金就会超过 1 万亿美元，如果你认为庄家倾家荡产也支付不起奖金，那么玩这场游戏的价值将不超过 40 美元。

的增加而提高，但提高的速度是递减的。这一原理被称为“敏感性递减”（diminishing sensitivity），即随着财富的不断增加，一定金额的增量（比如10万美元）所产生的影响将不断减小。对于一个农民来说，10万美元的意外收获将会改变他的一生；而对比尔·盖茨来说，10万美元根本无足轻重。描述敏感性递减的曲线图如图2所示。

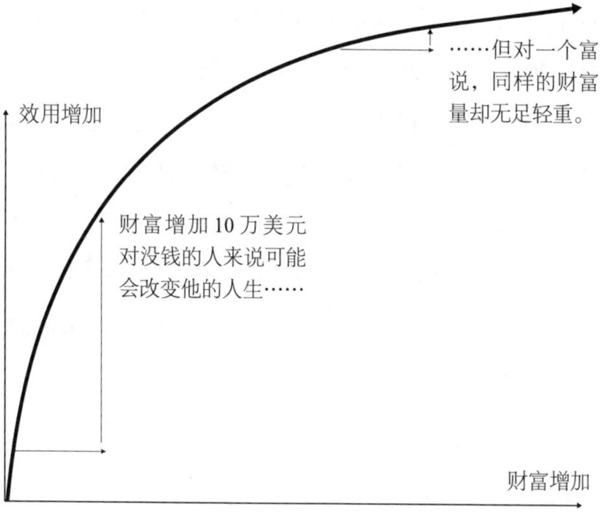

图2 财富的边际效用递减

图中所示的效用函数曲线暗含了风险厌恶的因素：第一个1 000美元的效用要大于第二个1 000美元，依此类推。这说明，如果你有10万美元，那么当我让你选择100%能够得到1 000美元，还是有50%的概率可以得到2 000美元时，你会选择前者。因为比起第二个1 000美元（2 000 × 50%），你更看重第一个1 000美元，因此不愿意为了得到2 000美元而冒险失去第一个1 000美元。

全面研究如何在有风险的情况下做出决策的正式理论发表于1944

年，即数学家约翰·冯·诺依曼（John von Neumann）和经济学家奥斯卡·摩根斯特恩（Oskar Morgenstern）提出的“期望效用理论”（expected utility theory）。约翰·冯·诺依曼是20世纪最伟大的数学家之一，就职于普林斯顿高等研究院，曾被视为当代的爱因斯坦。“二战”期间，冯·诺依曼决定致力于研究一些实际问题，结果写出了600多页的鸿篇巨制《博弈论与经济行为》（*The Theory of Games and Economic Behavior*），[16]期望效用理论只是其中一个附带的理论。

在创立该理论的过程中，冯·诺依曼和摩根斯特恩最初写下了一系列理性选择的公理，然后推断遵循这些公理的人将会有什么样的行为。这些公理大都是毫无争议的，比如“传递性”。该术语是指，如果A和B中你更喜欢A，B和C中你更喜欢B，那么A和C中你一定更喜欢A。最重要的是，冯·诺依曼和摩根斯特恩证明，如果你想要满足这些公理（并且确实做到了），那么你一定会按照他们的理论做出决策。这个论点十分具有说服力。如果我需要做一个重要决策，不管是按揭再融资还是投资新的产业，我都会依据期望效用理论做出决定，正如我会使用勾股定理计算铁轨隆起的高度一样。使用期望效用理论是做决策的正确方式。

卡尼曼和特沃斯基提出的前景理论，则为人们提供了另外一种预测方法。他们并没有标榜这是一条有用的理性选择指南，而是前景理论可以很好地预测人们在现实生活中的实际选择。这是一个有关人类行为的理论。

虽然这一理论看起来是符合逻辑的，但经济学家却从未欣然接受它。在此之前，西蒙提出了“有限理性”这个术语，但并没有具体说明有限理性的人与完全理性的人有何区别。当然还有一些其他理论，但都没有站住脚跟。例如，普林斯顿大学著名（也是十分传统的）经济学家威廉·鲍莫尔（William Baumol），在以追逐利润最大化为核心的传统（规范性）公司理论的基础上提出了另一种理论。[17]他假设，公司会最大限度地扩大规模（比如可以用销售收入衡量），同时受到利润必须达到某一最低限度的制约。我认为销售最大化对很多公司来说，可能都是一个很好的描述性模型。实际上，如果首席执行官实施这一策略，是更加明智的选择，因为首席执行官的薪资水平既与公司规模有关，也与公司利润有关（这似乎很奇怪）。但如果事实如此，就违反了价值最大化理论。

我读完“前景理论”这篇文章时，得到的第一个启示就是：要建立能准确描述人类行为的经济模型。

神奇的价值函数曲线图

卡尼曼和特沃斯基的论文中还有一点深深地吸引了我，那就是描述价值函数的一幅图。这是经济学思想中一个重要的概念转变，也是他们新理论的真正引擎。自伯努利之后，经济模型一直基于一种简单的假设，即人们的行为符合财富的边际效用递减规律，如前文中的图2所示。

这个财富效用模型符合基本的财富心理学，但为了创建一个更好的描述性模型，卡尼曼和特沃斯基意识到，应该将注意力放在财富的变化而非财富的等级上。这听起来似乎只是一个微小的变化，实际上却是一个重大转变。他们设计的价值函数曲线如图3所示。

卡尼曼和特沃斯基之所以将重点放在变化上，是因为人类本身就是通过变化来体验生活的。假设你所在的办公大楼的空气循环系统非常好，可以使办公环境始终保持我们所说的常温。现在，你离开办公室去会议室参加会议，你会对那里的温度有何反应呢？如果那里的温度与你的办公室及走廊里的温度相同，你不会有什么反应。只有当会议室的温度明显比办公楼其他地方高或低的时候，你才会注意到。但当我们适应新的环境后，就不会在意温度了。

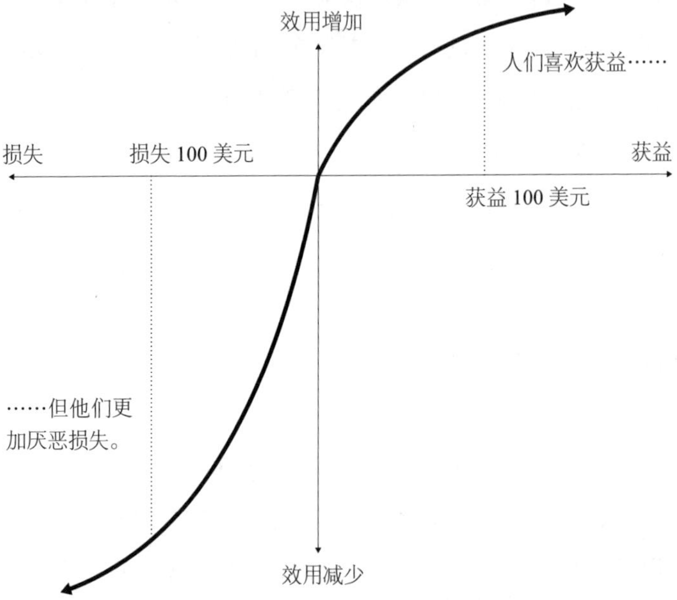

图 3　价值函数曲线

在对待金融方面的事情时人们的表现亦是如此。假设简的年薪为 8 万美元，如果年终时意外得到了 5 000 美元的奖金，她会有什么反应呢？她会将这笔钱与她毕生可得的财富做对比吗？ 5 000 美元似乎显得微不足道。但她不会这样做对比，而是会想：“哇，多了 5 000 美元！”人们会通过财富的变化而非等级去感知生活，变化可能是与现状不同的变化，或是与预期不同的变化，但不管是哪种形式，让我们欢喜或痛苦的都是变化。这的确是一种高见卓识。

那篇论文中的图极大地激发了我的想象力，于是我在黑板上列出的行为清单旁边画了一条效用曲线，并且发现这条 S 型曲线蕴含了大量有关人类本性的智慧。曲线的上半部分代表获益，与一般的财富效用函数曲线相同，体现了敏感性递减的规律。不过，请注意，损失部分也符合敏感性递减的规律。损失 10 美元和 20 美元间的差别要大于损失 1 300 美元和 1 310 美元间的差别，这就是卡尼曼和特沃斯基的曲线图与标准经济学模型的不同之处。从某一财富水平开始，随着财富效用的减少，损失在不断增加，令人越来越心痛。（如果随着财富的增加，你越来越不看重获益，那么随着财富的减少，你会越来越看重损失。）

我们对现状改变的敏感性会呈现出递减规律，这是另一个基本的人类特征，即“韦伯 – 费希纳定律”（Weber-Fechner Law），它是心理学领域最早的发现之一。韦伯 – 费希纳定律指出，对任何变量而言，刚刚可以感觉到的差别与变量的级别是成比例的。如果我的体重增加了 1 盎司（约 28.35 克），我可能不会察觉，但是如果我在买新鲜的香草，2 盎司和 3 盎司的差别则是显而易见的。心理学家将刚刚可以感觉到的差别称为“最小可觉差”（JND）。如果你想给一位研究型心理学家留下深刻的印象，就在鸡尾酒会的闲谈中用上这个词吧。（“我给新买的车安装了更贵的音响系统，因为价格的差异小于最小可觉差。”）

你可以用下面这个例子检验你是否明白了韦伯 – 费希纳定律中的这个概念。这个例子出自美国国家公共广播电台一直都在播出的节目《谈论汽车》（*Car Talk*）。该节目由一对兄弟主持，他们是汤姆 · 马廖齐（Tom Magliozzi）和雷 · 马廖齐（Ray Magliozzi），二人都毕业于麻省理工学院。在节目中，两人会接听人们打来的询问有关汽车问题的电话。令人难以置信的是，节目十分搞笑，至少对两位主持人来说是这样，他们会因为自己的笑话笑个不停。[1]

在一次节目中，一个听众打电话来询问：“我的两个车前灯同时坏了，我把车开到修理店，但机械师却说我只需要换两个灯泡就行了。这可能吗？两个灯泡同时坏掉难道不是过于巧合了吗？”

汤姆立刻回答了这个问题：“啊，这就是著名的韦伯–费希纳定律！”原来汤姆也是一位心理学和市场营销学博士，师从判断和决策研究领域的顶尖学者马克斯·巴泽曼（Max Bazerman）。那么，这个问题与韦伯–费希纳定律有什么关系呢？该定律是如何帮助汤姆解答问题的呢？

答案是：两个灯泡实际上并不是同时坏掉的。其中一个灯泡坏了以后，我们还可以正常开车，所以毫无察觉，尤其是在夜间照明设施很好的城市。从两个灯泡照明变成一个灯泡照明往往不是一个可察觉的差异，但是从一个灯泡照明变成零个则绝对可以被察觉到。这种现象就解释了我行为清单中的一种：愿意多开10分钟的车去买便宜10美元的闹钟收音机，而不愿意多开10分钟的车去买一台便宜10美元的电视机。对于后者而言，10美元不是其最小可觉差。

人们对损失和收益的反应都遵循敏感性递减的规律，这一事实还说明了另外一点：人们会厌恶收益风险，而追逐损失风险，正如下面的实验所示。该实验分别实施于两组不同的实验对象。（请注意：以下两个问题的描述中只有一个词是不同的，以防实验对象像传统观点认为的那样，会根据财富的等级做出决策。）选择该选项的实验对象在相应的组中所占的百分比显示在括号中。

---

① 汤姆·马廖齐于2014年去世，但该节目仍在重播，我们还可以听到两兄弟的笑声。

问题 1：假设你比现在多拥有 300 美元，你要在以下两个选项中做出选择：

（a）100% 可以得到 100 美元；　　[72%]

（b）有 50% 的机会得到 200 美元，有 50% 的机会一分不得。　　[28%]

问题 2：假设你比现在多拥有 500 美元，你要在以下两个选项中做出选择：

（a）100% 会损失 100 美元；　　[36%]

（b）有 50% 的机会损失 200 美元，有 50% 的机会一分不失。　　[64%]

人们会追逐损失风险，而厌恶收益风险，其实两者在逻辑上的道理是一样的。在问题 2 中，失去第一个 100 美元会比失去第二个 100 美元更令人痛心，所以实验对象宁愿承担失去更多的风险以求一分钱也不损失。他们尤其渴望消除全部损失，原因就在于图 3 中说明的人的第三个特点：厌恶损失。

我们再从图 3 中两条曲线的起点处看一下价值函数。请注意，损失函数曲线比获益函数曲线的走势更加陡峭：损失曲线的下降速度比获益曲线的上升速度要快。粗略地说，损失造成的伤害是收益带来的快乐的两倍，价值函数的这一特点真是让我大吃一惊。这张图也说明了禀赋效应：如果我拿走罗塞特教授所收藏的酒，他的痛苦将是得到同样一瓶酒的快乐的两倍，这也是为什么他绝不会购买一瓶价钱一样高的酒。损失造成的痛苦大于收益带来的快乐，这种现象被称为“损失厌恶”（loss aversion），它已成为行为经济学家最强大的研究工具之一。

所以，我们会通过变化感受生活，我们对损失和收益的敏感性都符合递减规律，而且损失造成的痛苦大于等量的收益带来的快乐。一幅图中竟然蕴含着如此多的智慧，更没想到的是，我在自己随后的职业生涯中会一直与这幅图打交道。

第 5 章

加州圆梦之旅

1977 年，舍温·罗森打算在斯坦福大学度过夏天，他邀请我到美国西部和他一起进一步研究生命的价值。那年春天，我得知卡尼曼和特沃斯基将在秋季新学期开始时到斯坦福做研究。想到他们的研究带给我的灵感，我真的不想在他们到来之前就离开斯坦福。

春假期间，我飞到加州寻找住处，顺便想办法让自己整个秋季学期都能在斯坦福大学工作——我希望能有机会和这两位素未谋面的偶像见上一面。此前，我曾将自己的第一篇关于人类行为研究的论文初稿寄给特沃斯基，题目是“消费者的选择：经济学家的行为理论”[18]。我在文中指出只有经济学家的行为才会像经济人一样，特沃斯基给了我一个简短但十分友好的回复，表示我们的想法是相似的，除此之外别无他言。在电子邮件普及之前，进行远距离交流是很麻烦的。

我花了好几天的时间在斯坦福寻求机会，希望能够谋到一个访问学者的职位，但一无所获。就在我准备放弃的时候，我碰到了赫赫有名的卫生经济学家维克托·富克斯，他当时任美国国家经济研究局局长，我和舍温后来也进入了国家经济研究局工作。我使尽浑身解数向维克托讲述了那份行为清单、启发法和偏见、前景理论，以及即将来到斯坦福大学的两位以色列大师级人物。可能确实是被我说服了，抑或是可怜我，维克托决定资助我，一直到秋季学期结束。7 月，我到斯坦福大学以后，经常和维克托讨论我的那些离经叛道的想法，他后来又答应把对我的资助延长至来年夏天。

6 月，我们一家人度过了一个悠闲的假期，从美国东北部的纽约市驱车前往西海岸的斯坦福大学，途经各大国家公园时都会游览一番。这次汽车之旅给了我充足的时间来思考如何将心理学与经济学联系起来。任何话题都可以成为我思考的对象，比如：假如我今天打算驾车行驶 300 英里（约 482.8 千米），那么我该开多快？如果以每小时 70 英里的速度行驶，会比每小时行驶 60 英里提前 43 分钟到达目的地，若能省下这么多时间，就算有被开超速罚单的风险也值得。但是，如果当我只剩下 30 英里的路程时，每小时行驶 70 英里仅能比每小时行驶 60 英里节省下 4.3 分钟，冒被开罚单的风险似乎就不值得了。那么，随着离目的地的距离越来越近，我是不是应该越开越慢呢？这肯定是不对的，尤其是因为我们明天还要继续开车上路。我们的整个行程是不是都应该以同样的速度行驶呢？嗯，我得把这个问题列入我的行为清单。[①]

行程的最后我们要绕道去趟俄勒冈州的尤金，拜访巴鲁赫·菲施霍夫和保罗·斯洛维奇，就是最初激发我研究兴趣的那两位心理学家。趁着家人在市里游玩，我与巴鲁赫、斯洛维奇以及他们的研究搭档萨拉·利希滕斯坦（Sarah Lichtenstein）在他们的研究中心进行了一次交谈。当时造访的还有另一位心理学家玛雅·巴尔–席勒尔

① 答案应该是整个行程都保持同样的行驶速度。在其他因素保持不变的情况下，被开罚单的概率与行驶时间的长短是成比例的。

（Maya Bar-Hillel），她的研究生导师也是卡尼曼和特沃斯基。在后来的若干年里，这些人都可以称得上是我的心理学导师。

夏天快结束时，卡尼曼和特沃斯基终于偕家人来到斯坦福大学。特沃斯基和他的妻子芭芭拉将访问斯坦福大学心理学系，而卡尼曼与他的未婚妻、著名心理学家安妮·特丽斯曼（Anne Treisman），将访问斯坦福大学行为科学高级研究中心，从美国国家经济研究局沿山而上就能到达该研究中心。

维克托·富克斯设宴招待了特沃斯基和卡尼曼，这是我们第一次见面。我已记不清当时的情形了，只记得自己十分紧张，这和平日的我一点儿也不一样，只能靠健谈的维克托来让谈话进行下去。更重要的是，通过这次聚餐结识后，我就可以随时上山拜访卡尼曼了。（特沃斯基的办公室位于斯坦福大学校园内，路途实在有些远。）当时，卡尼曼和特沃斯基的名为“前景理论”的论文正值收尾阶段，我走进他的办公室时常常赶上两人正在工作。但行为科学高级研究中心的电话系统太过老旧，与其打电话询问卡尼曼有没有空，还不如直接上山去看一看。

有时我去拜访卡尼曼时，会看到他和特沃斯基正在修改论文的最后一稿。写论文的时候，卡尼曼坐在键盘旁边，两人逐句进行讨论，几乎每个词都不放过。他们的对话希伯来语和英语交杂，一种语言可能突然转换成另一种，但两人都浑然不觉。转用英语，原因可能是要使用“损失厌恶”这样的术语，他们不会劳神再发明一个希伯来语的新词。但是，为什么要从英语转换成希伯来语，我还没有想到合适的解释，可能是需要练习使用这种语言吧。

他们花了几个月的时间修改和打磨这篇论文。大多数研究者都觉得确立最初的想法是研究过程中最令人愉快的环节，实际的研究阶段也很有意思，但很少有人喜欢论文写作这一步——说学术写作“枯燥乏味”其实都是一种过高的褒奖。但对许多人来说，一篇枯燥的学术论文就像是一枚荣誉勋章。论文写得太有文采，意味着你对研究的态度不够认真，所以读者也不应该认真对待它。①“前景理论”这篇论文不是很好读，但因为卡尼曼和特沃斯基的反复修改，以及特沃斯基一直以来坚持的“凡事都要弄清楚”的原则，最终论文的内容和脉络都十分清晰。

我和卡尼曼很快就养成了在山间散步的习惯，边走边交谈。我们对彼此的研究领域都很陌生，但也很好奇，所以交谈给了我们很多相互学习的机会。通过相互学习，我们可以了解其他领域学者的想法，以及如何做才能让他们信服某些研究成果。

使用假设性问题就是一个很好的例子。当时，卡尼曼和特沃斯基的研究都建立在简单情境的基础上，比如：“假设除了你所拥有的全部财产外，你得到了 400 美元。现在有两个选择：一是有 100% 的概率损失 200 美元；二是有 50% 的概率损失 400 美元，有 50% 的概率一分钱也不损失。”（大多数人都会选择后者。）正如卡尼曼在其著作《思考，快与慢》（*Thinking, Fast and Slow*）[19]② 中所说，人们会先在自己的头脑中做这些思想实验，如果得出某个答案，他们便会暂时假定其他人也会选择同一个答案。然后，卡尼曼和特沃斯基会通过询问实验对象（一般都是学生）进行验证。

经济学家一般不会相信这种通过假设性问题或调查问卷得出的结论，他们更关心人们在现实生活中是怎么做的，而不是人们声称他们

---

① 当然也有例外情况。在经济学领域，乔治·斯蒂格勒（George Stigler）和托马斯·谢林的论文就以文采著称。

② 《思考，快与慢》一书由中信出版社于 2012 年 7 月出版。——编者注

会怎么做。毫无疑问，持怀疑态度的经济学家会提出这些反对意见，卡尼曼和特沃斯基对此虽然心知肚明，但他们别无选择。前景理论的一个重要预测是，人们对损失和收益的反应是不同的。但是，在现实生活中，几乎不可能获得许可去实施可能让实验对象损失一大笔钱的实验。学校设有委员会，专门审核把人作为实验对象的实验，即使有人愿意参加这样的实验，也不可能获得委员会的许可。

在前景理论那篇论文中，特沃斯基和卡尼曼为自己的研究方法辩解道："假设性问题是人们默认的研究许多理论问题的最简单的方法之一。使用这种方法的前提是，假设人们一般都知道在现实生活中应该如何做选择，并且他们没有特别的理由要掩饰自己真实的倾向。"从本质上说，这段话的意思是：如果实验对象能够正确预测自己在某种情况下将做出何种选择，而他们的预测与期望效用理论却相互矛盾，那么我们至少应该怀疑这种理论能否准确描述人们的行为。

显然，期刊编辑是认可这种辩解的，但经济学家多年来仍视其为秕言谬说。前景理论在解释各种高风险情况下人们的行为时，其有效性不断得到证明，因此接受度也逐渐提高。在这些高风险的情境中，我们可以观察到个人投资者和游戏类节目参与者的真正选择。但我认为，即使经济学家拥有卡尼曼和特沃斯基那样渊博的心理学知识，也不会提出这一理论。因为不愿意使用假设性问题，经济学家将无法观察到行为的细微差别，而卡尼曼和特沃斯基却可以做到这一点。

只需要问人们问题，然后认真研究他们的回答即可，我觉得这种研究方法会让人感到被极大地解放了。当时，我的行为清单上的案例还都只是思想实验。我很清楚，如果读者读到我的那些假设性问题，将会对照检查自己的直觉，然后表示这些行为的确存在。（这当然很幼稚。）而且，虽然经济学家认为调查方法并不权威，但它肯定要比只查验自己的直觉要好。

几年以后，我从我的研究生那里学到了一个很好的方法。他们选择了行为清单上那个购买闹钟收音机和电视机的案例，并将其替换为夹克和计算器，然后问人们会怎么做。以下是他们所问的两个问题，只是在提问时将它们合二为一了。

> 假设你准备买一件售价为125美元的夹克（或一个售价为15美元的计算器）。售货员告诉你，你想买的商品在另一家分店仅售120美元（10美元）。那家分店离这里有20分钟的车程，你会开车去那里购买吗？

不出所料，实验对象回答说，他们愿意开车去买更便宜的计算器，省下5美元。结果正和我预想的一样，而且现在有了数据支持。我很快也开始用这种方法，但还是有所保留。不过，7年后，当我和卡尼曼在研究人们对公平的看法（详见第14章）时，则几乎完全依靠假设性问题的研究方法。

与卡尼曼在山间散步以外的时间，我都待在经济研究局，除了思考，什么都不做。维克托·富克斯就像犹太母亲引导孩子在神面前认罪一样，定期询问我的研究进展。我当时很矛盾，一方面，我觉得自己有一个很好的创意，另一方面，研究必须通过一小步、一小步的累积才会有所进展，但我不知道哪些微小的进步会有助于实现我的创意。创意虽然是好的，但我需要发表论文才能保住自己的工作。回首过去，可以用科学作家史蒂文·约翰逊（Steven Johnson）所说的“缓慢的灵感”[20]来形容我。缓慢的灵感并不是那种一切都豁然开朗的顿悟，而是一种模糊的印象，感觉某些有趣的事情正在发生；它还是一种直觉，认为离重要时刻的到来已经没那么遥远了。但是，缓慢的灵感存在一个问题，那就是无从知晓走下去是不是死胡同。我觉得自己到了一个新世界，但这里没有地图，我不知道自己该去哪里，也不知道是否能找到任何有价值的东西。

卡尼曼和特沃斯基开展研究时需要做实验，我自然也应该做些实验。当时出现了一个新领域——实验经济学，于是我向该领域的两位创始人查尔斯·普洛特（Charles Plott）和弗农·史密斯（Vernon Smith）求助，当时普洛特在加州理工学院，而史密斯在亚利桑那大学。按照传统，经济学家会使用历史数据来验证假设。普洛特和史密斯不仅是“在实验室里验证经济理论”的践行者，也是这种做法的倡导者。我先去图森拜访了史密斯。

史密斯的研究计划与我设想的截然不同，至少在当时看来是如此。多年后，当他与卡尼曼共同获得诺贝尔经济学奖时，我曾告诉记者，史密斯和卡尼曼的研究计划为他们赢得了这项殊荣，但他们的研究计划是不同的，史密斯试图证明经济学理论是多么有效，而卡尼曼则恰恰相反。①

史密斯提倡使用一种叫作“诱导价值”（induced value）的方法，不交易实际的货物或是玩赌博游戏，而是用代币构建市场。实验人员将代币发给实验对象，并为每个实验对象拥有的代币规定了价值，而该价值对其他实验对象是保密的。[21] 比如，我拥有的代币价值为 8 美元，而你拥有的价值为 4 美元，实验结束后实验对象可以用手中所剩的代币从实验研究人员那里换取现金。史密斯使用这种方法验证供求关系等经济学原理。但是，我对这种方法还是存在一定的顾虑。当你在商店里考虑是否要买一件售价为 49 美元的夹克时，没有人告诉

① 我这里指的是史密斯早期的研究，也就是诺贝尔评奖委员会援引的研究。后来，他开始钻研其他更激进的领域，包括一系列确实会产生资产价格泡沫的实验。

你应该支付多少钱才比较划算。你必须自己做出决定，支付多少钱取决于很多因素，比如商品的零售价，这个月你在买衣服上已经花了多少钱，你是否碰巧刚刚收到了退税款等。多年以后，我终于抽出时间来检验我对这种方法的顾虑，实验中我把代币换成了咖啡马克杯，具体内容你将在第 16 章中读到。

拜访完史密斯，我又去加州理工学院探望了查尔斯·普洛特，一家人还顺道去了一趟迪士尼乐园。普洛特也是实验经济学领域的开拓者（本应该与史密斯共享诺贝尔经济学奖）。可能与加州理工学院的环境有关，普洛特喜欢用风洞比喻他的研究。普洛特并不注重于解释为什么基本的经济学原理也适用于实验室环境，他对检测市场规则变化时会发生什么情况更感兴趣。普洛特十分热情友好，但他还有一个特点：“喋喋不休”这个词似乎是专门为普洛特发明的。

虽然史密斯和普洛特都是很好的人，他们的研究也很令人钦佩，但我还没有准备好加入实验经济学家的行列，甚或连遵照他们的方法去研究也做不到。我很想研究人类的“行为”，但对于能够使用的方法仍抱持着开放的态度。我想等我找到那种似乎是观察人类行为的最佳途径后再做实验，或者在某些时候只是单纯通过向人们提问的方式来进行研究，但如果能找到合适的方法，我还是想在自然环境下研究人们的行为。

在斯坦福大学做研究的那一年，某一刻我突然决定要全身心投入这项新事业。罗切斯特大学并不是一个理想的地方，因为那里的资深教授拘泥于传统的经济学研究方法，所以我开始寻找其他的去处。①

当你在学术圈面试找工作时，你需要在教师研讨会上展示一篇论文，这次展示加上你所发表的论文将共同决定你能否得到这份工作。我和舍温合写的论文——“生命的价值”当时已经广为人知。我本可以稳扎稳打，就此论题展示一些后续研究，但我希望找到一个能够包容些许“异端”想法的环境，所以我展示了一篇关于自我控制、腰果等的经济学论文。看了这篇论文还会聘用我的大学，至少会对我的后续研究持较为开放的态度。幸运的是，康奈尔大学和杜克大学都给我发来了录用通知，最后我决定选择康奈尔大学——一个距离罗切斯特大学 90 英里的地方。

① 学术圈的人可能想知道我从罗切斯特大学经济系毕业后，怎么会在商学院找到了一份工作，因为美国各大院校通常不会聘用自己学校毕业的研究生。这个问题的简单回答是这样的：我读研究生时，曾在商学院教课。当我的第一份工作最终落空时，作为权宜之计，商学院的院长威廉·麦克林（William Meckling）给我提供了一个为期一年的职位，后来我又继续做了几年。

第6章

行为经济学面临的挑战

我在斯坦福大学的研究做到一半时接到了康奈尔大学的录用通知，将于1978年8月履新。当时我还有两项工作要做：第一，我必须用研究证明我的新方法的有用之处；第二，也是很重要的一点，每次我做研究报告时几乎都会听到一句句反驳的话，对此我必须给出有说服力的回答。经济学家有自己的做事方法，并且拒绝改变，原因在于他们多年来一直致力于在传统经济学这座广厦中建构属于自己的一席之地。

早些年，我曾在一次学术会议上介绍自己最新的研究，正是这次会议让我明白了这一点。在会议结束后的互动环节，一位著名的经济学家问了我一个问题："如果我相信你所说的，那我应该怎么做呢？我擅长的就是解决最优化问题。"他的意思是说，如果我是对的，即最优化模型不能准确描述人们真实的行为，那就说明他的方法过时了。

这位经济学家的直率并不多见，听众们更常见的反应是质疑我做错了什么，以及我显然忽视了哪些因素。很快我就又列了一张原因清单：经济学家为什么会忽略我的行为清单，而且丝毫不受影响？在朋友当中，我将这些问题称作“挑战”，因为每当我讲述自己的研究时，都好像在迎接一场中世纪式的挑战。这里我仅列举其中最重要的几个问题，以及我当时做出的一些回应。从某种程度上看，人们现在仍在讨论这些问题，你也会在本书的其他地方读到。

似　乎

在我所面对的批评声当中，最厉害的只有两个字，那就是“似乎”。简单来说，对方的论点是：即使人们实际上无法解决经济学家认为他们能解决的问题，他们的表现也说明他们“似乎”能够做到。

要理解这种批评，我们最好回溯一下经济学史。第二次世界大战以后，经济学经历了一场某种意义上的革命。当时，数学方法逐渐融入经济学理论，以肯尼斯·阿罗（Kenneth Arrow）、约翰·希克斯（John Hicks）、保罗·萨缪尔森（Paul Samuelson）为代表的经济学家更是推动了这一潮流的发展，经济学理论也因此变得越发具有数学上的正统性。经济学的两个核心概念一直未变：一是经济主体会追求最优化；二是市场会达到均衡。不过，经济学家对问题的最优解决方案以及市场在何种情况下会达到均衡这两方面的描述，却变得越来越复杂。

公司理论就是一个例子，该理论可以用一句话总结，即公司会追求利润（或股价）的最大化。正当现代理论学家开始清晰地解释该理论时，有些经济学家却提出了反对意见，后者认为真正的管理者不可能解决这样的问题。

“边际分析方法”（marginal analysis）就是一个简单的例子。在

第 4 章中我们讲过，一个追求利润最大化的公司，会在边际成本等于边际收益时定产定价。同样的分析也适用于雇用员工：不断雇用新员工，直到聘用一个员工的成本等于他所带来的收益增加值。这些观点看似毫无害处，但在 20 世纪 40 年代，在《美国经济评论》（*American Economic Review*）上却展开了一场激烈的辩论，辩题是管理者在现实生活中是否真的会这样做。[22]

这场辩论由勇敢的理查德 · 莱斯特（Richard Lester）发起，当时他是普林斯顿大学的经济学副教授。他竟然写信给制造业企业管理者，要求他们解释如何决定雇用多少员工以及生产多少产品。其中没有一个管理者的做法符合边际分析方法。首先，他们似乎不会考虑产品价格变化的影响，也不会考虑员工薪酬变化的影响。与该理论相反的是，他们似乎认为薪酬变化不会对用人计划或产量的多少产生多大的影响。这些管理者表示，他们会尽量卖出更多的产品，员工人数的增减要符合这一需求。莱斯特在文章最后大胆放言：“这篇论文将导致人们严重怀疑传统的边际理论及其假设的正确性。”[23]

支持边际理论的一方以弗里茨 · 马克卢普（Fritz Machlup）为代表，当时他在布法罗大学工作，后来却去了普林斯顿大学，和莱斯特成为同事，也许他是为了当面和莱斯特继续辩论吧。马克卢普对莱斯特的调查数据完全不买账，他给出的理由是，经济学家实际上并不真的关心人们给出的关于他们自己在做什么的说法。马克卢普表示，边际理论不要求公司计算边际成本和边际收益，但管理者的行为却和该理论所预测的出入不大。他做了一个类比，假设一名司机驾车行驶在双车道公路上，前方有一辆卡车，他是如何决定何时超车的呢？司机不会做任何计算，却成功地超过了卡车。马克卢普说，管理者做决策时的状况与此类似，“他单纯依靠自己的直觉……就会大致知道雇用更多的人是否合适”。[24] 马克卢普强烈抨击了莱斯特的数据，但他自己却没有给出任何具体数据。

在争论愈演愈烈之时，一位即将成名的年轻经济学家加入进来，他就是米尔顿·弗里德曼（Milton Friedman）。他写了一篇极具影响力的论文，名为“实证经济学方法论”（The Methodology of Positive Economics）。弗里德曼在这篇文章中指出，用假设的现实来衡量理论本身正确与否，是一种愚蠢的行为，最重要的其实是理论预测的准确性。（他在题目中使用了“实证”这个词，与我在本书中使用的“描述性”一词殊途同归，都是与“规范性”相对的。）

为了证明自己的观点，弗里德曼将马克卢普的司机超车的例子替换成职业台球选手的例子。他在文中写道：

> 基于以下假设，我们可以进行准确的预测：假设台球选手击球时，“似乎”知道能够计算出最佳进球路线的复杂数学公式，“似乎”通过眼睛观察就能估算出可描述台球位置的角度，“似乎”能够用公式闪电般地进行计算，然后让球沿公式计算出的路径行进。我们对该假设深信不疑，并不是因为台球选手，甚至是职业台球选手，能够或是确实会按照上述步骤进行计算，而是因为如果他们不能得到同样的结果，就称不上是职业选手。[25]

弗里德曼是一位出色的辩手，他的论据的确很有说服力。对当时的很多经济学家来说，问题迎刃而解。《美国经济评论》不再发表任何有关这一辩论的文章，经济学家也回归了自己的模型，不再担心他们的假设是否是现实的。看起来，单凭调查数据也无法打败一个好的理论，即使该理论的拥护者不提供任何数据。这种情况在30年后依然如故，而那时我将开始自己离经叛道的尝试。即便是今天，“似乎”

这个词也常常出现在经济学研讨会上，被用来攻击不支持标准理论的研究结果。

幸运的是，卡尼曼和特沃斯基找到了这个问题的答案。他们有关启发法和偏见的研究，以及有关前景理论的研究都清晰地表明，人们的行为根本不像理性经济学模型预测的那样。在卡尼曼和特沃斯基的一个实验中，实验对象选择了其中一个选项，但另一个选项从各个方面来讲都优于前者，所以根本不能说他们“似乎”做出了正确的判断。同样，罗塞特教授在买酒方面的习惯也不能说是理性的。

我个人十分钦佩弗里德曼，所以为了向他致敬，我把自己的第一篇行为经济学论文的题目定为“消费者选择的实证理论”，而且文章的最后一部分详细回答了由“似乎”二字引发的问题。我也是从讲述台球选手的例子开始的，我的主要观点是，经济学应该提供针对所有人的理论，而不是只针对专家的理论。老练的台球选手打球时似乎知道所有相关的几何学和物理学知识，但是台球的业余玩家往往会瞄准离球洞最近的球，击球后，球也常常进不了洞。如果我们想针对普通人如何购物、存钱养老、找工作或做饭建立有用的理论，那么这些理论最好不要假设人们会像专家一样行事。我们下棋的技术肯定不如象棋大师，投资技术比不上沃伦·巴菲特，做饭水平也比不了铁人大厨（Iron Chef），甚至连接近他们都算不上。最有可能的是，我们的做饭水平跟喜欢吃冰雪皇后冰激凌的巴菲特半斤八两。但是，简单地反驳传统经济学家的批评还远远不够，要赢得这场辩论，我需要用确凿的实验证据来说服他们。

直到今天，在经济学领域，“调查证据”（survey evidence）一词仍很少见，即使出现也一定会被加上一个限定词——“只是”，含有嘲笑的意味。这种蔑视其实一点儿都不科学。通过询问人们是否打算投票以及投票给谁来收集调查证据，这件事如果由像纳特·西尔弗（Nate Silver）那样细心谨慎的统计学家来实施，就能做出十分准确的大选预测。关于这种反对调查的态度最有意思的一点是，有很多重要的微观经济学变量最初都是由调查得到的！

例如，每个月就业数据发布时，美国各大媒体都会争相报道，并邀请表情严肃的经济学家来解读这些数据。这些就业数据来自哪里呢？是美国人口调查局通过调查得到的，即询问人们是否在找工作。作为微观经济学模型中的一个重要变量，失业率也是由调查得到的。不过，在微观经济学领域，使用发布的失业率数据并不会被视为一种过错。显然，只要是别人而不是经济学家自己收集的，他们就不会介意使用这些调查数据。

但是，在1980年，调查数据并不能消除经济学家的批评声，还需要另一些合适的数据证明人们在现实生活中会做出非理性的选择。

激　励

经济学家十分重视激励措施，他们认为如果加大激励力度，人们就会有更大的动力去仔细思考、寻求帮助，竭尽所能把问题弄清楚。卡尼曼和特沃斯基的实验一般都不涉及个人利益，所以对经济学家来说，他们的实验完全可以忽略。即使真将激励措施引入实验室，数额一般也很低，仅有几美元。当然，经济学家常说，如果加大激励力度，人们就会做出正确的选择。这种说法虽然没有任何证据支撑，经济学理论或实践也没有表明经济学只适用于利益攸关的问题，但经济学家对此却深信不疑——不管是购买玉米，还是购买汽车，经济学理论都应该同样适用。

加州理工学院的两位经济学家最早提出了反驳激励理论的证据，他们是戴维·格雷瑟（David Grether）和查尔斯·普洛特，后者是我在实验经济学领域的导师。格雷瑟和普洛特偶然接触到我的心理学导师萨拉·利希滕斯坦和保罗·斯洛维奇所做的研究。利希滕斯坦和斯洛维奇发现了偏好反转现象[26]，这打乱了经济学家的惯常思维。用最简单的话说，当有 A 和 B 两个选项时，通过诱导，实验对象会表现出更喜欢 A，同时也更喜欢 B 的情况。

任何经济学理论都建立在同一个重要的理论基础之上，即人们拥有“明确的偏好”，也就是说我们一直都知道自己喜欢什么，但利希滕斯坦和斯洛维奇的发现却摧毁了这一根基。经济学家不在乎你是更喜欢硬床垫还是更喜欢软床垫，但他们无法容忍你更喜欢前者的同时也更喜欢后者。这是说不通的。如果不得不抛弃人们拥有明确偏好这一假设，经济学理论的教科书将无从编写，因为如果没有稳定的偏好，就不用追求什么最优化了。

利希滕斯坦和斯洛维奇是如何发现偏好反转现象的呢？他们提供了一组赌博游戏，要求实验对象选择其中之一：一个游戏是相对确定的，比如有 97% 的概率赢得 10 美元；另一个则比较冒险，比如有 37% 的概率赢得 30 美元。他们称第一种为比较安全的 P 赌博游戏，其赢钱概率大；他们称第二种为风险较大的 $ 赌博游戏，其赢钱金额大。首先，他们会询问实验对象愿意选择哪一个选项，大多数人都选择了 P 赌博游戏，因为他们更希望赢钱的概率大一些。对这些实验对象而言，比起钱的金额，他们更喜欢稳赢的概率。随后，两位研究者又问了那些偏好 P 赌博游戏的实验对象一个问题：“假设你已经拥有了 P 赌博游戏，你最低愿意以多少钱将其出售？”他们也问了偏好 $ 赌博游戏的人同样的问题。令人感到奇怪的是，与放弃 P 赌博游戏相比，大多数实验对象表示放弃 $ 赌博游戏将会收取更多的钱，这说明他们更偏好 $ 赌博游戏。综合起来看，这些实验对象既更喜欢 P 赌博游戏，也更喜欢 $ 赌博游戏。

格雷瑟和普洛特想弄清楚为什么会出现这一奇怪的结果，他们的主要假设还是激励①。他们推测，如果这组赌博游戏出现在现实生活中，奇怪现象就会消失。于是，他们真的用现金做了一些实验。然而，他们却惊奇地发现，偏好反转的频率和强度实际上都增加了，加大赌注则效果更明显。[27]

这并没有给激励理论画上句号，但至少有一篇论文可以用来反驳金钱能解决经济学家眼中的所有行为问题。正如我们将看到的，这个话题会不断出现在关于实验证据有效性的争论中。

学　习

卡尼曼和特沃斯基的实验常常被贬斥为一次性的游戏。经济学家声称，在现实生活中，人们是有学习机会的。这听起来很有道理，我们并不是一生下来就是一个好司机，但大多人都会学习开车，以避免交通事故的发生。聪明的心理学家可以设计出巧妙的问题，在实验室中引诱实验对象做出错误的选择，但这不一定表示这些错误也会在现实生活中重演。（实验室被视为非真实的世界。）在实验室之外，人们

① 即使利希滕斯坦和斯洛维奇 1973 年在拉斯维加斯赌场用现金又做了一次这个实验，但经济学家还是相信自己的假设。他们之所以不相信利希滕斯坦和斯洛维奇提供的证据，可能是因为另一个假设。经济学家还认为，出现这些反常的实验结果，原因恰恰在于实验人员是心理学家，他们会在实验中诱导实验对象。不用说，这一假设对任何心理学家而言都不合适。

有很多时间可以用来训练自己的决策能力，所以他们不会犯在实验室里犯的那些错误。

有关学习的这个论点存在一个问题，那就是它假设我们所有人都像比尔·莫瑞（Bill Murray）在电影《偷天情缘》（*Groundhog Day*）中饰演的角色那样，每天早晨醒来后，他都会重复过同样的一天。他弄清楚这是怎么一回事之后，就可以去学习，他每次改变一点儿，然后看事情会如何发展。但是，真正的生活不像电影中那样可控。所以，人们不会有那么多机会去学习。

心理学家告诉我们，要想从经验中有所收获，就必须做两件事：反复练习和及时反馈。当这两个条件都具备时，比如我们学骑自行车或开车时，我们就会不断学习，当然有时也会发生事故。不过，生活中的很多问题都不会给我们这些学习的机会，这就引出了一个有趣的问题：从某种程度上说，学习和激励这两点是相互矛盾的。我第一次意识到这一点还是在一次算得上是公开进行的辩论中，对手是英国的博弈论学者肯·宾默尔（Ken Binmore）。

当时，有一个专为研究生举办的研讨会，我和宾默尔每天都要做一次展示。我主要介绍有关行为经济学的新发现，而宾默尔介绍的则是其他研究。他每次展示前都会对我前一天所讨论的问题进行评论。我第一次讲完后，宾默尔针对其中有关利益的问题提出了批评。他说，如果他开了一家超市，就会参考我的研究，因为对于售价较低的产品来说，我的研究可能比较有用。但是，如果他是汽车代理商，我的研究基本上就没有参考价值了。当所涉利益很大时，人们就会做出正确的选择。

第二天，我做出了回应，为了表示对宾默尔的敬意，我现在将其称为“宾默尔连续体”。我在黑板上列出了一系列产品，按照人们购买频率的高低从左到右依次排列。最左边是午餐（每天一次），接下来是牛奶和面包（每周两次），然后是衣服、汽车、房子、职业选择和配偶（对大多数人来说，一生最多结婚三次）。注意到其中的特点了吗？很多小事因为要经常做，所以人们有机会学习如何做好这些事情，但如果是选房子、办理抵押贷款或找工作，我们就不会有很多的学习机会。如果是存钱养老，除非我们可以转世，否则一生只有一次。所以，宾默尔说反了，因为学习意味着需要不断练习，所以我们可能在小事情上做得更好。也就是说，批评者们必须想清楚要用哪个论点。如果学习很重要，那么随着利益不断增大，决策的质量将会逐渐下降。

市　场

在行为经济学所面临的挑战中，最重要的一个与市场有关，我还记得特沃斯基第一次碰到这种挑战时的情形。事情发生在一次晚宴上，当时，我任教的罗切斯特大学商学院的泰斗迈克尔·詹森（Michael Jensen）组织了一次会议，詹森那时还是理性选择模型和有效金融市场的坚定拥护者。（那次会议以后，他在很多方面的观点都在逐渐改变。）我觉得詹森希望通过这次会议弄清楚为什么卡尼曼和特沃斯基那么出名，同时也希望消除这两位心理学家心中的困惑。

在交谈过程中，特沃斯基让詹森评价一下他妻子的决策能力。詹森很快便开始讲述他妻子所做的那些荒谬的经济决策，比如买了一辆昂贵的汽车却因为担心剐蹭而从来都不开，这逗得我们捧腹大笑。随后，特沃斯基问詹森，他的学生的决策能力怎么样，詹森又滔滔不绝地讲了一大堆他的学生犯过的愚蠢错误，并抱怨他的学生连理解最基础的经济学概念都很费力。几番觥筹交错之后，詹森的故事越讲越有意思。

后来，特沃斯基将了詹森一军。他说：“詹森，你似乎觉得你认识的所有人基本上都无法正确地做出哪怕是最简单的经济决策，但你却假设你的经济学模型中的所有人都是天才。这怎么解释？”

詹森不慌不忙地回答：“特沃斯基，你还是没弄明白。”随后他讲了一句话，我认为这句话出自米尔顿·弗里德曼，但我并没有在弗里德曼的著作中找到这一观点。这段话是：“假设人们的行事方式和你的实验对象的做法一样愚蠢，而这些人又不得不在竞争激烈的市场中相互影响，那么……”[28]

我把这个观点称为“看不见的挥舞的手”（invisible handwave①），因为就我的经验而言，没有人在说完这句话后还能保持两只手不动。这与亚当·斯密的“看不见的手”[29]有点儿关系，但这只手的作用既被夸大了，又显得很神秘。简言之，它的意思是市场可以规范人们的异常行为。一定是“挥舞的手”起了作用，因为“市场可以将人们变为理性的经济人”这一结论并不符合逻辑。假设你很关注沉没成本，你可能会在正餐已经吃饱的情况下，还是把最后的甜点也吃了，因为钱已经付过了。如果你经常犯这种错误，你可能会变胖一些，但除此之外，没什么其他不良影响。如果你是一个“厌恶风险”的人，会有致命的影响吗？也没有。假设你准备创业，你有些过度自信，认为自己成功的概率是90%，但实际上大多数创业的人都以失败告终。结果呢？要么你很幸运，虽然你的决策很愚蠢但还是成功了；要么你

① 挥手（handwave）最初是魔术师的惯用手势，用于分散观众的注意力。在谈话或辩论中，如果发言者的观点是没有任何根据的，你就可以用这一手势表示反驳，暗示对方你认为他的逻辑是错误的。——译者注

只能勉强度日。还有一种情况，即你选择放弃创业，做些其他事情。虽然市场很残酷，但它并不能使你变得理性。除了极少数情况以外，人们不按照理性的经济学模型行事也不会致命。[30]

有时，传统经济学家会用市场和激励理论一起证明，当利益很大、选择很难时，人们会花钱找专家帮忙。可是问题在于，要想找到一个完全不存在利益冲突困扰的专家非常困难。没有能力为自己的退休计划选择正确的投资组合的人，却能够找到合适的金融顾问、抵押经纪人或房产经纪人，这种想法是不合逻辑的。很多人通过庞氏骗局等诈骗手段大发横财，但几乎没有专家因为告诉客户“别买”而赚到钱。

还有一种观点是，即使公司由人管理，甚至有的管理者可能水平十分有限，激烈的竞争也会驱使公司成为最大利益的追求者。当然，该观点有一定的可取之处，但我认为还是有高估市场竞争作用的嫌疑。在我的记忆中，从来没有哪位专家认为通用汽车是一家善于经营的公司。但是，几十年来，通用汽车作为一家经营不善的公司还一直在蹒跚前行。大多数时候，通用汽车仍是世界上最大的汽车公司。2008 年经济危机爆发后，通用汽车差点儿破产倒闭，但因为美国政府的救助计划，它目前仍然是世界第二大汽车公司，落后于丰田汽车公司，但强于大众汽车公司。显然，市场竞争的影响力要过很久才会显现。

詹森的话似乎这样说会更合乎逻辑：不要说市场迫使人们变得理性，而可以说即使很多个体都是普通人，但市场价格仍是理性的。这个观点貌似讲得通，甚至十分令人信服，但它却是错的。至于为什么这样的说法也是错的，我们会在本书的第六部分做出解释。

行为经济学要想站稳脚跟，我们必须解答这些问题。即使是现在，我们也还有些问题需要面对。除了用一句简短的话进行反驳外，我们还可以援引很多实验结果。在这些实验中，实验对象都是真实的人，并且在利益攸关的市场中参与经济活动——甚至是在金融市场中，在这种情况下市场最可能是有效的。

正是带着这些挑战，1978 年秋我来到了位于纽约州伊萨卡的康奈尔大学。伊萨卡是一个拥有田园风光的小镇，冬天很漫长，雪下得很大，娱乐活动也很少，所以十分适合工作。

在加州时，我已经完成了两篇论文。一篇讲的是行为清单，另一篇名为“自我控制的经济理论”（An Economic Theory of Self-Control）[31]。写论文是比较容易的，但发表可就是另外一回事了。我的第一篇论文，就是前文提到的“消费者选择的实证理论”，被六七种重要期刊拒之门外。现在看来，这也没什么奇怪的，那篇文章虽然观点很多，但缺乏确凿的证据加以支持。每次期刊拒绝刊用时，都会随信寄来一份审稿人意见，一般都是些尖刻的评论。

后来，我不得不把那篇论文发表，因为我需要前进。幸运的是，两位思想开明的经济学家创办了一份新期刊——《经济行为与组织杂志》（*Journal of Economic Behavior and Organization*）。我想他们一定很期待有人投稿，于是把那篇论文投了过去，在第一期上就得以发表。尽管这份杂志很少有人听说，但我还是发表了我的第一篇关于行为经济学的论文。

如果我还想在学术圈待下去，并且在康奈尔这样的研究型大学获得终身教职，我就必须定期在顶级期刊上发表论文。在加州时，我已经想好了两个首要的研究课题。第一个是关于消费和节省的心理学以及家庭的理财行为，也就是心理账户；另一个是关于自我控制的，更广泛地说，就是决定现在做出选择，还是过一段时间之后再选。接下来的两章将分别探讨这两个话题。

第二部分

心理账户：1979—1985年

我和卡尼曼、特沃斯基在加州共度了一年的时光，之后他们继续合作，我则只能偶尔在开会时见到他们。他们继续修改“前景理论”的研究论文，我则继续思考消费者的选择问题。但是，有一个问题我们都想到了，并且是各自独立想到的。简单来说，这个问题就是“人们是怎么看待金钱的”。一开始，我把它称为“心理账户”（psychological accounting），但在随后的一篇论文中，卡尼曼和特沃斯基将其英文名称改为“mental accounting”[32]，我后来也沿用了这种叫法。

在以后的职业生涯中，我始终没有中断对心理账户的思考和研究。现在，我仍然觉得心理账户很有意思，既令人兴奋，意义又很深刻，它仿佛是一个透视镜，能够帮助我更深刻地理解世界。接下来的几章将主要谈论有关心理账户的基本问题，而且这个话题将会贯穿本书的始末。思考心理账户问题是具有传染性的，你很快就会发现自己时不时地脱口而出：“这真的是一个心理账户问题。”

第 7 章

这笔交易到底值不值？

我的朋友玛雅·巴尔–席勒尔要为她的双人床选一床被子。她来到商店，看到一款自己喜欢的被子正在打折。正常售价是超大码豪华双人被 300 美元，豪华双人被 250 美元，普通双人被 200 美元，但现在所有尺码都只卖 150 美元，限时一周。玛雅抵挡不住诱惑，她买了一床超大码豪华双人被。

在讨论心理账户之前，最好先了解一下基本的消费者理论。还记得我们之前说的禀赋效应吧？所有经济决策都应该考虑机会成本：财务支出并不能完全代表今晚吃饭或看电影的成本，成本同时还取决于这段时间和所花的钱能有什么其他用处。

如果你知道机会成本是什么，而且你现在有一张能卖 1 000 美元的门票，那么你花多少钱买了这张票并不重要，去看这场比赛的机会成本是你可以用那 1 000 美元干什么。只有当看比赛是使用这些钱的最佳方式时，你才应该去看比赛。这比看 100 场票价为 10 美元的电影更好吗？这比买一个新衣柜而扔掉那个破烂不堪的衣柜更好吗？这比把这笔钱存起来以备不时之需，或是在阳光明媚的周末出去玩更好吗？这种分析并不仅限于与钱有关的决策。如果你花了一个下午阅读一本小说，其机会成本就是这个下午你还可以做哪些其他的事。

这样的思考是完全正确的，也符合规范性的消费者选择理论。理性的经济人就会这么做，从理论上讲，我们所有人在大部分时间里都应该按照这种方式思考。但是，如果凡事都这样思考，任何人都会头昏脑涨。几乎有无数种方法去花那 1 000 美元，我怎么知道哪种方式能让我最高兴呢？这个问题过于复杂，任何人都无法解答，所以认为一般的消费者也会这样思考是不现实的——几乎没有人会使用这种思考方式。对于 1 000 美元门票的问题，大部分人都只会考虑两三种选项。我可以看电视直播，然后用这些钱买张飞机票去看看住在普洛威顿斯的女儿，这难道不是更好吗？但是，找出使用这些钱的最佳方式，不是我们能够想明白的，甚至连接近最佳答案都做不到。①

人们到底会怎么做呢？我不知道该如何研究消费者决策问题，所以雇了一个学生采访当地居民，看看他们具体是怎么做的。我关注的是中低收入家庭，因为当预算紧张时人们的消费决策变得更加重要。

采访中，我们会给采访对象足够的时间，想谈什么都可以。（我们付给每位采访对象的现金都是固定的，但对有些人访谈了好几个小时。）我们的采访对象都是家中负责管钱的那个人。在一个家庭中，一般都是

① 思考问题的方式最接近这种方式的人其实是贫困群体，这一点也许有些出人意料。森德希尔·穆莱纳桑（Sendhil Mullainathan）和埃尔德·沙菲尔（Eldar Shafir）于 2013 年出版了一本书，名为“稀缺性”（*Scarcity*）。他们在书中表示，对机会成本的理解，穷人的行为比富人的行为更像经济人，原因就是机会成本对穷人而言影响更为显著。如果 100 美元的意外收获可以用来支付超期的账单，或给孩子们买双新鞋，那么机会成本将处于最重要的位置。但是，因机会成本而一直焦虑则会产生负面效果。不停地担忧从哪儿弄钱支付房租，会让贫困的人很难过活，也可能导致他们做出一些糟糕的决定，比如取出薪水，延期偿还发薪日贷款。

妻子掌管财政大权。这些采访的目的并不是为学术论文收集数据，而只是希望对人们如何理财能有一个整体的概念。亚当·斯密曾去生产大头针的工厂考察制造业的情况，而这些采访就相当于我的大头针工厂，让我了解了现实，并且对我后来的心理账户研究产生了极大的影响。

第一个要解答的问题，在列行为清单之初我就开始思考了。“成本什么时候会是一种损失？”这个问题已经在我头脑中萦绕了很久，当读到“前景理论”的论文时我的兴趣更浓了。让我们回想一下反映“损失厌恶”的价值函数曲线：从原点开始，损失曲线比收益曲线更陡峭。损失带来的痛苦是收益带来的快乐的两倍，这就会产生一个问题：如果你花 5 美元买了一个三明治，你会不会觉得损失了 5 美元呢？对日常交易来说，答案肯定是否定的。一方面，这样想会令你很痛苦，因为损失带来的痛苦是收益带来的快乐的两倍。如果这样想，即使把一张 10 美元换成两张 5 美元，也会被视为损失，“损失”两张 5 美元的痛苦比得到一张 10 美元的快乐更为强烈。那么，人们买东西时到底是怎么想的？玛雅买那床超大码的双人被时究竟是怎么想的？

最后，我确定了两种效用：“获得效用”（acquisition utility）和“交易效用”（transaction utility）。获得效用是根据标准经济学理论得出的，相当于经济学家所说的“消费者剩余”（consumer surplus）。消费者剩余是指，以物品所带来的效用减去不得不放弃的机会成本之差。对于经济人而言，获得效用就是最终目的。只要消费者认为商品的价值远高于市场价格，这次交易就会产生大量的获得效用。如果你非常渴，1 美元一瓶的水就会带来额外的效用；对一个拥有普通尺寸双人床的经济人而言，与双人床尺寸一样的被子的获得效用要高于四边都会从床沿耷拉下来的超大码被子。

但是，普通人还会考虑交易的另一方面：可感知的交易质量，也就是所谓的交易效用。交易效用指的是实际支付的价钱与“参考价格”之差，而参考价格是消费者的期望价格。假设你正在现场观看体育比赛，买了一个三明治，这个三明治和你平时中午吃的一模一样，但价钱却要高出两倍。这个三明治本身没什么问题，但这场交易却让人很不快。这会产生负面的交易效用，即你感觉被人敲了竹杠。相反，如果支付价格低于参考价格，交易效用就是正的，即感觉很划算，就像玛雅以普通双人被的价钱买了一床超大码被子一样。

下面这个调查可以证明这一点。有两组高级工商管理硕士，他们都是经常喝啤酒的人，调查人员问了他们以下两个问题，下述段落中用圆括号和方括号以示区别。

> 一个炎热的夏日，你正躺在沙滩上，只有冰水可以喝。在过去的一个小时里你一直在想，要是能喝上一瓶自己喜欢的那个品牌的冰镇啤酒该有多好。这时，一个同伴起身要去打个电话，他说可以给你带一瓶啤酒回来。海滩附近只有一个卖啤酒的地方（一家高档的度假酒店）[一家又小又破的杂货店]。同伴说那里的啤酒可能卖得很贵，问你愿意花多少钱购买。他还说：如果啤酒的售价与你愿意支付的钱一样多或是更低，就会帮你买一瓶；如果高于你能承受的价格，就不买了。你很信任你的伙伴，同时你也没有与（调酒师）[杂货店老板] 讨价还价的可能，你愿意出多少钱呢？

这个例子的有些情境是特意设定的，以防经济学家进行反驳。其中关键的一点是，两种情境下的消费行为都是一样的，即调查对象想在沙滩上喝一瓶自己喜欢的啤酒。他没有亲自去卖啤酒的地方，甚至连看都没有看到，所以也没有机会感受那里的氛围，不管它是怡人的还是糟糕的。同时，问题中摒除了与卖家讨价还价的环节，所以调查对象没有必要掩饰自己的偏好。用经济学家的话说，这种情境设计符合“激励相容”（incentive compatible）原则。

在这样的情境下，调查结果是：如果啤酒是在度假酒店而非杂货店买的，调查对象就愿意支付更多的钱。排除物价上涨因素，人们愿意支付的现金中位数[①]分别是 7.25 美元和 4.10 美元。

调查结果显示，同样的啤酒在同样的地方饮用，人们却愿意因为购买地点不同而支付不同的钱。人们为什么会在意啤酒是在哪里买的呢？其中一个原因就是心理预期。在人们看来，高档酒店里物品的售价会比较高，因为成本显然更高。在度假胜地花 7 美元买一瓶啤酒，虽然不会令你很高兴，但却在你的意料之中；要是杂货店开出这么高的价格的话，你肯定会怒发冲冠！这就是交易效用的本质。

理性经济人是不会体验到交易效用的，对他们来说，购买地点属于看似无关的因素。这并不意味着经济人对便宜商品是免疫的，如果沙滩上卖的啤酒售价是 10 美分一瓶，即使是经济人也会很开心，但是这种高兴已经全部包含在获得效用里了。能够体验到交易效用的普通人，从交易条款本身就能获得快乐（或痛苦）。

因为交易效用既可能是正的，也可能是负的，也就是说，交易既可能是划算的，也可能让人感觉上当受骗，所以交易效用不仅可以阻止人们购买划算的产品，也会引诱人们购买昂贵的产品。沙滩上喝啤酒的例子说明，我们有可能劝阻人们不去购买其实值得买的商品。假设丹尼斯说他只愿意出 4 美元购买杂货店的啤酒、出 7 美元购买酒店的啤酒，如果他的朋友在杂货店花 5 美元买了一瓶啤酒，然后告诉丹

---

① 中位数是统计学术语。如果将所有价格从高到低排列，中位数就是位于中间位置那个价格，比它高的价格的数量和比它低的价格的数量相等。

尼斯这瓶酒是从酒店买的，那么丹尼斯会很高兴，因为他觉得这笔交易很划算。如果汤姆没有使用这一计谋，丹尼斯就不会同意进行这笔交易，原因只是他不愿意多付钱。

对那些生活很舒适的人来说，负的交易效用会阻止我们享受能留下终生美好回忆的特殊购物体验，而且我们要花很长时间才能忘记多花出去的钱。但是，划算的交易也会引诱我们购买没有价值的商品。每个人的柜子里几乎都有从未穿过的衣服，当时只是因为太划算而决定购买。当然，在车库或阁楼里，也有类似玛雅所买的超大码被子那样的东西。

因为消费者会这样做，所以卖家才会操控参考价格，让消费者产生划算的错觉。其中一种做法已经盛行了几十年，那就是标上虚假的“建议零售价”。其实，这只是用来误导消费者的参考价格。在美国，有些产品似乎一直在打折，比如地毯和床垫，有些零售店里的男装也一直在打折。这些打折商品都有两个特点：购买频率低，质量很难评估。购买频率低对卖家的好处是，消费者往往注意不到其实这些产品一直在打折。大多数人到店里选购新床垫时，发现标着“本周特价”的商品后都会十分惊喜。另外，如果产品的质量很难评估，比如床垫，建议零售价就会起到双重作用。它既能表明产品的质量很好（从而提高可感知的获得效用），又能提供交易效用，因为产品正在打折。

顾客可能会迷上交易效用所带来的兴奋感。如果一家以时常打折著称的零售店，想要断掉人们期待划算交易的念想，那么它可能要经历一番挣扎。多年来，有一些零售店试图用“天天低价”来吸引消费者，但这些尝试一般以失败告终。[①] 比起在每件商品上都只能节省一点

---

① 最近一项研究发现，当沃尔玛进驻美国市场时，美国本土超市都面临挑战，并且受到了影响。但是，与实施每日低价策略的超市相比，那些使用促销策略（比如经常打折）的超市的收入更为可观，存活时间也更久。

儿几乎可以忽略不计的钱，一次划算的交易则能够带来更多的快乐。

梅西百货和彭尼公司就是两家曾试图让消费者不再对打折上瘾的商店，但最后都失败了。在2006~2007年的形象升级过程中，梅西百货的管理层认为优惠券是降价的主要方式，所以希望减少优惠券的使用。梅西百货将优惠券看成一种威胁，认为它们会削弱自身品牌的声望，缩小自己与彭尼公司或科尔士百货公司等名气没有那么大的商店的差距。在并购了几家连锁百货商店之后，梅西重新进行品牌定位，于2007年春天减少了30%的优惠券。但是，这一做法并没有得到消费者的认可，梅西百货的销售额骤降，公司只好赶快承诺在这一年的节假日期间发放与往年一样多的优惠券。[33]

2012年，彭尼公司也暂时停止发放优惠券，启用每日低价的策略。公司首席执行官罗恩·约翰逊（Ron Johnson）发现，公司只有不到1%的收入来自全价商品，于是在一次发布会上极为坦诚地宣布[34]，公司将会结束使用“虚假价格”，也就是虚假的建议零售价，并开始使用一种更简单的定价方案。除了废止之前的优惠券政策，新方案也不再使用以0.99为尾数的定价方法，而是直接进位为整数。彭尼公司还宣称，做出这些改变之后，消费者最终支付的价钱将不会受到影响。[35]

在新方案之下，消费者可能真的不必支付更多的钱，但他们却失去了很多交易效用。他们甚至失去了仅需支付9.99美元而非10美元整的那一丁点儿乐趣。结果表明，彭尼公司的新方案是一次彻底失败的尝试，2012年新方案实施后，公司的销售额和股价都迅速下跌。一年后，约翰逊被免职，彭尼公司又重新开始发放优惠券。[36]但是，直到2014年，其销售额仍未恢复。也许消费者不喜欢别人告诉自己建议零售价是虚假的，因为他们可以从中获得很多的交易效用，也就是很多快乐。

聪明的读者（和购物者）可能想知道沃尔玛和好市多等大型折扣零售商的成功秘诀。这些零售商虽然也在使用天天低价的策略，但经营却十分成功，有时甚至不标示较高的参考价格。不过，它们没有消除交易效用，而且事实正好相反。它们让消费者相信，在它们那里购物就是一场捡便宜的狂欢，并且会特意加强这种认知。除了商品价格确实低廉外，沃尔玛还运用古老的策略，保证它们的标价是同业中的最低价格。沃尔玛推出了一款名为“省钱记录器”（Savings Catcher）的比价应用程序[37]，顾客可以将收费小票扫描到程序中。沃尔玛承诺，如果发现较之更低的价格，就会全额退款给顾客。除非梅西百货和彭尼公司不再自诩为顾客提供高层次的购物体验，否则在提供交易效用方面，它们无法与这些名副其实的低价零售商竞争。

对消费者来说，希望买到物美价廉的商品是理所当然的，从这件商品上省下来的钱说不定可以用来买另外一件商品。但是，我们不应该仅因为东西太划算，而购买根本不会使用的东西。对于商家而言，意识到所有人都喜欢划算的交易这一点很重要。不管是通过打折，还是实行真正的低价，都可以吸引消费者的注意。好市多是一家以低价著称的大型仓储超市，但它的停车场里总是停着很多豪华汽车。这表明，即使是富裕的消费者也想从交易效用中获得极大的乐趣。

第8章

沉没成本

> 文斯（Vince）在一家室内网球俱乐部交了1 000美元的会员费，室内赛季期间他可以每周来这里打一次网球。两个月后，他患上了肱骨外上髁炎（俗称“网球肘”），打球时肘部十分疼痛。因为不想浪费会员费，他又忍痛坚持打了三个月。直到疼痛再也无法忍受，他才停止打网球。

如果钱已经花了，并且无法收回，这些钱就是沉没成本，意思是消失的成本。“覆水难收”“既往不咎”等成语是经济学家建议我们忽略沉没成本的一些表达。但是，这些建议并不容易遵从，正如行为清单上所列的冒着暴风雪看球赛的例子以及文斯打网球的例子所示。

为了理解这个问题，我们假设一位朋友邀请文斯去另一家俱乐部（免费）打网球，那么文斯肯定会因为肘部疼痛而拒绝。用经济学术语说，这表明打网球的效用是负的。但是，如果自己已经付了1 000美元，他就会继续打，虽然每打一次疼痛都会加剧。为什么他要这样做呢？这就是我想要解答的问题。

多年来，我收集了很多关于人们关注沉没成本的例子，其中就包括我的朋友乔伊丝（Joyce）的故事。她与六岁的女儿辛迪（Cindy）一直为了辛迪上学穿什么而争吵。辛迪决定以后不再穿连衣裙，而只穿长裤或短裤，乔伊丝则坚持让辛迪穿连衣裙，有三件连衣裙是她为辛迪上一年级特意准备的。在很长一段时间里的每个早晨，乔伊丝都会对着辛迪大吼：“既然我为你买了这些裙子，你就必须穿！”而辛迪则表示如果非让她穿连衣裙，她就不上学了。我猜乔伊丝肯定问过辛迪，她是不是以为钱都是从天上掉下来的，但这仍然无济于事。

我被找去当调停人，向乔伊丝解释一些经济学逻辑。比如：既然买裙子的钱已经花了，穿上这些裙子也不会把钱赚回来；虽然辛迪坚持穿裤子，但只要不用买新服装，坚持让辛迪穿裙子对她们的财务状况也不会有任何帮助。乔伊丝听完我的解释很兴奋，她并不想与女儿吵架，但确实因为“浪费”了买三件连衣裙的钱而感到内疚。她最需要的就是有位经济学家告诉她，忽略沉没成本是理性的，甚至是必须要做的。玛雅·巴尔–席勒尔是第一个称我为“世界上唯一的临床经济学家”的人。（她买完那床特大码被子后，成为我的第一个客户。）

对于这个头衔，我不一定实至名归，因为我肯定不是唯一一个意识到人们对理解这个概念有困难的人。事实上，这种错误十分常见，甚至还有个正式的名称——“沉没成本谬误”（sunk cost fallacy），这种谬误常常出现在基本的经济学教科书中。不过，很多人，甚至是那些在理论上明白这一谬误的人，在现实生活中也很难遵循忽略沉没成本的建议。

冒着暴风雪去看球赛，或是忍着疼痛打网球，理性经济人绝不会犯这些错误。他们将沉没成本视为无关因素，这一点是正确的。但对于普通人来讲，沉没成本却阴魂不散，成为又一个看似无关的因素，它影响的不仅仅是吃饭、听音乐会这样的事情。很多人认为，美国之所以持续在越南进行一场徒劳的战争，就是因为投入太多以至于无法中途放弃。民谣歌手皮特·西格（Pete Seeger）写了一首反战歌曲①，之后组织行为学教授巴里·斯托（Barry Staw）写了一篇名为“深陷泥潭”[38]的文章。在斯托看来，牺牲的数千条生命、花费的数十亿美元都使得美国宣布投降难上加难。因此，一些看似无关的因素实际上可能十分重要。

为什么沉没成本很重要？为什么人们会认为开展某项行动是值得的，比如去看球赛、听音乐会，或让一场徒劳的战争继续下去？正如我们上一章所说的，当你以某一价格购买东西却没有产生任何交易效用时，你不会认为这是一种损失。你已经付了钱，当你使用产品并享受获得效用带来的乐趣时，这个账户就会清零，你之前的成本与后来的收益相抵消。但是，如果你买了门票却错过了比赛，会怎么样呢？

如果你花 100 美元买了一张音乐会门票，却没有去听，你会觉得自己损失了 100 美元。用财务报表做个类比，如果你买了门票却没有使用，在你的心理账户中这将被认定为损失。如果你去听了音乐会，账户中就不会有损失。

同样，对于已买到的产品而言，使用的次数越多，你就会觉得这笔交易越划算。现在我们做一个思想实验：你买了一双鞋，原因可能是它正在打折。虽然折后价还是很高，但已经比原来便宜不少了，你无法拒绝这么大的交易效用。一天，你很自豪地穿着这双鞋去上班，但到中午的时候，你的脚就开始疼了。你决定让脚休息一下，几天后你又穿上这双鞋，这次只穿了一个晚上，结果脚还是很疼。现在你面

① 这首歌的名字是“深陷泥潭”（*Waist Deep in the Big Muddy*），歌词真实地描述了战事升级的情况，从“齐膝深的”到“齐腰深的”，再到“没过脖子的”。

前有两个问题：假设无论穿这双鞋多少次，你的脚都会不舒服，你会再穿多少次呢？你决定不再穿它们之后，这双鞋会在你的鞋柜里要待多久才会被扔掉或捐给慈善机构呢？如果你和大多数人一样，那么答案将取决于买这双鞋花了你多少钱。花的钱越多，你就会忍受越多的疼痛，这双鞋待在鞋柜里的时间也会越长。

健身中心里也会发生类似的事情。如果你办了一张健身卡，但却没有去健身，你会认为这次交易是一种损失。实际上，有些人办健身卡就是为了达到自我控制的效果。如果我想去健身，而且浪费了会员费会让我觉得很心疼，[39]办健身卡就可以从两个方面帮助我克服惰性：不去健身的时候，会员费会一直萦绕在我的心头；每次去健身时，不用当场交钱。市场营销学教授约翰·古维尔（John Gourville）和迪利普·索曼（Dilip Soman）在一家健身中心做了一个巧妙的研究，正好证明了这一点。该健身中心一年收两次会员费。古维尔和索曼发现，刚交完会员费的那个月，人们的健身次数上升，然后逐渐下降，直到交第二次会员费。他们将这种现象称为“支付贬值”（payment depreciation）[40]，意思是沉没成本效应会随着时间的推移不断降低。

俄亥俄州立大学的心理学家哈尔·阿克斯（Hal Arkes）也发现了类似的现象。他和他的研究生凯瑟琳·布卢默（Catherine Blumer）一起精心设计了一项实验。校园里有学生排队购买了校园剧场的年票。实验人员随机选取了一些学生，给其中一些人较小的折扣，而给另一些人较大的折扣。该实验的一个重要设计特点是，这些学生在拿到折扣之前都已经以全价购买了年票，所以实验人员可以假设，享受不同折扣的实验对象和支付全价的实验对象，对年票的重视程度是一样的。阿克斯和布卢默发现，沉没成本的确会产生影响，但仅限于第一个学期。在秋季学期，那些全价买票的学生观看了更多的演出，但到春季学期时，三组学生的观看率基本相同。显然，学生们要么觉得观看了很多场演出，已经足以冲抵买票的钱，要么已经忘记最初付过多少钱了。所以，沉没成本是有影响的，至少在交易刚完成的那段时间里会有，但最后很可能会被忽略。[41]

有些时候，沉没成本和机会成本是交织在一起的。有一次，我与普林斯顿大学的心理学家埃尔德·沙菲尔（Eldar Shafir）正好研究了一个这样的案例。1988—1989 年，埃尔德跟随特沃斯基在斯坦福大学开展博士后研究，我们是在那时相识的。埃尔德是为数不多的能够忍受经济学家的心理学家之一，他与数位经济学家合作过，为行为经济学的发展做出了重要贡献。

我们的研究源于一次飞机上的谈话。当时，我们正好预订了同一个航班的机票。我有两张优惠券，如果有座位就可以升级为头等舱。那时候，经常坐飞机的人会得到一些免费的优惠券，当然也可以额外花 35 美元购买。我碰到埃尔德时，已经用一张优惠券升级了我的机票，并提议埃尔德也将座位升级为头等舱，这样我们就能坐在一起了。当时，头等舱还有一个位置，所以我把剩下的那张优惠券送给了埃尔德。埃尔德表示无功不受禄，坚持要给我钱。我告诉他，有的优惠券是免费的，有的是 35 美元一张。他接着问我用的是哪种优惠券。我说："这有什么区别吗？我现在已经把优惠券用完了，还要再买一些，所以给你用的是哪种没有什么差别。"埃尔德说："不对。如果优惠券是免费的，我就不给你钱了，但如果你是花 35 美元买的，我就一定要把钱给你。”一路上，我们都在谈论这个问题，后来还据此写了一篇很有趣的论文。

我们研究的问题是：过去的购买经历会在记忆里存留多久？我们的那篇论文的灵感来自飞机票优惠券，还来自我的行为清单中的罗塞特教授，他愿意喝掉自己的藏酒，但却不愿意买同样价格的酒喝，也不愿意把自己的藏酒卖掉。我们的研究对象是一份简报的订阅者，这份简报是有关葡萄酒拍卖价格的，名为“液体黄金”（*Liquid Assets*）。这份简报由普林斯顿大学的经济学家奥利·阿申费尔特①（Orley Ashenfelter）主编，奥利本人十分热爱葡萄酒，订阅这份简报的人要么是十分喜欢喝葡萄酒的人，要么是十分喜欢买葡萄酒的人。所以，他们都很清楚，藏酒的拍卖市场十分活跃，现在也是如此。奥利同意将我们的调查问卷刊登在简报上，[42]作为回报，我们许诺与订阅者分享我们的研究结果。

我们的调查问卷是：

> 假设你以前买了一箱上等的波尔多葡萄酒，每瓶的价格是20美元。现在这种酒的拍卖价是每瓶75美元。你决定喝掉一瓶，那么你喝这瓶酒的成本是多少？下面哪个选项最能代表你的想法？（选择各个选项的人占总人数的百分比标示在括号中。）
>
> （1）0美元，因为我已经付过钱了。 [30%]
>
> （2）20美元，就是我买酒时的价格。 [18%]
>
> （3）20美元加上这些年的利息。 [7%]

① 从很早开始，奥利就一直支持我以及和我一样研究人类经济行为的学者，他担任《美国经济评论》（*American Economic Review*）编辑期间也是如此。不过，奥利现在坚持把我的研究称作“怪诞经济学”（wackonomics），他觉得这个词很有搞笑的意味。

(4) 75 美元，即把酒卖了的话我能够赚到的钱。[20%]

(5) –55 美元，我喝了一瓶价值 75 美元的葡萄酒，但我买它时只花了 20 美元，所以喝这瓶酒我节省了 55 美元。[25%]

当我们列出选项（5）时，虽然我们都觉得它很有意思，但不确定会不会有人选。我们想知道是不是真的有人认为喝一瓶昂贵的葡萄酒是省钱的行为。不过，很多人都很重视这个选项，有超过一半的人认为喝这瓶酒是免费的或是省钱的行为。当然，按照经济学理论，正确答案应该是 75 美元，因为喝这瓶酒的机会成本是现在拍卖的价格。所有的经济人都会选择这个选项，很多经济学家也会选择这个选项。事实上，选择这个选项的大多数人确实是经济学家。因为调查不是匿名的，所以我知道这一点。我们给调查对象提供了一次抽奖机会，奖品是一瓶波尔多葡萄酒，要想抽奖，就必须提供姓名和地址信息。①

如果稍微改动一下问题，大多数调查对象的回答就会和经济学家一样。我们把喝一瓶酒改为打破了一瓶酒，然后问他们是怎么想的。大多数人表示，打破一瓶酒相当于损失了 75 美元，也就是拍卖价格。

调查问卷的寄送地址没有使用我和埃尔德的地址，所以调查对象不知道是我们俩实施了这次调查。很多调查对象主动解释了自己的答案。其中有一位退休工程师，他写道："我知道，抛开情感，'重置成本'（replacement cost）与经济决策有关。不过，对我而言最理想的答案是，如果我 1989 年和 1990 年买的葡萄酒的价值升得足够高，我

① 这个实验中还有一点很有趣。抽奖奖品只是一瓶价值 75 美元的葡萄酒，但仍从较为富有的读者群体中吸引了 178 位回答者，所以每份调查的价值相当于 42 美分，而邮资需要他们自己支付！如果你想让人们做什么事，抽奖将会是一个十分有效的激励手段。

就可以卖掉一半的酒，然后把剩下的一半酒喝掉。那时我的心里就只剩下快乐，而不用想钱的问题了。”

你明白他的意思了吗？如果他的藏酒的价值涨了一倍，他卖掉一半的酒后，喝剩下的一半酒时就感到它们仿佛是免费的一样。太聪明了！这样做的话，他所喝的每瓶酒都会产生巨大的交易效用。还有一封信来自芝加哥大学著名的会计学教授罗曼·威尔（Roman Weil）。我在芝加哥大学教书时和罗曼成为好友，他是我所认识的人中最接近理性经济人的一位。

> 你漏掉了正确答案。我觉得答案应该是用 75 美元减去卖酒的交易成本（约为 15 美元），所以，喝这瓶酒的成本是 60 美元。如果我一生会收藏很多瓶酒，就应该使用可变现价值。如果我没有足够的库存，就应该使用重置成本，即 75 美元加上佣金，再加上运费，约为 90 美元。另外，你还没有将需缴纳的税款计算在内。资本利得是免税的，但如果税率为 40%……

我们再回到调查本身，其中超过一半的调查对象认为喝一瓶价值 75 美元的葡萄酒是免费的或是省钱的行为。这一回答又引出了一个问题：如果他们认为喝掉这瓶酒是免费的，那么让他们买一瓶酒，这些人又会怎么想呢？第二年，我们针对奥利的简报读者又推出了一份新的调查问卷。这次的问题是：

> 假设你花 400 美元买了一箱波尔多期酒，这箱酒交付时的市场零售价约为 500 美元，你打算 10 年都不喝这箱酒。当你买这箱酒时，以下哪句话更准确地描述了你的想法？请在你认为恰当的数字上画圈。

(1) 我觉得我**花了 400 美元**，就像我周末花了 400 美元去度假。

1---------2---------3---------4---------5

十分同意　　　　　　　　强烈反对　　平均值：3.31

(2) 我觉得我**做了 400 美元的投资**，我可以在几年内慢慢消费这箱酒。

1---------2---------3---------4---------5

十分同意　　　　　　　　强烈反对　　平均值：1.94

(3) 我觉得我**节省了 100 美元**，也就是购买成本与交付时的价格差。

1---------2---------3---------4---------5

十分同意　　　　　　　　强烈反对　　平均值：2.88

平均值最低的描述（得分最接近“十分同意”）表明，如果买下的葡萄酒将被储藏 10 年，人们就会认为这笔支出是一项投资。平均值第二低的描述表明，人们认为这是省钱之举。而认为这是一笔纯开销的人占比最小。

虽然经济学理论没有规定哪个答案最正确，但如果将这份调查问卷的答案与前一份调查问卷的答案放在一起，我们就可以清楚地看到，人们的想法有些前后不一。如果买酒只是“一项投资”，而随后的喝酒又是免费或省钱的行为，这是不合逻辑的——喝一瓶昂贵的酒在某一时刻肯定是花钱的行为！我和埃尔德根据这次调查写了一篇论文，题目就是对研究结果的全面概括：“现在投资，随后喝酒不用花钱”。

这种想法对葡萄酒行业是有益的，因为它忽略了花钱消费的环节。如果你能做到，这将是一个很好的决策。分时度假房产也利用了人们的这种想法。一般来说，潜在的度假者“投资”一部分钱，比如1万美元，就可以每年在此处房产中度假一周，有效期是永远，或者至少到房产降价或房地产公司倒闭为止。心理账户就是这样运作的，最初的支出被视为一种投资（而不是购买行为），每年的“维修费用”令人讨厌，但未来在这儿度假是“免费的”。对一个家庭而言，这项投资是否合理，部分取决于人们是否舍得花钱度假。但是，我们应该认清这种投资的真面目：一种掩饰度假成本的投资方式。

我们在前几章中提到的折扣零售店好市多也变相使用了这种策略。要想在好市多购物，顾客必须先成为“会员”，会员费目前是一个家庭一年55美元。好市多的会员似乎把年费看作一种“投资”，而没有把这一成本分摊到一年之内所购买的商品上。相反，他们将其看作沉没成本，这成为他们在好市多购物的又一原因。同样，顾客每年交99美元就可以成为亚马逊的“金牌会员”，享受“免”运费的服务。在这里，会员费也被视为一种投资，而不是购买某一商品的成本。

◇

写到这里，我要坦承两件事。虽然我总是倡导人们要像理性经济人那样思考，但说到心理账户，我明显倾向于普通人的做法。一般来说，我在忽略沉没成本方面做得很好，尤其是在沉没成本只与钱有关的情况下。但是，像大多数人一样，如果我为某件事投入了很多，我也会觉得很难放弃它，即使放弃才是正确的选择。例如，我写作本书时，第一稿的写作策略就是没有取舍地写，而不管其中的段落或章节能否成为终稿的内容。这样做的结果就是的确完成了写作任务，但显然用时太长了。而且，其中有些内容需要删减，我向读过本书初稿的朋友和编辑们请教，哪些部分需要做删减。很多人都提到，作家必须学会“杀死他们的宠儿”[43]，这句话出自威廉·福克纳（William Faulkner）。我怀疑，这条建议之所以常常被提及，是因为这对任何作家来说都很难做到。

当我开始修改书稿时，我决定建立一个“删除内容”的文件夹，用来存放那些出现在第一稿中但最后被删除的内容。我打算将这些资料放到这本书的相关网页上。我不知道最终会有多少内容被上传到网页上，但这一计划的好处就在于上传多少都没有关系。删除我喜欢的那些段落让我很心痛，就像穿那双不合脚但很昂贵的鞋子一样痛苦，但只要电脑里有个名为“删除内容”的文件夹就足以减轻我的痛苦了。我还学到了更重要的一点：一旦发现了一个行为问题，你就可以采取另一种行为作为解决办法。心理账户并不总是蠢人玩的游戏。

我要坦承的第二件事与酒有关，你现在可能已经猜到了，藏酒也是我的恶习之一。虽然我完全理解机会成本这个概念，但我必须承认自己和前文提到的调查对象的想法一样。如果让我拿出一瓶收藏多年都不舍得喝的老酒，我最不会想到的就是，拍卖这瓶酒我能得到多少钱。实际上，我根本不想知道拍卖价格！我和罗塞特教授一样，不会买一瓶30年的藏酒，但在特殊的日子里喝上一瓶自己的藏酒还是很高兴的。所以，我也是一个普通人。

第 9 章

漏水的桶与财务预算

在第 7 章中我们提到，我通过采访当地居民了解家庭是如何理财的。在采访过程中，我们发现很多家庭，尤其是预算比较紧张的家庭，都有明确的预算规则。那些基本上以现金支出为主的家庭（20 世纪 70 年代末人们才刚刚开始使用信用卡），往往会采用把现金分装在不同信封里的方法。一个信封（或玻璃罐）装租金，一个装买食物的钱，一个装水电费等。在很多情况下，这种方法都是从父母那里学来的。

公司也采取类似的做法，每个部门都有自己的预算，每个类别的花销都有限制。预算的存在其实违反了经济学的基本原理：金钱是可替代的，也就是说没有硬性规定它必须花在哪里。像大多数经济学原理一样，该原理的背后也有着强大的逻辑。如果因为冬天比较暖和而使取暖费有了剩余，就可以给孩子们买几双鞋。

但预算的存在是有道理的，也是可以理解的。公司老板不希望每笔支出都非得他亲自批准，所以预算是控制成本的一种粗略的方法，同时可以让员工自行判断哪些支出是合适的。不过，预算也会导致愚蠢的结果。凡是在大公司工作过的人都会遇到这样的问题：前期设置的预算金额无法满足突发事件的资金需求，但又无法动用其他项目的预算资金。金钱应该被花在最符合公司或家庭利益的事情上，如果利益发生改变，我们就应该忽略当初给不同预算贴上的标签，但事实上我们不会这样做，因此，标签也是“看似无关的因素”。

当然，虽然个人和家庭都有自己的预算规则，但是他们做预算的方式都差不多。预算规则究竟有多明确，常常取决于预算额度有多宽松。心理学家奇普·希思（Chip Heath）和杰克·索尔（Jack Soll）曾做过一项研究，发现大多数 MBA 学生都为吃和玩制定了周预算，为穿制定了月度预算。[44] 在他们毕业后赚到更多钱的情况下，这些预算很可能会变得更宽松。

但在读研究生期间，预算及其违反“钱具有可替代性”的事实却会影响他们的行为。例如，希思和索尔问两组实验对象，他们是否愿意买一张周末的演出票。其中一组实验对象被告知他们这周已经花 50 美元看了一场篮球赛（看演出和看球赛属于同一类预算），而另一组实验对象被告知他们这周已经被开了一张 50 美元的违规停车罚单（被开罚单和看球赛属于不同的预算），那些看过球赛的学生不大可能去看演出，原因大概是这周的娱乐预算已经没有了。

迄今为止，经济学家贾斯廷·黑斯廷斯（Justine Hastings）和杰西·夏皮罗（Jesse Shapiro）的研究十分严谨地证明了心理预算效应。[45] 黑斯廷斯和夏皮罗的研究课题是，汽油价格的变化对人们选择普通汽油或优质汽油会有什么影响。在美国，汽油一般会根据辛烷值分为三个等级：普通、中级和高级。是否每款车都需要使用等级高的汽油至今尚无定论，但专家确实建议某些车型应使用好一点儿的汽油。有些消费者会出于其他原因而购买等级较高的汽油，比如误以为高等级的汽油对引擎更好。2008 年汽油价格下降了约 50%，每加仑[①]汽油从约 4 美元的高位降到不到 2 美元，黑斯廷斯和夏皮罗研究了这次油价降低对高等级的汽油销量有何影响。他们二人之所以能够研究这个问题，是因为他们可以从一个连锁店得到消费者的购买数据，这家连锁店恰恰也出售汽油。

我们先来想想，理性经济人在这种情况下会怎么做。假设汽油价格为每加仑 4 美元时，一家人每周的汽油支出就是 80 美元，而且购买的是普通汽油。6 个月后，每加仑汽油的价格降到 2 美元，这家人的汽油支出也随之降为每周 40 美元。理性经济人会这样想：第一，汽油便宜了，我们应该多驾车出行；第二，汽油降价后，相当于我们每周的实发工资多了 40 美元，这笔钱我们可以用来约会或者喝质量更高的啤酒。我们可以充分利用这 40 美元来追求最大的效用。其中一部分钱也许会被用来买高等级的汽油，但它仅是一小部分。平均来说，如果一个家庭的收入一年上涨 1 000 美元，他们购买高等级的汽油的倾向仅会升高 0.1%。所以，如果这家人都是理性的经济人，那么他们可能会在一年当中仅有一次给油箱加满中级汽油，而把剩下的钱花在更有价值的事情上。

假设一个普通家庭制定了汽油预算，钱可能就存放在厨房的玻璃罐中。像理性经济人一样，他们会花一部分钱开车旅游，他们也会想，既然汽油现在这么便宜，不妨也买点儿高等级汽油吧。这正是黑斯廷斯和夏皮罗的研究结果。在理性经济人看来，金钱是可替代的。然而，普通人改买优质汽油的概率是经济人的 14 倍。两位研究人员的另一发现进一步确证了心理账户对研究结果的解释。连锁店还出售

① 1 加仑 ≈ 3.785 升。——编者注

其他两种商品——牛奶和橙汁，不过，研究者发现那些家庭并没有购买更好的牛奶和橙汁。这没有什么好奇怪的，当时正值2007年金融危机，汽油价格因此大幅下降。在那段恐慌的时期，大多数家庭都会尽可能地节省开支，但却在高等级汽油上乱花钱，这是唯一的例外情况。

财富也往往分属不同的心理账户。最底层的也是最容易花掉的，即现金。老话说得好：钱烧口袋漏，一有就不留；手头有钱，花完算完。

活期账户里的钱虽然跟现金差不多，但如果金钱被贴上了“存款”的标签，人们就不太愿意将之取出。这就导致了一种奇怪的行为，人们一边以高利率借钱，一边以低利率存钱。例如，在存款利率几乎接近于零时，人们仍把钱存在银行里，但与此同时信用卡债却还有未偿还的部分，一年的利息要超过20%。其实，有一种做法从经济上讲是可行的，即用存款偿还贷款。然而，人们也会觉得，如果他们永远都无法补全从存款账户中“借出”的钱，这种做法就不是他们想要的。

最神圣的当属长期存款账户，这一般是指那些以备未来之需的账户，比如退休金账户或孩子的教育金账户。虽然确实有人从401（k）计划等退休金账户中借钱，但一般来说借出数额不大，几年内就可以还上。换工作时，财富的积累比贷款的积累更危险。换工作时，人们一般都有机会以现金方式将退休金账户中的余额取出。虽然这样支取是要纳税的，还要支付10%的额外费用，但很多人还是会这样做，尤其是在余额较少的时候。其实，人们也可以将退休金账户余额转存至另外一个退休金账户中，这是很容易做到的，最好将其设置为默认选项，这样就可以避免损失了。

房屋净值是一个很有趣的例子，它属于财富分类账户的中间层。几十年来，人们认为房屋净值与退休存款都是神圣不可侵犯的。实际上，就我父母那一代人来说，每个家庭都会尽可能快地还清抵押贷款。20 世纪 80 年代初，60 岁以上的人几乎没有任何债务，或者只有很少的抵押债务。后来，美国人对待债务的态度开始发生转变，这可以说是里根时代税制改革的一个副作用，而当初实施税改时人们并未想到这一点。税制改革前，所有的利息支付，包括汽车和信用卡贷款的利息，都是可以免除税款的。1986 年以后，只有房屋抵押贷款的利息税可以免除。这促使银行推出了房屋净值信贷额度，家庭用这种方式贷款是可以免税的。用房屋净值贷款买一辆车，而不是申请汽车贷款，这样做当然是合理的，因为房屋净值贷款利率一般较低，而且税款可以免除。但是，这一变化却破坏了一项社会规范：房屋净值是神圣的。

后来，这一社会规范因为其他两个因素而最终瓦解：一是长期以来利率的不断下调；二是抵押经纪人的出现。在过去 30 年里，美国的利率一直在下降，从两位数降到了接近零的水平（如果考虑通货膨胀因素，利率甚至会更低）。抵押经纪人的出现，更是彻底破坏了那条古老的、未成文的第十一条诫命：“你应该还清抵押贷款。”抵押经纪人破坏了“尽快还清贷款”的社会规范，也使得人们再次贷款变得更容易。抵押经纪人的电脑里存有你的相关信息，随着利率不断下降，他们有很多机会可以打电话给你：“您好！想要降低您的还款额吗？”当房地产泡沫产生、房价高涨时，这些经纪人会告诉房主，他们可以降低抵押贷款的还款额，并且可以提取些许现金，整修一下地下室或是买个大屏幕的电视机。

这时，房屋净值已经不再是一个“安全”的心理账户了，这一点通过各家庭的贷款行为就可以证明。以户主年龄为 75 岁或以上的家庭为例，1989 年只有 5.8% 的同类家庭尚未还清抵押贷款，而到 2010 年，这一数值涨到了 21.2%。对于有贷款未偿清的家庭而言，欠款额的中位数也从 3.5 万美元升至 8.2 万美元（以 2010 年的美元价值为基准）。21 世纪的最初几年，美国房价暴涨、房产升值，理论上的升值部分让房主们在消费方面表现得十分大方，就像花掉彩票奖金一样。

正如经济学家阿蒂夫·米安（Atif Mian）和阿米尔·苏菲（Amir Sufi）在《债务屋》(*House of Debt*)[46] 中所写的，到 2000 年，房产的升值已经成为推动消费的最大引擎，尤其是对耐用消费品而言。例如，在房价上涨的城市，汽车销量也随之增加，因为房主会用升值的房产作抵押，贷款购买新车。当房价下降时，情况则正好相反，汽车销量会随之下降。如果房屋净值为零或负数，也就是说未偿还贷款的数额超过了房屋价值，房主们就没有钱买新车了。这就是 2000—2001 年科技股泡沫破裂后，并没有像房地产泡沫那样引起经济深度衰退的原因。大多数并不十分富裕的家庭只用退休金账户的钱投资股票，退休金账户仍是比较安全的，尤其对那些账户余额较多的人来说。也就是说，股价的下降不会像房价下降那样严重影响人们的消费水平。

在退休之前还清抵押贷款这一社会常态不知道是否还能在美国再现。如果期待已久的利率上升如期而至，我们也许会看到人们重建还清贷款的习惯，因为利率较高，再贷款就变得不大有吸引力了。否则，房屋净值仍会像一只漏水的桶。

正如心理账户的很多方面一样，制定不可替代的预算并不是完全愚蠢的做法。不管是把钱放在玻璃罐或信封里，还是使用复杂的金融应用程序，努力制订财务计划的家庭会在自己的能力范围内让生活过得轻松一些。公司不管规模大小，其道理也是一样的。但是，这些预算有时也会导致糟糕的决策，就像前文中提到的“认为金融危机期间应该购买高等级的汽油”一样。

第 10 章

扑克牌桌边的怪诞行为

我在康奈尔大学任职期间，经济系的一些老师会定期凑在一起打打牌，赌注一般很小，一天晚上最多输或赢50美元。[①]但是，我发现，有些打牌的同事，尤其是那些回家后要向妻子如实汇报的人，在赢钱和输钱时的行为反差很大。打牌的输赢应该与如何出牌没有关系，尤其是在赌注这么小的情况下。我们对比一下两种情况，一是你晚上打牌输了50美元，二是股市收盘时你买的100股股票每股跌了50美分。这两种情况都让你损失了钱财，但是其中一种损失会影响你的行为，另一种则不会。当然了，打牌输钱只会影响一个人在牌桌上的行为。

在上述情况中，特定的心理账户背后似乎有一个人在掌控，如果用前景理论解释这种情况会比较棘手，卡尼曼和特沃斯基也意识到了这一点。他们在一篇论文中讨论了一个类似的案例，即赛马。每投注1美元，赌马场都会从中抽取17%，所以整体而言，赌马的人每场比

① 扑克锦标赛推行的“赢者通吃”玩法后来也在民间流行，但此潮流当时尚未开始。

赛都会损失 17% 的投注额。到一天当中的最后一场比赛时，大多数人的赌马心理账户都是亏损的。这会如何影响他们的投注决策呢？规范性经济理论预测，“几乎不会”有影响。就像打扑克牌的例子一样，赌马的人不应该在乎 100 美元的损失。如果退休金账户损失了 100 美元，人们几乎不会察觉到，所以赌马时损失 100 美元也应该如此。但是，卡尼曼和特沃斯基引用了一项研究，该研究发现在一天的最后一场赛马中，获胜概率极小的马的赔率会变低，也就是说有更多的人把赌注押在了最不可能获胜的马身上。[47]

卡尼曼和特沃斯基用前景理论解释了这一发现，即人们面对损失时倾向于追求风险。我们在第 4 章提到，如果有两个选项，一是有 100% 的概率损失 100 美元，二是有 50% 的概率损失 200 美元，有 50% 的概率不赚不赔，大多数人都会选择后者。与此恰恰相反的是，如果选项一是有 100% 的概率得到 100 美元，选项二是有 50% 的概率不赚不赔，有 50% 的概率得到 200 美元，则大多数人都会选择前者。

通过观察我的同事打扑克牌输钱时的行为，我发现卡尼曼和特沃斯基的解释并不完全贴切。假设我赌马输了 100 美元，我会希望随后扳成平局，以免我的赌马账户出现亏损。的确，我可以投 2 美元在获胜概率极小的马身上，赔率为 50∶1，这样，翻本的概率很小；我也可以再投 100 美元在一匹获胜概率较大的马身上，赔率为 1∶1，这样，翻本的概率为 50%。如果我是追求风险的人（也就是说，在实际的输赢金额与打赌的预期结果一样时，我更倾向于打赌），为什么不押 100 美元在获胜概率高的马身上，从而增加翻本的机会呢？前景理论没有解答这个问题，但打扑克的经验告诉我，卡尼曼和特沃斯基的直觉是对的。我的观察是，输钱的人倾向于以概率很低的小赌注赢大钱（比如抓了一手同花顺）的玩法，但不喜欢可能造成更大损失的大赌注，即使后者翻本的概率更大。

通过观察人们打扑克牌的行为，我还发现了心理账户的另一个问题：赢钱的人似乎并不把赢的钱当“钱”看。这种心理十分普遍，赌徒常说一句话：“用庄家的钱赌。”（“庄家”指的就是赌场。）也就是说，赢钱时，你是拿赌场的钱而不是自己的钱在赌博。我们几乎在任何一个赌场都会看到这种行为。如果一个非职业赌徒晚上赢了一些钱，你可能会发现被我称为“双兜”心理账户的情况。如果一个人带了 300 美元去赌场赌博，结果赢了 200 美元。此时 ，他会将 300 美元放在一个兜里，认为这些钱是自己的，然后把赢得的 200 美元筹码放在另一个兜里（更可能的情况是，放在赌桌上准备继续下注）。说到“庄家的钱”，“来得容易去得也快”这句话很适用，而这明显违背了钱的可替代性原则，即两个兜里的钱花起来应该是一样的。

赢同事的钱很有意思，① 但却不科学。于是，我和现任哥伦比亚大学市场营销学教授的埃里克·约翰逊决定写一篇相关的论文，[48] 就是我在前言中提到的那篇经过很长时间的修改才让特沃斯基满意的论文。简言之，我们希望在实验室里复制人们打扑克牌时我们观察到的现象。但是，我们必须先解决一个问题，卡尼曼和特沃斯基最初决定在实验中使用假设性问题也是出于同一原因。怎么实施会让实验对象输钱的实验呢？这关乎道德问题。审查委员会负责监管此类

① 有时候赢钱也很容易。我们当中有个叫比尔·格林（Bill Green）的计量经济学家，他经常参与打扑克牌。我发现，每当他抓了一手好牌时他就坐不住了，一会儿站起来，一会儿坐下，这简直就是明白地告诉我们他抓到了好牌。有时我们觉得很不好意思，就把这个发现告诉了他，可他抓到好牌时还是克制不住自己。我一直等着他哪天假装坐不住，借此大赢一把，可他从未这样做。

实验，我们的实验怎么才能得到大学审查委员会的同意呢？我们是这样解决的：我们让实验对象在一系列有关输赢的问题中做出选择，选项中的输赢情况有的是确定的，有的则不确定。我们诚实地告诉实验对象，会随机抽取其中的问题用于研究，但输赢不确定的选项被选中的概率并不相同。虽然我们清楚表明会向输钱的实验对象收取现金，但我们将一些更有可能被选中的选项设定为有益于实验对象的选项，以确保实验对象输钱的概率很小。输钱的实验对象如果愿意，可以通过协助研究冲抵输掉的钱。所以，最后没有人输钱，我们也无须向他们收取任何现金。

以下是研究中的三个问题，括号里标明了选择该选项的实验对象占所有实验对象的百分比。面对这三个问题，厌恶风险的理性经济人都会选择输赢情况 100% 确定的那个选项，因为第一个选项的期望值与第二个选项是相同的。

问题 1：你刚刚赢了 30 美元，现在请选择：

(a) 有 50% 的概率赢得 9 美元，有 50% 的概率输掉 9 美元。 [70%]

(b) 不再投注。 [30%]

问题 2：你刚刚输了 30 美元，现在请选择：

(a) 有 50% 的概率赢得 9 美元，有 50% 的概率输掉 9 美元。 [40%]

(b) 不再投注。 [60%]

问题 3：你刚刚输了 30 美元，现在请选择：

(a) 有33%的概率赢得30美元，有67%的概率不输不赢。 [60%]

(b) 有100%的概率赢得10美元。 [40%]

第一个问题证明了“庄家的钱”效应。虽然实验对象在面对收益时表现出风险厌恶的倾向，也就是说，大多数人一般不会选择有可能输或赢9美元的选项；但是当我们告诉实验对象他们刚刚赢了30美元时，他们就变得愿意承担风险了。第二个问题和第三个问题则凸显了人们在某个心理账户遭受损失时的复杂偏好情况。前景理论预测，人们面对损失时会追求冒险，但是在第二个问题中，当没有机会翻本时①，损失30美元并不会让实验对象产生追求风险的偏好。当有翻本机会时，正如第三个问题所示，大多数实验对象都会选择输赢情况不确定的选项。

如果你懂得翻本效应和“庄家的钱”效应，就会很容易在日常生活中发现类似的现象。每当存在两个明显的参照点时，比如起点时的情况与现在所处的情况，这样的事就会发生。正是“庄家的钱”效应，以及用最近的收益去推测未来收益的倾向，导致了经济泡沫的产生。20世纪90年代，个人投资者投入退休基金与股市的钱所占的比例呈稳定增长的态势，也就是说，他们新近投入股市的资金不断增多。其中部分原因似乎在于，他们近些年已经赚了足够多的钱，即使股市下跌，他们损失的也只是那些近期的收益。当然，如果你最近赚的钱化为乌有，也不应该削弱你损失金钱的感受。在几年后的房价高涨期，投机投资者持有的就是这种想法。那些在斯科茨代尔、拉斯韦

① 这里的意思是，前景理论预测，人们在面临损失时会追求风险，但如果承担风险并不能翻本，这条预测就站不住脚了。

加斯和迈阿密炒房的人，对房价都有一个心理上的缓冲地带，这诱使他们相信，最坏的结果不过是回到起点。当然，房价突然下跌，那些债台高筑的炒房者损失的钱超过了房屋的价值，很多人因此失去了房子。

输钱时愿意冒险翻本的行为在职业投资者身上也很常见。到每年的最后一个季度时，如果共同基金经理所管理的基金落后于基准指数（比如标准普尔500），他们就会冒更大的风险。[49]更糟糕的是，那些已经给雇主造成巨大损失的魔鬼交易员在最后阶段还会冒更大的风险，以期可以翻本。从魔鬼交易员的角度看，这种行为似乎是合理的，因为如果他们不将损失的钱赚回来，就可能会失去工作或面临其他更严重的危险。如果情况如此，那么管理层需要密切关注这些员工的行为。（事实上，细想一下，管理层应该在魔鬼交易员造成巨大损失之前就密切关注他们的行为。）我们要记住：人们在面临巨大损失时，如果有翻本机会，即使他们通常是厌恶风险的，此时一般也都会愿意承担风险。所以，你要小心了！

第三部分

自我控制：1975—1988年

前景理论和价值函数曲线不仅对我理解心理账户有很大的帮助，也有助于我弄清楚行为清单上的很多例子。但是，其中有一个似乎与众不同，就是吃饭前拿走腰果的那个例子。为什么我把腰果藏到厨房里，大家反倒都很高兴呢?

我开始收集其他类似的例子。吸烟者一包包地买烟会比成条买烟花费更高；节食者不会在冰箱里存放任何冰激凌；从事学术研究的人（包括我在内）会许诺在几个月后的会议上展示一篇目前尚未完成的论文，以此激励自己抓紧写完；起床困难的人会把闹钟放在卧室的另一侧，早晨如果不爬出被窝就无法关掉闹钟。

这些例子的共同之处就在于它们都与自我控制有关。我们只是想再吃几粒腰果，但是如果装腰果的碗继续放在桌子上，我们很可能会禁不住诱惑。

我们心中所想与我们实际所选之间的区别，从现代经济学的角度来看是没有任何意义的。在现代经济学中，偏好是根据我们的选择确定的——选择据说可以“表明偏好”。我们想象一下，在一个理性经济人和一个普通人之间发生了如下对话，那个普通人刚刚把那碗腰果拿走了，经济人正好在旁边看到了。

经济人：为什么要拿走腰果呢?

普通人：因为我不想再吃了。

经济人：你既然不想再吃，为什么还要费事儿把它拿走呢？你只要按照自己的想法，不吃就行了。

普通人：我拿走那碗腰果，是因为如果它们还在那儿，我就很可能忍不住再吃一些。

经济人：如果是这样，就说明你其实想多吃点儿腰果，所以拿走它是愚蠢的行为。

这段对话当然不可能发生，但在那个年代我与经济学家的很多对话都与此类似。虽然任何一本经济学教科书都没有做明确说明，但经济学理论实际上就是假设自我控制问题不存在。所以，我接下来要说明的就是这个看似不存在的问题。

第 11 章

意志力和延迟消费

经济学家并非一直都对自我控制问题熟视无睹。近两个世纪以来，对这一话题有所涉猎的经济学家其实很了解人类的行为。事实上，最早从行为角度研究自我控制的先驱不是别人，正是自由市场经济学的开山鼻祖亚当·斯密。一提起亚当·斯密，大多数人就会想起他的杰作《国富论》。这部惊世之作于 1776 年首次出版，为现代经济学思想奠定了基础，而书中最广为人知的就是“看不见的手”[50]的概念。事实上，这个说法在《国富论》中只出现了一次，亚当·斯密也只是轻轻地一笔带过，但人们却夸大了“看不见的手”的作用。亚当·斯密指出，通过追求个人利益，一般的商人“受到一只看不见的手的指导，以求尽力达到一个并非出于他本意的目的。这样做也不会因为不是出于本意，就对社会有害”。注意这里的第二句话是很谨慎的，人们在引用“看不见的手”的说法时，或是当我想到“看不见的挥舞的手”时，几乎都不会想到紧随其后的第二句话。“这样做也并不会因为不是出于本意，就对社会有害”，而这却并不意味着这样做一定会对社会有益。

这部巨著讨论了几乎所有人们能想到的经济学论题。比如，亚当·斯密提到了生命价值的基本理论，这也是我博士论文的主题。他解释了为什么必须给肯做脏活儿、承担有风险或没人愿意做的工作的人支付更多的酬劳。芝加哥大学著名经济学家乔治·斯蒂格勒常常说，经济学已经没有什么新东西了，亚当·斯密全都说过了。行为经济学差不多也是这样。[51]

亚当·斯密著述颇丰，他首次提到我们现在所说的行为经济学的概念是在《道德情操论》(The Theory of Moral Sentiments) 中。这本书出版于 1759 年，比《国富论》要早。正是在这本书中，亚当·斯密阐述了自我控制问题。他见解深邃，将自我控制描述成“激情”与“公正的旁观者”之间的挣扎或冲突。正如大多数经济学家一样，我也是在提出自己的自我控制理论后，才知道亚当·斯密才是研究这个问题的第一人。我的相关研究会在后文中介绍。亚当·斯密对激情的看法有一个重要特点，即它们是缺乏远见的，也就是短视的。正如他所说，问题是“我们 10 年以后享受到的快乐，同我们今天能够享受的快乐相比，其对我们的吸引力极为微小”。[52]

在早期的经济学家中，亚当·斯密并不是唯一一个对自我控制问题有敏锐直觉的人。行为经济学家乔治·勒文施泰因曾写道，还有一些有关“跨期选择”(intertemporal choice，即消费时间的选择) 的早期研究也强调了“意志力”(willpower) 的重要性，而意志力这个词在 1980 年的经济学领域还没有任何意义。① 亚当·斯密早就认为，意志力对解决短视问题很重要。

---

① 我在耶路撒冷希伯来大学给一些经济学家做过一次有关自控力的演讲。其间，我用到了“诱惑”一词，其中一位经济学家让我给这个词下个定义。另一位经济学家则立刻回答：“到《圣经》里找吧。”因为在经济学家的词典中根本没有这个词。

1871年，另一位经济学大师威廉姆·斯坦利·杰文斯（William Stanley Jevons）进一步完善了亚当·斯密对短视行为的看法。他指出，比起未来的消费，人们对即时消费的偏好会随着时间的流逝而减弱。[53]我们也许更在意现在能吃到一盒冰激凌，而不是明天。但是，如果是拿明年的这一天与其前后两天相比，我们则几乎不会在意。

有些早期的经济学家认为，对未来的消费进行贴现是一个错误，或是某种失败。它可能是意志力的失败，或是正如1921年庇古（Arthur Pigou）所写的，它可能是想象力的失败，“我们的预测能力是有欠缺的……因此可以说，当看待未来的快乐时，我们会认为它是递减的”。[54]

第一个提出现代“跨期选择”理论的经济学家是欧文·费雪（Irving Fisher）。他在1930年的经典著作《利息理论》（*The Theory of Interest*）中用无差异曲线表示，在特定的市场利率条件下，一个人会如何就他在两个时间点上的消费做出选择。无差异曲线现在已成为微观经济学的基本教学工具。我们之所以说费雪的理论是现代的，主要原因有两个：一个是他所使用的方法，另一个是该理论是规范性的。费雪解释了一个理性的经济人应该怎么做，但他也清楚表明，他认为自己的理论并不是一个令人满意的描述性模型，因为其中没有考虑重要的行为因素。

一方面，费雪认为时间偏好取决于一个人的薪资水平，穷人在消费时比富人更迫不及待。另一方面，费雪认为收入低的人所表现出来的消费行为从某种程度上说是不合理的。他给出了一个十分形象的例子：“我们可以用一个家中屋顶漏雨却从不修理的农民的故事来证明这一点。下雨的时候，他无法让屋顶不漏雨；而天晴的时候，屋顶根本不漏雨！”[55]另外，费雪还很不理解“那些在禁酒令实施前，周六晚上在回家路上抵挡不住酒吧诱惑的工人”，[56]周六正是发薪日。

显而易见，从1776年的亚当·斯密到1930年的欧文·费雪，经济学家一直在思考对于跨期选择人们所表现出的明显反常的行为。经济人的概念在费雪所在的年代崭露头角，原因就在于费雪开始研究经济人应该如何表现。但是，最终完成这一工作的却是保罗·萨缪尔森。当时，萨缪尔森只有22岁，正在读研究生。很多人都认为萨缪尔森是20世纪最伟大的经济学家，他是一个天才，开创性地将数学理论引入经济学模型。萨缪尔森16岁进入芝加哥大学，随后很快就前往哈佛大学读研究生。他的博士论文题目是“经济分析基础”（Foundations of Economic Analysis），既大胆又准确。他用自认为合适的数学严谨性，重新分析了经济学已有的研究成果。

1937年，萨缪尔森读研究生的时候，写了一篇7页长的论文，题目很谦虚，“关于效用度量的一篇笔记”（A Note on the Measurement of Utility）。正如论文题目所示，萨缪尔森希望用一种方法来度量效用（比如快乐或满足感）。效用是难以度量的，理性经济人追求的就是效用最大化。在研究过程中，萨缪尔森建立了跨期选择模型，即贴现效用模型，该模型现已成为标准的经济学模型。在这里我就不再费力解释该模型的核心之处了，以免增加你（或我自己）的压力，我只根据本书的需要摘取其中的精华。

贴现效用模型的基本理念是，对你来说，即时消费比未来的消费更具价值。如果有两个选项，一个是这周吃顿大餐，另一个是一年后吃顿大餐，大多数人都会选择前者。用萨缪尔森的话说，我们在以某一贴现率对未来的消费进行贴现。如果一年后吃顿大餐的效用只是现在的90%，那么可以说我们未来大餐的年贴现率为10%。[57]

萨缪尔森的理论并不涉及激情或短视行为，而只讲稳定有序状态下的贴现。他的模型很容易使用，当时的经济学家都能明白其中包含的数学方法，并且它目前仍是经济学标准模型。但这并不意味着萨缪尔森本人也认为自己的理论必然是描述行为的理想模型。他在那篇简短论文的最后两页讨论了这个模型的“严重局限性”。其中有一些是技术上的，但有一点确实值得我们关注。萨缪尔森正确地指出，如果人们对未来的贴现率是随时间而变化的，那么他们前后的行为可能会和模型不一致，也就是说，随着时间的推移，他们会改变原来的决定。他所担心的情况与更早的经济学家杰文斯、庇古一样，就是人们对眼前的奖励最迫不及待。

要明白贴现是怎么回事，我们必须先做一个假设。假设泰德和马修都有一次看温布尔登网球公开赛的机会，如果今晚看比赛，其效用是 100u（即 util，是经济学家信手拈来的用于度量效用或快乐的单位）。泰德的年贴现率是恒定的，为 10%。对他来说，看球赛的效用今年是 100，明年是 90，后年是 81，以此类推。如果是这样，我们就可以说该贴现率属于指数函数。（即使你不知道什么是指数函数，也没关系。）

假设马修现在也认为比赛的效用是 100，但明年就变成 70，后年及之后都是 63。换句话说，马修第一年的贴现率为 30%，第二年是 10%，之后的贴现率为 0。马修在看待未来时表现出来的就是庇古所说的“有欠缺的预测能力”，他认为第一年和第二年间隔的时长只相当于第一年的 1/3，第二年以后时间就都挤在一起了，不再有间隔。他对未来的想法与一期《纽约客》杂志著名的封面“从第九大道看世界”很像。在这幅封面图上，从第九大道向西看，感觉第九大道到第十一大道（间隔两个很长的街区）的距离与第十一大道到芝加哥的距离差不多，与芝加哥到日本的距离也差不多。

这种开始时贴现率很高，随后不断降低的现象有个专门的名称，叫作“拟双曲贴现”。如果你不知道“双曲”是什么意思，那说明你对应该掌握哪些词汇有很好的判断力。当这个词出现时，只要把它想象成“有欠缺的预测能力”即可。大多数时候我都会避免使用这个词，而用“现时偏见”（present bias）[58]来形容这种偏好。

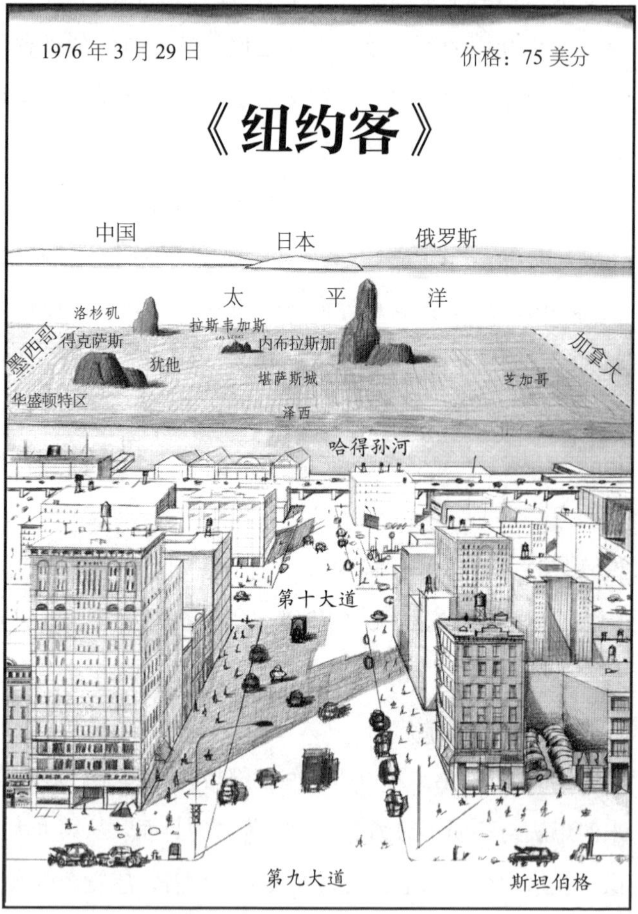

图 4 《从第九大道看世界》，索尔·斯坦伯格（Saul Steinberg），《纽约客》封面，1976 年 3 月 29 日

资料来源：The Saul Steinberg Foundation/Artists Rights Society（ARS），New York. Cover reprinted with permission of The New Yorker magazine.

为什么贴现率符合指数函数特点的人会坚持自己的计划，而符合双曲函数（现时偏见）特点的人则不会呢？要解答这个问题，我们先看一个简单的数字例子。假设泰德和马修住在伦敦，都是狂热的网球迷。他们二人各抽中了一张去看温网比赛的门票，因时间不同而有三种选择。选项 A 是今年第一轮比赛的门票，就在明天。选项 B 是明年温网比赛的四分之一决赛的门票，选项 C 则是后年锦标赛的决赛门票。所有这些票都保证可以提供，所以他们可以不必考虑风险，并且泰德和马修对网球比赛有相同的品位。如果这些比赛都属于今年的锦标赛，那么泰德和马修赋予其的效用分别为：A 为 100，B 为 150，C 为 180。但是，要想看他们最向往的决赛，他们需要等两年的时间。他们会怎么做呢？

泰德会选择两年后去看温网比赛决赛。他之所以这样做，是因为他现在给两年后的决赛赋予的效用值（贴现值）为 146（即 180 × 81%），高于 A（100）和 B（135，即 150 × 90%）的贴现值。一年后，即使我们问泰德，他是否要改变主意，选择去看四分之一决赛，他也会拒绝，因为 C 的效用值的 90%（162）仍高于 B。这就是所谓的时间偏好的动态一致性。不管面对什么新选择，泰德仍会坚持自己最初的选择。

那么马修呢？最初面临选择时，他也会选 C，这时他赋予每个选项的效用值分别为：A 为 100，B 为 105（150 × 70%），C 为 113（180 × 63%）。但与泰德不同的是，一年以后马修会改选 B，因为第一年的贴现率为 70%，等待一年的时间会使 C 的效用值贴现为 126，低于 B 的效用值 150 。马修就属于时间偏好不一致的人。如果用上文提到的《纽约客》封面做个类比，马修从纽约向西看，无法分辨是中国远还是日本远。但是如果他到了东京，则会发现从东京到上海的距离比从纽约到芝加哥还远。

人们会表现出时间偏好的动态不一致性，这一点让萨缪尔森十分费解。理性的经济人不应该在没有接触到新信息的情况下，改变自己最初的计划。不过，萨缪尔森表示他知道这种行为是存在的。他指出，有些人会采取一些措施，就像拿走装腰果的碗那样，以确保按当前的计划行事。比如，萨缪尔森曾提出，买终身保险是一种强制储蓄的措施。正式提出这一告诫后，他继续自己的研究，其他同行也都以他为榜样，萨缪尔森的指数贴现效用模型已成为跨期选择的基本模型。

一开始，泰德和马修都会选择两年后去看温网决赛。

——泰德的效用贴现值——

比赛	现在	1 年后	2 年后
第一轮	100	90	81
四分之一决赛	150	135	122
决赛	180	162	146

——马修的效用贴现值——

比赛	现在	1 年后	2 年后
第一轮	100	70	63
四分之一决赛	150	105	95
决赛	180	126	113

一年后，泰德仍会选择去看决赛，但马修会改变主意，去看四分之一决赛

泰德的效用贴现值

比赛	现在	1 年后
第一轮	100	90
四分之一决赛	150	135
决赛	180	162

马修的效用贴现值

比赛	现在	1 年后
第一轮	100	70
四分之一决赛	150	105
决赛	180	126

图 5 泰德和马修的跨期选择

选择这篇文章作为切入点似乎并不公平。意大利人维尔弗雷多·帕累托其实是最早将数学方法引入经济学领域的经济学家之

一，[59]在他的引领下，经济学家离大众心理学越来越远，而在此之前，大众心理学是为普通人所熟知的。但是，当萨缪尔森建立了贴现效用模型，并且该模型被广为采用后，大多数经济学家都面临着一个严重的问题，卡尼曼称之为“理论诱导的盲区”（theory-induced blindness）。他们热衷于将严谨的数学方法引入经济学，却将此前从行为角度研究跨期选择的著作完全抛在脑后，就连欧文·费雪的论述也无人问津。他们也忘记了萨缪尔森的警告：该模型从描述性角度来说可能并不准确。因为理性的经济人不会总是改变计划，所以贴现指数函数肯定是跨期选择的绝佳模型，而经济学家研究的对象也不再是普通人。几乎所有的经济学博士现在都陷入了理论诱导的盲区，他们在学校接受的经济学教育充分讲解了经济人的行为，但却忽视了人性和社会交往的常识或直觉。经济系的毕业生们已经意识不到自己所处的世界其实是由普通人组成的。

跨期选择不仅仅是经济学理论中的一个抽象概念，在宏观经济领域也扮演着重要角色。跨期选择是“消费函数”（consumption function）的基础，该函数表示的是家庭支出与收入之间的关系。假设政府发现国家经济陷入了深度衰退期，于是决定实施一次性减税政策，每人可以减免 1 000 美元税款。消费函数可以告诉我们，这 1 000 美元应该如何分配，花多少、存多少。从 20 世纪 30 年代中期到 50 年代中期，有关消费函数的经济学理论发生了重大变化。消费函数模型的演变可以反映从萨缪尔森以来经济学理论变化的一个有趣特点。随着经济学家越来越精通数学，他们也在模型中引入了越来越复杂的数学方法。与此同时，他们所描述的经济人也在发生变化：首先，经济人越来越聪明了；其次，他们摆脱了所有的自我控制问题。想计算20年后才开始享受的社会保障福利的效用贴现值？没问题。发薪日那天工人在回家路上去了酒馆，把应该用来购买食品的钱用来买了酒？不可能！经济人不会再有任何非理性的行为。

通过三位重量级经济学家提出的消费函数模型，我们可以看到经济学理论的演变路径。这三位经济学家分别是，约翰·梅纳德·凯恩斯（John Maynard Keynes）、米尔顿·弗里德曼和佛朗哥·莫迪利亚尼（Franco Modigliani）。我们可以先从凯恩斯开始，他曾极力提倡上述的减税方法。在《就业、利息和货币通论》（*The General Theory of Employment, Interest and Money*）[60]这部巨著中，凯恩斯提出了一个很简单的消费函数模型。他假设，如果一个家庭的收入有所增加，他们会按照一定比例进行消费。凯恩斯将增加的收入与将用于消费的部分之比称为“边际消费倾向”（marginal propensity to consume，简称MPC）。凯恩斯认为，如果某个家庭的收入没有发生大幅变化，边际消费倾向就是相对稳定的，但他也同意和他同时代的欧文·费雪的观点，即不同社会经济阶层的边际消费倾向的差异会很大。具体而言，凯恩斯认为，穷困家庭的边际消费倾向是最高的（接近100%），随着家庭收入的增加，边际消费倾向将逐渐降低。对于富裕家庭而言，意外得到1 000美元几乎不会影响他们的消费行为，所以其边际消费倾向接近于零。以一个中产阶级家庭为例，该家庭一般会将5%的额外收入存到银行，因此凯恩斯预测，若得到1 000美元的额外收入，该家庭的边际消费倾向将为95%，也就是将950美元用于消费。

20多年后，在一部1957年出版的著作中，米尔顿·弗里德曼指出，家庭可能会事先平滑他们的消费曲线，从而提出了“持久收入假说”（permanent income hypothesis）[61]。在他的模型中，一个将5%的额外收入存起来的家庭，不会在得到意外收入的那一年将950美元都花掉，而是会平均分配到几年的消费中。他具体指出，家庭会以三年为期平均分配这笔额外收入。（这表明贴现率为每年33%。）[62]也就是说，第一年的时候，家庭会花掉317美元（950/3）。①

佛朗哥·莫迪利亚尼和他的学生理查德·布伦伯格（Richard Brumberg）合写了一篇文章，进一步完善了这个模型。[63]虽然莫迪利亚尼与弗里德曼几乎属于同一个时代的人，但前者的模型更加接近现代经济人的概念。莫迪利亚尼并不关注短期收入，比如一年期的或是三年期的，他的模型建立在个人一生收入的基础上。因此，他的模型被称为“生命周期假说”（life-cycle hypothesis）。该模型指出，人们年轻时会计划如何平衡自己一生的消费，包括退休金或遗赠。

从这个角度出发，莫迪利亚尼将注意力从人的短期收入转到人们一生的财富上。为了简明扼要地进行说明，我们假设一个人知道自己还能活整整40年，并且不打算留下任何遗产。在这种前提下，按照生命周期假设，额外收入会被平均分配到未来40年的消费中，也就是说1 000美元的额外收入每年仅被消费掉25美元（1 000/40），持续40年。

从凯恩斯到弗里德曼，再到莫迪利亚尼，我们可以看到经济人的眼光越来越长远，并且他们具有足够的意志力能够做到延迟消费，在莫迪利亚尼的模型中，甚至可以延迟几十年。另外，意外收入中即时消费的份额也有很大差异，从几乎花掉全部收入到花去很小一部分。如果按照弗里德曼所提倡的，我们用预测的准确性来评价模型，那么

---

① 此处以及后文，为了简便我都会假设利率和通胀率为零。或者，你也可以认为二者相等，因此互相抵消。

我认为在这三个解释收入临时变化后人们行为的模型中，胜出者是凯恩斯，此模型随后经弗里德曼之手得以改进。弗里德曼引入自然倾向，以平滑短期波动。① 但是，如果我们根据建模者的聪明程度来判断，那么胜出者应该是莫迪利亚尼。也许因为经济学家的经验是“越聪明越好”，所以莫迪利亚尼的模型被视为最好的，并成为该领域的标准。

不过，要想永远成为班级里最聪明的小孩，还是很难的。跨期选择模型有可能会再上一个台阶，正如哈佛大学的经济学家罗伯特·巴罗（Robert Barro）所示。[64] 首先，他假设父母都会关心自己的子女和孙辈将来可以获得的效用，子女也会关心他们的下一代的可获得效用，所以效用的时间期限实际上是无限延长的。在巴罗的模型中，经济主体计划给后代留下遗产，并且知道他们的后代也会这样做。在这种假设前提下，消费支出的预测取决于钱来自哪里。如果 1 000 美元的意外之财来自赌场的幸运之夜，巴罗的消费预测将和莫迪利亚尼的一样。但是，如果额外收入来自政府的临时减税政策，巴罗的预测结果就会发生变化。最终，政府还是要增税的。减税政策的受益人明白这个道理，心里清楚他们享受的减税政策最终还会加重他们后代的税负，所以他不会将减税看成意外收入而用于消费，相反，他会将此作为遗赠留给自己的后代。

巴罗的见解十分独到，但是他的理论要想成为一个准确的描述性模型，则需要“经济人”像巴罗一样聪明。② 这种分析何时是尽

① 如果我们以长期账户为例，比如退休储蓄，那么问题就会变得更为复杂，我的模型与莫迪利亚尼相近，请见下文的行为生命周期假设。

② 几年前，我和罗伯特·巴罗在一次会议上碰到。我告诉他，我们两个人建立的模型之所以不同，主要原因在于他假设模型中的经济主体都像他一样聪明，而我假设模型中的经济主体都和我一样笨。巴罗对此表示认同。

头呢？如果出现了一个比巴罗更聪明的人，建立了一个更巧妙的模型，那么这个模型是否应该成为描述普通人行为的最新模型呢？例如，我们假设巴罗模型中的经济主体是一个未表明身份的凯恩斯主义者——巴罗肯定会讨厌这种假设，那么他会认为减税将大大刺激经济发展，收入的增加足以弥补未来税收的增加。在这种情况下，他无须改变自己原来的遗赠额度。实际上，如果减税对经济的刺激力度足够大，他甚至可以减少自己的遗赠，因为他的子女会从更高的经济增长率中受益。不过，要注意，此时我们需要经济人十分精通经济学理论，并且十分了解财政政策的实际效果，才会知道应该使用哪种经济学模型。显然，在我们的假设中，经济主体在知识和意志力上一定是有局限性的，很少有人会像罗伯特·巴罗那样聪明。

经济学家建立模型时，会假设全世界都是由拥有经济学博士学位的经济人构成的，但心理学家可不会这样想。我明白这一点还是在康奈尔大学心理学系做演讲的时候。演讲伊始，我先简要介绍了莫迪利亚尼的生命周期假设。我的描述简单易懂，但是从听众的反应来看，他们肯定认为这个理论十分滑稽。幸好，经济学家鲍勃·弗兰克（Bob Frank）当时也在场。当那些心理学家再次安静下来时，弗兰克告诉他们，我所说的并没有任何编造的成分。心理学家们听后感到十分惊讶，而且难以置信，他们不明白这些经济系的同僚怎么会对人类行为有如此怪异的看法。①

在莫迪利亚尼的生命周期假设中，人们会根据一生的财富安排每个人生阶段的消费。该理论不仅假设人们十分睿智，能够进行所有必要的计算，比如能赚多少钱、能活多久等，并会做出理性的预测，还

① 或者，正如我在康奈尔大学时的同事及好友汤姆·吉洛维奇（Tom Gilovich）对我说的："经济学理论竟然有这么多便捷的零假设，这一直让我惊讶不已。"

假设人们拥有强大的自我控制能力，能够确保执行最优的方案。还有一个并未明确说出的假设，即金钱是可替代的。在该模型中，财富存在的方式并不重要，不管是现金、房产、养老金，还是一幅家传的名画，金钱就是金钱。在上一章谈论心理账户时，我们知道这一假设与有关人们认知能力和意志力的假设一样，都是不准确的。

为了放宽“金钱是不可替代的”这一假设，同时也为了将心理账户引入消费行为理论，我和赫什·谢弗林（Hersh Shefrin）提出了“行为生命周期假设”(behavioral life-cycle hypothesis)。[65] 我们假设，一个家庭某一年的消费不仅取决于其家庭成员积累的财富，还取决于金钱被放入了哪个心理账户。买彩票赢了1 000美元与退休金账户多了1 000美元相比，前者的边际消费倾向可能更高。一项研究发现，如果退休金增长，其边际消费倾向甚至可能是负的！具体来说，一个研究组的行为经济学家发现，当退休金计划的投资者获得了很高的回报，变得比原来更富有时，他们会提高储蓄率，这样做的原因很可能是他们根据这次的投资成功对未来进行了预测。[66]

要弄清楚家庭的消费行为，我们显然需要研究普通人，而非经济人。一般人都不会拥有像爱因斯坦（或巴罗）那样的大脑，也没有像苦行僧那样的自我控制能力。相反，他们有激情，欠缺长远眼光，对待不同类型财富的态度也不同。我们需要以这些人为经济主体建立模型。下一章我将谈论我青睐的模型。

第 12 章

计划者与行动者

当我开始认真思考自我控制问题时，我发现可供查阅的经济学文献很少。像大多数研究生一样，我对上一章提到的那些早期学者的研究知之甚少。研究生们几乎很少阅读 30 年前的著作，并且当时也没有什么新的研究成果发表。不过，我还是从三位学者那里获得了灵感，其中一位是经济学家，另外两位是心理学家。

我找到的唯一有关自我控制问题的经济学论文出自美国西北大学的经济学家罗伯特·斯特罗茨（Robert Strotz）之手。[67] 虽然很多经济学家一直在使用萨缪尔森建立的贴现效用模型，但除了斯特罗茨之外，几乎没有人注意到萨缪尔森提出的时间偏好的动态不一致性问题。

在这篇发表于 1955 年的论文中，斯特罗茨深入研究了这个问题：一个人的偏好要满足哪些数学性质，才能保证他一旦制订计划，就不再想改变。我们无须详述论文的细节，只要阐明一点即可：唯有一种情况（即贴现率符合指数函数的特点）可以保证时间的一致性。像萨缪尔森一样，斯特罗茨也担心这个条件无法满足。

正是因为这种担心，斯特罗茨想起了荷马的有关奥德修斯和塞壬女妖的神话，这已成为一个必谈话题，几乎所有研究自我控制问题的学者——不管是哲学家、心理学家，还是经济学家——最终都会谈到这个古老的传说。这一次，我也不例外。

我们先简要回顾一下这个故事。用今天的话说，塞壬女妖们就是一支完全由女子组成的"摇滚乐队"。没有哪个水手能够抵挡住她们美妙歌声的诱惑，但那些被歌声吸引驾船驶向岩石的水手最终都难逃一死。奥德修斯既想亲耳听听她们的歌声，又想活下去。他设计了一个包含两个步骤的计划：[①] 第一步是确保水手们不会听到塞壬女妖们的歌声，所以他让水手们用蜡封住耳朵。第二步是让水手把他绑在桅杆上，这样他既能听到歌声，又不会因禁不住诱惑而送命。

这个故事展现了当人们面对自我控制问题时可以使用的两个重要方法。对水手来说，方法就是移除会诱使他们送命的因素——耳不听，心不烦。对奥德修斯本人来说，他选择了"承诺策略"（commitment strategy）：他限制了自己的选择，以防止自我毁灭。这就像拿走那个装腰果的碗一样。斯特罗茨承认自己也用了承诺策略，以适应按月发放工资的情况："我选择将年薪分成 12 个月领取的方式，而非 9 个月。"

1978 年我在思考自我控制问题时，离斯特罗茨的论文发表已经过去了 20 多年，而且经济学领域似乎没有其他人对此感兴趣。（不过，托马斯·谢林很快就加入进来了。）我转向心理学领域寻求灵感。当然，我以为心理学领域肯定有很多关于延迟满足研究的论文，但是我错了。虽然现在有很多心理学家对自我控制问题很感兴趣，但在 20

① 奥德修斯其实并没有那么聪明，他是听从了草药女神喀耳刻的建议才这样做的，这是显而易见的事实。

世纪70年代末却并非如此。不过，我确实挖到了两个宝藏。

第一个是现在已广为人知的心理学家沃尔特·米歇尔（Walter Mischel）的研究。米歇尔当时在斯坦福大学工作，并在校园里的一家托儿所做了一项实验。实验人员让一个（四五岁的）孩子到一个房间里，给他两个选择：一个是较小的奖励，马上就可以得到；另一个是较大的奖励，但要过一会儿才能得到。奖励是一些好吃的食物，比如棉花糖或奥利奥饼干。实验人员告诉那个孩子，他可以现在或在任何他想吃的时候吃一块奥利奥饼干，但如果他能等到实验人员回来，就可以得到三块饼干。孩子可以随时摁铃，这样实验人员就会回来，但他只能得到较小的奖励。

大多数孩子都觉得这个任务极其困难，不过所处的环境也对结果有很大影响。在某些实验中，好吃的就放在孩子们面前的盘子里。奥利奥饼干之于孩子们，与塞壬女妖的歌声之于奥德修斯一样，具有很大的诱惑力。但是，如果孩子们看不到奖励（心里也不会那么着急），那么他们平均可以坚持11分钟。如果让他们想一些有趣的事情而不是那些奖励，孩子们就可以等待更长的时间。

这些实验最早实施于20世纪60年代末70年代初。大约10年后，米歇尔及其同事觉得追踪一下当年参加实验的实验对象会很有趣，于是他们尽力联系到了500多位实验对象，最后大约有1/3的人同意每过10年就接受一次他们的采访。令人惊讶的是，一个孩子在实验中等待时间的长短可以很好地预测他人生中很多重要事件的结果，比如高考成绩、职业发展和是否吸毒等状况。这个结果十分惊人，因为米歇尔本人此前曾做过大量实验，而结果均表明，所谓的人格特征连当前的行为都无法准确预测，更不用说预测未来的行为了。[68]

米歇尔保留了一些棉花糖实验的珍贵录像，展现了孩子们在自我控制方面的困难。我对其中的一个小孩十分好奇，他所处的环境最为不利，三块奥利奥饼干就摆在他的面前。等了一会儿之后，他再也忍不住了，但他并没有摁铃，而是小心地掰开饼干，舔里面的白色夹心，再把饼干合到一起，并尽可能摆好三块饼干以免被发现。我想，这个小孩长大后也许会成为又一个诈骗犯伯纳德·麦道夫（Bernard Madoff）。

我挖到的另一个宝藏是精神科医生乔治·安斯利（George Ainslie）。他在退伍军人医院工作，闲暇时会做一些研究。安斯利于1975年发表了一篇论文，总结了当时有关自我控制问题的所有学术研究成果，我在斯坦福大学的那一年仔细研读了这篇论文。

从安斯利的论文中，我了解到有很多研究老鼠、鸽子等动物的延迟满足的论文。[69]有一项实验与米歇尔的棉花糖实验相似，实验人员给每种动物两个选择：一个是即时的小奖励，一个是延迟的大奖励。动物们必须用爪子或嘴触动控制杆才能得到奖励。通过长期的训练，动物们会了解延迟的时长，以及触动哪个控制杆能得到多少食物。实验人员通过改变延迟的时长以及奖励的大小，来预测动物的时间偏好。大多数实验发现，动物的行为也符合会让人们产生偏好反转的贴现率的特点。动物的贴现率符合双曲函数的特点，并且也存在自我控制问题！①

安斯利的论文还用很大篇幅讨论了解决自我控制问题的不同策略。其中一种方法是承诺，比如前文提到的拿走腰果或把自己绑在桅杆上。另一种方法是提高屈服于诱惑的成本，比如，如果你想戒烟，

① 有些研究人员也用棉花糖或奥利奥饼干在动物身上做了类似的实验。大多数动物都选择了即时奖励，但是有一只聪明的名为“格里芬”的非洲灰鹦鹉则表现出了较好的自控力。

你可以写一张大额支票给一个经常能看见你的人，如果他看见你抽烟你就要给他兑现支票。你也可以与自己打赌，安斯利将这种做法称为“自己单方押注”。你可以告诉自己：“除非完成（你可能想延迟完成的任务），否则今晚不准打开电视看比赛。”

在斯特罗茨、米歇尔和安斯利的启发下，我开始建立概念框架来讨论这些仍被经济学家视为经济学领域的问题。我想问的一个重要的理论问题：如果我知道自己的偏好将会改变（我不会像自己想的那样，只吃几颗腰果，而是吃掉整碗腰果），那么何时以及为什么我会采取措施限制自己未来的选择？

我们都有改变主意的时候，但是一般来说，我们并不会采取非常手段去阻止自己偏离最初的计划。你想要坚持原计划的唯一原因在于，你有足够的理由认为如果你改变自己的偏好，将会是一个错误。

拿走腰果是很明智的行为，因为吃掉整碗腰果会破坏你的胃口，而且你也不愿意让自己的晚餐被腰果毁掉。同样，米歇尔的棉花糖实验中的孩子也可以聪明地告诉实验人员：“下次当你有奥利奥要发放的时候，请不要给我‘现在可以吃一块”的选项，甚至不要提到奥利奥这个词。只要在15分钟后把三块奥利奥拿给我就好了。”

在思考这些问题的过程中，我偶尔读到了社会科学家唐纳德·麦金托什（Donald McIntosh）的一句话，它对我影响很大。“如果我们不假设思想中含有一个以上的能量体系，并且这些体系从某种程度上说是彼此独立的，想要做到自我控制就是自相矛盾的。”[70]

这句话源自《人类社会的根基》(*The Foundations of Human Society*)这本鲜为人知的书。我不记得是怎么读到这句话的，但在我看来这句话显然很有道理。从本质上说，自我控制意味着冲突。就像探戈舞一样，(至少)要两个人才能跳。也许我需要建立一个包含两个自我的模型。

虽然这一想法很吸引我，但任何双重自我模型都有一个不利之处：经济学家认为它太激进了，心理学家则认为它太过时了——从没有绝妙的结合。几乎没有经济学家意识到亚当·斯密对“激情”和“公正的旁观者”的论述，我刚开始做这项研究时也是如此。对大多数经济学家而言，这种想法是怪异的，而当时的心理学家也不再追捧弗洛伊德(Freud)的本我、自我与超我。另外，现在流行的双系统模型[71]当时尚未出现。①因为有所顾虑，我悄悄地在朋友圈中阐述我的想法。该理论的雏形出现在我的《消费者选择的实证理论》一文中，但我知道我需要一些更正式的方法，从经济学理论角度讲就是可信的数学方法。因此，我找到了当时也在罗切斯特大学任职的数理经济学家赫什·谢弗林，请他做我的合作伙伴。[72]

多年来，我和很多人合作过，赫什是我的第一位合著者。他擅长数学，当我们开始讨论这些问题时，他不认为我的想法过于疯狂。其实赫什的想法更重要，因为很容易找到数学比我好的经济学家。我和赫什在很多方面截然不同，赫什严肃、严谨、勤奋，有宗教信仰，甚至学习过百科全书式的古老犹太法典《塔木德》。而赫什的这些优点

① 卡尼曼在《思考，快与慢》中提出的双系统模型，与他和特沃斯基最初的研究方法有所不同。卡尼曼写这本书的主要原因是，双系统模型为阐述他们的早期研究结果提供了一个新的视角，这个框架中一个是快速、自动的系统，另一个是缓慢、自省的系统。

我一个也没有，但我们仍相处得十分融洽。最重要的是，赫什会被我的笑话逗乐。我们在一起工作时，就像卡尼曼和特沃斯基一样，可以无休止地谈话。当我们开始起草第一篇论文时，对每句话都会充分讨论，这和我之前看到的卡尼曼和特沃斯基的工作状态一样。当我们同在罗切斯特大学期间我们开始了研究，但随后我去了康奈尔大学，赫什则去了阳光明媚的南加州的圣塔克拉拉大学，那里离斯坦福大学不远。虽然我们只合作了两篇论文，但赫什已经迷上了行为经济学，并且很快与他在圣塔克拉拉大学的同事、行为金融学家迈尔·斯塔特曼（Meir Statman）开启了极为成功的合作之旅。

我们的模型其实是建立在一个隐喻的基础上。我们提出，在任何时候一个人的内心之中都有两个自我：一个是具有前瞻性的“计划者”，他关心未来并且有很好的打算；另一个是不顾一切的“行动者”，他只活在当下。① 这种行为模型的关键问题是，如何描述两个自我之间的关系。一种方法是利用数学和经济学的分支“博弈论”作为核心模型，让相互作用的计划者和行动者扮演博弈双方。但我们否决了该方法，因为我们认为行动者不会参与决策。他更像一个活在当下、具有激情的人，他会对摆在面前的事物做出反应，不断消费直到满足为止。相反，我们根据组织理论选择了委托－代理模型。我们之所以选择这个模型，毫无疑问是受到了代理理论的影响，我在罗切斯特大学商学院授课时该理论正是学者们讨论的热点。1976 年，迈克尔·詹森和时任商学院院长的威廉·麦克林已经就此话题写了一篇很有名气的论文。[73] 我不知道他们会不会同意我们这样

① 在我之后，托马斯·谢林紧接着开始研究这个话题。我们的观点十分相近，但他并不像我那样坚信具有远见的一系列偏好更可能是“正确的”。可参见谢林 1984 年的研究。

应用他们的理论，但这正是有趣的地方。

在委托－代理模型中，委托人是老板，通常是一家公司的所有者，代理人则是老板授权做事的人。在一家公司中，代理人知道的比委托人多，但委托人如果监视代理人的所有行为，代价就会很高，情势也会变得十分紧张。在这种模型中，代理人尽可能付出最小的努力去赚到最多的钱。相应地，公司会采取一系列规定和手段（比如激励方案和记账系统），尽可能降低因委托人和代理人之间的利益冲突而产生的成本。例如，销售人员的薪酬以佣金为主，他们必须上交记录出差费用的发票，并且不得乘坐飞机头等舱。

在我们注重个人内在特征的模型中，代理人是一组寿命很短的行动者。具体说来，我们假设每个时间段，比如每天，都会有一个新的行动者。该行动者想要享受生活，十分自私，根本不关心未来。相反，计划者是奉行利他主义的。她[①]所在意的是一系列可以从行动者那里获得的效用。（我们可以把她想象成仁慈的独裁者。）她希望所有行动者从整体上越快乐越好，但她也要对行动者的行为实施一定的控制，尤其是在行动者的欲望被激起时，比如食欲、性欲、喝酒的欲望，或者天气晴朗时突然想出去闲逛一天。

计划者有两套方法可以用来影响行动者的行为。她可以用（金钱或其他方面的）奖惩措施来影响行动者的决定，但同时将决定权留给行动者；她还可以实施强制性措施，比如承诺策略，来限制行动者的选择。

让我们举一个精心设计的简单案例。假设哈里独自在一个偏远

① 特沃斯基总是将计划者看成女士，为了表示对他的敬意，我也遵循这种指代方法。因为一般来说，男性比女性更像行动者，所以我用“他”来指代行动者。如果要说我有性别歧视，就请便吧。

的小木屋里野营，与外界断绝了一切联系。一架小型飞机送他到达那里，并将在 10 天后接走他。一开始他有很多食物（水也是充足的），但是一头饥饿的熊来到这里，几乎吃掉了所有食物，只留下 10 根能量棒，可能是它没有注意到能量棒，抑或是能量棒不合它的胃口。因为无法与外界联络，哈里又不擅长寻找食物，在飞机来接他之前，他只能依靠这 10 根能量棒过活。当然，哈里的头脑里也有一个计划者和一个行动者，计划者会如何处理这个问题呢？

假设计划者对待每个行动者的消费都是公平的（所以不会对未来行动者的消费进行贴现）。食物给行动者带来的边际效用是递减的，也就是说，第一根能量棒比第二根带来的快乐更多，以此类推，当他吃到的能量棒不能再带来任何快感时就会停下来。在这种情况下，计划者会认为最好的做法就是一天吃一根能量棒，这样 10 个行动者都会获得同样的效用。[①] 换句话说，计划者会像理性经济人那样，如果按照生命周期假设，将会平均分配能量棒。从某种程度上说，计划者会尽量使行动者像经济人一样行事。如果技术上可行，计划者会采取承诺策略，不让行动者有自由选择的机会，从而消除异常行为的风险。如果小木屋里有 10 个可编程的保险箱，每个保险箱都会在特定的时刻打开，这种情况最理想。[②] 从计划者的角度讲，这可能是最好的结果。

但是，这间小木屋不可能有这些保险箱，在这种情况下计划者

① 随着时间的推移，按照一天一根能量棒的吃法，行动者会越来越饿，但为了简便起见，我在这里忽略了这种可能性。

② 这种技术确实是存在的。厨房保险箱（The Kitchen Safe）是一种塑料容器，使用者可以在上锁后设置任意打开时间。制造商建议，可以用此款保险箱锁上任何诱惑人的东西，包括糖果、智能手机、车钥匙等。有一位很体贴的学生送了一个给我，里面自然装满了腰果。而在由理性经济人组成的世界里，绝对不需要这种产品。

会怎么做呢？如果把10根能量棒都放在橱柜里，可以随时拿来吃，那么会发生什么情况呢？如果计划者不干预，第一个行动者就根本不会关心未来行动者的福利，他会一直吃，直到吃饱为止；也就是说，直到再吃一口能量棒就会减少他的幸福感为止。我们假设这发生在他吃了三根能量棒之后。第二天，行动者又吃了三根能量棒，第三天的行动者也是一样。当第四天到来时，行动者早餐时吃了一根能量棒，也是最后的一根，他很快就饿了，剩余的时间再也没有任何快乐而言。

不管怎样，计划者都会防止行动者在最初几天狂吃能量棒。如果没有承诺策略可实施，在我们的模型中，计划者唯一可以使用的方法就是“内疚”。通过计划者或是父母、社会的教导，行动者会因为不给未来的行动者留些吃的而倍感内疚。不过，实施这一方法的代价很高。在能量棒这个例子中，计划者不可能在行动者吃掉第一个能量棒时就让他感到内疚。

在图6中，峰值最高的那条曲线代表吃能量棒没有任何内疚感的行动者所获得的效用，这时行动者会吃到效用最大时为止，即吃完第三根能量棒的时候。第二高的那条曲线表明，因为产生了一定的内疚感，行动者吃完第二根能量棒后就不再吃了，而峰值最低的那条曲线表明，行动者吃完第一根后就不再吃了。我们需要注意一点，当运用了“内疚”的方法时，生活的乐趣就减少了，因为让行动者少吃能量棒的唯一方法就是减少吃能量棒的快感。另外一种思考方式是“运用意志力是需要努力的”。

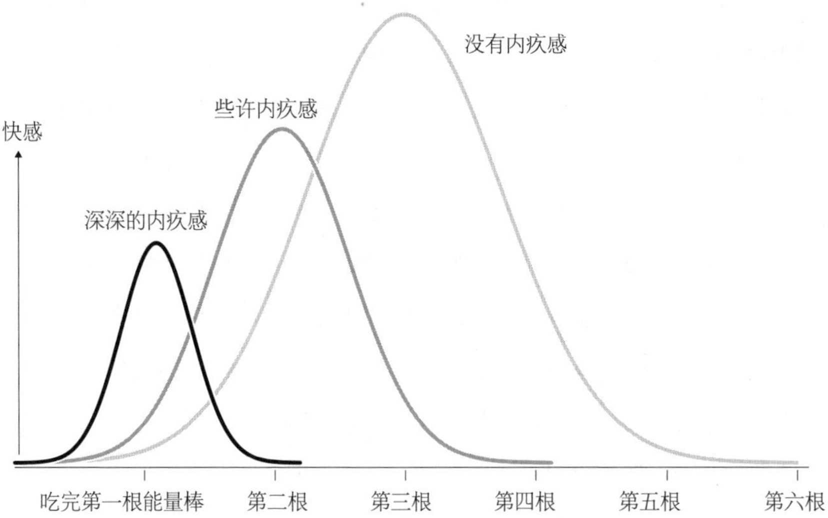

图 6　吃能量棒的快感

以上分析说明，如果可以建立和推行完善的规则，生活会更加美好。使用可编程的保险箱，每个里面存放一根能量棒，这会比让人产生内疚感的吃法更令人满意。斯特罗茨也做到了这一点，他让雇主将年薪按 12 个月平均发放，即从当年 9 月到第二年 8 月，而不是从当年 9 月到第二年 5 月按 9 个月发放。如果按照后者支付，钱就会更早到账。但是，他必须在每个学年都存足够的钱，以备暑期之需，以及用于家庭度假。

那么，我们为什么不凡事都使用规则呢？其中一个原因是，从外部强加的规则并不容易建立。即使你每晚订一份健康外卖到家，但仍然没有什么能够阻止你再订一份比萨。另外，即使有类似的规则，它们也缺乏灵活性。如果斯特罗茨教授选择分 9 个月领取薪水，钱到账更早，他就可以利用这些钱买一些冬季打折商品，比如一台新的割草机，这些商品在夏天时的价钱更高。但是，如果分 12 个月领取薪水，他可能就没有足够的预算去买那台割草机。当然，从另一方面说，如果他想早点儿拿到钱，就必须有足够的自制力，才能让钱一直花到明年夏天。

同样的方法也适用于公司。如果委托人明确知道代理人在各种情况下应该如何做，她就可以制作一份规则手册，不允许代理人违反这些规则。但是，假设有一个层级较低的代理人，他完全按照规则手册去完成工作，毫无决策权。如果他遇到一件明显应该做的事，但因委托人之前没有预见到，所以是规则“不允许做的”。碰到这种情况时，我们肯定都会觉得很懊恼。

当然，公司和个人还有其他控制方法，比如记录每项支出。在公司里，这些方法被称为记账。同样，正如我们前文提到的，人们会使用心理账户，再借助信封、玻璃罐、退休金计划等，以达到同样的目的。因为人们不会像理性经济人那样认为金钱是可替代的，所以这些记账策略是可行的。

我要郑重说明一点，我和赫什并不认为人们的心里真的有两个自我。这只是一个假设性模型，意在提供一种有用的方法来研究自控力问题。因为有人认为计划者位于大脑前额叶皮层，该区域与有意识的理性思考有关，而行动者位于大脑边缘系统，所以在撰写第二篇论文时我和赫什加了一个脚注。对于了解双系统模型的人来说，以卡尼曼在《思考，快与慢》中描述的模型为例，我们可以认为计划者属于重在反省与深思的慢系统（系统 2），而行动者属于以冲动与直觉为特点的快系统（系统 1）。神经学的最新研究对这种解读提供了支持，[74]但是，从实用性角度来讲，该模型是否具有心理学依据并不重要。这只是一种比喻，有助于我们了解如何将自控力问题融入经济学研究中。

现在，我仍然认为计划者–行动者模型是帮助研究自我控制问题最有用的工具，但这并不一定是下一代行为经济学家喜欢的标准模型。1997 年，哈佛大学行为经济学家戴维·莱布森（David Laibson）发表了他的博士论文，率先提出了选择模型。[75]还有两位经济学家马修·雷宾（Matthew Rabin）和泰德·奥多诺休（Ted O'Donoghue）详细阐述了这一方法。[76]现在大多数经济学家只用两个罗马字母 β 和 δ 表示这一模型，β 和 δ 代表模型中的两个重要变量。[77]与计划者–行动者模型相比，β-δ 模型最大的优势在于其数学简约性。该模型在萨缪尔森模型的基础上做了尽可能小的改动，描述了自我控制这一重要的问题。

现在我们通过一种简单方法来看看 β-δ 模型的原理。假设对于未来的任意时间段而言，一个人不会进行时间贴现，也就是说贴现率为零。注意，此处的“未来”与现在距离很远，不能算作“稍后”。不过，“现在”的任何事物都是效用很大且极具诱惑力的，而“稍后”的任何事物的效用仅有现在的一半。用前文提到的温网比赛为例，今年第一轮比赛的效用值为 100，而明年或者以后的比赛效用将仅为 50。这是因为与稍后的时间相比，经济主体过于看重现在，从而产生时间偏好的动态不一致性。

即使在这个高度简化的模型中，也可以说明跨期选择的很多微妙而有趣之处。这些微妙之处部分取决于人们是否意识到了自我控制问题。当戴维·莱布森撰写第一篇此类论文时，他假设经济主体都是“十分老成练达的”，也就是说，他们知道自己有这样的时间偏好。作为一名研究生，想用一篇有关行为经济学理论（当时该领域基本上无人知晓）的论文找到工作，戴维这样描述他的模型是很明智的。戴维模型中的主体属于纯粹的经济人，只有一个细节例外，即他们的时间偏好都存在问题。当奥多诺休和雷宾决定加入对这一领域的研究群体时，他们采用了更为激进的方法。在他们的模型中，主体都有对现在的时间偏好但却不自知，这样的主体被视为“天真的人”。

这些简单模型都未能完全准确地描述人类行为，这一点儿也不奇怪。他们三人认为,“真理”其实位于两个极端之间，即部分“天真”，对此我表示认同。我们大多数人都意识到自己存在自我控制问题，但却低估了这些问题的严重性。我们处事究竟有多老练，对于这个问题我们想得都太天真了。尤其是，我们都有乔治·勒文施泰因所说的“情绪温差”（hot-cold empathy gaps）[78]。当我们处于冷静、沉思的情绪中时，比如在周日刚刚把早饭和午饭合为一顿大餐后，思考周三晚餐应该吃些什么——我们会认为这一周都能坚持低热量的健康饮食。但是，周三晚上，当朋友建议去一家新开的以精酿啤酒为特色的比萨店时，我们随即放弃了原来的节食计划，最后吃喝的东西比周日预期的要多，甚至比周三到达比萨店前预期的也要多。比萨店里，诱人的香味从烤炉里飘出来，还有吸引人眼球的酒单。在这种情况下，我们也许需要一个计划者为我们制定一条规则：周一到周五不准喝啤酒，不准出去吃比萨，然后再想办法执行这条规则。

从我第一次拿走那碗腰果开始，行为科学家对自我控制问题的研究便越发深入。经实践证明，这些知识对解决很多重大社会问题都是十分重要的，我们会在后文中继续探讨。

第 13 章
现实生活中的人类行为

如果说行为经济学家应该更真实地描述人类行为，那么现实生活对他们而言可谓大有帮助。虽然在职业生涯初期，我的大部分时间都花在研究心理账户和自我控制问题上，但我偶尔也深入现实世界，探究与我在康奈尔大学的研究紧密相关的事。我很快就发现，这些理论可以应用于现实中的企业决策，尤其是定价。我在这里举两个例子。

希腊峰滑雪场的定价策略

在康奈尔大学时，我认识了一位名叫戴维·科布（David Cobb）的学生，他想让我见见他的哥哥迈克尔。迈克尔是当地人，热衷滑雪，所以他决定以滑雪作为自己的职业，最后他在希腊峰（Greek Peak）滑雪场找到了一份做市场总监的工作。希腊峰滑雪场为一个家族企业所有，位于伊萨卡附近。当时，这家滑雪场陷入了严重的财政困境。连续几个冬天，降雪量都低于往年，再加上经济不景气，公司不得不大量举债以便撑过淡季。那个时期贷款利率很高，即使是信用风险较低客户的贷款利率也不低，更何况希腊峰滑雪场还不属于这类客户。但这家滑雪场必须增加收入，同时减少债务，否则就会破产。迈克尔需要帮助，并建议我们以物易物。他会给我和孩子们一些滑雪票，还可以给孩子们提供滑雪装备。作为回报，我则必须尽力帮助他的公司扭亏为盈。

我们很快发现，希腊峰滑雪场想要赢利，就必须提高票价。但是，如果把票价提高到能够赢利的水平，就几乎相当于佛蒙特或新罕布什尔的著名滑雪场的价格了。每个滑雪者需要为滑雪支付的价钱与他们在那些大滑雪场支付的相差无几，但希腊峰只有 5 部缆车，滑雪场地也没有那么多。我们怎样才能将价格定得和大型滑雪场一样高？怎样才能保证在涨价的同时滑雪人数不急剧下降？如何继续吸引对价格较为敏感的当地居民？其中包括康奈尔大学及其他周边的大学生。

从心理账户的角度看，佛蒙特著名滑雪场的票价是希腊峰滑雪场顾客的参照点，因为希腊峰滑雪场的服务明显赶不上那些著名的滑雪场，所以顾客会期待它的票价低一些。希腊峰滑雪场的优势是地理位置，它是纽约州中部最好的滑雪之地，而开车去佛蒙特则要 5 个小时。另外，希腊峰滑雪场还是离美国南部居民最近的滑雪场，包括斯克兰顿、费城，甚至华盛顿特区。这些城市的居民每周末都可以乘坐公交车来此地滑雪。

我劝说迈克尔运用行为经济学理论重新思考一下希腊峰滑雪场的收益模式。第一个要解决的问题就是，在提高票价的同时如何能够做到不失去过多的客户。我们计划在未来几年的时间里逐步提高票价，避免顾客量迅速减少而起到反作用。同时，为了使票有所值，我们也会尽量提升滑雪者的体验，让他们不会产生上当受骗的感觉。[①] 我还记得最初我根据这些原则想到的一个点子。在一条滑雪道的旁边有一条较短的赛道，滑雪者可以滑过一个个旗门，并且有扬声器播报比赛成绩。年轻的滑雪者很喜欢这种竞争的氛围，两个相邻旗门的间距较近，可以保证快速滑雪的安全性。使用该赛道的价钱是一美元。一美元虽然不多，但此时收费却会让人心生厌烦。在滑雪场掏钱可没那么方便，你得摘掉又厚又笨重的手套，再伸手到衣服兜里掏钱，如果钱放在里兜里，就更不方便了。然后，你还要把一美元纸币放入机器，就像自动售货机一样。想一想这些机器在最好状态下的运行情况，我们就可以想见暴露在恶劣天气中时这些机器出状况的概率了。

我问迈尔克以及滑雪场老板阿尔（Al）这条赛道能赚多少钱，他们回答说收益不算多，一年只有几千美元。我问他们，为什么不免费向顾客开放这条赛道呢？这样一来，我们就可以用很低的成本来提高顾客的滑雪体验，这是很容易想到的办法。随后，迈克尔和阿尔开始思考有没有其他方法也可以提高用户体验，更重要的是，可以提高人们对他们的滑雪场的感知价值。

还有的改进方式则与滑雪教练有关。教练的主要职责是教授初学者相关的滑雪要领，尤其是大学生们，这显然是扩大客户群的重要方法。不过，教练有很多时间是空闲的，于是有人想到了一个主意：在山上设立一个免费的滑雪诊所。滑雪者可以从滑道上的某个指定位置

---

① 从心理账户的角度说，以零售价去希腊峰滑雪会给大多数顾客带来正面的获得效用，尤其对当地人而言。他们开车 30 分钟就能到达滑雪场，滑一天雪还能回家吃晚餐，而不用住宾馆。对盐湖城或其他周边城市的居民而言，这的确是一种享受，但对大多数人而言却不是。问题的关键在于可感知的交易效用，因为与那些收费差不多的大型滑雪场相比，希腊峰的收费似乎不怎么合理。

出发，滑过几个旗门，整个过程会被拍摄下来。山下会有一名教练，为滑雪者重放一遍录像，给后者提几点建议，更重要的是，它是“免费的”！

虽然这些改进措施能使较高的票价显得更合理，但我们还是担心对价格较为敏感的当地客户会有抵触情绪。当时，我们有一个很好的模型可以使用。滑雪场为大学生提供了一种 6 次滑雪套票，可以在周一至周五使用，如果在每年的 10 月 15 日之前购买，就可以打很大的折扣。这种套票很受欢迎，滑雪场也可以提早获得收入。我想大学生们也会喜欢这种套票的，即使只有美妙的啤酒香味儿也能吸引这些大学生。

我们考虑能否也向当地的非大学生群体提供类似的滑雪套票，专供当地人，而不是一年只来一两次的外地人。对于外地人来说，滑雪场的票价只占来此地游玩费用的一小部分，而吃饭、交通和住宿则占一大部分。票价涨个几美元几乎不可能影响他们的滑雪意愿，尤其是在附近没有其他滑雪场的情况下。最后我们决定推出 10 次滑雪套票，包括 5 张周末票和 5 张非周末票，如果在每年的 10 月 15 日前购买就可以打六折。

事实证明，当地人十分喜欢 10 次套票，这一点可以用几个行为因素来解释。第一个因素很明显，即打六折听上去很划算，并且可以产生很多交易效用。第二，提前购买会使购买决策与滑雪决策分离开来。[79] 就像前文买酒的例子所示，最初的购买行为会被视为一项可以省钱的“投资”，同样，在刚下完雪的周五心血来潮地去滑雪，也会被看成是免费的。虽然人们上周末出去吃了一顿大餐，但因为滑雪是“免费的”，所以不会使娱乐心理账户出现赤字。从滑雪场的角度来说，这是沉没成本，[①]而不仅仅是免费的。随着滑雪季的到来，滑雪者计划至少要用上几张票，以免浪费了买10次套票的钱，而且他们很有可能会带来一个买全票的朋友。（滑雪票是不可以转让的。）

10次套票大受欢迎还有一个原因，那就是滑雪成为人们计划第二年多玩几次的项目。“希腊峰滑雪场离得这么近，我去年竟然才去了三次，这太荒谬了。今年我要请几天假，在人少的时候多去几次。”就像办健身卡以激励自己多做运动一样，滑雪者头脑中的计划者希望今年能够多滑几次雪。买10次套票可以起到激励自己的作用，同时还能省钱。

几年后，6次套票、10次套票和季票成为希腊峰滑雪场的主要收入来源，有了这部分收入，滑雪场不再需要在每年12月的滑雪季到来前靠举债度日了。提前出售这些票还可以避免降雪量较少的暖冬带来的损失。虽然滑雪场可以造雪，但温度必须足够低才行。另外，还有一点会让滑雪场老板发疯——即使天气足够冷，如果城里不下雪，人们也不大可能想到滑雪。

出售10次套票三年后，迈克尔做了分析，并打电话告诉我分析结果。你还记得，10次套票比普通零售票价便宜40%吧？迈尔克问：“你猜顾客用了多少次票？60%。”滑雪场的套票价格在零售价格的基础上打了六折，但只有60%的套票被使用。从本质上说，这相当于滑雪场是按全价出售门票，并且收入还会提前几个月到账，这的确

① 当然，并不是所有人都会掉入这个圈套。在迈克尔送票给我之前，我给我上七年级的女儿玛吉（Maggie）报了一个滑雪班。有一个星期，玛吉说因为学校有个舞会，不能去上滑雪课了。第二周，她又说要给朋友过生日。我说：“玛吉，你确定不去上滑雪课吗？我给你报班花了不少钱呢！”玛吉只说了一句：“哈！沉没成本！只有经济学家的女儿才会说出这句话。”

很成功。

这一结果似乎并没有让顾客觉得难过，而且大多数人在第二年又买了 10 次套票。即使那些套票使用次数很少的人也不会埋怨滑雪场，而是归咎于自己。当然，有些顾客在滑雪季结束时甚至连一次都没有使用。有些人满怀希望地询问，第二年是否能够继续使用这些票。滑雪场礼貌地告诉他们不可以，这些票只能今年使用。但是，阿尔为这类顾客提供了一种特殊的优惠：如果他们今年继续购买 10 次套票，前一年没有使用的票在今年将仍然有效。当然，去年只滑过两三次雪的顾客，今年几乎不可能滑雪超过 10 次。但是，这一优惠听上去很不错。虽然我认为很多人不会蠢到再买一份 10 次套票，但他们确实很欣赏滑雪场的这一做法，认为这样“很公平”。我们随后会谈到，让顾客觉得公平对于提升顾客满意度至关重要。

希腊峰滑雪场面临的最后一个定价难题是，滑雪季刚开始时该怎么做。那时，第一场雪刚过，滑雪场虽然开始营业，但通常只投用一部缆车。从上一年 3 月就开始盼望下雪的滑雪爱好者，会在滑雪季之初赶来。这时应该如何收费呢？阿尔的做法是，看看窗外的滑雪场和天气，然后告诉售票员票价是多少——一般是普通价格的一半。当然，大多数滑雪者到来时都不知道价钱会是多少，他们只知道零售价。只有真正的顽固分子才会破坏阿尔的这种定价策略，我称之为一次“秘密的销售”。一位滑雪者走到售票处，准备以零售价购票，但售票员说：“哦，现在打五折。”这也许会让滑雪者产生好感，但它并不是一个明智的定价策略，因为顾客已经打算按全价支付了。只有在可以增加当前销量，或是通过建立顾客忠诚度而增加未来销量的情况下，降价才是有道理的。

我和迈克尔制定了一个新的定价策略。滑雪季开始时，或是滑雪场只有部分对外开放时，我们会按照一个固定公式定价。当天滑雪者需要支付全价，但可以得到一张最多打五折的优惠券供下次使用，具体折扣取决于投用缆车的数量。因为顾客预期要付全价，所以赠送优惠券令滑雪场看起来很大方，还可能会吸引他们下次再来，甚至会在滑雪场购买午餐和啤酒。

有一次，迈克尔给我讲了一个故事，充分说明了这些优惠券的受欢迎程度。有一年，一个小伙子来滑雪，此前他已经买了 10 次套票，这是他那一年第一次来滑雪。他正在排队换票，听到售票员告诉排在他前面的顾客，购买全价票可以得到一张打五折的优惠券供下次使用。他觉得很划算，就把自己的 10 次套票放回兜里，然后买了一张全价票。我一直在想，在 10 次套票用完之前，他会用那张优惠券吗？这个问题的答案我们可能永远都无法知晓。

但我们确实知道，在滑雪季到来之前建立稳固的收入基础，可以达到两个目的：一是使滑雪场摆脱债务，二是减少对当年降雪量的依赖。虽然我和迈克尔[①]后来都换了工作，但我可以告诉你，今天希腊峰滑雪场依然存在。

通用汽车的库存问题

多年来，美国汽车制造商一直面临着季节性销售问题。每年秋季都会有新车型推出，顾客们对此十分期待，所以不愿意买“去年的老款”。制造商似乎并没有预测到这种情况，每年 8 月还有大量库存，这占据着存放新款汽车的位置。汽车公司必须进行促销，处理多余的

---

① 令人悲伤的是，在本书即将出版时，迈克尔与世长辞。我在写下这段文字时，还和他共同回忆了这段经历。我现在十分思念他。

库存。[80]

一种创新的做法是返现，该方法在1975年由克莱斯勒率先使用，[81]福特和通用汽车很快也开始效仿。这些汽车公司会宣布将举行一次临时性的促销活动，每位买主买车后公司会返还给他们一部分现金，通常是几百美元。返现似乎就是临时促销活动的代名词，但它却比同样额度的降价更受人欢迎，因为人们会用到不同的心理账户。假设汽车的标价为14 800美元，降到14 500美元，促销幅度似乎不大，也不会引起人们的注意。但是，如果是返现，人们对这300美元的看法就会发生变化，从而提升了这300美元的重要性。应用这种心理账户是有代价的，至少在我居住的纽约州是这样，因为消费者需要为返现所得缴纳销售税。我们还以汽车为例，消费者先要按照汽车全价（14 800美元）缴纳销售税，然后汽车公司会给消费者一张300美元的支票，而非300美元加上8%的销售税。但更重要的是，返现的方法也渐渐失去了吸引力，老款汽车又开始出现了库存积压的问题。

后来，通用汽车总部的一个人想到了一个办法。此前，福特和克莱斯勒一直为顾客提供贷款利率优惠[82]，可以在其与返现中二选一，如果通用汽车通过提供更大幅度的贷款利率优惠来吸引消费者，会怎么样呢？当时汽车贷款利率为10%，甚至更高，而通用汽车提供的贷款利率仅为2.9%。顾客可以选择返现或者贷款利率优惠。结果，这个方法对销售产生了前所未有的影响。有报道称，有的买主甚至坐在汽车前盖上表示自己预订了这辆车，别人不可以买。

也就是在那个时候，我在《华尔街日报》上读到了一则小故事。一位记者通过计算发现，低利率贷款的经济价值其实低于返现的价值。[83]换句话说，如果消费者用返现的钱来增补买车的首付款，从而减少贷款额，即使利率更高，也会更加省钱。选择更低的贷款利率是愚蠢的行为！不过，通用汽车通过这种方法却卖出了很多辆老款车。真有意思！

当时我在康奈尔大学的同事杰伊·拉索（Jay Russo）正担任通用汽车公司的顾问，于是我去和他谈了谈。我给他讲了我的发现，并告诉他，心理学可以提供一个简单的解释。返现只是汽车标价的很小一部分，但汽车贷款利率却比平时的1/3还低，后者听起来显然更划算。除了会计和《华尔街日报》的记者，几乎不会有人真的去计算一番，尤其是在电子表格和家用计算机尚未普及的时代。

杰伊让我简单写下我的发现，他可以把我的发现与通用汽车的人分享一下。我照做了，出乎意料的是，一周以后，通用汽车总部给我打了一个电话。显然，营销部门的人读到了我写的报告，想亲自与我谈谈。我同意了。

给我打电话的那位先生从底特律飞到锡拉丘兹，又开了一个多小时的车才到达伊萨卡。我们谈了最多一个小时，他又在校园逛了几个小时，然后就回底特律了。我去找杰伊，问他这是怎么一回事。他直截了当地说："他只是想亲眼看看你是不是有三头六臂。""什么？""他想看看你是不是有两个脑袋，是不是不会喘气，或者引荐给他的老板会不会不安全。他会向总部汇报的。"

显然，我通过了他们的测试。几天后，他们打电话问我是否愿意去一趟底特律。这有可能成为我的第一次付费咨询，而且这些钱我可以任意支配，于是我很快就答应了。除此之外，其实我还十分好奇。

如果你看过迈克尔·摩尔（Michael Moore）的纪录片《罗杰和我》（*Roger and Me*），你就知道我的目的了：通用总部大楼。我觉得它很奇怪：在这座巨大的建筑中，大厅和走廊里到处都是新车。在当天的第一次会议上，一位营销副总裁给我看了我在通用汽车公司这一天的行程表。我要分别和营销部门不同的人开一系列的半小时会议，他们中的很多人似乎也都是副总裁。在第一次会议上，我问他们谁负责评估低贷款利率促销活动。会议主持人并不确定，但向我保证，我肯定会在会议上碰到他。在那一天结束的时候，我就知道他是谁了。

那一天，有几个人向我讲述了 2.9% 的汽车贷款利率是怎么确定下来的。通用汽车的首席执行官罗杰·史密斯（Roger Smith）召开了一次会议，讨论如何解决当年老款汽车的库存问题。有人提出了低贷款利率的建议，所有人都觉得这个主意很好，但利率应该低到多少呢？一位经理建议 4.9%，另一位建议 3.9%，每个建议提出后，都会有人进行计算。最后，有人提议 2.9%，罗杰很喜欢这个数字，就定了下来。整个过程花了不到一个小时。

但是，当我问他们，谁将评估这次促销活动，并决定下一年如何做时，所有人都茫然地盯着我，并紧接着说“不是我”。那天结束时，我坐在营销部副总裁的办公室里向他汇报：就我所知，没有人会思考这些问题，我认为这样做不对。他建议我写一份关于他们应该如何做的文案。

通过这次访问，我十分确定自己不想接受这份咨询工作，但我还是寄给他们一份简短的报告，其中包含我觉得他们应该做的两件事情。第一，弄清楚为什么那次促销如此成功；第二，制订未来计划，假如福特和克莱斯勒照搬通用汽车的这一做法，那么他们应该如何应对。

一个月后，我收到了一份简短的回复。通用汽车的高层讨论了我的建议，但拒绝采纳。公司决定制订更好的生产计划，以避免第二年夏天的库存积压。这样就不需要评估促销活动，也无须制订未来计划了，因为在新车推出前，旧款就都已经卖出去了。我真是不明白，一家这么大的公司宁愿花上亿美元做促销，也不愿意花心思弄清楚促销成功的原因。像希腊峰滑雪场这么小的公司都比行业巨擘通用汽车公司重视市场分析。

多年来，我发现像通用汽车这样不愿意做实验、测试、评估和学习的公司比比皆是，在后面的章节中我也会谈到。不管是商界还是政府，都存在这种情况，不过最近我有机会去尝试改变政府的这种风气。

哦，对了，他们第二年准备减少库存积压的计划结果如何呢？就我所知，第二年、第三年以及之后的每一年他们都没有做到。过度自信的副作用果真很大。

第四部分

我与卡尼曼合作的时光：1984—1985年

在和特沃斯基一道在斯坦福工作了 4 年后，卡尼曼决定移民到美国以北的国家。特沃斯基继续留在斯坦福大学心理学系任职，卡尼曼则去了地处加拿大温哥华的英属哥伦比亚大学的心理学系。选择英属哥伦比亚大学有两个好处：卡尼曼和特沃斯基只需搭乘两个小时的飞机就能见面；另外，二人同在一个时区里。他们继续合作，每天都会通电话，也经常见面。

因为我们三个人都在同一年开始了新工作，所以休学术假的时间也一样。1984—1985 年是我的第一次学术假期，卡尼曼和特沃斯基也在休假。我们同在斯坦福大学的那一年对我来说具有颠覆性的意义，所以我在考虑休学术假时，自然也希望能与他们两人或者其中一人在一起。经过一番安排，我最终去了温哥华找卡尼曼，而特沃斯基去了以色列。

我在英属哥伦比亚大学的商学院找到了一间办公室，它的金融系十分出名，所以的确是个好去处，同时我也在尽可能多地了解这个领域。但是，那一年我的主要任务还是与卡尼曼及其搭档杰克·尼奇（Jack Knetsch）合作。尼奇是一位实验经济学家，在附近的西蒙·弗雷泽大学任教。就像在斯坦福大学的时候一样，在温哥华的这一年也是我全身心投入研究的难得时光。除了在斯坦福大学的那一年，这一年应该是我一生中非常富有成效的一年。

第 14 章

怎样才算公平?

卡尼曼与尼奇当时刚刚启动了一项研究，与我的“在沙滩上喝啤酒”的例子息息相关，即怎么才能让经济交易看上去“很划算”？（也就是说，同样的啤酒，如果是在高档度假酒店而不是在破旧的杂货店买的，人们为什么愿意支付更多的钱？）卡尼曼和尼奇邀请我加入他们的研究，他们最初的研究课题是：人们认为什么样的经济交易才算是“公平的”？在高档度假酒店和杂货店买啤酒，有些人不愿意支付同样的价钱，因为在他们看来，杂货店索要这么高的价钱是不公平的。

多亏杰克·尼奇与加拿大政府达成了一项协议，我们可以进行免费的电话调查，研究项目才得以顺利展开。当时，政府有一个项目，为失业者提供电话调查员的培训。不管培训课程的具体内容是什么，被培训人员要有问卷才能进行调查。于是每周一我们传真过去一些问题，周四晚上他们会把回复传真给我们。我们可以利用周五和周末的时间分析答案，并且为下个星期设计一些新问题。今天，这种研究可以利用亚马逊的土耳其机器人这样的服务在网上完成，但是在那个年代，每周能够在安大略省（随后是英属哥伦比亚省）随机抽取几百名居民做调查已经相当令人满足。我们可以尝试问各种各样的问题，很快就能得到反馈，并用一种最佳的方式不断学习，即用试错法验证受理论驱动的直觉。

下面是我们问过的一种问题：

> 一家五金店有雪铲出售，价格一直是 15 美元。在一场暴风雪过后，五金店将雪铲的价格提高至 20 美元。
>
> 你认为这一举动十分公平，可以接受，有点儿不公平，还是十分不公平？

在这里，为了简化数据，我们将前两个答案合并到一起称为“可以接受”，后两个合称为“不公平”。关于上述问题的回复如下（每个问题大约有 100 个回复者）：

可以接受：18%　　　　**不公平**：82%

你可能会说：“怎么能这么缺德？暴风雪刚过，雪铲就涨价？”然而，涨价正是经济学理论认为应该发生的事情！商学院基础经济学教程中常常会出现这个问题。“雪铲的供给量是一定的，当需求突然增加后，价格会发生什么变化？”在经济学课堂上，正确答案是价格会上涨，直到所有愿意以此价格购买雪铲的人都能得到一把雪铲。想让雪铲最终被最重视它的人（重视程度用支付意愿衡量）买到，唯一的方法就是涨价。

MBA 学生在商学院学到的一点就是要像理性经济人那样思考，但他们忘记了该如何像普通人那样思考。还有一个例子可以说明卡尼曼所说的“理论诱导的盲区”。当我把有关雪铲的这个问题摆在我的 MBA 学生面前时，他们的回答基本符合标准的经济学理论：

可以接受：76%　　　　**不公平**：24%

我们的实验完全是描述性的，我们并不打算像伦理学家那样，对“何为公平”或“何时应当保持公平”做出判断。相反，我们的做法可以被称为实验心理学[84]式的。我们试图了解普通人认为什么是公平的，虽然实验中的实验对象以加拿大人为主。更确切地说，我们试图弄清楚公司的哪些行为会让人们恼火。事实证明，暴风雪后雪铲涨价确实会让人们感到恼火，英语中甚至有个专门的名词指代这种做法，即 gouge（中文是“敲竹杠”的意思）。gouge 的普通释义为“挖洞或用尖锐器物戳”。当暴风雪过后，五金店提高雪铲的价格时，人们会觉得好像有人在拿利器戳他们一样。实际上，有些地区制定了专门的法律来打压这种做法，这表明人们认为此举侵害了他们的权利。我们想知道还有什么商业行为是人们讨厌的。

在我们所有的调查问题中，如果有哪一个得出了有趣的结果，我们便会使用不同的变量再次进行电话调查，以确定问题本身没有什么特殊性，比如上述例子中的雪铲。下面这个问题的提出，是受到了我三岁的女儿杰西（Jessie）和她从不离手的娃娃杰伊的启发。杰伊不是一个普通娃娃，而是一个椰菜娃娃。虽然我觉得它没什么特别的，但很多上幼儿园的小女孩都十分喜欢这种娃娃。圣诞节前，到处都买不到椰菜娃娃，但很多家长都极其渴望买到一个送给自己的孩子。所以，我们的问题是：

广受欢迎的椰菜娃娃已经断货一个月了，但是在离圣诞节还有一周的时候，一家商店的库房里偶然发现了一个椰菜娃娃。商店的管理者知道，很多顾客都想买到这种娃娃，所以用商店的广播宣传道：这个椰菜娃娃会进行拍卖，价高者得。

可以接受：26%　　　　**不公平**：74%

这个结果会让我们立刻想到另一个有趣的问题：为什么拍卖如此让人反感？是因为娃娃最终会被富人买去，还是因为商店的管理者想要从近乎绝望的父母身上尽可能多地榨取钱财？对这些家长而言，家中有一个小孩正在焦急地等待圣诞节的到来。

为了解答这个问题，我们问了另外一组人同样的问题，但最后加上了一句，“拍卖所得将被捐给联合国儿童基金会”。结果，“可以接受”的比例变为79%。如果拍卖所得将被捐给慈善机构，而不是进了商店经营者的腰包，拍卖椰菜娃娃的做法就是可以接受的。

但是，这一结论并不适用于所有情境。我们还问过一个问题：一个小镇里流感肆虐，但全镇就只剩下一盒感冒药了。药剂师此时若拍卖这盒药，其做法是否公平？当然，大多数人不认同这种做法，而且即使将拍卖所得捐给慈善机构，也不会改变人们的看法。他们知道，很多奢侈品只是富人的专利。不过，对大多数人而言，医疗保健品可不属于奢侈品。在大多数欧洲国家，还有加拿大，享受医疗保险是每个公民的基本权利。在美国，就算有些地区没有做到这一点，但如果一位没有医疗保险的事故伤者被送到急诊室，医生也不会不管不顾的。同样，没有哪个国家允许人体器官自由买卖，除了伊朗有个肾脏市场。在大多数国家，允许富人花钱购买穷人的肾脏这件事都是“不得人心的”[85]，经济学家阿尔文·罗思（Alvin Roth）很喜欢用这个词描述此类市场交易。

在很多情况下，判断某一行为是否公平不仅取决于受益人或受害者是谁，还取决于问题的表达方式。为了验证这种观点，我们将同一问题以两种形式表述出来，去询问不同的实验对象。请看下面这组问题，斜体字部分就是二者的不同之处。

> 一款备受欢迎的汽车供应紧缺，顾客必须等两个月才能拿到车。*汽车经销商一直按照标价出售这款汽车，现在他们将销售价格提高了200美元。*

> **可以接受**：29%　　　　**不公平**：71%

> 一款备受欢迎的汽车供应紧缺，顾客必须等两个月才能拿到车。*汽车经销商一直以低于标价200美元的价格出售这款汽车，现在改为按原价销售。*

> **可以接受**：58%　　　　**不公平**：42%

在第2章我们曾提到，商家会对信用卡用户收取附加费的问题。上述这组问题正好说明了很有用的一点：任何公司都应该将计划制定的最高价格设为“标价”，低于这一价格时则称为“促销”或“打折”。与增收额外费用相比，取消折扣没有前者那么令人不快。

我们在研究中发现一点，人们对公平的感知与禀赋效应有关。买家和卖家都认为他们有权利享受自己已习惯的交易条件，并把交易条件恶化看成一种损失。如果某种商品卖家一般都是免费赠送，或是已经将其价格包含在其他商品的价格里了，当卖家开始对这种商品收费时，买家就会真切地感受到自己一直习惯的是之前的那种销售条件。当面对这种变化时，平时的情况就成为人们的参照点。如果饭店开始收取座位费，就会违反现有的规范：虽然座位无须多么舒适，但餐费应该包含座位费。不过，人们也认为公司和雇主有权利赚取（合理的）利润，人们不会期待公司免费发放产品。因为成本增加而使产品价格提高，人们基本上都会认为这是公平的。

对公平的感知还有助于解释经济学领域中一个存在已久的问题：在经济衰退期，公司为什么不降低工资，以便所有人都能保住饭碗？在经济人的世界里，如果经济不景气，人们对公司提供的产品和服务的需求量就会减少，而且公司的第一反应不会是简单的裁员。均衡理论指出，当需求下降时（在上述案例中是指劳动力），价格也应该随之下降，以使供求重新达到均衡。所以，在经济萧条期，我们应该看到的是，公司降低员工的工资，也降低了产品的价格，但仍保持获利。现实生活中并不如此：薪金似乎不会变化。[86]经济衰退时，要么工资一分不少，要么只减少一点儿，但减少的幅度无法保证人人都不失业。为什么呢？

其中一种解释是，降薪会让员工大为不满，所以公司认为保持既有薪资水平、裁掉多余的员工这种方法更好，毕竟被辞退的员工离开后就不会在公司里抱怨了。然而，在通货膨胀的帮助下，公司是有可能降低"实际"工资（即消除通货膨胀的影响）的，同时员工也不会产生多少抵触情绪。下面这组问题就证明了这一点。

> 有一家赢利较少的公司，且所在地区经济十分不景气，失业率很高，但没有通货膨胀。很多人都想在这家公司工作，公司决定今年降薪 7%。

可以接受：38%　　　　　**不公平**：62%

有一家赢利较少的公司，且所在地区经济十分不景气，失业率很高，*通货膨胀率为 12%*。公司决定今年*仅加薪 5%*。

可以接受：78%　　　　　**不公平**：22%

请注意，在这两个情境中，员工的薪资水平是一样的，但人们的反应却大相径庭。员工认为削减名义工资是一种损失，觉得这种做法不公平；但工资涨幅低于通货膨胀率却是可以接受的，因为名义工资上涨了。这就是有些经济学家（包括我在内）认为金融危机后应该允许通货膨胀率高一点儿的原因之一。即使通货膨胀率仅为 3%，公司也可以减少实际工资，从而加速恢复就业水平。

当然，找出公司的哪些行为会让人们气愤是一回事，调查公司是否遵守这些公平原则就是另外一回事了。我不知道有没有人对此做过系统性研究，但我猜测大多数成功企业从直觉上来说都明白这一原则，它们会尽量避免表现出不公平。

对于打算长期与同一批顾客打交道的公司来说，公平的价值应该更高，因为如果这些公司表现出不公平，损失将会更大。事实上，飓风过后，胶合板售价最便宜的地方往往是受灾最严重的地方。[87] 比如，新奥尔良遭卡特里娜飓风侵袭后，美国家得宝公司以及其他家居连锁店将一车车食品和瓶装水运到灾区，免费发放给受灾民众。与此同时，这样一场自然灾害也诱使临近新奥尔良的一些人装满一车车的胶合板，以尽可能高的价格将其卖给灾民。在这个案例中，所有卖家都在追求最大的利润。家居连锁店通过公平的救援行为建立的声誉会使它们得到长期回报，而那些“发灾难财的人”很快就可以带着可观的利润回家，但同时他们要么很愧疚，要么因为提高了稀缺资源的配置而对自己的所作所为感到自豪，具体是何种感受将因人而异。

但是，公司也不会永远都做对的事情。我的 MBA 学生认为，暴风雪过后雪铲涨价是合理的，这对所有的公司管理者而言应该是一种警告：他们直觉上认为对顾客和员工公平的事情，事实上也许是不公平的。

让我们来看看 20 世纪 90 年代中期芝加哥第一国民银行的案例。当时，这家银行是芝加哥市区内最大的银行。该银行高层认为，零售业务部门的收益没有达到预期，对此表示担忧。为了削减成本，他们决定鼓励客户多使用刚刚推出的 ATM 机（自动取款机）。虽然大多数人都习惯从 ATM 机中取钱，但有些客户却不喜欢用它来存钱，他们会选择到柜台上办理此项业务。另外，排斥新科技的人就连取钱的业务也是在柜台上办理的（也许是为了和自己喜欢的柜员聊天）。银行规定，如果明明可以在 ATM 机上完成的交易，客户却选择到柜台上办理，需要付给银行 3 美元的服务费，希望以此促使客户使用 ATM 机。

银行为想出了这么有创意的方法而自豪，并且大肆宣传，但公众的愤怒却立竿见影。一家当地报纸的头条是“芝加哥第一国民银行要疏远人类”，[88] 这则新闻指出：“芝加哥第一国民银行今日宣布实施新的活期账户存取款规定，旨在与时俱进，提倡 20 世纪 90 年代人们期望的存取款方式。银行认为 20 世纪 90 年代的客户期待是什么？向银行柜员支付 3 美元的服务费。”

竞争战很快就打响了。一家银行在位于当地一条高速公路出口的支行打出了“免费柜员”的广告；另一家银行在广播电台播放了一则广告：

男士：我检查了我的银行对账单，我想知道……

柜员：你是在问我问题吗?

男士：什么？哦，算是吧。

柜员：问我问题需要额外收费，6 美元。

男士：什么?

柜员：9 美元。

看懂了吧？就连喜剧明星杰·雷诺（Jay Leno）也在深夜秀节目中抖出了这个“包袱”：“如果你想和人说话，就要付给对方 3 美元。但有利的一面是，如果你支付 3.95 美元，就可以挑逗她了，所以也还可以吧。”

芝加哥第一国民银行的 3 美元收费规定造成了强烈的负面影响，很少有人愿意支付 3 美元。但是，直到 2002 年 12 月芝加哥第一国民银行被另一家银行收购后，新的管理团队才宣布放弃这一规定。“我们对自己在芝加哥的市场份额有些过度自信了，我们没有做对工作。”

可口可乐公司的首席执行官道格拉斯·艾夫斯特（Douglas Ivester）也是吃了不少苦头才明白，违反公平原则会产生事与愿违的结果。当时，52 岁的艾夫斯特即将当上董事会主席，但却在几位董事会成员（包括传奇投资人沃伦·巴菲特在内）提出反对之后突然辞职。虽然导致他辞职的原因很多，但他在巴西的一次讲话却直接将他推上了风口浪尖。可口可乐当时正在试行售货机自动定价策略，在一次记者发布会上，记者询问艾夫斯特关于该策略的试行情况。他回答道：“可口可乐的效用时刻都在变化。如果是夏天，当人们在体育馆愉快地观看决赛时，冰镇可口可乐的效用非常高，所以涨价是公平的。售货机只是把提价过程变自动了。”《华尔街日报》有一篇关于艾夫斯特辞职的新闻，其中写道，艾夫斯特先生似乎“听力不佳”。[89]一幅社论漫画形象地描述了公众的感受，漫画里一位顾客在售货机上买了一听可乐，他边走边回头，发现一只手正从售货机中伸向他的口袋。

很多公司不断因为交易公平问题栽跟头。我们再看一下惠特尼·休斯顿（Whitney Houston）的案例。这位流行歌手在 2012 年 2 月 11 日骤然离世，根据预期，她的专辑需求量将会大涨，她的歌曲一般都在 iTunes 等网上音乐商店出售。作为专辑销售权的拥有者，苹果和索尼会采取什么举措呢？这是不是千载难逢的涨价良机呢？

有些人（或者说有些定价算法）似乎就是这么认为的。在休斯顿去世大约 12 个小时后，她 1997 年的专辑《终极精选》（*The Ultimate Collection*）的售价在英国的 iTunes 中从 4.99 英镑涨到了 7.99 英镑，涨幅达 60%。随后《惠特尼·休斯顿：跨世纪精选》（*Whitney-The Greatest Hits*）的售价也从 7.99 英镑涨到 9.99 英镑，涨幅达 25%。

《卫报》率先对此做了报道。[90]愤怒的人们首先将矛头指向苹果公司，随后索尼公司又成了众矢之的。不管责任在谁，粉丝们都愤怒不已。《每日邮报》援引一名粉丝的话：“简直不能用生气来形容我的感受，我觉得 iTunes 是在挣离世歌手的钱，这简直就是寄生虫行为。”[91]在这次事件中，粉丝的怒气尤甚，因为就从网上下载歌曲而言，专辑是不会因销量增加而变为稀缺商品的。与上文的雪铲案例不同，iTunes 不可能卖光可供下载的专辑。

知道这件事的美国人不多，因为美国方面没有涨价，当然销量也几乎不会受到影响。根据尼尔森音乐的统计数据，在惠特尼·休斯顿去世的一周内，她的专辑在美国的销量达 10.1 万张（她去世前一周的销量仅为 1 700 张），单曲销量为 88.7 万首（去世前一周的销量仅为 1.5 万首）。[92] 我不知道英国的销量是不是也有这么高，即使有，涨价也不是明智的选择。一般来说，当需求突然上升时，卖家需要平衡短期收益和长期的信誉损失，而后者是很难度量的。

此时，公司应该扪心自问，是不是一直因为自己采取的“不公平”举动而受到惩罚。的确，芝加哥第一国民银行因为收取 3 美元的柜台服务费而受到了媒体的抨击，而各大航空公司先后增设了行李托运费，率先这么做的航空公司或整个航空业却没有因此遭受不可挽回的损失。为什么呢？乘客不会因航空公司新增了行李托运费而高兴，同时也不会喜欢座位上方的行李舱被塞得满满当当。不过，因为增收行李托运费，人们选择使用行李舱便逐渐成了常态。在这种情况以及很多其他情况下，关键的问题是：第一家公司提高费用引起人们不满后发生了什么？如果竞争对手们也随波逐流，那么顾客虽然会很生气，但因为必须使用这种产品或服务，所以别无选择。如果芝加哥市区的其他银行都效仿芝加哥第一国民银行，也增收柜台服务费，那么顾客很可能会习惯这种情况并逐渐接受。但是，如果竞争对手不跟风，率先采取违反公平原则行动的大公司就会面临巨大的风险。

从这个案例中我学到了一点：不管是暴风雪还是歌手去世造成了需求的临时性猛增，都不是公司表现贪婪的好时机。（其实，不管什么时候，公司都不应该表现出贪婪。）有一家知名的新公司却无视这条建议，它就是优步（Uber）。该公司已经进入全球多个市场，其用户可以用智能手机中的优步应用程序打车。优步商业模式的一个特色是，价格会根据需求发生变动，优步将其称为“加成定价法”（surge pricing）。当需求量很大时，不管是哪个季节，价格都会上涨，打车的用户会看到当前价格是基准价的多少倍，然后选择是接受这一价格还是使用其他交通方式。优步并没有公开它的定价方法，但是有媒体报道其价格有时会超过基准价的10倍。当然，这么高的加价倍数肯定要遭到用户的抱怨。

优步辩称，之所以采用加成定价法，是因为高价可以激励更多的司机在上下班高峰期接单。因为拿不到优步司机的数据，所以我们很难判断优步的解释是否合理。但是，从表面上看，他们的解释似乎并不能令人信服。首先，人们不可能一下子就成为优步司机，即使是在已注册的司机中，有的人可能在家里休息，有的人可能还有其他工作，不可能听到临时加价的通知就立刻跳上汽车接单拉活。价格涨幅超过10倍这一点可以说明，可接单司机的数量是有限的。如果加价通知一经发布就有成千上万的司机响应，价格猛增的现象将会转瞬即逝。

我们暂且不考虑优步能否瞬间增加司机数量，在纽约市的一次暴风雪中，优步价格的巨大涨幅，以致引起了纽约州检察长的注意。[93]（暴风雪期间，雪铲涨价并不是唯一让人们抓狂的事情。）事实上，纽约州就颁布了前文中我提到的抑制漫天要价的法律。确切地说，在任何“不正常的市场混乱”——比如由风暴、断电和骚乱引起的混乱中，公司不可以收取“不合理的过高价格”。我们看到，这条法律的措辞正好描述了人们对此事的感受，禁止收取“过高”的价格似乎就足以维持市场秩序了，但这则法条中还加上了“不合理”一词。

纽约州和优步达成协议，在不正常的市场混乱中，优步会使用公式限制加价的倍数。它会首先搜索“市场出现不正常情况”的前60天内4次最高的加价倍数，以此作为当前加价的上限。除此之外，优步情愿将其在此期间赚取的额外收入的20%捐给美国红十字会。

我认为，直到州检察长出面优步才做出让步，这是优步管理层的判断失误。如果他们想与顾客建立长期的良好关系，应该提前想到类似的改进措施。我们可以想象一下，假设优步在 2001 年 9 月 11 日时就已创立，当飞机撞击世贸中心大楼时，如果优步加价 20 倍，将这一地区的很多汽车都调往格林威治街，这是否是明智之举呢？[①] 如果优步公司对公平原则如此麻木，付出的代价将会极其高昂，因为公司在进驻很多城市之前都要进行一场政治战。只是为了增加一年当中某几天的利润就四处树敌，这值得吗？[②]

大家千万不要误会，其实我很喜欢优步提供的服务。但是，如果我是他们的顾问或股东，我会建议他们限定加价的倍数，比如三倍于基准价。你可能会问三倍这个数字是怎么来的？这源自我对市场的一个大概印象，宾馆房间和机票等根据需求定价的产品，其价格的涨幅一般都在这个范围内。另外，这些产品或服务在旺季都会销售一空，也就是说，公司会特意将旺季的价格定得不那么高。

我曾问过一家滑雪旅馆的老板，为什么在圣诞节假期不收取更高的费用？在那几天，需求达到峰值，房间必须提前一年就开始预定。起初，他并不明白我在问什么。假期的房间价格已经是全年的最高价，所以没有人问过他为什么价格会这么“低”。我解释说，我是位经济学家，他很快就明白了我的意思。“如果你在圣诞节假期敲顾客的竹杠，他们明年 3 月就不会再来了。”这对所有想要提升顾客忠诚度的公司而

---

① 我曾经问过加州的一名优步司机，如果某个城镇发生火灾，必须转移群众，他对加成定价怎么看。他说：“如果是那样，我会免费载客！”

② 澳大利亚悉尼曾发生过类似的事情。当时，市中心发生了人质危机事件，大概因为算法不能根据特殊情况进行调整，所以优步价格大涨。网上骂声一片，优步的管理层决定提供免费的乘车服务，并且将已经支付的高额打车费退还给乘客。

言都是一条很好的建议。

在我认识的人中，对这一点理解最到位的要数尼克·科克纳斯（Nike Kokonas）了。他和名厨格兰特·阿卡兹（Grant Achatz）共同经营着芝加哥最好的两家餐厅：Alinea 餐厅和 Next 餐厅。Next 餐厅的理念极具创新性，每年菜单会彻底变换三次，菜品种类也十分广泛，从 1906 年的巴黎美食到泰国的街边小吃，再到西班牙加泰罗尼亚牛头犬餐厅（El Bulli）的佳肴，不一而足。牛头犬餐厅一直以其美食闻名，但于 2011 年停业。Next 餐厅定于 2011 年 4 月开业，此前发布所有的菜品（包括 Alinea 餐厅的菜品）都以礼券的形式出售，礼券的价格会根据具体时间点而有所变化。按照一般的公平原则，礼券的价格不会浮动太大。周六晚 8 点的价格最贵，但也只比周三早晨 9 点 45 分最便宜的时候贵 25%。结果，就餐黄金时段的礼券几乎瞬间售罄（有的顾客甚至购买了多张季票，想要品尝全年三种菜单上的所有菜肴），一般来说，未售出的礼券都是那些较为便宜的就餐时段。

Next 餐厅刚一开业，就立刻引起了轰动。美国西北大学的两位经济学家对科克纳斯说他做得不对，应该以拍卖的形式让顾客预订位置，这样才能使利润最大化。科克纳斯强烈反对这种做法，还写了一篇很长的博客解释为什么不这么做。博文中的关键语句如下：“有一点对所有公司都至关重要，那就是不管需求有多大，也不要向客户索取超过商品或服务本身价值的价格，即使客户愿意支付更多的金钱。”[94] 他认为，即使有人愿意支付 2 000 美元在 Next 就餐，这位顾客离开时也会觉得“是的，菜肴的确很棒，但这不值 2 000 美元”。更重要的是，科克纳斯认为这样的顾客不会成为回头客，而且很有可能与其他的潜在顾客分享他不愉快的经历。[①]

目前，科克纳斯还向其他高级餐厅提供在网上出售礼券的软件服务。这些采取礼券模式的餐厅是否也会采用科克纳斯的定价策略，我们拭目以待。其实，想要基业长青的公司都应该这样做。

---

① 值得注意的是，一家更大的机构，“(美国)全国橄榄球联盟”也认同这种做法。在接受经济学家艾伦·B. 克鲁格（Alan B. Krueger）的采访时，全国橄榄球联盟公共关系副总裁格雷格·艾洛（Greg Aiello）解释说，联盟是以“长期战略的角度”进行定价的，至少超级碗的票价是这样的。虽然超级碗一票难求，票价高也许是有道理的（并且可以短期获利——他计算过收益增加相当于所有的广告收入），但联盟特意让票价保持在合理的范围内，从而巩固“与粉丝和生意伙伴的关系”。（krueger，2001）

第 15 章

关于公平的博弈实验

卡尼曼、尼奇和我在研究公平这一课题时，一直在考虑一个问题：人们是否会惩罚一家开展不公平交易的公司？假设打车费一般是 50 美元，而某出租车公司却收了你 500 美元，虽然你很喜欢这项服务，但你以后是否还会继续选择这家公司呢？我们设计了一种博弈形式的实验，对这些问题展开研究。

博弈的一方是提议者，另一方为响应者。实验人员给提议者一些金钱，并告诉他，要分一部分给响应者。响应者可以选择接受提议者的分配方案，或者拒绝接受，此时二人一分钱也得不到。

实验中必须使用现金，这一点十分重要，于是我们放弃使用电话调查的方式，转而在英属哥伦比亚大学和康奈尔大学的学生中做这个实验。我们设计的实验规则十分简单，并且用有限的研究经费收集了尽可能多的数据。提议者和响应者都是随机挑选的学生，他们需要填一张简单的表格，实验中的现金金额为 10 美元。下面是响应者需要填写的表格中的问题：

如果提议者给你 10 美元，你会接受吗？　会　不会

如果提议者给你 9.5 美元，你会接受吗？　会　不会

……

……

如果提议者给你 0.5 美元，你会接受吗？　会　不会

如果提议者一分钱都不给你，你会接受吗？　会　不会

我们之所以用这种方式提问，是因为我们担心很多提议者都会选择分一半钱给响应者，这对我们研究响应者的偏好没有什么意义。实验中，响应者的表现是我们关注的焦点。

标准经济学模型假设人都是自私而理性的。基于此，博弈论对我们的实验结果有一个清晰的预测：提议者会给响应者最少的钱（在我们的实验中是 50 美分），而响应者也会选择接受，因为拿到 50 美分总比分文没有要好。但与此相反，我们猜想响应者会认为这种分配方案是“不公平的”，所以选择拒绝。事实证明，我们的猜想是正确的。一般来说，如果提议者分给响应者的钱低于总金额的 20%——在我们的实验中是 2 美元，响应者就会拒绝。

实验结果令我们十分满意，但我们很快发现以维尔纳·居特（Werner Güth）为代表的三位德国经济学家[95]在三年前就已经发表了同样的研究结果。他们的实验方法与我们完全相同，还给它起了一个很时髦的名字——最后通牒博弈。卡尼曼听到这个消息后非常沮丧，担心自己可能再也没有新的创意了。卡尼曼总有这种担心，但就是这样一个人竟然在 77 岁高龄时还出版了一本全球畅销书。

我和尼奇安慰卡尼曼说，他肯定还会有很多好点子的。我们三人继续紧锣密鼓地设计另外一种博弈实验。我们的研究分为两个阶段。

在第一个阶段，我们给教室里的学生以下两种选择：“你要和你班上的另一个匿名学生共同分配 20 美元。你有两种选择：一是自己留下 18 美元，给那名学生 2 美元；二是平均分配，你们双方各分得 10 美元。”（每名学生都要做出选择，但我们告诉他们，最后会随机选取一部分实验对象，将钱支付给他们。）因为匿名的学生是被动接受提议者的分配方案的，所以这种博弈被称为“独裁者博弈”。[96]

我们并不是十分关注独裁者博弈的实验结果，我们的主要兴趣在于第二种博弈，姑且称之为“惩罚博弈”吧。这次，我们到了另外一个班级，给学生们讲述了独裁者博弈实验，然后让他们做出如下选择：“你将和两名学生分为一组，他们二人都参与过独裁者博弈式实验，但最后兑现金钱时并没有被选中。其中一名学生 E 选择平均分配 20 美元，而另一名学生 U 选择自己留下 18 美元而只给对方 2 美元。请你选择，你愿意和学生 U 平分 12 美元，还是愿意和学生 E 平分 10 美元？”

我们也可以这样解读惩罚博弈实验中的问题：“你是否愿意放弃 1 美元，与一个遵循公平原则的人一起分钱，而不与贪婪的人分钱？”我们认为，惩罚博弈与最后通牒博弈一样，都可以说明人们是否愿意放弃某些利益，去惩罚那些对他人“不公平”的人。

实验结果有些出人意料（至少对我而言是这样的），在独裁者博弈实验中，学生们表现得都很友好，有近 3/4（74%）的学生选择平均分配 20 美元。让我们更感兴趣的是，惩罚博弈实验的效果更显著。有 81% 的实验对象选择与“公平”的分配者平分 10 美元，而不愿意与“不公平”的分配者平分 12 美元。

在这里我要强调一下，针对这两个实验结果，我们应该或不应该做出哪些推断。人们不喜欢不公平的分配，并且愿意承受经济损失来惩罚不公平的分配者，这一点证据确凿。然而，并没有充分的证据表明人们认为自己有义务进行公平的分配。虽然在最后通牒博弈实验中，大多数人都会选择平均分配20美元，但我们不能因此下结论说提议者试图公平地对待响应者。相反，他们也许只是因为担心对方会拒绝自己的分配结果。根据有关响应者行为的实验性证据，在最后通牒博弈实验中，要想实现利益最大化，提议者的最佳策略是分给响应者40%的现金。低于40%就会有被拒绝的风险，所以平均分配对理性而自私的人来说并不是最佳策略。

不管提议者的分配方案是公平的还是自私的，最后通牒博弈实验的结果似乎都十分清楚。提议者的分配比例接近50%，而比例若低于20%，响应者就可能会拒绝。这个实验在全球很多地方都做过，除了那些极为偏远的部落[97]，结果都大致一样。尽管如此，仍然有一个问题长期盘踞在人们的脑海里：在最后通牒博弈实验中，当总金额提高时，响应者拒绝低比例分配方案的倾向是否仍然存在？很多人自然会认为，随着总金额的提高，响应者可以接受的最低分配比例也会降低。也就是说，如果总金额为10美元，响应者愿意接受的最低金额平均为2美元；但是，如果总金额为1 000美元，那么响应者会拒绝低于200美元的分配方案吗？

要想验证这一假设会碰到两个问题：一是，总金额较高的最后通牒博弈实验耗资较大；二是，大多数提议者都会做出“公平”的分配。美国的实验人员做过一次类似的实验，可分配的总金额为100美元，实验结果与总金额较低的实验相差不大。[98]在贫困国家做此类实验的结果更令人信服，这些国家的生活成本较低。丽萨·卡梅伦（Lisa Cameron）曾在爪哇做过最后通牒博弈实验，她既使用了较低的总金额，也使用了较高的总金额（大约相当于实验对象三个月的工资）。最终她发现，金额提高后，提议者的行为基本没有变化。[99]

还有一种博弈可以解答这个问题：人们真的像经济人那样是绝对自私（至少对陌生人如此）吗？这种博弈被称为“合作博弈”，其中最经典的一个就是著名的“囚徒困境”（Prisoner’s Dilemma）。在最初的版本中，有两个人因某项罪名被捕，警察会对他们分别进行审问。他们每人都有两种选择：一是坦白罪行，二是保持沉默。如果他们二人都保持沉默，警察只能从轻判处，两个囚徒各坐牢一年。如果他们二人都认罪，就要各坐牢 5 年。但是，如果一人认罪，一人保持沉默，认罪的人将被无罪释放，另一个人则要坐牢 10 年。

在更一般的合作博弈中，有两种策略：一是合作（保持沉默）；二是背叛（坦白罪行）。博弈论预测，博弈双方都会选择背叛，因为不管对方如何选择，这都是他们的最佳策略。不过，在我们的实验中，40%~50% 的实验对象会选择合作，也就是说，几乎一半的实验对象要么不懂博弈论，要么认为合作才是正确的选择，又或者兼而有之。

囚徒的困境说明了一个很深刻的道理，但我们大多数人都不会被捕。这种博弈对日常生活有什么启示呢？我们来看一种类似的博弈——“公共产品博弈”。要了解这种博弈的经济学意义，我们还要追溯到伟大的经济学家保罗·萨缪尔森那里，1954 年，萨缪尔森在一篇三页长的论文中提出了“公共产品”（public good）的概念。

公共产品是指，一个人消费这种产品不会导致他人对该产品的消费量减少，同时也不可能阻止其他任何人的消费。烟花表演就是一个经典的例子。萨缪尔森证明，在市场经济中会出现公共产品供应不足，因为它们是可以免费消费的，所以没有人会为此付费。在此后的很多年里，经济学家一直认为，如果政府不干预，不在提供公共产品时征税，让每个人都负担一部分费用，公共产品问题将无法解决。

当然，如果环顾四周，我们随时都会看到反例。有些人会捐款给慈善机构，有些人会清扫露营场所，更神奇的是，大多数城市的养狗者在遛狗时都会带一个塑料袋，用来装狗的排泄物，至少在美国如此。（虽然有些地方颁布了相关法律来推行这种规范，但几乎很少强制人们遵守。）换句话说，有些人即使不是为了自己的利益，也会选择合作。

经济学家、心理学家和社会学家都利用下面这种简单的博弈实验研究过这个问题，但他们使用的变量不同。假设我们邀请 10 个陌生人到实验室中，给他们每人 5 张面额为一美元的纸币。每位实验对象可以根据自己的意愿，决定将其中的多少钱捐助给“公共产品”，然后悄悄地把钱装在一个空信封里。该博弈实验的规则是，实验对象放在信封中的钱会加倍，然后由实验者平均分给所有实验对象。

在公共产品博弈中，经济人的理性而自私的策略是一分钱也不捐。假设布伦丹决定捐一美元，实验人员会将金额增加一倍，变为两美元，然后平均分配给 10 位实验对象，那么，布伦丹这次的捐款所得将是 20 美分。所以，每捐 1 美元，布伦丹都会损失 80 美分。当然，其他实验对象会很喜欢布伦丹的匿名捐赠，因为他们每人都可以得到 20 美分。但是，他们不会因此感谢布伦丹，因为捐赠是匿名的。根据萨缪尔森的逻辑，经济学理论会预测没有人愿意捐出一分钱。请注意，如果所有人都像经济人那样自私而理性，他们手中最后的金额将只是捐出全部钱财后所得的一半。因为如果每个人都捐 5 美元，捐款金额会翻倍，那么每个人将得到10美元。著名经济学家、哲学家阿玛蒂亚·森（Amartya Sen）把这些在公共产品博弈中总是一毛不拔的人称为“理性的蠢人”，因为他们只是盲目地关注自己的物质利益。“一个纯粹的经济人实际上相当于一个社会白痴，经济学理论中充斥着这种理性的蠢人。”[100]

因此，“没有人会在公共产品博弈中选择合作”这一标准的经济学预测也是错误的。平均来说，人们会将一半的金钱捐出以作公共产品。还有一个公共产品问题：即使人们都同意合作，公共产品的供应量还是会低于人们的需求，但供给不足的程度大约是经济学模型所预测的一半——这是一个重要的附加条件。当这种博弈实验的参与者是经济学专业的研究生时，他们捐出的钱仅为总金额的20%。基于这个结果，社会学家杰拉尔德·马韦尔（Gerald Marwell）和露丝·埃姆斯（Ruth Ames）写了一篇论文，名为“搭顺风车的经济学家，还会有其他人这样做吗？”。[101]

对马韦尔和埃姆斯提出的这个问题，经济学家可以巧妙地用“有经验的参与者”来回答。公共产品实验有一个显著的发现：如果实验对象反复参与这种博弈实验，其合作率会逐渐从50%降到接近于零。首次发现这一结果时，有些经济学家表示，一开始合作率高的原因在于，实验对象对实验还有些困惑。当反复参与博弈后，通过学习他们可以发现理性而自私的策略才是最佳选择。1999年，实验经济学家詹姆斯·安德烈奥尼（James Andreoni）用一种绝妙的方法验证了这一说法。[102]实验人员将实验对象每5人分为一组，当实验对象按照要求完成了10局博弈并看到合作率下降后，实验人员告诉他们还要再进行10局博弈。你认为会发生什么情况呢？

如果人们已经明白自私才是正确的选择，那么当第二轮博弈开始时，合作率就应该保持在第一轮结束时的低水平，但事实并非如此。在第二轮博弈的第一局，合作率再次恢复到第一轮第一局的水平。所以，重复参与公共产品博弈并不会把人们教成蠢人，而是会让他们认为自己的对手都是些蠢人，没有人喜欢扮演笨蛋的角色。

厄恩斯特·费尔（Ernst Fehr）及其同事做了进一步的研究，结果与安德烈奥尼的发现一致。大部分人都属于有条件的合作者[103]，也就是说，只在有足够多的人选择合作时他们才愿意合作。博弈开始时，在不知道别人是否会合作的情况下，人们先假设别人会合作，但是如果合作率较低，这些有条件的合作者就会变成搭便车的人。然而，如果参与博弈的人有机会惩罚不合作的人，那么在重复进行博弈时也可以维持较高的合作率。正如前文的惩罚博弈实验所示，人们宁愿损失一部分钱财，也要给那些行事不公平的人一点儿教训。这种惩罚意愿可以警示潜在的搭便车者，从而保持稳定的合作率。

离开温哥华几年后，我和心理学家罗宾·道斯（Robyn Dawes）合写了一篇有关合作的论文。[104]在文章结尾部分，我们用路边摊做了个类比——就是在伊萨卡的乡村经常可以见到的那种路边摊。农民会在自己的农场前面摆张桌子，在上面放些待售的农产品，旁边还会放一个盒子，盒子上的投币口很窄小，钱放进去就拿不出来了。另外，盒子是被钉在桌子上的。我当时和现在都认为，采用这种方式卖东西的农民其实对人性很了解。当然，会有很多诚实的人（尤其在小城镇）为农民摆卖的新鲜玉米或大黄支付足够的钱，但是农民也知道，如果把钱放在敞口的盒子中，肯定有人会把钱拿走。

经济学家看待人性时需要抱持和农民一样细致入微的态度。并非所有人都在搭便车，但如果你不当心，总有些人会把手伸向你的腰包。我拍了一张路边摊的照片挂在我的办公室里，用来时刻提醒自己。

第 16 章

从代币实验到马克杯实验

我在温哥华的那一年，经济学家阿尔文·罗思在匹兹堡大学组织了一次会议，目的是研讨一些论文的初稿，这些论文随后会发表在《经济学的实验室实验：6 种观点》（*Laboratory Experimentation in Economics: Six Points of View*）[105]一书中。论文的作者都是实验经济学领域的重要人物，包括弗农·史密斯和查尔斯·普洛特，当然还有偏爱实验方法的罗思本人。我和卡尼曼代表经济学领域的一个新分支——行为经济学。

对于我和卡尼曼而言，最有趣的讨论就是关于我挚爱的禀赋效应。史密斯和普洛特提出，我们并没有令人信服的实验性证据来证明这种效应。我在论文中用到的证据来自杰克·尼奇及其澳大利亚籍拍档约翰·辛登（John Sinden）的一篇论文。[106]他们的实验十分简单：随机选取一半实验对象，给他们每人三美元；另一半实验对象得到的是彩票，中奖后会得到 50 美元现金或 70 美元的图书代金券，可以在当地书店使用。随后，实验对象们又参与了一些其他任务，然后他们面临一个选择。实验人员告诉那些没有得到彩票的人可以用三美元买一张彩票，同时告诉拥有彩票的人，他们可以以三美元的价格卖掉手中的彩票。

请注意，实验人员问两组实验对象的问题是一样的：“你愿意要彩票，还是三美元？”根据经济学理论，实验对象最初拿到钱还是彩票都是一样的。如果他们认为彩票的价值超过三美元，那么他们最后应该选择彩票；如果他们认为彩票的价值不到三美元，那么他们最后应该选择金钱。实验结果显然推翻了这一预测。在一开始就得到彩票的实验对象中，有 82% 的人决定继续保留彩票，而一开始就得到钱的人，其中只有 38% 的人想用三美元买一张彩票。也就是说，人们更可能继续保留原有的东西，而不愿与人交换，即使最初的分配是随机的，结果也是如此。这一实验结果十分令人信服，并且再清楚不过了。

史密斯和普洛特的批评就包含在本书第 6 章提到的各种挑战中。第一，他们认为实验对象可能没有弄清楚情况，而且在实验中应该给实验对象学习的机会。第二，他们用“看不见的挥舞的手”辩称，如果实验对象在现实的市场中做决策，即在买卖双方进行交易、价格可以浮动的情况下做决策，尼奇和辛登在实验中观察到的奇怪行为就会消失。我和卡尼曼带着一项任务回到温哥华：设计一个实验，让史密斯和普洛特相信禀赋效应是存在的。

当然，因为最初的实验是尼奇设计的，他还和我们一起研究了公平问题，所以我们三人便一起开始设计新实验。[107] 与史密斯和普洛特的讨论还让我们意识到，如果禀赋效应真实存在，那么市场上的交易量将会减少。最初拥有某种东西的人往往会选择继续保留，而那些没有这种东西的人也不那么渴望拥有它。我们想设计一个实验，来验证我们的这一预测。

我们的基本想法是，在尼奇实验的基础上加入市场元素。为了让我们的研究无懈可击，我们必须证明，实验结果并不是我们运用某种特定实验方法得到的特殊结果。我们决定借用史密斯钟爱的实验方法，即诱导价值法。正如第 5 章所提到的，史密斯在他早期的很多实验中都采用了这种方法，以证明市场如何能运行良好。我们回忆一下这种方法，实验对象在实验中进行代币交易，而这些代币在实验室之外没有任何价值。实验人员告诉每位实验对象其手中代币的价值，如果实验结束后实验对象拥有代币，就可以兑换现金。实验人员告诉塞思（Seth），如果实验结束时他有一个代币，就可以向实验人员兑换 2.25 美元，而实验人员告诉凯文（Kevin），他在实验结束后可以用一个代币兑换 3.75 美元。我们之所以采用这种方法，是因为我们认为，对任何人而言，一个代币的禀赋效应与一张 20 美元纸币的禀赋效应是一样的。

图 7 显示了市场是如何运作的。假设我们有 12 位实验对象，我们随机给他们分配了诱导值，从 25 美分到 5.75 美元不等。然后，我们将实验对象排成一行，诱导值最高的实验对象在最左边，诱导值最低的在最右边，依次排列，正如小组 A 所示。我们随机分配 6 个代币给实验对象，正如小组 B 所示（见图 7）。这时，我们让实验对象回答一系列简单的问题，让市场运作起来。拥有一个代币的实验对象会拿到一张表格，如下所示：

价格为 6 美元时　　我会卖掉______　我不会卖______

价格为 5.5 美元时　　我会卖掉______　我不会卖______

卖家愿意卖掉代币的最低价格被称为“保留价格”。诱导值为 4.25 美元的实验对象愿意以 4.50 美元卖掉代币，但若是 4 美元则不会卖掉，所以他的保留价格为 4.50 美元。潜在的买家也会拿到一张类似的表格，询问他们购买代币时可接受的价格范围。经济学理论是如何预测的呢？如果市场运行良好，那些代币诱导值最高的 6 位实验对象，也就是最左边的 6 位，最后会选择保留代币。在此例中，也就是说，实验对象 7、8 和 11 将会从实验对象 2、5 和 6 处购买代币，正如小组 C 所示。

A：根据实验对象手中代币诱导值的高低从左至右将其排为一行。代币诱导值在实验前就已经分配给了实验对象。

B：然后，我们将 6 个代币随机发给实验对象。

C：接下来，我们开放市场交易。在此例中，需要交易三次市场才会达到平衡。

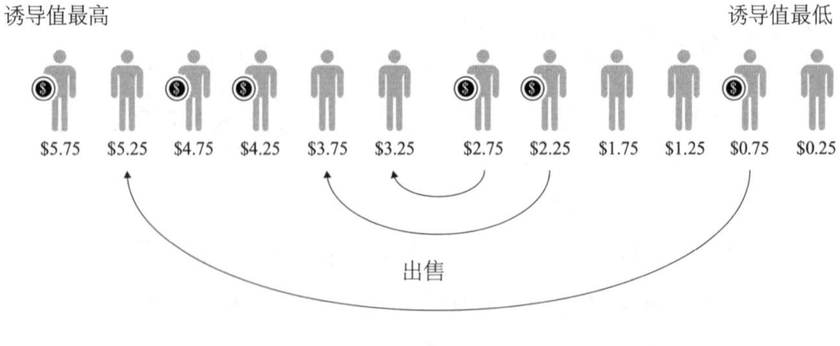

图 7

我们可以从两端开始向中间进行计算，从而算出市场出清的价格，也就是供求相等时的价格。实验对象 11 很容易从实验对象 2 那里买到代币，同样，实验对象 8 可以从实验对象 5 那里买到代币。但是，如果实验对象 7 想从实验对象 6 那里买到代币的话，价格就只能在他们二人的保留价格之间，因为我们只允许相邻诱导值相差 50 美分，所以市场出清的价格为 3 美元。

因为诱导值和代币都是随机分配的，所以每次实验的具体结果也各不相同，但是诱导值最高的 6 位实验对象中平均会有三人一开始时就会拿到代币，正如本例中一样，他们中的其他三人需要购买代币，市场才会出清。换句话说，预期的交易量是发放代币数量的一半。

现在假设我们重复一次上述实验，但这次我们不分配代币，而是巧克力棒。我们还是根据实验对象喜欢巧克力棒的程度，将他们从高到低排成一行，但这次我们不告诉实验对象他们到底有多喜欢巧克力棒，而是让他们自己决定。现在，我们像做代币实验一样随机分配巧克力棒，并且问同样的问题。结果如何呢？经济学理论的预测结果还是与对代币实验的预测一模一样。平均来说，一半的巧克力棒会发生交换，从不太在意巧克力棒的人（或是正在减肥中的人）手中交换到那些迫不及待想吃巧克力棒的人手里。但是，如果存在禀赋效应，一开始就拿到巧克力棒的人会比其他人更珍视它们，因此交易量会比较少，这就是我们想要验证的预测。

1985 年秋天，我回到康奈尔大学，进行了第一次实验。我“强征”了参与法律经济学专业的一个高级本科班课程的学生作为实验对象。在本次实验中，共有 44 名学生，所以随机发放的代币数量是 22 个，每位得到代币的实验对象都被告知他的代币价值。然后，我们告诉拥有代币的实验对象，有一个价格由供求决定的代币市场，他们的任务是回答一系列问题，例如：

价格为 6.25 美元时　我会卖掉______　我不会卖______

价格为 5.75 美元时　我会卖掉______　我不会卖______

要知道如何完成这项任务，实验对象只需弄清楚：如果他们手中的代币价值为 6.50 美元，当价格高于 6.50 美元时，他们就应该卖掉手中的代币，如果低于这一数值则拒绝卖出。他们能接受的最低价值被称为“保留价格”。买家也有一个代币价值，也要填写一张类似的问题表格，从中我们可以知道他们的保留价格，即他们能接受的最高价格。为了保证每个人都知道该怎么做，我们先练习了三次。

之后，我们在全班学生面前演示了市场的运行情况。要完成这项任务，只要使用任何经济学入门课程中都会教授的供求关系原理即可。具体而言，我们先找出所有卖家的保留价格，从低到高排列，再按照买家的保留价格从高到低排列。如果买家出的最高价高于卖家出的最低价，就至少有一笔交易可以成交。如果买家出的第二高的价格高于卖家出的第二低的价格，就又有一笔交易可以成交，以此类推，直到最高的买入报价低于最低的卖出报价为止。当买家愿意支付的购买价格与卖家愿意接受的卖出价格一致时，市场出清，此时代币的需求量等于供应量。

我们预测会有 11 笔交易发生，即 22 名买家中将有一半的人与 22 名卖家中一半的人进行交易。在三次练习中，实际的交易量分别为 12 笔、11 笔和 10 笔，所以此时市场运作良好，实验对象也很清楚自己要做什么。

这时，我们准备开始正式的实验了，我们将用真实的商品替代代币。在准备实验的过程中，我特意去校园书店逛了逛，看看有什么东西可以用于实验，因为我们必须买 22 件商品分配给 22 名实验对象。最后，我选中了两样东西：一是印有康奈尔大学标志的马克杯，一是有外包装盒的圆珠笔。每个马克杯的售价为 6 美元，每支圆珠笔的售价为 3.98 美元。在实验中，圆珠笔的价签贴在包装盒上，并没有揭掉。

我们把马克杯放在学生面前，具体方法是每隔一名学生放一个。得到马克杯的学生是潜在的卖家，其他学生则是潜在的买家。我们让所有实验对象查看自己或是别人的马克杯，确保他们都同样了解该商品。之后的做法和代币实验中的一样。为了让实验对象有学习的机会，正如普洛特和史密斯要求的，我们告诉实验对象将会做 4 次实验，随机抽取其中一次“用于研究”。与代币实验一样，经济学理论预测，交易量大约是 11 笔，但是我们预测，因为禀赋效应的存在，实际交易量将远少于 11 笔。

我们的预测是正确的。在连续 4 次实验中，交易量分别是 4 笔、1 笔、2 笔、2 笔，与 11 笔相差很远。原因很明显：那些得到马克杯的学生不愿意卖掉它们，在 4 次实验中，卖家保留价格的中位数平均为 5.25 美元。但是，没有得到马克杯的学生也不渴望购买它，在第一轮实验中，买家保留价格的中位数为 2.75 美元，其他三次为 2.25 美元。

我们用圆珠笔代替马克杯重复了上述实验。之前实验中没有得到马克杯的学生会得到一支圆珠笔，这样一来每个人都有机会当一回卖家和一回买家。虽然学生们对这些圆珠笔不怎么感兴趣，但实验结果几乎相同。交易量在四五次左右，卖出价格和买入价格之比也差不多是 2 ： 1。

我们做了很多次类似的实验，以回应各种批评声和期刊审稿人的质疑，而且实验结果都是一样的。即使在市场环境中，并且有学习的机会，买家也只愿意支付卖家报价的一半。这再次说明，损失带来的痛苦大约是收益带来快乐的两倍，多年来，我们所做的许多次实验都证实了这一点。

◇

禀赋效应实验说明，人们往往不愿意放弃自己已经拥有的东西，部分原因在于损失厌恶。比如，我得到了马克杯后，就会认为它是我的，卖掉它对我而言是一种损失。另外，禀赋效应也很快就会生效。在我们的实验中，实验对象在“拥有”马克杯几分钟后，交易就开始了，因此卡尼曼喜欢称之为“即时禀赋效用”。虽然损失厌恶可以解释我们的实验结果，但还有一个相关的现象，那就是惯性。在物理学中，在没有外力作用的情况下，处于静止状态的物体会继续保持静止。人们的行为也是一样：如果没有充分的理由进行交换，人们更愿意继续保留自己的物品；有时候即使有充分理由，人们也不愿意放弃自己拥有的东西。经济学家威廉·萨缪尔森（William Samuelson）和理查德·泽克豪泽将这种行为称为“现状偏见”（status quo bias）。[108]

损失厌恶和现状偏见往往会共同发生作用以抑制变化。我们可以想象一下，因为工厂或矿井关闭，人们失去了工作。为了找到新工作，他们可能被迫改行，远离自己的家人和朋友。失业人员在再就业过程中常常会碰到惯性问题，我随后会在讨论公共政策时再次提到这个问题。在这里我只讲一个有关现状偏见的有趣案例。

1990年，我们发表了马克杯实验的研究结果，此后又有几十个甚至几百个后续实验。有的旨在验证我们的结论，有的意在研究心理学家所说的边界条件，也就是说在什么时候会观察到这种现象，什么时候则观察不到。几乎所有的这些研究都有一个共同点，那就是马克杯。经济学家和心理学家购买了大量印有学校标志的马克杯发给实验对象，只是因为有一天康奈尔大学书店的一个马克杯被我选中了。(生产这种杯子的厂商真应该请我吃顿饭。)

◇

我在温哥华的学术假期接近尾声时，有一天卡尼曼随意地发表了一句评论，而这句评论也正如他之前的每次评论一样明智。当时，我们正在谈论我们都认识的一位学者，卡尼曼说："你知道，人到了某个年纪后就不再被认为'有前途'了，我觉得是40岁左右的时候。"我确定卡尼曼当时并不知道我的确切年龄，那时我已经39岁了。当我回到康奈尔大学执教时，我40岁了。我真的很享受自己尚"有前途"的那段时光。

第五部分

埋首于经济学研究的日子：1986—1994年

温哥华之旅结束后，我回到康奈尔大学，全身心地投入行为经济学的研究，在这一充满风险的领域浸淫了 8 年。也许是因为我的努力，最终我取得了康奈尔大学的终身教职，还有几篇论文即将发表在顶级期刊上。有人可能会质疑，凭借这种研究竟然也能拿到终身教职。这种研究曾被视为徒劳无功的努力，但我始终认为其中充满了乐趣，并且它维持了我们全家的生计。可是，最大的问题在于，除了实验经济学家的鼓励，特沃斯基、卡尼曼和我几乎只与彼此讨论问题。这种情况即将发生变化。

第 17 章

理性主义者与行为主义者的辩论

我从温哥华回到康奈尔大学后不久，行为经济学便迎来了第一次重要的“听证会”。1985 年 10 月，芝加哥大学商学院的两位教授——心理学家罗宾·霍格思（Robin Hogarth）和经济学家梅尔·雷德（Mel Reder）——组织了一次会议。[109]芝加哥大学有很多强烈支持传统经济学研究方法的人。理性主义者和行为主义者都将参会，讨论是否应该严肃对待心理学和行为经济学。如果有人想赌谁会赢得这场辩论，那么主场辩论队应该有较大的胜算。

行为经济学团队由赫伯特·西蒙、特沃斯基和卡尼曼带领，并且有经济理论家肯尼斯·阿罗的支持。与保罗·萨缪尔森一样，虽然阿罗只获得了一次诺贝尔经济学奖，但其实他多得几次也是理所应当的。行为经济学团队的中青年成员包括鲍勃·席勒（Bob Shiller）、理查德·泽克豪泽和我，我们要代表团队发言。

理性主义者的团队则十分强大，由芝加哥大学的学者罗伯特·卢卡斯（Robert Lucas）和默顿·米勒（Merton Miller）担任领队。尤金·法玛（Eugene Fama）和我的硕士论文指导老师舍温·罗森担任主持人，但显然他们也站在理性主义者团队一边。会议为期两天，在大礼堂中举行，可以说是座无虚席。回想起来，这次会议极不寻常，我想我之后再也没有参加过类似的会议。

特沃斯基介绍了他和卡尼曼专门为此次会议撰写的一篇文章，他们的研究结果违反了几条经济学原理，这让经济学家尤为不快。其中一个就是现已家喻户晓的亚洲疾病研究：

实验人员告诉两组实验对象，有 600 个人感染了某种亚洲疾病，必须要在两种策略中做出选择。第一组实验对象的两个选项是：

> 策略 A 将挽救 200 人。
>
> 策略 B 有 1/3 的概率挽救所有人，有 2/3 的概率会导致 600 名患者全部死亡。

大多数实验对象都选择了较为安全的策略 A。

在另外一个版本中，实验对象的两个选项是：

> 如果选择策略 C，有 400 人将会死亡。
>
> 策略 D 有 1/3 的概率让所有人都存活下来，有 2/3 的概率会导致所有人全部死亡。

在这种情况下，大多数实验对象都选择了有风险的策略 D。

乍一看，这些选项似乎没有什么特别之处，但是计算一下就会发现，策略 A 与策略 C 实际上是一样的，策略 B 和策略 D 也是一样的，所以实验对象偏向 A 而非 B，同时偏向 D 而非 C，这是不合逻辑的，但他们确实是这样选择的。当用类似的问题问一组医师时，结果也是这样。这些实验结果显然让理性主义者团队很抓狂，因为理性经济人是绝对不会有这么不合逻辑的行为的。

随后，卡尼曼介绍了一些有关公平的研究，其中包括最后通牒博弈和独裁者博弈实验。这些发现已经不再受欢迎了，经济学家认为，公平是一个愚蠢的概念，只有不能为所欲为的小孩子才会拿公平说事儿。怀疑论者根本不屑于讨论我们的调查数据。最后通牒博弈实验更令人困扰，因为在实验中使用的是真实的货币。不过，钱的数额不多，所以那些司空见惯的批评还是会出现。

其中让我思考最多并且经常回顾的莫过于肯尼斯·阿罗的演讲了。阿罗的思维运转像光速一样快，他的演讲就像声部很多的赋格曲一样，一个题外话连着另一个题外话，有时还口头做些注解，介绍之前几个世纪鲜为人知的一些学者，然后又跳跃至其他话题。阿罗可能一带而过地说了某句话，但却有深刻的含义，当你还在努力消化这句话时，他已经跳回主要的论题了，让你怎么赶都赶不上。不过，这次他的演讲可以简单地总结为：理性（即所谓的利益最大化）既不是经济学理论的必要条件，也不是充分条件。

阿罗一开场先批评了“理性为必要条件”的观点：“我首先要否定一种观点，这种观点虽然在很多论文中并没有被阐述清楚，但却隐藏其中，即从原则上说，经济学理论必须建立在‘经济人是理性的’基础上，否则就没有理论可言。”[110]阿罗指出，有很多严谨规范的理论都是以人类行为为基础的，而对于这些行为，经济学家并不愿意承认它们是理性的。例如，标准的消费者理论指出，当价格变化时，消费者将从商品和服务中选择仍可以满足其预算约束的最佳组合，从而形成新的最优化。[111]不过，阿罗也指出，消费者可以根据习惯轻易地建立一种理论。当价格变化时，消费者在预算范围内重新选择的商品和服务，将与此前的消费最为接近。阿罗其实还可以继续延伸，比如，消费者可能还有一些严格的理论，就像“购买产品时尽量选择含有字母K的品牌”一样奇怪。换句话说，标准模型不必是理性的，它们甚至不必是合理的。因此，我们不应该用“别无选择”这一论据为经济学理论的理性经济人假设进行辩护。

至于只有理性是不是就足够了，或者说，只靠理性这一假设条件是否能够做出重要的预测，对此阿罗指出理性并没有多大用处，他的观点颇具说服力。要想得到有用的结果，理论学家必须增加辅助性的假设条件，比如假设所有人都符合相同的效用函数，也就是说他们都有一样的品位。这一假设不仅被证明是错误的，还会立刻导致与事实相矛盾的各种预测。我们不是经济人，当然更不是一模一样的经济人。

阿罗还发现经济理论家的行为中也存在着不一致性。经济理论家花费了几个月的时间，才找到某个复杂经济难题的最优解决方案，却兴高采烈地假设模型中的经济主体轻易就能够解决同样的问题。“在科学分析中，行为主体都会被赋予科学的行为，这一点很奇怪。”[112]阿罗在演讲结束时表明了自己的立场：“显然，我认同赫伯特·西蒙的观点，即认识到理性是有限的这一点很重要。”[113]

不过，我在这次会议上扮演的角色可不仅仅是倾听我崇拜的学界偶像们演讲，我还有一项艰巨的任务，就是对三篇论文进行点评，第一篇论文由赫伯特·西蒙所著，第二篇由卡尼曼和特沃斯基所著，第三篇由席勒尔·艾因霍恩（Hillel Einhorn）和会议组织者罗宾·霍格思所著。我基本上同意这几篇论文作者的观点，所以不知道该说些什么。讨论会的参与者应该对论文进行评论和阐述，如果我只说“是的，他指出……”这对我需要扮演的角色毫无意义。我觉得那些确实存在概念性问题的论文，其讨论时间还未到。我还要时刻谨记，我在这里只相当于小学生的水平，因为讨论会上有两位诺贝尔经济学奖得主（阿罗和西蒙），观众中也有几位，还有六七位后来获得了诺贝尔奖。我怎样才能在这些一流学者面前清楚阐述自己的观点，又不显得自负呢?

最后，我认为对自己而言最好的策略就是来点儿幽默。虽然这也有一定的风险，但我发现当人们笑的时候，往往会对他人更宽容。我的讨论主要基于乔治·斯蒂格勒的一篇不太知名的文章。斯蒂格勒是他那一代学者当中最诙谐机智的一位经济学家，身为芝加哥大学的一员，他正坐在理性主义者团队的啦啦队中。斯蒂格勒的那篇文章名为“会议手册”（The Conference Handbook），文章的开头是一个古老的笑话：

> 监狱里来了一名新囚犯，而这里的老囚犯们都已经被关押很长时间了。这位新囚犯发现，老囚犯中有人会偶尔喊出一个数字，之后其他人都大笑不止。他问一位狱友这是怎么一回事。狱友告诉他，他们在一起关了很久，所有人知道的笑话都讲遍了，所以为了节省时间，他们给笑话编了号。接着又有人喊了几个数字，随后还是哄堂大笑，这位新人决定也试试，于是喊了一声“39”，结果没有人笑。他又问狱友大家为什么都不笑，狱友回答说：“有些人真的不会讲笑话。”[114]

斯蒂格勒在论文中建议，会议和系里的研讨会总会反复出现令人讨厌的评论，所以也可以把故事里的笑话编号方法应用到这些评论上。斯蒂格勒先介绍了几种评论，并且在其前面标了字母序号。之后，他具体列出了他认为可以用数字进行编号的32条评论。我引用了其中的评论F，因为我觉得我们可能很快就会听到这句话：“让非专业人士看到我们的问题其实挺好的，总会产生新观点。不过一般来说，比如在这种情况下，分工的优势得以彰显。”[115]

秉承着这种理念，我提出了“心理学和经济学会议手册”。我想罗列出每次我演讲时都会听到的那些令人厌烦的评论，也就是我在第6章提到的，我还给出了相应的反驳。我认为，提前把这些评论说出来可以防止有人随后提出来。现在你可能已经想到了其中的一些评论：（1）如果利害关系足够大，人们就能做出正确的选择。（2）在现实生活中，人们会在学习的过程中避免重复犯这些错误。（3）总的来说，误差可以被消除……针对每条评论，我都解释了为什么评论本身并不像评论者想的那样具有毁灭性。

随后，我总结道：

> 我将用以下两个错误命题来结束我的评论。
>
> *1. 理性模型是无用的。*
>
> *2. 所有行为都是理性的。*
>
> 我提出这两点，是因为辩论双方在未来参加会议或讨论会时常常会说错对方的观点。如果所有人都认为这两个命题是错误的，我们就不用再浪费时间去反驳了。[116]

大家似乎都很喜欢我的发言，在我离开讲台时斯蒂格勒甚至向我竖起了大拇指。会议第一天余下的时间很平静。

会议第二天的清晨，我们先是听到了一个消息：佛朗哥·莫迪利亚尼获得了诺贝尔经济学奖。他的获奖原因一部分与他和默顿·米勒的共同研究有关，而米勒正是会议第二天的主要演讲者。莫迪利亚尼当时在麻省理工学院工作，但此前他曾在卡内基–梅隆大学工作，与赫伯特·西蒙是同事。在西蒙的建议下，我们以大会的名义给莫迪利亚尼发了一封贺电。那天早晨，即使米勒觉得他的导师兼研究搭档获奖对他来说是一条坏消息，也情有可原。莫迪利亚尼独自获得了诺贝尔奖，米勒也许会认为自己失去了这次机会。当然，5 年后，米勒也获得了诺贝尔经济学奖，但当时他不可能预测未来。在互联网尚未兴起的年代，米勒并不知道莫迪利亚尼获奖的主要原因是后者在储蓄和消费方面的研究，也就是生命周期假设，而不是二人共同研究的公司金融。

那天早晨，空气里洋溢着快乐，米勒简要介绍了莫迪利亚尼的研究。媒体请他总结一下他与莫迪利亚尼的研究，他像往常一样机智地说，他们主要证明了一个问题：如果你把一张 10 美元的钞票从一个兜放到另一个兜里，那么你的财富不会发生任何变化。大家听后都笑了起来，而米勒表示："不要笑，对此我们做了严格的验证！"[117]

米勒讲的其实是"无关性定理"（Miller-Modigliani irrelevance theorem，也叫 MM 理论）。该定理认为，在某些假设条件下，公司无论选择支付股票红利、用这些钱回购股票，还是偿还债务，结果都是一样的。其大意是，投资者不需要关心钱存放在何处，也不需要关心钱花在何处。不过，斯蒂格勒的笑话确实适用于生命周期假设，因为在这个假设中，决定家庭消费的唯一因素就是全家的财富，而不是金钱的存在形式，比如现金、退休金或房屋净值。这两种理论都假设，钱具有可替代性。前文已经提到，就生命周期假设而言，这一假设条件是错误的。所以，撇开笑话不谈，这一假设若应用于公司金融也存在问题，而米勒那个下午讨论的话题就是公司金融。

米勒的论文是受一篇行为金融学论文的启发而写就的。[118]那篇行为金融学论文的作者是赫什·谢弗林及其在圣塔克拉拉大学的同事迈尔·斯塔特曼，谢弗林曾是我研究自我控制问题的搭档。他们在论文中对一个令人尴尬的事实做出了行为学解释。MM 理论的一个关键假设条件是：不必纳税。如果支付股票红利与公司以其他方式发钱给股东，它们的纳税方式不同，那么是否支付股票红利将不再是无关因素。鉴于当时美国的税法，公司不应该采取支付股票红利的方式，但令人尴尬的是，大多数大型公司的确都会给股东支付股票红利。[119]

当时，包括股票红利在内的收益，其税率高达 50% 甚至更多，而资本利得的税率仅为 25%。另外，资本利得需要缴纳的税款只有在收益兑现（即股票卖出）后，才需要支付。因为这样的税收规定，股东更愿意得到资本利得而非股票红利，至少对理性经济人而言是这样的。重要的是，公司可以用支付股票红利的钱回购股票，从而轻易地将股票红利转化为资本利得。这样，股东虽然没有拿到股票红利，却可以看到自己的股票价格上涨，还省下了税款。而让人疑惑的是：公司为什么要通过支付股票红利惩罚需要为此多缴税的股东呢？（这两种方法对那些无须缴税的收益而言，比如捐赠或存储在免税账户上的钱，就无关紧要了。）

谢弗林和斯塔特曼对这个问题的解答涉及了自我控制和心理账户：有些股东，比如退休人员，希望流入的资金在心理账户中可以被列为“收益”，这样他们花这部分钱时就不会觉得不好意思。在理性世界，这是没有道理的。一名退休的经济人会购买不支付股票红利的公司股票，然后定期卖掉一定比例的股票，靠得到的收益生活，同时缴纳较低的税款。不过，人们一直认为，不动用本金而只花掉收益是明智的举动，这一想法在 1985 年左右退休的人中极为盛行，这一代人都经历过20世纪前半叶的“大萧条时期”。①

公平地说，默顿·米勒并不赞同谢弗林和斯塔特曼的论文，他在讲话过程中也没有掩饰自己的不屑态度。他说，这种行为研究方法可能适用于他的姑妈明妮（Minnie），但仅限于此。

米勒的论文并不像他的讲话那样尖锐，但还是十分奇怪。论文的大量篇幅并没有批评谢弗林和斯塔特曼的假设，而是在清晰地阐述他们二人想要解释的问题。实际上，这是我所见到的最清楚的一种解释，阐述了在经济人的世界中，为什么公司不会在当时的税制下支付股票红利。米勒认同公司不应该支付股票红利，但大多数公司却仍旧这样做。他还认为，描述公司应该支付多少股票红利的最佳模型是由金融经济学家约翰·林特纳（John Lintner）提出的，但米勒却将这一模型归为“行为模型”。在林特纳的模型中，公司只有在坚信收入涨幅足够大，以至于未来也不会降低股票红利时，才应该增加股票红利。[120]（如果这篇论文发表的时间晚一些，林特纳就可以用“损失厌恶”来解释为什么公司不愿意降低股票红利了。）而林特纳的方法比较过时，他通过采访很多大公司的首席财务官得出了这一模型。米勒是这样评价该模型的：“我认为这是一个行为模型，原因不仅在于它的形式，还在于30年过去了，却一直没有人用它来解决最优化问题。”[121]

我们现在来总结一下米勒的论文。理论告诉我们，公司不应该

---

① 长久以来，基金会一直都按照此法运作，即保留本金、花掉“收益”，这往往会促使它们持有可以支付高额红利的债券和股票。渐渐地，这些机构认识到这种做法很愚蠢，于是采用了更合理的方法，比如以基金连续三年的平均收益率为基础，花掉一定比例（比如5%）的基金，这样它们就可以根据长期潜力而非现金支出选择投资方式。这种策略变化可以让基金会选择新的投资产品，比如风险投资基金，而这种投资一般很多年都不会兑现任何收益。

支付股票红利，但实际上它们几乎都在这么做。他也承认，有一个行为模型最恰当地描述了公司支付股票红利的方式。这听上去像是一篇赞同而非诋毁行为金融学的论文，但米勒既不打算赞同，也不打算否认。他写道：“本文的目的是，展示以理性为基础的市场均衡模型——或者更确切地说是股票红利模型——依然很适用。至少它们不比其他经济学模型差。”[122]所以，米勒论文的最有力论点是，金融市场中标准的理性模型，即有效市场假说，还没有完全消亡。

米勒不仅承认描述公司如何支付股票红利的最佳模型是一种行为模型，他还乐于承认描述个人投资者行为的最佳模型也是一种行为模型。米勒表示：“在每一份财产背后，可能都会涉及家族产业、家庭争吵、遗产、离婚协议，以及其他与投资组合选择理论几乎完全无关的因素。在建立模型时，我们之所以不考虑这些因素，并不是因为它们没有意思，而是因为它们太有趣了，会让我们分心，以至于无法集中精力研究我们关注的市场规律。”[123]我们稍微解读一下米勒的话：我们应该忽视人们的行为，这不是因为它们没有意思，而是因为它们太有趣了。至少我搞不清楚米勒到底站在哪一边。

米勒的演讲被安排在会议第二天的下午，主持人是尤金·法玛。法玛也供职于芝加哥大学，属于理性主义者团队的坚定支持者。当天下午还有一位演讲者艾伦·克莱顿（Allan Kleidon），他和米勒一样没有介绍自己的最新研究，而是将矛头指向罗伯特·席勒的一篇文章，这篇文章我们将会在本书第24章做详细讨论。席勒和支持有效市场理论的理查德·罗尔（Richard Roll）、史蒂夫·罗斯（Steve Ross）参与了讨论，而谢弗林和斯塔特曼则只能在观众席中提出质疑。显然，在这部分讨论中，席勒处于不利地位。

席勒在此扮演的角色很奇怪，他要评论一篇批评他本人观点的论文，却没有机会详细介绍他的原创性研究。不过，席勒讲话时还是像往常一样有条不紊。他指出，米勒和克莱顿都提到了托马斯·库恩（Thomas Kuhn）的科学革命。库恩表示，只有在人们广泛接受大量反常现象时，范式才会发生变化。克莱顿和米勒的论文相当于宣称，幸亏这样一场革命还没有来临。席勒对此的回复是："也许这样一场重大的科技革命即将到来，但这并不代表这场革命会让我们'为了大众心理而抛弃理性预期假设'。"席勒进一步解释说："我认为，从行为分析的角度进一步研究有效市场模型，这种延伸从某种程度上说改进了这些模型。授课时，如果我可以把有效市场模型解释为极端状况下的特例，再讲授更符合现实的模型，我想课堂内容会变得更加丰富。"[124]席勒说得很好，事实也确实如此。

在这种会议或是在政治候选人的竞选辩论之后，一般而言双方都会认为自己是赢家。不过，对于研究行为金融学的人与支持有效市场假说的人来说，他们双方的辩论才刚刚开始，并且自此以后一直持续了 30 年。从某种意义上说，这场辩论就开始于那天下午的芝加哥大学。我们会在后文中看到这场辩论将我们带向了何方。

第 18 章

股市、赛马与反常现象

芝加哥大学的会议结束前，有人提到了托马斯·库恩的科学革命，库恩有一个观点很重要，即只有在专家认为有足够多的反常现象无法解释时，范式才会改变。如果只是个别现象无法解释，将无法颠覆传统观点。我觉得库恩的观点与我的研究存在一定的关联，而芝加哥大学的那次会议并不是我第一次想到这一点。之前我就思考过这个话题，但只是在心中悄悄想过。作为一名刚刚过了“有前途”年龄的人，将自己的研究说成一场“革命”会被视为傲慢、不得体的举动，并且会导致自我毁灭的结果。我的目标没有那么远大，我只想多发表几篇论文，证明将心理学引入经济学是值得从事的研究。不过，我确实读过库恩那本具有创新性的著作《科学革命的结构》（*The Structure of Scientific Revolutions*）[125]，并且在闲暇时常常独自思考，经济学领域是否会发生一次“范式转移”（paradigm shift）。

范式转移是指科学领域中发生了一次罕见的巨变，人们摆脱了原来的发展方向，开始追求新的路径。哥白尼革命也许是范式转移最著名的例子，哥白尼指出，太阳才是太阳系的中心，并取代了托勒密的地心说。虽然行星并不围绕地球运转，但有人竟然可以建立相应的有说服力的地心说宇宙模型，这一点现在看来似乎很奇怪。几个世纪以来，尽管天文学家们对地心说的基本模型做了无数次改进，但他们也确实运用地心说模型很好地解释了行星的运动。在该模型中，各行星都沿着一个较小的圆运动，而每个小圆的圆心则在以地球为中心的圆上运动，其中绕地球的那个圆叫作“均轮”，每个小圆叫作“本轮”。

在芝加哥大学的那次会议上，当支持传统观点的发言者提到范式转移时，他们显得十分害怕。他们的发言主旨是，没有必要认为革命一触即发。当然，他们不断提到范式转移，这至少说明传统主义者有着某种担忧。他们的防御之策一般是严厉批评某一研究结果，并解释为什么这种结果没有看上去那么重要。只要有必要，传统范式的卫士们总能找到类似“本轮”的东西，以证明某一个令他们感到尴尬的事实是合理的。另外，每一种反常现象都会被他们斥为一次性问题，如果足够努力，肯定可以找到一种令人满意的解释。要想实现真正的范式转移，我觉得我们需要一系列反常现象，而且每一种都需要特别的解释。在我人生中的最恰当的时间和地点，一个能够汇集并记录这些反常现象的机会从天而降，我也明智地抓住了这次机会。

从温哥华回到伊萨卡后，有一次参加会议时我恰好坐在经济学家哈尔·瓦里安（Hal Varian）旁边。瓦里安当时是一位著名的理论经济学家，后来他成为谷歌的首席经济学家。他告诉我，美国经济学会正在创办一份新期刊——《经济展望期刊》（*Journal of Economic Perspectives*），瓦里安是顾问和编委。期刊编委会想找人为其定期撰写专栏文章，聪明的巴里·奈尔伯夫（Barry Nalebuff）将要负责其中一个专栏，写一些与经济学相关的趣味谜题。我和瓦里安都觉得我可以写一写反常现象，而期刊编辑约瑟夫·施蒂格利茨（Joseph Stiglitz）是个很喜欢“搅和”的人，于是他很容易就被说服了。一年中，我需要撰写 4 篇关于反常现象的文章。我可以通过这些文章证明那些看似无关的因素实际上很重要，或是罗列出一系列与标准经济学理论相矛盾的事实。

1987 年，第一期《经济展望期刊》出版，上面刊登了我的第一篇文章。我在文章开头引用了托马斯·库恩的话。

> 发现始于意识到反常，即始于认识到自然界总是以某种方式违反支配常规科学的范式所做的预测。
>
> ——托马斯·库恩

为何要写一个关于反常现象的专栏？

请看下面这个问题，你面前的桌子上摆放着 4 张卡片，如下图所示：

图 8

注：此图为 4 张卡片问题 [沃森（Wason），1996]。

你的任务是翻动尽可能少的卡片，以证明下面这句话是否正确：每张一面是元音字母的卡片，其另一面一定是偶数。而且，你必须提前决定好要翻哪张卡片。

当我给我的学生出这道题时，卡片被翻动的频率由高到低依次为A、2、3、B。几乎所有人都决定先翻动卡片A，这一决定是正确的，也没有什么好奇怪的。如果这张卡片的背面不是偶数，问题中的那句话就是错误的，这显而易见。但是，频率第二高的选项（正面为2的卡片）却是无用的。这张卡片的背面如果是元音字母，就将与问题中的假设一致，但是，翻动这张卡片既不能证明那句话是正确的，也不能证明它是错误的。

相反，要驳斥题中的说法，必须选择翻动正面为3的卡片，但选择该选项的人不多。至于被选择次数最少的选项，即正面为B的卡片，因为这张卡片的反面可能是元音字母，所以也必须翻动。（题目并没有说卡片的一面肯定是字母，而另一面肯定是数字，不过，回答问题的人一般都会有这样的猜想。）从这个问题中，我们可以学到两点：第一，人们有一种自然的倾向，喜欢寻找证明假设成立而非不成立的证据，选卡片2的人多于选卡片3的人即可以证明这一点。这种倾向被称为“确认性偏见”(confirmation bias)。第二，当没有根据的假设使得某些否定性证据看起来不大可能成为证据时，确认性偏见会更加严重，翻动卡片B的人最少即可证明这一点。

该专栏将介绍我找到的否定性证据，即经济学领域的反常现象。按照托马斯·库恩的说法，与当前的经济学范式不一致的现象就是经济学领域的反常现象。经济学之所以能与其他社会科学区分开来，是因为经济学理论认为，如果经济主体拥有稳

> 定、明确的偏好，并且所做出的理性选择与（最终）市场出清时的偏好一致，那么大多数（甚至所有）行为都可以得到解释。如果在当前的范式内，实证研究结果很难对一些现象“做出合理的解释”，或者要解释的话，就必须违背理性经济人的假设，这一研究结果就属于反常现象。当然，有人可能不同意我的观点。因此，我邀请读者为我提出的反常现象（在当前的范式下或以其他方式）做出简要的解释。不过，因为文章是要发表的，所以读者提出的解释必须可以验证，至少从理论上讲应该是可以验证的。如果读者提出，所谓的反常现象实际上是对税收做出的理性反应，那么他应该愿意在此假设的基础上做出一定的预测。比如，在不用交税的国家、对不用交税的主体，或者在相关税收政策推出之前，不会出现这种反常现象。根据交易成本做出解释的读者可以建议，在实验中去除交易成本进行验证。另外，他应该会预测，在这种实验中相关的效应将会消失。

《经济展望期刊》是一本季刊，每期刊登一篇我的文章，这样大约持续了4年。每篇文章占10~12个版面，不算太长，读者可以较快读完，但也不算太短，可以包含足量的细节。每篇文章结尾都有一个“评论”部分，我会尽量解释研究结果的重要性。

开始写这个专栏时，我并没有什么宏大的计划。我列了一个清单，知道自己至少可以写上10篇文章，但问题是第一篇要写什么呢？又应该用什么语气来写呢？因为在此之前，我刚刚写了两篇关于什么会引发人们的怒火的论文，我深知这项研究会产生事与愿违的结果，并且耗时很长。我想写的很多话题都不在我的研究范围之内，所以我找到相关领域的专业人士合作。不过，我还是有很多工作要做，因为最后我要完成所有文章的最终稿，这意味着这些专栏文章占用了我很多做“真正的研究”的时间。在大多数学者眼中，只有发现新成果、新理论，以及在有同行评议的期刊上发表论文才算“真正的研究”。①

不过，我这样做的潜在回报是巨大的。美国经济学会曾经针对它的会员做了一次调查，目的是了解他们对这本新期刊的看法。学会询问会员是否读了这本期刊，还具体问到他们是否读了专栏文章。在所有做出回复的会员中，有一半人“定期”阅读“反常现象”这个专栏。我们暂且不论他们表示的“定期”究竟是什么意思，但却可以客观地计算一下。一般来说，如果足够幸运，专业学术期刊的每篇文章可能会有 100 名读者，而阅读过这些专栏文章的经济学家则超过 5 000 人。当我找合作者时，我可以坦诚地告诉他们，这篇文章的读者数量有可能超过他们之前所写的任何一篇文章。当然，对我来说也是这样。既然有这么多人阅读我的文章，我应该写些什么内容呢？

我的目的是涵盖足够多的反常现象，并找到以各种实证研究方法为基础的案例，其中很多案例都使用了现实数据，以防止有人说这些反常现象只会在实验室中发生。4 年里我一共写了 14 篇专栏文章，其中只有 5 篇以实验数据为主。文章涉猎的话题十分广泛，不

① 对我而言撰写“反常现象”这个专栏很有乐趣，乐趣之一就是审稿过程完全由编辑自己完成。每篇文章都要经过真正的“编辑”，从而使非专业人士也能读懂。经济学家兼作家蒂姆·泰勒（Tim Taylor）从一开始就接受了这项任务，到目前为止他仍在做这项工作。对于大多数学术期刊而言，编辑负责保证文章内容的正确性，校对人员负责检查拼写等问题，但没有人负责增强文章的可读性。蒂姆会重写每一篇文章，然后把稿件寄给作者，并告诉他们可以拒绝接受他的意见。顺便说一下，《经济展望期刊》有免费的在线版本，可以登录 www.aeaweb.org/jep 浏览，这的确是一个学习经济学的好途径。

过大多与金融有关，因为对捍卫标准范式的人而言，此类研究最令他们惊奇，也最令他们厌烦。

我必须承认，并不是对每种反常现象我都能做出令人满意的行为学解释。有些现象只是与理论预测不一致的经验事实，比如，第一篇和第二篇专栏文章写的是股市的“日历”效应。[126]这些结果真的很奇怪，这里仅举几例：股市一般周五会上涨，周一会下跌。1月是持仓的好时机，尤其是在月初，并且最好买入小公司的股票。假期的前几天，比如周五，也是很好的买入时机。很多论文都提到了这些结果[127]，所有符合逻辑的解释以及不合逻辑的解释都站不住脚，我自己对此也没有合适的解释。它们确实是反常现象。

还有一种反常现象与赌马有关。[128]美国以及世界很多地区（英国除外）的赛马场都使用了赌金计算器博彩系统，其中赔率并不是提前定好的，而是由押在每匹马身上的总赌注决定。以最简单的赢马为例，赛马场先从彩池中抽取一定的份额，一般约为17%，然后剩余的赌金由押注在这匹马身上的人平分。大家把获胜概率最大的马称为“热门”，获胜概率很小的马，比如赔率大于10 ∶ 1的马则被称为“冷门”。

如果赛马场抽取17%的赌金，同时赛马市场是有效的，那么所有押注的预期回报率都是相同的，即–17%。如果押注100美元，从胜算特别大的热门马到获胜概率极低的冷门马，预期回报平均为83美元。但是，实际数据却并非如此。与冷门马相比，押注在热门马身上的回报更高。例如，如果按照赔率1 ∶ 1押注热门马，1美元的回报是90美分，但是按赔率100 ∶ 1押注冷门马，1美元的回报则只有14美分。还记得我们在第10章提到的赌博和翻本效应吧？当天最后一场赛马如果玩家将赌注押在获胜概率极低的冷门马身上，回报将会更低。

我连续写了 14 篇专栏文章后就告一段落了。这些文章后来被略做修改并编辑成书，书名采用了其中一篇文章的标题："赢家的诅咒"（The Winner's Curse）。此后，我偶尔也会为这个专栏供稿，但因为没有交稿时间限制，文章发表的间隔时间也越来越长。最后一篇文章发表于 2006 年，随后该专栏寿终正寝。时任期刊编辑安德烈·施莱费尔（Andrei Shleifer）宣布，开办这个专栏的目的已经达到了。这相当于委婉地说，我介绍反常现象的工作正式结束了，我被炒鱿鱼了。

第 19 章

打造一个行为经济学家的明星团队

“反常现象”这一专栏成功地向我的经济学同行们传达了这样一个信息：很多事实都与传统的经济学模型所描述的不一致。这些文章为推行新的经济学研究方法奠定了基础，这些新方法将以普通人而非经济人为研究对象。但是，经济学是一个包罗万象的学科，我又是一个懒人，要想开辟一个新领域的话，就必须先组建一个团队。我如何才能鼓励更多的人投身这项有趣的事业呢？当时还没有实战手册能告诉我应该怎样做。

当然，新领域不断涌现，并且一般都是在与已有领域没有任何交集的情况下出现的。有人就某一个新话题撰写了一篇文章，从而开辟了新的研究方向，比如 20 世纪 40 年代的博弈论[129]。有人读到了这篇文章，认为这一话题很有意思，于是也决定加入这一研究行列。如果进展顺利，就会有足够多的人加入，进而召开相关会议，也会创立相关的期刊。不过，这一过程是相对缓慢的，我十分渴望除了特沃斯基和卡尼曼以外，还有其他人可以与我交谈。20 世纪 80 年代末，除了我们三人，还有另外三个人也将自己归入行为经济学家的行列。第一位是乔治·勒文施泰因，他的研究我们在前文提到过；第二位是罗伯特·席勒，在前文中我们也提到过，后面还会介绍他的重要贡献；第三位是科林·卡默勒。

我第一次见到科林时，他正准备谋求一个教职。那时，他已经完成了 MBA 课程，即将拿到芝加哥大学的博士学位，却还不到 21 岁。科林为行为经济学做出了重大的贡献，其中有两点最为突出。第一，从某种程度上说，他创立了行为博弈论[130]。与研究经济人如何博弈的标准博弈论不同，行为博弈论研究的是普通人在现实世界中会如何博弈。第二，近些年来，他又站在了神经经济学研究的最前沿。神经经济学主要使用脑成像等技术来研究人们的决策过程。

科林可谓天赋异禀，他十几岁就入读研究生院，并且创建了自己的唱片公司，签下了当时以讽刺现实著称的朋克乐队“死亡送奶人”（Dead Milkmen），该乐队最著名的一首歌曲是《看着苏格兰狗死去》（*Watching Scotty Die*）。科林还很擅长模仿别人，他对尤金·法玛和查尔斯·普洛特的模仿可谓惟妙惟肖，但我认为他对我的模仿实在很一般。

虽然卡默勒、勒文施泰因和席勒的加入都具有里程碑式的意义，但我知道，如果没有大量才能突出的研究人员加入，行为经济学在学术界是很难脱颖而出的。幸运的是，还有一个人与我们志向相同，他也为我们的这项事业做出了不可磨灭的贡献，这个人就是埃里克·万纳。

埃里克·万纳担任美国斯隆基金会的项目专员时，对心理学和经济学的交叉研究十分感兴趣。虽然埃里克的专业是心理学，但我觉得他更偏爱经济学。他希望找出这两个领域的共同点，并询问过特沃斯基和卡尼曼，他能否帮忙实现这一点。卡尼曼一直以自己的悲观主义为荣，他记得自己曾告诉埃里克，他“在探索这个领域时真的不知道可以把钱花在什么地方”，但他建议埃里克找我谈谈。我和埃里克在斯隆基金会的纽约办公室见了一面，埃里克说服基金会资助我去温哥华访问一年，这让我和卡尼曼有了一年共同做研究的时光。

我回到康奈尔大学之后，埃里克离开了斯隆基金会，成为罗素·赛奇基金会的会长。该基金会也位于纽约，主要任务是参与推动贫困和移民等重大社会政策问题的解决。虽然推动行为经济学的发展并不是基金会的核心任务，但基金会因为求贤若渴，所以同意埃里克继续致力于他的行为经济学研究。埃里克和我一样，自然也不知道应该如何拓展一个新领域，但我们二人共同努力，希望能在忙碌的工作之余想出一个办法。

我们的第一个想法在当时看来很不错。既然我们的目标是将经济学与心理学联系起来，于是我们决定偶尔组织一些会议，邀请心理学家和经济学家来参加，希望在这些会议上他们可以碰撞出火花。我们共邀请了三类人：第一类是愿意忍受与经济学家一起开一天会的著名心理学家，第二类是对经济学研究方法持开放态度的资深经济学家，第三类是为数不多的致力于行为经济学研究的核心成员。

埃里克颇具说服力，正是因为他的魅力以及社交能力，出席第一次会议的心理学家阵容十分强大。其中不仅包括特沃斯基和卡尼曼，还有因棉花糖实验而出名的沃尔特·米歇尔、提出认知失调理论的利昂·费斯汀格（Leon Festinger），以及情绪研究方面的关键人物斯坦利·沙赫特（Stanley Schachter）[131]。这些人聚到一起，绝对可以称得上是心理学领域的“梦之队”。那些同意参会的友好的经济学家也堪称“全明星阵容”：乔治·阿克尔洛夫（George Akerlof）、威廉·鲍莫尔、托马斯·谢林和理查德·泽克豪泽。行为经济学领域的核心成员包括科林、勒文施泰因、席勒，还有我。埃里克邀请拉里·萨默斯（Larry Summers）来参加开幕典礼，但萨默斯因故未能出席，不过他推荐自己的一名学生安德烈·施莱费尔前来。正是在这次会议上我第一次见到了喜欢热闹的施莱费尔，我们后来有过合作。博采众长的挪威哲学家乔恩·埃尔斯特（Jon Elster）更是使参会人员的阵容趋于完美。

虽然会议阵容如此强大，但会议却没有产生多少成果。我清晰地记住了两件事，一是利昂·费斯汀格不停地说着语带讥消的风凉话，只有在他频频去基金会的露台抽烟时才会中断；二是威廉·鲍莫尔恳请我们不要再谈那些反常现象了。他称我们的工作是“挖掘反常现象”，并认为这项工作已经达到目的了，应该转而讨论其他更有建设性的议题。不过，他并没有说明什么是具有建设性的议题。

根据我的经验，我觉得我们面临的是一个普遍性问题。跨学科会议，尤其当涉及贫困、气候变化等高端议题时，即使参会人员都是大师级人物，结果往往也会令人失望，因为搞学术研究的人不喜欢抽象的讨论，他们希望看到实际的科研成果。不过，如果某一领域的专家开始用本专业的同行期待的方式介绍研究成果，其他学科的专家很快就会碰到一大堆难懂的技术细节，或是认为前者的理论研究毫无意义。①

① 这个普遍性问题也存在例外情况。比如神经科学，通过来自各个领域的科学家的共同努力，这个领域的研究成果丰硕。不过，在这种情况下，他们是因为脑扫描等具体工作而合作的。我并不想说所有的跨学科会议都是在浪费时间，而是根据我的经验，这样的会议结果往往会令人失望。

我们在纽约罗素·赛奇基金会的办公室举办了几次这样的会议，吸引了许多著名的心理学家前来参会，他们热情高涨。不管我对跨学科会议的悲观预测准不准，就行为经济学的未来而言，这些会议既令人振奋，又具有误导性。大师们愿意抽出时间参会，并且似乎认为我们的工作是有价值和合理的，这一点的确很令人振奋。此前，我们一直认为如果存在行为经济学这一领域，那它肯定是需要心理学家和经济学家共同努力开拓的一个跨学科领域，会议的结果坚定了我们的这一信念。特沃斯基、卡尼曼还有我这么想是很自然的，因为我们从彼此的身上学到了很多，也展开了合作。

不过，这一预测其实很不准确。虽然多年来有些心理学家与经济学家建立了成功的合作关系，以德拉任·普雷莱茨（Drazen Prelec）和埃尔德·沙菲尔为代表，但实际上主要还是经济学家借鉴心理学家的研究成果，然后独立地进行专业研究，[①] 斯坦利·沙赫特就是这样做的。斯坦利曾经尝试研究股市心理学，但由于主流金融学和经济学期刊审稿人的负面反馈，让他备感挫败，他最终放弃了这项研究。

心理学家不愿意加入的原因可能有以下几个。首先，他们本来就不支持理性选择模型，所以从反面进行研究他们自然也没有兴趣。他们的反应可能是："人们当然关注沉没成本啦！有谁不关注吗？"其次，行为经济学家使用的心理学理论在心理学家眼中并不是最前沿的。如果心理学家在论文中使用供求曲线，经济学家也不会觉得有多

① 这里要说明一点，在 20 世纪 70 年代，卡尼曼和特沃斯基发起的判断和决策领域蔚然成风。该领域的年会由判断与决策学会主办，每年会吸引 500 多位学者参会，他们的研究与行为经济学往往有重叠的地方。与会者还包括很多研究行为的著名市场营销学专家，比如我的老朋友埃里克·约翰逊，还有我教过的学生以及很多研究心理账户和自我控制等课题的人。我主要想说，行为经济学会议一般都不包括心理学家，而我却是为数不多的定期参加判断与决策学会会议的经济学家。

么新奇。再次，不知道是什么原因，在心理学领域研究“应用”心理学问题一直被视为一种低端的研究。研究人们为什么负债累累、为什么辍学，并不会给学者型心理学家带来名利，不过罗伯特·西奥迪尼（Robert Cialdini）绝对是一个例外。

另外，行为经济学家在建设自己的心理学理论方面本就不是特别成功[132]，所以也没有能力推动我们原本期望的跨学科融合。行为经济学的研究成果并不是什么新发现，而只是弄清楚应该如何改进经济学工具，使其不仅适用于经济人，也适用于普通人。在那些成为该领域领军人物的经济学家中，唯有乔治·勒文施泰因真正对心理学做出了创新性贡献。勒文施泰因是经济学专业出身，但也是一位天分极高的心理学家，这可能要归功于他的基因。勒文施泰因的中间名F代表的是弗洛伊德（Freud），西格蒙德·弗洛伊德（Sigmund Freud）是他的曾祖父。

虽然让经济学家和心理学家携手共进的努力收效甚微，涉足行为经济学领域的又基本上都是经济学家，但埃里克·万纳并没有停止为拓展这一领域贡献力量。罗素·赛奇基金会的规模不大，行为经济学领域要实现扩张，研究经费光靠基金会提供是不够的，于是埃里克说服董事会继续以有限但极不寻常的方式支持我们。与第一次的努力不同，这次等待我们的是巨大的成功。

埃里克的计划是这样的。1992年，罗素·赛奇基金会组织研究人员召开了行为经济学圆桌会议。基金会将适度拨款，目的是让研究人员促进该领域的拓展。圆桌会议的最初成员包括乔治·阿克尔洛夫、艾伦·布林德（Alan Blinder）、科林·卡默勒、乔恩·埃尔斯特、丹尼尔·卡尼曼、乔治·勒文施泰因、托马斯·谢林、罗伯特·席勒、阿莫斯·特沃斯基，还有我。只要在合理的范围内，这些经费我们可以任意支配。

圆桌会议的成员决定，在有限的预算内（一开始是每年10万美元），最有效的经费使用方式就是培养并鼓励年轻学者加入这一领域。为了达到这一目的，我们夏天时会面向研究生组织为期两周的强化训练班。当时，还没有哪所大学为研究生开设行为经济学课程，所以我们的课程为全球的研究生提供一个了解行为经济学的机会。这个两周训练班的官方名称为“罗素·赛奇基金会行为经济学夏季班”，但每个人都称其为“罗素·赛奇夏令营”。

1994年夏天，第一期夏令营在加州大学伯克利分校举办，由科林、卡尼曼和我负责组织，还有几位圆桌会议的成员来讲了几天课。我们邀请了一些明星级嘉宾，比如肯尼斯·阿罗、李·罗斯（社会心理学家）和查尔斯·普洛特。为了鼓励年轻学者投身行为经济学研究，我们还邀请了两位刚刚拿到经济学学位的人——厄恩斯特·费尔和马修·雷宾，他们都决定从事行为经济学研究。

如果要用一个词来形容厄恩斯特·费尔，那就非“认真”莫属。他最感兴趣的就是公平问题。费尔出生于奥地利，以瑞士苏黎世大学为大本营，成为欧洲行为经济学研究的核心人物。像科林一样，费尔也是一位杰出的神经经济学的先驱者。

费尔的第一篇引起我们注意的论文是实验性的。[133]他和他的合著者证明，在实验室环境中，薪水高于一般水平的“公司”会得到“员工”的回报，他们会更加努力地工作。乔治·阿克尔洛夫率先提出，劳动合同从某种程度上可以被视为一种礼物交换[134]，费尔的实验恰好证明了这一点。如果雇主从薪酬和办公环境方面优待员工，就可以换来员工更多的付出与更低的流动率，所以高于市场的薪酬会给公司带来经济上的收益。

马修·雷宾的第一篇行为经济学论文则以理论探讨为主，是继卡尼曼和特沃斯基合写的“前景理论”之后最重要的理论性文章。雷宾的论文第一次尝试建立一种理论，去解释在最后通牒博弈和独裁者博弈等实验中观察到的矛盾行为。矛盾行为是指，在独裁者博弈实验中，实验对象似乎是奉行利他主义的，他们会把钱分给匿名的陌生人，但在最后通牒博弈实验中，对那些不公平对待他们的人，这些实验对象又表现得十分吝啬。所以，是让别人快乐的同时我们也会更快乐呢？还是因为嫉妒别人而变得不快乐？雷宾认为，答案与互惠主义有关。对我们好的人，我们也会对他们好；对我们不好的人，我们也会以其人之道还治其人之身。前文我们提到过，人是“有条件的合作者”，这与雷宾模型所描述的一致。[135]

雷宾与众不同，他总是穿着扎染T恤，他好像有很多件这样的衣服。另外，他还很幽默。他曾向《美国经济评论》投过一篇关于公平的论文，我受期刊之邀，成为这篇论文的审稿人之一。我很热心地写了评语支持这篇论文的发表，但加了一句：我不明白他为什么去掉了初稿中的一个重要脚注。这个脚注与博弈论学者所说的“鸡”有关。在斗鸡博弈（Chicken Game）中，失败的一方被称为“鸡”（chicken）。他在论文发表时又加上了这个脚注：“虽然我沿用了这种博弈的传统名称，但我发现这样做有极度歧视物种的倾向，没有证据表明鸡没有人或其他动物勇敢。”

我们的夏令营不仅拥有全明星阵容的教师，还有费尔和雷宾这样前途无量的青年才俊，但因为之前从未尝试过，所以我们不知道会不会有人报名参加我们的训练班。我们选定了全球著名学府的经济系，给系主任们发了一封邀请函，希望会有学生报名参加。很幸运，申请人数超过 100 人，我们从中遴选了 30 名学生，他们将成为经济学领域的新星。

我们的夏令营每隔一年举办一次。后来我和卡尼曼因为忙碌、劳累、懒惰，以及年龄越来越大，很难再抽出专门的时间组织夏令营，并从头至尾参加两个星期的课程，所以具体的工作由年轻一代接手。科林和阿克尔洛夫组织过几次夏令营，最后几次夏令营则是戴维·莱布森和马修·雷宾负责的。

莱布森是我们第一期训练班的学生，后来则成了夏令营的老师，这证明我们的团队有了自我成长的能力，这可以说是夏令营的一个成功之处。现在，很多其他教师也都是夏令营的毕业生。我需要说明一下，我们并没有在这些年轻学者成为学术新星这件事上有居功的意思。比如，戴维·莱布森参加夏令营之前就已经拿到了麻省理工学院的学位，并在哈佛大学找到了工作；还有一些人显然也已经崭露头角。而夏令营的主要成绩在于，增加了这些年轻毕业生成长为行为经济学家的可能性，并且为他们建立了一个关系网，可以和志同道合的经济学家交流。

第一期夏令营学生的整体智力水平很高，这一点可以从现已成名的学生人数上得到证明。森德希尔·穆莱纳桑（Sendhil Mullainathan）就是其中之一，当时他刚刚结束在哈佛大学研究生院一年级的学业。穆莱纳桑在康奈尔大学读本科时我和他结识。他仅用三年时间就拿到了经济学、数学和计算机科学的学位。不难看出，他不管做什么都很有天分。我尽自己所能激发他对心理学和经济学的兴趣，我的劝说奏效了。正是因为对行为经济学产生了些许兴趣，他在研究生阶段没有选择计算机科学专业，而是选择了经济学专业，这对行为经济学而言可谓一件幸事。穆莱纳桑成就颇丰，比如，他建立了第一个行为经济学的非营利性智库“ideas42”，他和雷宾、科林还获得了“麦克阿瑟奖”。

第一期夏令营的著名学员也包括：开辟个人投资者行为这一研究领域的特里·奥迪恩（Terry Odean），与兄弟丹·希思合著了三本管理学畅销书的奇普·希思（Chip Heath），还有后来和我合作过的琳达·巴布科克（Linda Babcock）、克里斯蒂娜·乔尔斯（Christine Jolls），很快我就会谈到她们。

2014 年夏天，我们举办了第十期夏令营，这一次我没有错过。目前，从夏令营毕业的学生约有 300 人，其中很多人都在全球各地的一流大学任职。正是这些人的研究，使行为经济学从一个古怪的异端研究发展成生机勃勃的主流经济学分支。这一切都要感谢埃里克·万纳，他可以说是行为经济学的伟大赞助商。

第 20 章

狭窄框架与出租车司机的工作时间

罗素·赛奇基金会对行为经济学的贡献并不仅限于发起了圆桌会议，基金会还设立了一个相当不错的访问学者项目：学者可以申请到纽约访学一年，住在位于上东区的基金会附近的公寓里。访问学者的唯一任务就是在中午时露个面，享用一顿美味的午餐——恕我直言，还是免费的；其余的时间就用来思考和写论文。1991—1992 年这一学年，科林·卡默勒、卡尼曼和我申请到了这个项目。卡尼曼的妻子安妮·特丽斯曼也以访问学者的身份加入了我们的团队。锦上添花的是，特沃斯基会定期来找我们，所以我们对这一年满怀期待。但是，幸运并不总会降临到我们的身上。

在此期间，我和妻子离了婚，安妮和卡尼曼在伯克利的房子被大火烧毁，这已经很不走运了，但我们要克服的分心之事绝不只是这两件。自温哥华之后的 6 年里，我们都十分忙碌，不可能抛却所有其他事物而专心做一项研究。我们都有要指导的博士生，卡尼曼和安妮在伯克利的实验室还有一大批需要指导的研究生。另外，我们各自供职的大学里还有各种各样的事务要处理。我们连续几个月专心致志研究一个问题的日子已经一去不复返了。

不过，当时我和卡尼曼的头脑中都思考着同一个问题，这个问题对我和科林的一项研究来说十分重要。我们思考的是“狭窄框架”（narrow framing），这与一个更宽泛的心理账户问题有关：人们什么时候会把不同的经济事件或交易看成一件事，什么时候又会区别对待？如果出去度假，你会把每项花费（比如交通、住宿、餐饮、远足、礼物）看成一次次独立的交易，还是把它们统统归为度假花费，就像一切费用全包的邮轮旅行一样？人们什么时候会不怕麻烦地一个个区别看待所有交易，而不是将其视为同一种交易？

卡尼曼对这个问题的研究源于和丹·洛瓦洛（Dan Lovallo）一起做的一个项目。洛瓦洛是加州大学伯克利分校的一名研究生，在我们做访问学者的那一年给我们做了一年的研究助理。他们俩的想法是，管理决策会受到两个相互抗衡但不一定会抵消的偏见的影响，即胆大的预测和胆小的选择。[136]胆大的预测源自卡尼曼对“内部观点”(inside view）和“外部观点”（outside view）的区分。

为了区分内部观点和外部观点，卡尼曼讲了一个团队计划的故事。这个故事在卡尼曼的《思考，快与慢》中出现过，[137]但为了防止大家已经忘了这本不该被遗忘的书，我在这里再简要复述一遍。具有不同背景的学者组建了一个团队，他们的任务是为中学生设计一门决策课程。该项目做了几个月以后，卡尼曼想知道还需要多久才能完成它，于是在不同的团队成员中做了一次调查，让每个人分别写下他们预测的完成时间。大家估计的时间范围跨度很大，从18个月到30个月不等。卡尼曼发现，其中有一位课程设计专家，多年来已经参与完成过很多次类似的项目，可谓经验丰富。所以，卡尼曼让这位专家评估一下他所在团队的进度，并根据自己的经验预测该项目的完成时间。在之前的调查中，这位专家的预测当然也是在18个月到30个月之间，但此时他显得有些局促不安。他很不情愿地表示，根据他的经验，没有哪个团队在7年内完成过类似的项目，更糟糕的是，有40%的团队最终根本就没有完成！

一位专家竟然会给出两种截然不同的预测，这就是卡尼曼所说的内部观点和外部观点。当这位专家以项目组成员的身份思考这个问题时，他被内部观点局限住了，即陷入了由团队共同努力而产生的乐观情绪中，所以没有费神去思考心理学家所说的“基准率”（base rates），即完成类似项目的平均时间。不过，当他以专家的身份思考这个问题（外部观点）时，自然会联想到他所知道的其他项目，从而做出更精确的预测。如果加上合适的基本数据，外部观点就会比内部观点更可靠。

但问题在于，内部观点会很自然地出现在人们的脑海中，从而影响人们的判断力。即使是了解这一概念的人，甚至创造这个名词的人，都摆脱不了内部观点的影响。在得知特沃斯基因患癌症而不久于人世的消息后，卡尼曼和特沃斯基决定收集一些有关决策的论文，然后编辑成册，但这本书尚未完成，特沃斯基就撒手人寰了。卡尼曼独自担负着撰写前言的重任，而之前他们打算共同完成。特沃斯基于1996年6月离世，记得那年秋天我还和卡尼曼谈论过那本书，并问他什么时候能完成。卡尼曼说应该用不了6个月。我忍不住笑了起来，卡尼曼明白了我的意思，难为情地说：“哦，你在想那本书（其中收入了他解释内部观点时讲到的那个故事）啊。这本书完全不同，只是收集一下论文，而且其中大多数都已经发表过了。我只要催那些速度比较慢的人把新论文写完，我自己再写一个前言就行了。”等到最后一篇论文交上来，卡尼曼再把前言写完，这本书终于在2000年出版了，但比计划出版的时间晚了4年。

卡尼曼和洛瓦洛用损失厌恶理论来解释“胆小的选择”。对于一切会归因于自身的结果，每位经理都会厌恶损失。在组织体系中，奖惩措施会进一步加剧经理们对损失的厌恶程度。在很多公司，如果经理为公司创造了很大的收益，一般只会得到适度的奖励，但是，如果他们给公司造成同等程度的损失，却一般会被辞退。在这种情形下，即使一开始对风险持中立态度的经理，也会变得极度厌恶风险。公司的组织结构不仅不能解决问题，还会雪上加霜。

现在我们来看一个案例。在纽约为期一年的访学生活结束后不久，我给一家纸质媒体的高管做了一次有关决策的讲座。这家公司拥有很多出版物，以杂志为主，我讲课的对象是每种出版物的负责人。公司的首席执行官也出席了讲座，坐在房间后面旁听。我给在座的高管出了一道题，假设他们有一次投资机会，可能会产生两种结果：有50% 的概率可以获得 200 万美元的利润，有 50% 的概率会损失 100 万美元。因为有一半的概率可以获益 200 万美元——期望收益为 100 万美元（200 × 50%），而有一半的概率会损失 100 万美元——期望损失为 50 万美元（100 × 50%），所以这次投资的期望收益为 50 万美元。这家公司规模很大，损失 100 万美元甚或几百万美元都不会有破产的风险。然后，我请愿意接受这个项目的人举手。当时听课的共有 23 位高管，但只有三人表示愿意投资。

我又问了首席执行官一个问题，如果这些项目是“独立的”，也就是说每个项目的成功与其他项目是没有关联的，那么你愿意接受几个项目。他的回答是：所有项目全部接受！公司如果接受这 23 个项目，期望收益将为 1 150 万美元（因为每个项目的期望收益为 50 万美元），懂点儿数学知识的人都能算出来所有项目均亏损的概率低于 5%。他认为应该接受所有项目，这是想都不用想的事。

我对首席执行官说：“如果是这样，问题就出现了，因为结果不是投资 23 个项目，而是 3 个。你肯定是哪里做错了，要么是任命了不愿意承担风险的无能经理，要么是公司的奖励机制不会对承担这种风险给予奖励，而后者的可能性更大一些。”首席执行官会意地笑了笑，但仍保持沉默，等着看其他与会人员会怎么说。我让其中一位拒绝这次投资机会的高管说明原因，他说如果项目成功，老板会拍拍他的肩膀，也可能会有奖励，比如三个月的薪水，但是，项目一旦失败，他就很可能会被炒鱿鱼。他很喜欢这份工作，不愿意为了三个月的薪水而承担 50% 的风险。

正是因为狭窄的框架效应，公司未能拿下 23 个投资项目，而只拿下 3 个。如果把这 23 个项目看成一个投资组合，公司很显然会觉得这项投资极具吸引力，但是如果将这些投资相互分开，区别对待，经理们将不愿意承担风险，公司最后会错失投资良机。要想解决这个问题，一个方法就是将这些投资项目视为一个整体。

我是在一次短暂的咨询工作中，明白了这种聚合效应的价值。当时，我正给一家大型制药公司做咨询。像很多大型制药企业一样，这家公司每年的研发经费超过 10 亿美元，用于研制几千种新药，以期发明下一种畅销药品。但是，这种药是可遇而不可求的。即使对大公司而言，每两三年能研发出一种畅销药品就已经很不错了。公司每年要研制这么多种药，每种药能达到期望收益的概率就像买彩票中大奖的概率一样低。你可能会认为，公司既然把这么多钱投在成功概率如此小的事情上，它肯定知道如何看待风险，但是，你的想法是错的，公司只在研发阶段能正确地认识风险。

我负责提供咨询服务的项目恰好与市场营销、定价有关，而与研发无关。一名员工提出了一个计划，可以通过实验来比较某些药的不同定价方式，其中一个目的是提高患者“遵医嘱”的频率。“遵医嘱”是医学上的说法，就是按照医生开的处方吃药的意思。对某些药而言，尤其是那些无法减轻疼痛或没有显著疗效的药，很多患者都会停止服用。在某些情况下，比如心脏病发作后，服用医生推荐的药物，对患者有很大好处。[138]如果能改善患者“遵医嘱”的情况，的确会得到双赢的结果。患者会更健康，医疗费用会降低，制药企业也会因为卖出了更多的药而获得更大的利润。尽管有这些潜在好处，但我们仍被告知，如果按照我们的设计做实验，试图直接与消费者沟通，则风险太大。当然，我们的想法不一定会成功，但正因为这样我们才要做实验。① 与公司的规模相比，实验成本其实很低，但与某位经理的预算相比，这种实验看起来似乎风险又太大。在这个案例中，狭窄框架扼杀了企业获得长期成功的两个必要因素——创新和实验。

这个案例指出了委托–代理模型的一个重要问题。在经济学领域，这种失误往往会被归咎于代理人，董事会会指责他们的决策未能使公司的利益最大化，而是只考虑到自身利益。有人说，这些代理人之所以做出糟糕的决策，是因为他们想使自己而非公司的利益最大化。虽然这种说法通常不无道理，但在很多情况下，真正的罪魁祸首其实是老板，而非经理人。

为了鼓励经理人承担适当的风险，公司必须营造出一种环境，奖励那些在特定时刻与地点做出价值最大化决策的经理人，也就是说，他们根据当时所有的信息做出了最优策略，即使后来造成损失也无所谓。因为后见之明的偏见，这种策略实施起来都比较困难。只要决策

① 最近有一项实验表明，行为干涉在这一领域是有效的，不过当时还没有相关的技术。只是发短信提醒患者服用医生开的药（这项研究所涉及的是降血压和降胆固醇的药），就会使忘记吃药的患者比例从 25% 降到 9%。

时间和最后结果之间存在时间差，老板就可能会忘记他起初也认为这是个好点子。所以，在大多数代理人做出糟糕决定的情况下，行为不合逻辑的往往是委托人，而非代理人。之所以说老板的行为不合逻辑，是因为他们未能提供良好的环境，让经理人愿意承担值得承担的风险，即使失败也不会受到惩罚。我把这种情况称为“愚蠢的委托人”问题。

前面的故事主要说明了卡尼曼对狭窄框架问题的看法。我自己对这个问题的研究是和一名博士生一起做的，他就是什洛莫·贝纳奇（Shlomo Benartzi），当时他刚进入康奈尔大学金融学专业学习。什洛莫成功地解决了我的懒惰问题，他精力充沛，似乎什么事都不能使他退却。什洛莫还掌握了如何“叨扰我”的高超技艺，反正我们是这么定义的。我们都亲切地叫他什洛莫，我常常对他说：“我真的太忙了，现在没有时间想这个问题。”什洛莫说：“好的，那你什么时候会有空呢？”我说：“哦，大概两个月后吧，之前肯定不行。”两个月后，什洛莫就会打来电话问我，准备好研究那个问题了吗？当然，什洛莫早就明白，我认为两个月后就会有时间，其实也属于“内部观点”，但他还是会打电话给我，我最终也总会抽出时间来和他一起做研究。正是因为他不厌其烦的“叨扰”，以及他泉涌般的有趣想法，我和什洛莫合写的文章比和其他任何人合写的都多。

我和什洛莫都感兴趣的一个反常现象是“股权溢价之谜”（equity premium puzzle）[139]。1985 年，拉杰尼什·梅赫拉（Rajnish Mehra）和爱德华·普雷斯科特（Edward Prescott）在一篇论文中首次提出了股权溢价之谜。普雷斯科特竟然会指出这种反常现象，这确实令人称奇，因为他过去和现在一直都是传统经济学理论的坚定支持者。他在该领域的研究项目，即“真实经济周期”（real business cycles），后来为他赢得了诺贝尔经济学奖。普雷斯科特和我不同，他没有把反常现象当作自己研究的一部分。从普雷斯科特的立场来看，我觉得他肯定认为这种反常现象让他有点儿尴尬，但他和梅赫拉也知道他们研究的东西很有趣。

股权溢价是指股权（股票）与短期政府债券等无风险资产的收益之差。历史上的股权溢价幅度会因为具体时间段和定义的不同而不同，梅赫拉与普雷斯科特所研究的1889—1978年这段时间，每年的股权溢价率约为6%。

股票比短期国库券的收益率高，这一点并不奇怪。任何一个描述投资者厌恶风险的模型都会这样预测：因为投资股票风险较大，只有当股票的回报率高于无风险的资产时，投资者才会愿意承担这份风险。在很多经济学论文中，分析到此就止步了。经济学理论预测，一种资产的回报率高于另一种，是因为前者的风险更大。如果论文作者能找到证实这一预测的证据，就会被视为经济学理论的又一胜利。

梅赫拉和普雷斯科特的分析之所以特殊，是因为他们关注的焦点并不是经济学理论能否解释股权溢价的存在，而是经济学理论能否说明溢价率究竟会有多高。在经济学领域中，验证某种影响的实际大小的学者并不多见，而梅赫拉和普雷斯科特就是其中的两个。[①] 通过计

① 他们之所以能够这样做，是因为从原则上说，标准理论会预测股权溢价与无风险回报率之间的关系。在传统经济学领域，当无风险资产的真实利率（消除通货膨胀影响）比较低时，股权溢价也不会很多。就梅赫拉与普雷斯科特研究的时间段而言，短期国库券的实际回报率还不到1%。

算，梅赫拉和普雷斯科特得出股权溢价的最大值是 0.35%，这与历史上出现过的 6% 相比差远了。① 投资者对风险的厌恶程度必须非常高，才能解释当时的回报率。因为梅赫拉和普雷斯科特的研究结果存在争议，所以历经 6 年时间论文才得以发表，[140] 但一经发表，这篇论文就引起了极大关注，很多经济学家争相做出解释或给出理由。不过，当我和什洛莫开始思考这个问题时，所有的解释都不能令人满意，至少对梅赫拉和普雷斯科特而言是这样。[141]

我们决定解开股权溢价之谜。要想弄明白我们的方法，先阅读一下保罗·萨缪尔森的一篇经典文章或许会对你有所帮助。在这篇文章中，萨缪尔森描述了他与麻省理工学院的同事共进午餐时的一段对话。萨缪尔森说，他在什么地方读到过，如果谁不愿意在赔率为 2 ∶ 1 的赌博上下注，就会被称为懦夫。然后，他转向他的一个同事、经济史学家 E. 凯里·布朗（E. Carey Brown），对后者说，“布朗，就像你一样”。

为了证明自己的观点，萨缪尔森让布朗做出选择：抛一枚硬币，若正面朝上，布朗赢 200 美元；若背面朝上，布朗输 100 美元。正如萨缪尔森预测的那样，布朗拒绝做出选择。他说：“比起赢 200 美元，我更不喜欢输 100 美元，所以我才不打这个赌呢。”换句话说，布朗的意思是“我厌恶损失”。但布朗随后又说了一句话，让萨缪尔森觉得很奇怪。布朗说他不喜欢只赌一次，但却愿意赌 100 次。

这激起了萨缪尔森的兴趣，他很快便证明布朗的偏好不一致，按经济学家的标准衡量，布朗的行为是非理性的。具体来说，在一个附

---

① 这看起来似乎区别不大，实则不然。如果回报率为 1%，投资组合的本金要翻番的话需要 70 年，如果回报率为 1.35%，则需要 52 年，但如果回报率是 7%，则仅需 10 年。

加条件下，萨缪尔森证明，如果某人不愿意打一次赌，那么也不应该同意打多次赌。这个附加条件是，他不情愿打一次赌，是因为他对较小的财富变化不敏感，确切地说，即使打很多次赌，他对任何输赢也是不敏感的，因而也不情愿打很多次赌。在本例中，布朗最多输 10 000 美元（即打赌 100 次，而且全输了），最多赢 20 000 美元（即打赌 100 次，而且全赢了）。如果布朗的退休金很多，他也经常获得或损失这么多钱，我们就可以有把握地做出预测，如果布朗突然获得或损失 5 000 美元，他对萨缪尔森的回答仍会是一样的。[①]

萨缪尔森的逻辑是这样的：假设布朗同意打 100 次赌，但在打了 99 次赌以后，萨缪尔森问他是否想停止，也就是说，布朗可以选择打或不打最后一次赌。布朗会怎么做呢？我们知道他不喜欢只打一次赌，所以他会选择拒绝。现在，假设打了 98 次赌以后，我们告诉他最后两次赌博都是可以选择打或不打的。布朗会怎么做呢？作为一位训练有素的经济学家，他会使用倒推法。他知道，如果可以对第 100 次赌博进行选择，他会拒绝，并意识到第 99 次赌博也是单一可选的，所以他也会拒绝。但是，如果你继续用这种逻辑进行推算，结果就是布朗也不会打第一次赌。所以，萨缪尔森的结论是：如果你不愿意打一次赌，就也不会愿意打很多次赌。

这一结果十分惊人。如果输掉 100 美元的概率是 50%，尤其是在 20 世纪 60 年代初，100 美元相当于现在的 750 美元，拒绝打赌其实是合理的。愿意为玩硬币而承担输钱风险的人并不多，即使赢来的钱会是输掉的钱的两倍，也是如此。虽然 100 次赌博的期望收益看

---

① 有一点对萨缪尔森的论点至关重要，即他使用的是传统的期望效用模型。在这种情况下，因为金钱具有可替代性，所以像“庄家的金钱效应”的这种非理性行为是不可能出现的。

起来很有吸引力，但萨缪尔森对拒绝打赌100次的推理也是无懈可击的。他在另外一篇简短的论文中[142]再次阐述了这一观点：“如果某件事做一次不划算，那么做两次、三次……多少次也都是不划算的。”① 这是什么意思呢？

萨缪尔森不仅指出他的同事犯了一个错误，还在一篇论文的题目中给出了解释，即“风险与不确定性：大数谬误”（Risk and Uncertainty: A Fallacy of Large Numbers）[143]。在萨缪尔森看来，布朗接受100次赌博是一个错误的选择，原因在于布朗没有理解“大数定律”（the law of large numbers）这一统计学原理。大数定律指出，如果你重复打赌的次数足够多，结果将与期望收益十分接近。如果你抛1 000次硬币，正面朝上的次数应该接近500次。所以，布朗认为，若重复打赌100次，他就不大可能会输钱，这种想法是正确的。事实上，他输钱的概率仅为1/2 300。萨缪尔森认为布朗的错误在于他忽视了输很多钱的可能性。如果你只赌一次，有50%的概率会输，但最多输100美元。如果赌100次，虽然输的概率很小，但你必须承认确实有极小的概率会输掉10 000美元，即抛硬币100次都是背面朝上。

我和什洛莫对这个问题的看法是，萨缪尔森只说对了一半，即他正确指出他的同事布朗犯了一个错误。在萨缪尔森看来，拒绝一次赌博但却接受很多次并不符合逻辑。但是，我们认为布朗的错误其实在于

① 这句话的英文原文是：“If it does not pay to do an act once, it will not pay to do it twice, thrice, … or at all”。整句话都由单音节词组成，但并非全文如此。萨缪尔森在文章结尾部分写道：“不用多说了，我已经阐明了我的观点。除了最后一个词，其他都是单音节词。”（No need to say more. I’ve made my point. And, save for the last word, have done so in prose of but one syllable. 这里只有syllable不是单音节词。）萨缪尔森说的没错，不过他漏掉了一个词“again”（这个词出现在文中某处，也是双音节词），而眼尖的玛雅·巴尔–席勒尔发现了这一点。

他拒绝了一次性赌博，原因正是狭窄框架问题。萨缪尔森认为布朗接受100次赌局是错误的选择，平均来说，布朗如果接受100次赌局，期望收益将是5 000美元，他输钱的概率很小，输很多钱的概率更小。具体而言，输钱超过1 000美元的概率大约为1/62 000。我和雷宾曾在“反常现象”专栏中写过这方面的文章：“如果拒绝这种赌局，负责任的律师会正式宣布你有精神病。”如果拒绝100次赌博是愚蠢的行为，那么萨缪尔森的论点正好应该反过来，一次赌博也不应该拒绝。我和什洛莫把这种现象称为“短视型损失厌恶”（myopic loss aversion）[144]。要想接受100次有吸引力的赌博，必须先接受第一次赌博。[145]只是因为把每一次赌博分开来看，才落入了拒绝一次性赌博的圈套。

这种逻辑也适用于投资股票和债券。让我们回想一下股权溢价之谜，如果人们预期股票的回报率每年都不少于6%，又为什么要持有那么多债券呢？我们的回答是，他们在投资上过于短视。如果股票的投资回报率不低于6%，从长期来看，比如二三十年，股票收益低于债券的概率很小，就像在萨缪尔森最初设定的100次赌博中输钱的概率一样（虽然概率可能没有那么低）。

为了验证这一假设，我和什洛莫邀请南加州大学的非教学科研工作人员做了一次实验。[146]这些员工加入了退休金计划，他们必须决定退休金的投资方式。在美国，这种退休金计划常被称为401（k）计划，其名称源于税法法典相关条款的序号。我们告诉每位实验对象，退休金只有两种投资方式，一种风险较大但预期回报率较高，另一种风险较小但预期回报率也较低。同时，我们给实验对象看了两种基金的回报率走势图，图表是在过去68年的回报率基础上制作的。风险较大的基金是一些指数型基金，而风险较小的基金是债券基金。

但为了避免实验对象对股票和债券有先入为主的想法，我们并没有告诉他们这一细节。

我们这次实验的焦点在于回报率的呈现形式。如图 9 所示：第一种情况，实验对象看到的是一年的回报率走势图，第二种情况，实验对象看到的是模拟出的 30 年回报率走势图。第一种情况其实和人们每年看一次退休金对账单一样，而另一种情况则与人们为期 30 年的长期投资策略一样，投进去后似乎就忘到脑后了。注意，两幅图表使用的数据完全一样。也就是说，在经济人的眼中，这两幅图表之间的差异属于看似无关的因素，不会影响他们的选择。

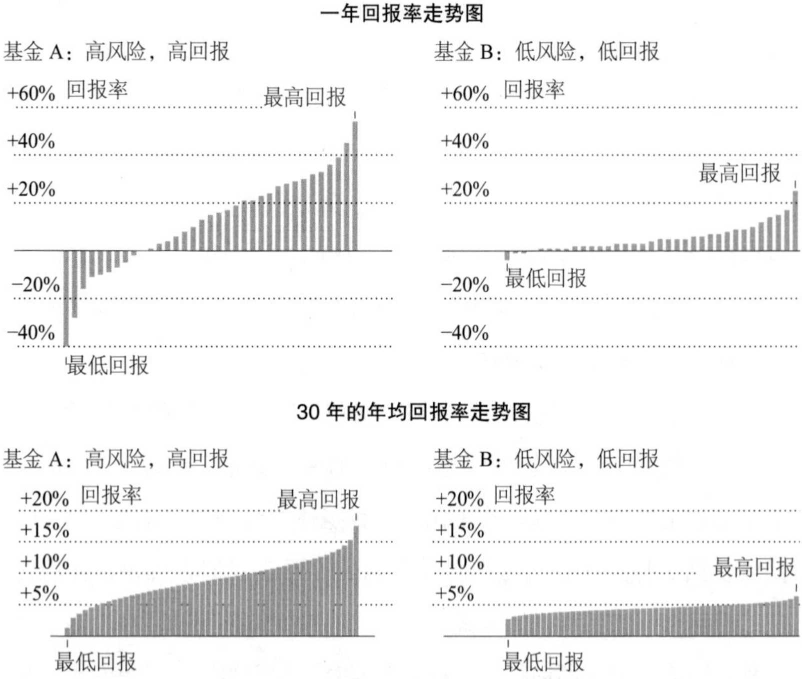

图 9

资料来源：贝纳奇和塞勒（Benartzi and Thaler），1999

对普通人而言，数据的呈现方式对他们影响很大。仅能看到一年回报率走势图的实验对象选择将 40% 的钱投到股票中，而那些看到 30 年的年均回报率走势图的实验对象则将 90% 的钱投到了股票中。萨缪尔森认为，人们会高估重复性对降低风险的影响。而实验结果恰好相反。事实上，当人们看到真实数据后，他们更喜欢风险大的投资方式。

从这一分析中我们可以看出，人们越是经常查看自己的投资收益，越不愿意承担风险，原因在于，查看的次数越多，看到的损失也越多。实际上，我、卡尼曼和特沃斯基也研究了这个问题，由此产生的是唯一一篇我们三人合写的论文。卡尼曼当时的学生艾伦·施瓦茨（Alan Schwartz）也是合著者之一，他现在是位于芝加哥的伊利诺伊大学的医疗决策教授。那篇文章于 1997 年刊发在纪念特沃斯基的《经济学季刊》特刊上。[147]

那篇论文记录了一项实验，实验对象是加州大学伯克利分校的学生，他们在实验中的工作是扮演大学捐赠基金的投资经理，负责基金的投资事宜。当然，他们只是扮演投资经理的角色，但实验结束后他们能拿到多少钱确实与他们的投资情况有关。他们的收入将在 5 美元到 35 美元之间，在不到一个小时的时间里可以赚到这样一笔钱，对大学生来说已经不少了。正如之前的实验一样，实验对象只有两种投资策略可选择，一种是高风险高回报，另一种是低风险低回报。在这次实验中，我们的变量是实验对象查看投资结果的次数。有些实验对象在实验模拟出的一年时间里查看了8次，有些实验对象则一年看一次或每五年看一次。正如短视型损失厌恶理论所预测的，查看投资结果次数越多的人敏感性越高。那些一年查看 8 次结果的实验对象仅将 40% 的钱投资到股票中，而一年只看一次的实验对象则将 70% 的钱投入股票。

前几年，以色列的一次政策变化就是一个现实生活中的同类实验。2010 年，以色列负责监管退休基金的政府部门改变了公布投资回报率的方式，芝加哥大学布斯商学院的博士生玛雅·沙顿（Maya Shaton）对此做了一项调查。[148] 此前，当投资者查看投资情况时，他们看到的第一个数字是最近一个月的投资回报率，发布方式改变后，投资者看到的是过去一年的回报率。正如短视型损失厌恶理论所预测的，在此实验之后，投资者将更多的资金投到了股票中。他们的换手率亦随之降低，不再轻易将股票转换成最近回报率较高的基金了。总而言之，这是一次非常明智的政策调整。

这些实验证明，投资者查看投资回报率的次数越多，就越不愿意承担风险。在有关“短视型损失厌恶”的那篇论文中，我和什洛莫试图用前景理论和心理账户来解释股权溢价之谜。[149] 我们借助股票和债券的历史数据，询问投资者每年要查看多少次投资收益才会认为股票和债券没有分别，或是才会希望投资组合中股票和债券各占一半的比例。我们得到的答案大概是一年一次。当然，投资者查看投资收益的频率各有不同，但一年一次是非常可信的。人们每年做一次纳税申报，同样，退休金计划和基金会也要定期向投资者汇报情况，但年报可能是最重要的。

通过分析我们可以得出一点，股权溢价或者投资者们所要求的股票投资回报率很高，是因为投资者查看投资收益的频率过高。每当有人让我给他们提供一些投资建议时，我都会告诉他们要进行股票占比很高的多元化投资，尤其是年轻人，而且在读报纸时，除了体育版不要读其他内容。字谜游戏也可以做一做，但绝对不要看有线电视频道的财经新闻。①

① 当然，这并不意味着股价总是上涨的。近些年来，我们看到股票有时也会下跌 50%，所以我认为随着投资者年龄的增长，投资组合中股票所占份额应该逐渐减少。

在罗素·赛奇基金会的那一年，我和科林常常一起坐出租车。有时很难打到车，尤其是在天气寒冷或市区有大型会议召开的时候。我们偶尔会和出租车司机交谈，问他们是怎么决定每天工作几个小时的。

大多数司机都给出租车公司打工，公司往往拥有很多辆出租车。司机每天可以租车 12 个小时，一般从早上 5 点到晚上 5 点或是从晚上 5 点到次日早上 5 点。[①] 司机租用公司的车需要支付一定数额的钱，并且每天还车时要把油加满。除去这些费用，他挣到的车费和小费都归自己所有。我们问司机："你是怎么决定每天几点收工的呢？"在纽约市一天开 12 个小时的车会很疲劳，还要随时注意有没有人招手打车。有些司机告诉我们，他们采取的是目标收益策略。扣除交给公司的钱和油钱后，他们会设定一个目标，每天的目标达到后他们就收工。

科林、乔治·勒文施泰因和我一直在考虑，可以围绕"司机工作有多么卖力"这个问题做一项研究，我们称其为"卖力"研究。我们就此讨论了一段时间，并且在实验室做了几次实验，但我们必须找到一个合适的研究角度。最终，我们决定研究出租车司机的真实决策。[150]

① 下午 5 点还车真的很让人头疼，因为这正是下班高峰期。很多行程单上显示的地点都是皇后区，那儿离曼哈顿市中心很远，司机往往会在下午 4 点就打出"停工"的标志返回公司。最近一项研究显示，与一个小时前相比，这导致下午 4 点到 5 点在路上载客的出租车数量减少了 20%。完整的研究请参见格林鲍姆（Grynbaum）2011 年的研究。

所有司机都会将每笔车费记在一张纸上，俗称“行程单”，上面记录的信息包括接人的时间、目的地和车费，以及司机还车的时间。科林通过某种渠道找到了一家出租车公司的经理，他同意让我们复印一些行程单。随后，我们又从纽约市出租车管理协会复印了很多。因为数据分析十分复杂，所以我们邀请琳达·巴布科克加入我们的研究项目。巴布科克是一位精通计量经济学的劳动经济学家，也是罗素·赛奇夏令营的毕业生。

我们研究的核心问题是，司机会不会在可获得更高的有效薪水的情况下工作更长时间。首先，我们要证明的是，有些日子司机的有效薪水较高，而有些日子其有效薪水较低；其次，通过当天早些时候的收入可以预测晚些时候的收入。这显然是正确的。在忙碌的日子里，司机每小时会挣到更多的钱，如果他们多干一小时，预期收入自然会更高。之后，我们开始研究核心问题，并得出了令经济学家大吃一惊的结果：有效薪水越高，出租车司机工作的时间反而越短。[151]

基本的经济学理论告诉我们，需求曲线向下倾斜而供给曲线向上倾斜。也就是说，薪水越高，劳动力的供应量越多，但我们发现现实的情况恰恰相反。在这里，我们有必要阐明研究结果究竟说明了哪些问题，以及没有说明哪些问题。像其他经济学家一样，我们也认为如果出租车司机的薪水翻番，就会有更多的人想以此为生。如果有理由相信某一天将会很忙，那么决定在这一天休息或去海边度假的司机肯定很少。即使是行为经济学家，也会认为物价上涨时应该少购物，薪水上涨时应该多干活，但是，如果司机决定在这一天出车，那么他在思考当天要工作多长时间时，就会陷入狭窄框架的陷阱。他们只会狭隘地关注当天的收入，这会导致他们犯下忙碌的日子少干活、清闲的日子多干活的错误。[①]

当然，并非所有的司机都会犯这种错误。开出租车就像《偷天情缘》里的情节一样，每天都在重复发生同样的事情，随着时间的推移，出租车司机会学着克服这种偏见。我们发现，如果根据司机的开车年限长短将实验对象分为两组，经验更丰富的司机的行为会更加理性。在大多数情况下，经验丰富的出租车司机会在薪酬更高而非更低时工作更长时间。当然，对于经验不足的司机而言，狭窄框架效应会比一般情况下的影响更加明显：他们都有一个目标日薪，目标达到后就会收车回家。

我们将这个案例与狭窄框架联系起来，假设司机以月而非以天为单位来记录收入，如果他们决定每天工作同样长的时间，那么他们的收入将会比我们实验中的那些司机的收入高 5%。如果他们在忙碌的日子多干一会儿、清闲的日子少干一会儿，收入将会比每天工作同样长的时间高出 10%。我们怀疑，尤其是对经验不足的司机来说，每天的收入目标是否真起到了自我控制的作用。"持续开车直到赚够目标收入，否则就工作满 12 个小时"这一规则很容易遵守，对自己以及等在家里的伴侣也能有个交代。我们设想一下，如果没有赚到足够的钱就早早回家了，解释起来肯定要费一番口舌，除非你的伴侣是一位经济学家。

有关出租车司机的这篇论文也发表在纪念特沃斯基的《经济学季刊》特刊上。

---

① 还记得前文提到的优步公司和加成定价法吧？如果有些出租车司机也按照此法工作，就会限制加成定价法在增加司机供应量方面的有效性。关键问题是，是不是有很多司机不出车的时候也在监测加成定价，如果价格上涨会立刻跳入车中呢？没有优步的数据，我们很难回答这个问题。如果有足够多的司机会有这种反应，将会改变司机一达到当日薪水目标就早早收工的做法。当然，加成定价法可能会将出租车吸引至需求量更大的区域，但必须假设此定价水平能够持续到出租车到达那里以后。

第六部分

金融市场：1983—2003年

除了讲一讲我和什洛莫对股权溢价之谜的研究之外，本书写到这里还有一个话题没有谈到，即金融市场的行为现象。研究这个话题可以说是有风险的，但也可能带来很高的回报。说到对行为经济学的帮助，没有什么能比证明金融市场的行为偏见更有效的了。在金融市场上，不仅风险很高，而且专业交易者有充足的机会利用他人的错误谋利。从理论上讲，任何非经济人（普通人）或是非理性的行为（即使是专家的行为）在该市场中应该都没有幸存的机会。经济学家，尤其是金融经济学家一致认为，金融市场将是最不可能发现反常行为的地方。也就是说，如果在金融市场中找到反常现象，那么这一成功必然会引起人们的注意。或者，正如我的朋友、经济学家汤姆·罗素告诉我的，金融就像弗兰克·辛纳屈（Frank Sinatra）的那首著名歌曲中描述的“纽约市”：“如果在那里能够成功，那么在哪里都能成功。”

不过，经济学家们坚信，我们不可能在“纽约市”附近达成目标，可能只会在纽约州的康奈尔大学止步。

第 21 章

选美竞赛和股票投资

要描述清楚人们对金融行为学研究所持的怀疑态度，其实很难。宣称消费者有奇怪的行为是一回事，但实际上，人们认为在金融市场中，愚蠢的行为根本不会影响市场的价格，哪怕是引起微小的波动。大多数行为学家假设，即使有人在投资过程中犯了错误，还有一部分聪明人会起到平衡作用，“校正”价格，所以市场价格不会受到影响。在第 17 章讲到芝加哥大学的那场会议时，我们提到了有效市场假说，经济学家认为，该假说的正确性已得到证明。事实上，20 世纪 80 年代初，当我开始研究金融心理学时，我在罗切斯特大学商学院的同事迈克尔·詹森曾写道：“我认为，在经济学领域，没有哪个假说比有效市场假说的实验性证据更充分了。”[152]

“有效市场假说”这一术语是由芝加哥大学经济学家尤金·法玛提出的。法玛不仅在金融经济学家的圈子中是个传奇人物，他在马萨诸塞州波士顿附近的莫尔登天主教高中读书时，还入选了体育名人堂，这是他最珍视的一项成就。[①] 从这所高中附近的塔夫茨大学毕业后，法玛前往芝加哥大学读研究生。本科期间，法玛的专业是法语，读研究生期间他是那么耀眼的一颗明星，以至于毕业后芝加哥大学让他直接留校任教（这是极为罕见的），自此他再没有离开过芝加哥大学。芝加哥大学布斯商学院最近举办了庆祝法玛执教 50 周年的活动。法玛和默顿·米勒是芝加哥大学金融学专业的领军人物，而米勒已经去世了。时至今日，法玛仍会给芝加哥大学的金融学博士生上他们开学后的第一堂课，以确保他们在起步时就有一个正确的方向。

有效市场假说由两部分组成，它们从某种程度上说是相互关联的，但从概念上讲又有区别。[②] 其中一部分与价格的合理性有关，另一部分关注的则是能否“跑赢市场”。（我后来才发现这两部分是相关的。）

我将第一部分称为“价格是合理的”，我是在我那位罗切斯特大学的同事克里夫·史密斯（Cliff Smith）描述股市时第一次听到这句话的。我们会听到克里夫在教室里用带有浓重的南方口音的英语大声地讲述：“价格是合理的！”从本质上说，这句话的意思是，任何资产的价格都能反映出其真正的“内在价值”。如果一家公司的合理估值为 1 亿美元，那么在股票市场上，这家公司的市值就是 1 亿美元。经济学家认为，这条规律既适用于个别公司，也适用于整个市场。

多年来，金融经济学家一直有一种虚假的安全感，他们认为有

① 当法玛被问到进入体育名人堂和获得诺贝尔经济学奖哪个更令他自豪时，他回答说，当然是前者，并指出进入体育名人堂的人更少。

② 多年来，很多人都在金融学方面给了我指导，尼古拉斯·巴尔贝里斯（Nicholas Barberis）就是其中一位。我们曾在芝加哥大学共事过一段时间，他现在在耶鲁大学授课。此处的观点引自我们在 2003 年的一项行为金融学研究。

效市场假说中的“价格合理性”是无法直接验证的，这也是人们称其为假说的一个原因。金融经济学家指出，内在价值是无法测算的。毕竟，谁能说出通用电气、苹果公司每股股票的合理价格呢？要建立对某一理论的信心，没有比认为该理论无法验证更好的方法了。法玛并没有强调这一点，但从很多方面来看，这都是有效市场假说最重要的一部分。如果价格是“合理的”，就不会有泡沫产生。如果谁可以驳倒这一点，必将成为重磅新闻。①

有效市场假说的早期研究大多是在强调该理论的第二部分，我将其称为“天下没有免费的午餐”，也就是说，我们没有办法跑赢市场。更确切的说法是，因为当前的股价已经反映了所有的公开信息，所以不可能有效地预测未来的股价，并让股东从中获利。

证明这一假设的论据看上去就颇具吸引力。假设一只股票的价格为每股30美元，我知道它很快就会涨到35美元，那么我可以在股价低于35美元时大量买入，然后在我的预测成真时卖出，我会因此变得富有。但是，如果我预测时使用的信息是公开的，那么有这种想法的人肯定不止我一个。信息一经公开，所有知道这些信息的人都会开始加仓，股价几乎转瞬之间就会涨到35美元，致使获利的机会快速消逝。这种逻辑推理令人信服，早期的一些实验也证明了这一点。在某种程度上，迈克尔·詹森博士在其论文中的分析最令人信服。[153]在这篇论文中，詹森证明职业投资者的业绩并不比市场上全部投资者的平均水平高，直到目前仍是这种情况。如果连专业人士都无法跑赢市场，那还会有谁呢？

---

① 实验经济学家已通过很多次实验证明，正如他们预测的一样，泡沫有可能会产生。但是，金融经济学家不相信这种证明，他们认为，实验并没有给专业人士干预市场和校正价格的机会。

直到 20 世纪 70 年代，有效市场假说才被正式提出，这多少有些奇怪，因为它所使用的最优化和均衡理论很早之前就已应用于经济学的其他领域了。对此，一种可能的解释是，与经济学的其他分支相比，金融经济学的发展相对缓慢。

现在，金融市场已经成为经济学研究中一个备受重视的领域，很多届的诺贝尔经济学奖都被颁发给主要研究金融学的经济学家，包括 2013 年的诺贝尔经济学奖。[①] 但以前情况并非如此。虽然在 20 世纪五六十年代，肯尼斯·阿罗、保罗·萨缪尔森和詹姆士·托宾（James Tobin）等经济学大师为金融经济学的发展做出了重大贡献，但金融学在经济系并不是主流课程。20 世纪 70 年代之前，金融学在商学院可以说是学术上的一片荒地。金融学课程通常与会计学课程很相似，学生们在课堂上学习的是如何计算出哪只股票最适合投资。那时几乎没有什么金融学理论，更没有严格的实证研究。

现代金融经济学始于哈里·马科维茨、默顿·米勒和威廉·夏普等理论学家，但它作为一门学科的崛起则源于两个重要因素：便宜的计算能力和大数据。1926 年，芝加哥大学商学院获得 30 万美元的拨款，准备建立一个股价数据库。最终，证券价格研究中心（CRSP）建成，从而推动了数据规模上的突破。

1964 年，芝加哥大学证券价格研究中心建成了第一个股价数据

① 2013 年的诺贝尔经济学奖得主是尤金·法玛和罗伯特·席勒，第 17 章以及本章都会谈到他们的辩论，还有芝加哥大学的经济学家拉斯·汉森（Lars Hansen），他的观点介于法玛和席勒之间，或者说可能稍偏向两方中的一方。

库，在芝加哥大学相关学者的带领下，该领域的研究立刻繁荣起来。其中的主要人物包括米勒、法玛，还有迈克尔·詹森、理查德·罗尔、迈伦·斯科尔斯（Myron Scholes）等一批出类拔萃的研究生。理查德·罗尔是加州大学洛杉矶分校的一位杰出学者，也是那里的一位教授；斯科尔斯与费希尔·布莱克（Fischer Black）共同发明了布莱克–斯科尔斯期权定价公式。相关研究的发展势头也十分迅猛，到1970年，支持有效市场假说的理论和证据已经齐备。法玛也出版了一份回顾性的文献综述，它多年来一直被视为有效市场假说研究领域的圣经。8年后，詹森宣称有效市场假说已经得到证实。颇具讽刺意味的是，詹森的这句话出现在《金融经济学刊》特刊的前言中。这份特刊主要报道了经济学领域的一些反常现象，都是有悖于有效市场假说的实例。

詹森等人之所以对有效市场假说如此笃信，可能是因为该理论的逻辑与实证证据一样都是无可辩驳的。当谈到金融市场时，“看不见的挥舞的手”就更令人信服了，没有人会反驳。另外，20世纪70年代，微观经济学领域也发生了类似的革命。理性预期理论及模型日渐兴起，凯恩斯经济学则日渐式微。可能正是出于这个原因，凯恩斯的著作不再是研究生的必读书目。这一点其实让人感到很遗憾，如果凯恩斯还活着，这场辩论可能会更公正，因为他的确是行为金融学的鼻祖。

人们现在记住的主要是凯恩斯对宏观经济学的贡献，尤其是他那富有争议性的论点：在经济衰退期，政府应该通过财政政策刺激需求。不管你对凯恩斯经济学持何种态度，如果你忽视了他对金融市场的看法就是很愚蠢的。[154]在我看来，他在著名的《就业、利息和货币通论》一书中关于金融市场那一章的见解最深刻。凯恩斯的洞察力部分源自他丰富的投资经验，多年来，他一直在剑桥大学管理着其所在学院的基金，并率先提出可以把基金拿来投资股票。

我们在前文中提到过，凯恩斯那一代的很多经济学家都对人类行为有着很深刻的见解，而凯恩斯在这方面的洞察力尤为睿智。他认为，情感或他所说的“动物精神”在个人决策中扮演着重要角色，其中也包括投资决策。有趣的是，凯恩斯认为市场在 20 世纪初时更加“有效”，那时经理人拥有公司的大部分股票，知道公司的价值。然而，随着股权逐渐分散，“已进行投资和计划进行投资的人在估计投资价值时，所需要的真正的知识已经大大减少了”。[155]

20 世纪 30 年代中期，凯恩斯在撰写《就业、利息和货币通论》时总结道，市场已经有点儿疯狂了。“既有投资的利润经常发生暂时的和无关紧要的波动。然而，这种波动将会对市场产生特别重大的影响，甚至到了一种荒谬的程度。”[156]为了支持自己的观点，凯恩斯指出，夏天时冰的销售量较高，所以制冰公司的股价更高。这让人十分意外，因为在有效市场中，股价反映的应该是公司的长期价值，而不是夏天热冬天冷这一事实。所以，这种可以预测的股价的季节性规律是有效市场假说严格禁止的。①

支持有效市场假说的经济学家认为，正是那些“行家”使市场保持了有效性，但职业投资者能否扮演好“行家”的角色，凯恩斯对此表示怀疑。他认为，这些专业人士更有可能跟随着非理性繁荣的浪潮

① 究竟这种价格波动规律是否是被禁止的，最近有相关论文的研究结果支持凯恩斯有关制冰公司股价的言论，即受季节性因素影响的公司，收入高时股价也会更高。

前行，而不会与之抗争，其中一个原因是，持反对意见是有风险的。“世俗的智慧告诉人们：从声誉角度讲，墨守成规的失败比不守成规的成功要好。”[157] 相反，凯恩斯认为，职业投资者玩的是一种微妙的竞猜类游戏。他将选择最佳股票与一种常见的比赛做类比，在20世纪30年代以男性为主导的伦敦金融圈常有这样一种比赛：从一组照片中选择最漂亮的面孔。

> 职业投资者的投资决策好比报纸上刊出的选美竞赛，在竞赛中，参与者要从100张照片中选出6张最漂亮的。如果参与者选出的6张照片最接近于全部参与者共同选出的6张照片，他就是获胜者。由此可见，每一位参与者要挑选的不是他自己眼中最漂亮的人，而是其他参与者最可能会挑选的人。所有的参与者都会以同样的方式看待这个问题。这里的挑选并不是每个参赛者发挥最佳判断力去选出自己认为最美的面孔，也不是具有正常判断力的人们认为最美的面孔，而是运用推理能力去推断一般人所推断出的一般人的意见是什么。这是第三级推理，我相信，还会有第四级、第五级甚至更高级别的推理。[158]

我认为凯恩斯“选美竞赛”的类比现在仍可以用来描述金融市场的运行方式，以及人类行为因素在其中扮演的重要角色，不过我们理解起来可能不太容易。要明白这个类比的精华和微妙之处，我们可以试着解一下下面这道题。

> 从0到100之间选一个数字，使这个数字尽可能接近其他参赛者所选数字平均值的2/3。

为了便于理解，我们可以先假设有三名参赛者，分别猜的是20、

30 和 40，平均数为 30，30 的 2/3 是 20，所以猜数字 20 的那个人就是赢家。

在继续往下读之前，请猜一个数字。真的，你应该试一试：如果你亲自试一下，你就会觉得本章剩下的部分更有意思。

在开始猜之前，你有没有想问的问题？如果有，是什么问题？我们随后会再回到这个问题上。现在，让我们想一想参赛者会如何玩这个游戏。

如果是零级参与者，他会说：“我不知道。这看起来像是一道数学题，我不喜欢数学题，尤其是应用题。我想我会随便猜一个数字。”如果有很多人决定从 0 到 100 之间随机选择一个数字，那平均值会是 50。

一级参与者会怎么选呢？她会说：“其他参与者不会想那么多，他们很可能随便选一个数字，这样的话平均值就是 50，所以我猜是数字 33，即 50 的 2/3。”

二级参与者可能会这样说：“其他大多数参与者都是一级参与者，他们觉得其他人都比他们笨，于是他们猜是数字 33，所以我应该猜 22。”

那么，三级参与者呢？“大多数人都看清楚这个游戏了，他们肯定认为大多数人会猜 33，于是他们猜数字 22，所以我应该猜 15。”

当然，在此我们不方便继续列举下去。你现在要改变你的答案吗？

这里还有另外一个问题：根据纳什均衡理论，我们应该猜哪个数字呢？纳什均衡是以约翰·纳什（John Nash）的名字命名的，纳什是传记类畅销书《美丽心灵》（*A Beautiful Mind*）中的主人公。[159] 纳什均衡指的是，当其他所有人都猜到同一个数字时，没有人愿意改变自己的答案，此时将会达到纳什均衡。对于上文中的这道题而言，能达到纳什均衡的数字只有 0。为什么呢？我们可以假设其他所有人猜的都是3，那么平均值也是3，所以你会猜2。如果其他所有人都猜2，那么你应该猜 1.33，有且只有当 所有参与者猜的都是 0 时，才没有人愿意改变主意。

现在，你也许知道在猜数字之前你应该问什么问题了：其他参与者是谁？他们懂多少数学和博弈论的知识？如果你是在当地的酒吧玩这个游戏，尤其是在深夜，其他人可能不会做深入思考，所以你猜的数字可以在 33 左右。只有在参加全是博弈论学者出席的会议时，你才应该猜数字 0。

现在，我们来看该博弈与选美竞赛有什么关系。从形式上看，二者的游戏规则都是一样的。在猜数字的博弈中，你必须想清楚其他人会如何猜测别人的想法，就像选美竞赛一样。实际上，在经济学理论中，“猜数字博弈”通常被称为“选美竞赛”。[160]

德国经济学家罗斯玛丽·纳格尔（Rosemarie Nagel）是第一个通过实验来研究这个有趣的博弈问题的人，[161]她现在执教于西班牙的庞培·法布拉大学。1997 年，我得以在一个大型实验中应用她的方法，这要感谢《金融时报》。当时，《金融时报》请我写一篇关于行为金融学的短文章，我想用猜数字博弈去解释选美竞赛，便有了一个想法：在我这篇文章发表前，《金融时报》能否在报纸上刊登这个猜数字博弈呢？这样我就可以在发表文章时使用通过《金融时报》收集到的新数据了。《金融时报》同意了，而且英国航空公司提供了两张从伦敦飞往美国的商务舱机票作为奖品。如果你和《金融时报》的读者一起参加这个比赛，你会猜哪个数字呢？

获胜的数字是 13，参与者所猜数字的分布图如图 10 所示。你可以看到，《金融时报》的很多读者都十分聪明，他们知道根据纳什均衡，数字应该是 0，[162] 但他们仍愚蠢地认为 0 会是获胜数字。① 还有一小部分人猜的数字是 1，他们考虑到可能会有一些蠢人未能猜出“0”，所以将数值提高了一点儿。②

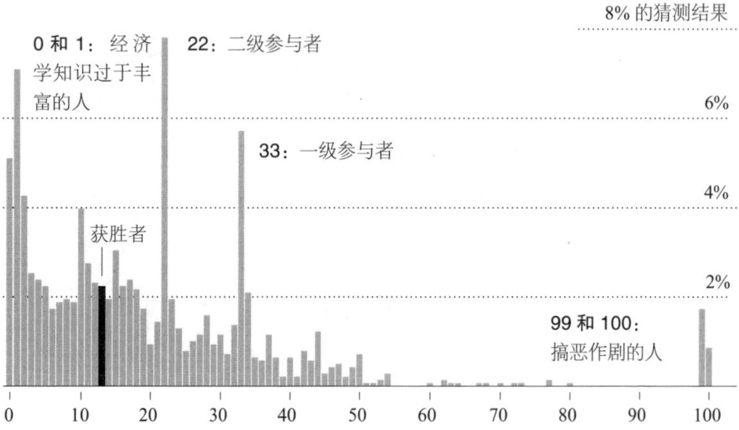

图 10 《金融时报》读者猜测结果分布图

很多一级和二级参与者猜的数字都是 33 和 22，但是那些猜数字 99 和 100 的人是怎么想的呢？他们又在搞什么鬼呢？原来这些人都来自剑桥大学的一个学生宿舍。因为每位参与者仅有一次参赛机会，

① 这种情况再次说明，规范性经济学理论（本例中为纳什均衡理论）如果被用作描述性理论，结果将会非常糟糕，根据这种理论猜数字也是一样。目前，越来越多的文献试图提供更好的描述性模型。

② 还有一个原因可以说明为什么有些参与者选择了数字 1，因为他们发现了比赛规则中不够清晰的一点。我们让参与者在 0 到 100 之间选一个数字。他们认为比赛的“陷阱”是那个“在”字，这说明 0 和 100 这两个数字是不算在内的。虽然这对实验结果影响甚微，但通过这一点我也增长了经验，把“在”字改成了“从”字，正如我在文中所写的比赛规则一样。

所以某个爱搞恶作剧的人以其室友的名义填写多份答案后上交。我和我的研究助手最后要决定这些答案是否算数，我们觉得既然每份答卷上都写着不同的名字，就都算数吧，这使得获胜数字从 12 变为 13。幸好，那个宿舍没有人猜 13。

我们让参与者简单解释一下自己的选择，从而决出胜负。他们给出的解释的确是我们意想不到的收获，其中有些解释甚至十分机智。①

有一位诗人猜的是 0。“正如行为学家会观察人的行为一样，《金融时报》的读者也很聪明，他很清楚这种比赛的规则，因而与行为学家斗法，他所猜的数字是最小的。”

有一个叫托尼的参与者，他认为不能预期这个世界是合理的，所以也猜的是数字 1：

“答案应该是 0……但工党竟然赢了。”

有一名学生猜的是数字 7，他是这样解释的：“因为我爸爸多少了解一些数字和市场的情况，他比较胆小，所以他猜的是数字 10。”在这里，这名学生像很多年轻人一样，低估了自己父亲的水平。如果他相信自己的父亲比一般参与者高一个等级，他很可能会赢！

还有一位猜 10 的诗人：“大于 67 的数字只有傻子感兴趣，猜的数字大于 45 表明你是个数字盲。从 1 到 45 中随机选择的数字的平均值为 23，人们通过逻辑推理应该猜数字 15，留给我的就是数字 10 了。”

---

① 还有一些人并没有这么聪明。至少有三名猜数字 33 的人表示，他们是用 Excel 来生成随机数，如果是从 0 到 100 中间随机选择，平均值是 50！也许我对《金融时报》读者的数学能力期望过高了，但我本以为他们不用 Excel 就会知道随机数的平均值。我一直怀疑，很多人都在用电子表格代替大脑思考，这再次证明了我的疑虑。

正如所有这些《金融时报》的读者所表现出来的一样，人们心理的复杂性各不相同，所以选美竞赛现在仍可以用来类比投资者的行为。很多投资者自诩为“价值管理者”，他们努力购买低价股票；还有一些投资者自称“增长管理者”，他们努力购买价值增长迅速的股票。当然，没有人试图购买昂贵的股票或是即将贬值的公司的股票。那么，这些投资管理者到底想做什么呢？他们试图购买有增值潜力的股票，或者购买他们认为其他投资者随后会给予更高估值的股票，但这些所谓的其他投资者也把赌注押在了其他人对未来股价的更高估值上。

投资当下市场并不完全看好的股票也没关系，只要其他人很快改变观点和你达成一致即可！还记得凯恩斯的另一句著名的话吗，“从长远来看，我们都死了”。[163]对一个投资经理来说，“长远”最多不超过几年，甚至只有几个月！

第 22 章

股市反应过度了吗？

维尔纳·德邦特（Werner De Bondt）是被我成功说服加入心理学和经济学交叉研究领域的第一名研究生，正是他促成了我对金融市场的研究。1978 年秋我刚到康奈尔大学时，遇到了维尔纳。维尔纳是来自比利时的一名交换生，在那年我所教授的经济学和公共政策课上，他是最优秀的学生；在第二年我教的另一门课上他也表现得出类拔萃。我鼓励他继续攻读博士学位，他在比利时军队服完兵役后便开始了他的博士生生涯。我面临着一个问题：维尔纳真正喜欢的是金融学，但对这个领域我知之甚少。

幸运的是，虽然我没有上过金融学的课程，但我在罗切斯特大学商学院教书时学到了很多金融学的基本知识。商学院的很多顶级教授都是金融学出身，因而与金融相关的话题充斥着整个商学院。我们的计划是，如果能找到一种将心理学融入金融学的方式，同时有金融系的教授来保证我们使用的都是学术界普遍接受的金融经济学方法，我就可以担任维尔纳的博士论文导师了。在这种可能性很小的情况下，我们最终找到了一个有趣的问题，研究结果也受到了大家的重视。我的一些同事对我说，我鼓励维尔纳研究这个问题，属于失职行为，但维尔纳并不在意。于是，我们一起学习金融学，而大部分时间都是维尔纳在扮演教师的角色。

维尔纳想在论文中以心理学的一个假设为基础，预测此前一些未被注意到的股市效应。我建议他先尝试一些更简单的事情，比如他可以对一些已经发现的股市效应做出合理的行为学解释，就像我和什洛莫解释为什么股票比债券的回报率高一样（股权溢价之谜）。但是，对已有现象做出新的解释存在一个问题，那就是很难证明你的解释是正确的。

以证券市场的高交易量为例，在理性世界中，交易量不会很高——实际上，应该没有多少交易量才对，经济学家有时将其称为“格劳乔·马克斯定理”。[164]格劳乔曾说过一句很有名的话，他拒绝加入任何一个想让他加入的俱乐部。经济学家引用这个笑话时（可以想象并没有那么好笑），他们是想说明一个理性的经济人不会想要购买其他经济人想要出售的股票。假设汤姆和杰瑞是两位金融分析师，正在一起打高尔夫球。汤姆说他打算购买 100 股苹果公司的股票，杰瑞说，“那太方便了，我正想卖掉 100 股呢。我可以把股票直接卖给你，这样你就不用交佣金给经纪人了”。然而在达成交易前，他们二人却都变卦了。汤姆认为杰瑞是个聪明人，于是反复琢磨后者为什么要卖掉股票。杰瑞也和汤姆的想法一样，于是二人最终未达成交易。同样，如果所有人都认为每只股票的定价很合适，并且一直如此，那就没有买卖股票的必要了，至少人们不会产生跑赢市场的想法。

没有人会把这条极端的“无交易定理”当真，但是大多数金融经济学家都认为，或者至少在被逼问时会承认，实际上股票的交易量大得惊人。理性模型允许人们在价格上有不同意见，但很难解释在经济人的世界中为什么每个月股票的换手率大概只有5%。[165]不过，如果有些投资者过度自信，自然就会出现很高的交易量。如果杰瑞认为自己比汤姆聪明，而同时汤姆也觉得自己比杰瑞聪明，他们二人就会高高兴兴地达成交易，但各自也会因为利用了朋友的糟糕判断力而产生一丝内疚。

我发现用过度自信解释我们观察到的高交易量是极为合理的，但却无法证明它的正确性。我和维尔纳想找到更加可信的证据。我们想根据心理学的一项研究结果来预测金融市场的未知之处，或者更理想的是，预测金融经济学家认为不可能发生的事。这真是小菜一碟。

我们打算使用卡尼曼和特沃斯基的发现：人们会根据站不住脚的数据做出极端的预测。在卡尼曼和特沃斯基用以证明此发现的经典实验中，他们要求实验对象只根据一项事实来预测一组学生的平均绩点（GPA）。共有两种①情况：第一组实验对象知道的是学生们GPA的十分位数，也就是说，成绩是否排在前十分位（即90%~100%），是否排在第二个十分位（即80%~90%），以此类推；第二组实验对象并不知道GPA十分位的信息，但知道每名学生参与的一项“幽默感”测试结果的十分位数。[166]

当然，GPA的十分位数能够准确预测实际的GPA成绩。如果雅典娜（Athena）的GPA排在前十分位，则可以合理预测她的分数很高，比如GPA满分为4，她得了3.9。但是，幽默感和GPA似乎没有任何关联，即使有，也十分微弱。

如果卡尼曼和特沃斯基实验中的实验对象属于理性主义者，则与

① 实际上还有一种情况，但为了简单起见，我在此省略了。在这种情况下，实验对象知道的是学生注意力测试的十分位数。这种情况的结果介于文中提到的两种情况之间。

看到幽默感测试结果的实验对象相比，那些看到 GPA 十分位数的实验对象对真实 GPA 的预测将更趋两极化（非常高或非常低）。只知道幽默感测试结果的实验对象所做的预测应该与该学校的平均 GPA 相差无几，简言之，他们的预测不应该受到幽默感测试结果的影响。然而，如图 11 所示，结果并非如此。对于幽默感测试分数排在前十分位的学生与 GPA 排在前十分位的学生，实验对象预测出的 GPA 基本一样！对于这一结果的一种可能的解释是，实验对象对学生幽默感测试信息的反应过度。

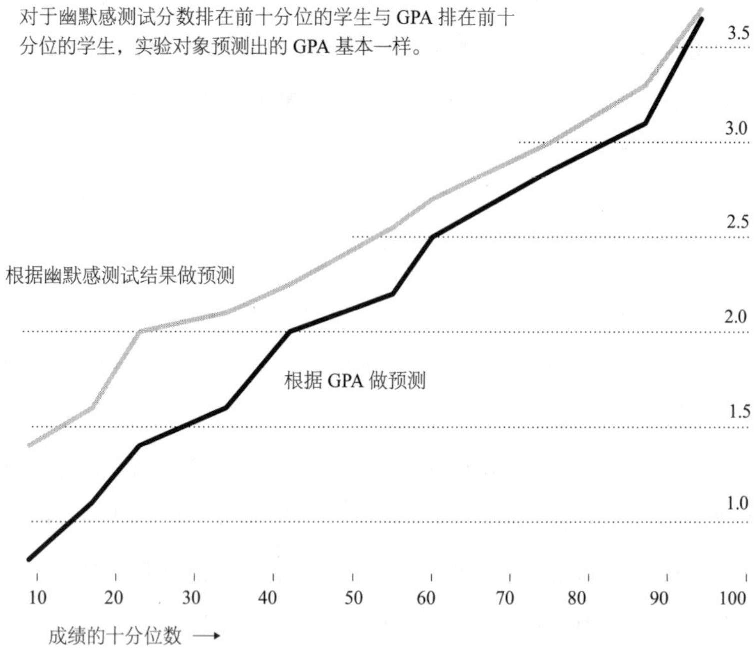

图 11　GPA 预测

那么投资者会不会有同样的行为，就像凯恩斯说的，对“短暂且无关紧要的”日常信息做出反应呢？如果投资者确实反应过度，我们又该如何加以证明呢?

过度反应的间接证据早已存在,即由来已久的“价值投资法”。价值投资法由投资大师本杰明·格雷厄姆(Benjamin Graham)率先提出。格雷厄姆与戴维·多德(David Dodd)合著的《证券分析》(*Security Analysis*)[167]一书于1934年首次出版,被奉为投资《圣经》,格雷厄姆的另外一本著作《聪明的投资者》(*The Intelligent Investor*)于1949年首次出版,这两本书目前仍不断再版。和凯恩斯一样,格雷厄姆不仅是一名职业投资者,也是一位教授。他执教于哥伦比亚大学,他的学生沃伦·巴菲特也是一位投资大师,并视格雷厄姆为自己心目中的英雄。格雷厄姆常被尊称为“价值投资之父”,价值投资法的目的就是找到定价低于其内在长期价值的股票,重点是如何找出这类股票。一只股票在什么情况下算是“便宜”的呢?格雷厄姆提倡的一种简单方法是计算市盈率(P/E),即某只股票的每股价格与其每年的盈利的比率。如果市盈率高,投资者就需要付出更多的钱才可以分享1美元的盈利,也就是说,通过高市盈率可以预测,盈利会快速增长,以证明当前的高股价是合理的。如果盈利的增长速度没有预期那么快,股票价格就会下跌。相反,对于市盈率低的股票,市场预期其盈利会继续保持较低的水平甚至下降。如果盈利反弹或者保持稳定,这类股票的价格就会上涨。

格雷厄姆在世时,《聪明的投资者》这本书曾多次再版,格雷厄姆去世后这本书也被不断修订。格雷厄姆在其在世时的最后一版中列出了一个简单的表格,用于说明他的投资方法的效用。从1937年开始,格雷厄姆选取了道琼斯工业指数中的30只股票(包括美国最大公司的股票),并根据市盈率对它们进行排序。之后,他建立了两种投资组合,一种包括市盈率最高的10只股票,另一种包括市盈率最低的 10 只股票。最终他证明“便宜”的股票不仅跑赢了“昂贵”的股票，而且领先幅度很大。从 1937 年到 1969 年，如果在便宜的股票组合上投资 1 万美元，其价值将会涨到 6.69 万美元。但如果将 1 万美元投到市盈率高的股票组合中，只能涨到 2.53 万美元（购买全部 30 只股票，总价值将增长到 4.4 万美元）。[168] 格雷厄姆从行为学角度解释了他的研究结果：便宜的股票不受欢迎，而昂贵的股票深受投资者喜爱。作为一位与众不同的投资者，格雷厄姆指出，我们是可以跑赢市场的，不过无法做到一直保持这种成功。他说，如果是在早些年，即 1917~1933 年，购买道琼斯指数中最便宜的股票这一策略就不会成功。格雷厄姆警告说：“由于疏忽或偏见导致的价值低估可能会持续一段时期，让人难以忍受，这种情形同样也会出现在由过度狂热和兴奋引起的股市暴涨阶段。”[169] 这句箴言在 20 世纪 90 年代末科技泡沫发生时也值得引起人们的注意。那时，昂贵的互联网股票的价格不断上涨，把那些价值股远远地甩在后面，价值投资法的投资表现十分糟糕。

本杰明·格雷厄姆在投资领域享有崇高的地位，但是 20 世纪 80 年代初，大多数金融经济学家认为他的研究已经过时。购买便宜股票这种简单策略显然与有效市场假说不符，而且格雷厄姆的方法几乎算不上高级。当时，各种投资组合的回报率数据毫无疑问都是人工计算的。现在，金融市场已经数字化，研究人员建立了各种数据库，比如收集股价信息的证券价格研究中心和收集金融财务数据的标准普尔 COMPUSTAT 数据库。有了这两个数据来源，相关研究就变得更加全面了，而像格雷厄姆那种涉及股票数量较少、时间跨度较短的研究方法只会被贴上落伍的标签。

与其说所有人都反对格雷厄姆的价值投资法，不如说是 20 世纪

70 年代的有效市场假说认为价值投资法不可能奏效，但事实并非如此。20 世纪 70 年代末，会计学教授桑乔依 · 巴苏（Sanjoy Basu）发表了一篇有关价值投资法的优秀论文，全力支持格雷厄姆的投资策略。不过，这种论文在当时若想发表，作者必须为自己得出的研究结果低声下气地道歉。巴苏在论文结尾处写道："总之，就我所研究的长达 14 年时间范围内的股价而言，有效市场假说也许并不能完全描述人们的投资行为。"[170] 他就差直接说"抱歉"了。同样，尤金 · 法玛的学生罗尔夫 · 班斯（Rolf Banz）发现了另一种反常现象，即小公司的投资组合跑赢了大公司的投资组合。在 1981 年发表的一篇论文中，班斯在结尾处抱歉地写道："鉴于有效市场假说的历史十分悠久，这很可能不是因为市场无效，而是因为定价模型存在误差。"[171] 换句话说，因为有效市场假说不可能出错，所以肯定是定价模型中遗漏了些什么。

一位名叫戴维 · 德勒曼（David Dreman）的投资者对格雷厄姆的投资方法做出了更加大胆的阐述。德勒曼此前已经建立了自己的投资公司，不知道他从哪里读到了卡尼曼和特沃斯基的文章。他是第一个明确用心理学知识来解释价值效应的人，即人们倾向于根据最近的情况去预测未来。1982 年，德勒曼将自己的想法写成论文，发表在《逆向投资新策略》(*The New Contrarian Investment Strategy*)[172] 一书中。与巴苏和班斯不同，德勒曼并没有为自己的研究结果致歉，但因为这本书的目标读者为普通大众而非专业人士，所以他的论文没有在金融学领域引起关注。不过，我和维尔纳读了这本书，并且发现了德勒曼的文章。

顺着德勒曼的想法，我和维尔纳做出了一个合理的假设："市盈率效应"（P/E effect）是由过度反应引起的。因为投资者对股价的未来增长过度乐观，市盈率高的股票（即成长股，之所以称作成长股，是因为此类股票的价格必须疯涨才能证明其高市盈率的合理性）价格涨得“过高”；而因为投资者过度悲观，市盈率低的股票或价值股的价格又跌得“过低”。如果该假设成立，价值股的高收益和成长股的低收益将呈现“趋均数回归”（regression toward the mean）的现象。

趋均数回归的例子在生活中随处可见。如果一名篮球运动员在一场比赛中得了 50 分，创造了个人得分的最高纪录，那么下一场比赛他的个人得分极有可能低于 50 分。同样，如果他在一场比赛中只得了 3 分，这是他两年内的最差成绩，几乎可以肯定的是他下一场比赛会表现得更好。身高两米的青少年篮球运动员并不常见，我和维尔纳认为股市可能也存在这种情况。连续几年表现优异的公司顶着“好公司”的光环，将会继续快速成长，而连续数年表现糟糕的公司被贴上了“差公司”的标签，将会一事无成。我们可以把这种观点视为某种对公司的刻板印象。这种印象加上做出极端预测的倾向，趋均数回归的条件就成熟了。那些“差”公司并不像看上去的那么差，它们未来可能会表现得非常好。

股市存在趋均值回归现象似乎不是一个特别大胆的假设，当然除了一点之外：有效市场假说指出这种现象不会发生。有效市场假说的一个组成部分是“价格是合理的”，这一点说明股价不会偏离股票的内在价值，所以，股价不可能会“便宜”。有效市场假说的另一个组成部分是“没有免费的午餐”，这意味着所有信息都已体现在当前的每股价格中了，所以你不可能跑赢市场。过去的股票收益和市盈率显然是已知的，这些数据不可能用来预测未来的股价变化，所以它们都是看似无关的因素。如果能找到趋均值回归的证据，就可以打破有效市场假说。于是，我和维尔纳决定试试看能否找到这种证据。

我们对纽约证券交易所的所有股票（当时几乎包括所有美国大公司），按照它们在某一段时间内的表现进行排序。这段时间很长，足以让投资者对公司产生过度乐观或悲观的情绪，比如 3 至 5 年。我们将表现最佳的股票称为“赢家”，把表现最差的股票称为“输家”。然后，我们把最大的赢家和输家（比如最好和最差的 35 只股票）分为两组，对比它们未来的表现。如果市场是有效的，那么两个投资组合的表现将会同样好。毕竟，根据有效市场假说，依据过去无法预测未来。但是，如果过度反应假设成立，输家将跑赢赢家。

这一发现可以达到两个目的。第一，可以证明我们运用心理学发现了一种新的反常现象；第二，我们为“广义的过度反应”提供了证据。在卡尼曼和特沃斯基的实验中，实验对象在预测 GPA 时对幽默感的测试结果反应过度。我们的实验与他们俩的不同，我们没有详细说明投资者会对什么信息反应过度。我们只是假设通过抬高或压低某只股票的价格，使其在几年的时间内成为最大的赢家或输家，投资者就很可能会对某个因素产生过度反应。

实验结果有力地支持了我们的假设。我们用几种方式检验过度反应，只要我们追踪投资组合表现的时间足够长，比如三年，投资组合的输家就会比投资组合的赢家表现好，并且会好很多。例如，在一次实验中，我们以 5 年为期建立了两个投资组合，即赢家组合和输家组合，然后计算接下来 5 年每种投资组合的收益，并将其与大盘的表现相比。在我们建立投资组合之后的 5 年里，输家的收益比大盘高出约 30%，而赢家的收益比大盘低大约 10%。

得出这些结果后，我们得到了幸运之神的垂青。赫什·谢弗林受邀组织召开美国金融学会年会的一场会议，他请我和维尔纳在会上报告我们的发现。当时，作为美国金融学会的官方出版物，《金融期刊》

（*Journal of Finance*）每年会为年会的会议论文出版一期专刊。具体做法是，年会各场会议的组织者可以提名一篇文章，由美国金融学会主席从中挑选一些文章发表。论文获选几个月后就能发表在该期刊上，而且不用走同行评审的正式程序。可怜的赫什当时进退两难，他是应该推荐自己的论文，还是我和维尔纳的论文呢？赫什运用其所罗门般的智慧，再加上一点儿组织者的权力，提名了两篇论文。这时我们的运气来了。当时任美国金融学会主席的是现已故去的费希尔·布莱克，就是布莱克–斯科尔斯期权定价公式的发明人之一。布莱克也颇具叛逆精神，最终两篇文章都被他选中并得以发表。

我和维尔纳的论文发表于1985年，很快就广为人知。[173]不过，我相信如果赫什没有给我们方便，这篇文章很可能要再过几年才能发表，甚至根本没机会发表。首先，我们的研究结果显然违背了有效市场假说，所有人都“清楚”这肯定是错的，所以审稿人会极度怀疑我们的研究。另外，我们也绝对不会像巴苏教授那样在论文中为自己的研究结果致歉。维尔纳是个十分有原则的人，而我也十分固执。

第 23 章

价值股比成长股的风险更大？

有效市场假说中，“没有免费的午餐”意味着，我们的投资组合是不可能跑赢大盘的，但我们的研究结果却证明了“输家”的回报率的确高于大盘。那么，只有一种方法可以拯救有效市场假说。支持有效市场的同仁们只能依靠一个重要的技术细节：如果因为承担了很大的风险而跑赢大盘，就不算违背有效市场假说。可是，如何衡量风险就成了难点。

对这一微妙细节做出阐释的第一人是尤金·法玛。[174]他正确指出，所有针对“没有免费的午餐”的检验实际上都是对两种假设的“联合检验”，即有效市场假说以及风险和收益模型。例如，假设某人发现新公司的股票收益高于老公司，这看起来是对有效市场假说的反驳。但这并不是对有效市场假说的决定性反驳，因为有人可能会提出合理的辩解，即新公司比老公司承担的风险大，更高的收益只是理性投资者在承担更大的风险时所要求的补偿。

这种联合假设的论点可以用于解释任何违背有效市场假说的现象，包括宣扬价值投资法的格雷厄姆、巴苏、德勒曼等人的做法。如果我们的输家组合比赢家组合承担的风险高，那么观察到的高回报率可能是理性投资者在投资高风险投资组合时所要求的补偿。所以核心问题在于，是应该接受我们对研究结果的解读，将其看作违背有效市场假说的错误定价①的证据，还是应该将其归因于风险呢？

要回答这个问题，我们首先需要衡量风险。毫无疑问，输家组合中的股票若单独来看都是有风险的，其中有些公司甚至可能会破产。但是，在我们的研究中，我们已经将这种风险考虑在内。如果任何一个投资组合中的股票从纽交所退市（比如因为公司破产），我们的计算机程序会假设以任何可能的价格将该股票“卖出”，或者将此项投资记录为损失。所以，我们的研究并没有对公司破产、股票退市这种风险存在的可能性视而不见。

不过，输家组合中的股票看起来确实有风险。这些看起来风险很大的股票，比如股价跌停的股票，难道不需要更高的回报率（风险溢价）吗？你可能会这样认为，但是这种想法并不符合现代金融经济学的理论。当时，衡量股票风险的正确方法是使用资本资产价格模型（CAPM），该模型由金融经济学家约翰·林特纳和威廉·夏普建立。[175]

根据资本资产定价模型，在理性世界中，唯一需要补偿的风险将通过股票收益与大盘的相关性进行衡量。如果你的投资组合由股价波动幅度很大的高风险股票组成，而且每只股票的股价波动独立于投资组合中的其他股票，那么投资组合本身的风险就不会很大，因为各只

① 在此解释一个容易混淆的术语——错误定价。在本章和下一章，当我提到“错误定价”一词时，是指股价会以可预见的形式上涨或下跌，即投资者可以利用这个机会得到“免费的午餐”。这是证明有效市场假说的两个组成部分相互关联的第一个例证。认为定价“过低”的股票最后会跑赢大盘是合理的，但我和维尔纳并没有确凿的证据证明输家组合的股价偏离了其内在价值，我们只是证明了输家的股票收益更高。

股票的股价波动可以相互抵消。但是，如果这些股票的收益呈正相关关系，也就是说它们会同时上涨或下跌，投资组合的风险就会很大，而持有投资组合的多元化益处则不大了。在这种情况下，根据资本资产定价模型，正确衡量股票风险的方法就是计算单只股票与大盘的相关性，即“贝塔值”(Beta)[①]。粗略地说，如果一只股票的贝塔值为1.0，那么它的波动与大盘是同步的。如果贝塔值是2.0，当大盘上涨或下跌10%时，单只股票的价格（平均来说）就会涨或跌20%。如果股票与大盘完全不相关，那么它的贝塔值为0。

如果输家股票的贝塔值很高，根据资本资产定价模型来衡量，其风险也很大，而赢家股票的贝塔值较低，风险也很小，那么有效市场假说与我们的研究结果不会发生矛盾。但我们已经验证了这一点，并在论文中阐明了结果，实际上我们发现的规律恰恰与此相反。比如，我们以三年为期建立了赢家和输家组合，赢家组合中各只股票的平均贝塔值为1.37，而输家组合中各只股票的平均贝塔值为1.03。所以，赢家组合实际上比输家组合的投资风险更大。运用经济学的标准方法调整风险后，我们的研究结果显得更加异常！

要想拯救有效市场假说中的“没有免费的午餐”这一观点，必须有人找到一种方法证明输家组合比赢家组合的投资风险更大，对“价值”的任何测量也符合同样的道理，比如低市盈率或低股价账面价值比。资产的账面价值是一个会计学术语，原则上是指公司进行清算时股东可获得的金钱数额。不管用什么测量方式，“价值股”的表现都胜过“成长股”。还有一点令有效市场假说的支持者十分震惊，即用贝塔

① 为了避免混淆，我应该说明，这里的“贝塔”与第12章中提到的 β-δ 模型中的“贝塔”没有任何关系。我只能说经济学家十分钟情于希腊字母，而贝塔又恰好位于字母表的前列。

值计算，价值股的风险也更低。

虽然像我们这样的异类、像德勒曼那样的投资经理，还有本杰明·格雷厄姆等已逝的投资大师都宣称，价值股能够跑赢大盘，但这些都没有用。直到有效市场假说的主要代表人物尤金·法玛及其同事肯尼斯·弗伦奇（Kenneth French）发表类似结果，这一事实才得到认可。弗伦奇比法玛年轻，后来二人经常合作开展研究。可能是因为我们最初的发现以及班斯提出的小公司效应，[176]法玛和弗伦奇于 1992 年发表了一系列论文，指出价值股和小公司的股票收益确实高于资本资产定价模型的预测。1996 年，他们二人发表了一篇论文，论文题目颇具震撼性，名为“资本资产定价模型的生死判决”（The CAPM is Wanted , Dead or Alive）[177]，正式否定了资本资产定价模型。

虽然法玛和弗伦奇宣布资本资产定价模型已经过时，但他们并没有打算放弃有效市场假说。他们转而提出了“法玛 – 弗伦奇三因子模型”[178]，其中除了既有的贝塔值，还加入了两个解释性因素，对小公司和价值股的高收益做出了合理解释。法玛和弗伦奇指出，各只价值股的收益是相互关联的，也就是说当一只价值股表现好时，另一只价值股也会有同样好的表现，小型股也是如此。不过，法玛和弗伦奇坦率地表明，他们找不到什么理论用于解释为什么规模和价值会成为风险因子。资本资产定价模型建立在投资者的理性行为基础上，是资本价格的一个规范性理论，与此不同的是，找不到理论来支撑规模和价值能够预测收益的结论。之所以引入这些因素，是因为实证研究证明了它们的重要性。

时至今日，也没有证据表明小公司或价值股的投资组合比大公司或成长股的投资组合风险更大。1994 年，约瑟夫·拉科尼肖克（Josef Lakonishok）、安德烈·施莱费尔和罗伯特·维什尼（Robert Vishny），发表了一篇名为“逆向投资、推断和风险”（Contrarian Investment, Extrapolation, and Risk）的论文。[179]在我看来，这篇文章彻底解释清楚了价值股是否风险更大的问题。其实，价值股的风险更小。这篇论文的三位作者对此深信不疑，后来还创办了一家极为成功的理财公司——LSV资产管理公司，所采用的投资方法就是价值投资法。

虽然我认同这篇论文的结论，但法玛和弗伦奇并不相信。价值股究竟是像行为学家所说的那样发生了定价错误，还是像理性主义者所说的那样风险更大，多年来一直没有定论。现在，这一争论仍在继续，连法玛都不得不承认，无法说清楚价值股的高收益究竟是源于风险还是股市的过度反应。[180]不过，有最新消息称，法玛和弗伦奇推出了新的五因子模型。[181]在新加入的两个因素中，一个用来衡量公司的赢利性（预测高回报），另一个用来描述公司的投资力度（预测低回报）。巧合的是，赢利能力是本杰明·格雷厄姆做投资时判断公司价值的另一个指标。既然法玛和弗伦奇支持价值和赢利性，那么从某种程度上说，备受尊崇的格雷厄姆也得到了法玛和弗伦奇的认可。另外，确实很难证明收益高的公司比亏损的公司的投资风险更大。

所以，自20世纪60年代夏普和林特纳发明资本资产定价模型以来，我们从只有一个因子的模型发展到了五因子模型，很多经济学家后来又在其中加入了第六个因子——动量，它指的是过去半年到一年中表现很好的公司，且其在接下来的半年到一年中还会保持这一良好的发展势头。不管是有5个因子还是6个因子，我认为在理性世界中，唯一重要的因素就是第一个，即经典的贝塔值，但贝塔值也被证明已不合时宜了。那么其他因素呢？在理性经济人的世界中，它们都是看似无关的因素。

第 24 章

价格并不都是合理的

让我们回顾一下，有效市场假说包括两个部分：第一，我们无法跑赢大盘（即没有免费的午餐）；第二，价格是“合理的”。我和维尔纳的研究所挑战的主要是第一部分。与此同时，另一场有关大盘合理性的战争也在酝酿之中，这与有效市场假说的第二部分有关。1981年，罗伯特·席勒发表了一篇论文，文中的发现十分惊人。[182] 席勒现为耶鲁大学教授。

要理解席勒的研究结果，我们可以先想一想股价应该由什么因素决定。假设某基金决定购买一只股票，并且一直持有。换句话说，他们永远也不会卖掉这只股票，所以他们能够从中获得的只有股票红利。这只股票的价值应该等于基金会自此以后获得的所有股票红利的“现值”，也就是在考虑到“今天的钱比明天的钱更值钱”这一前提下，所有流入资金的金额。① 但是，因为我们并不知道某只股票在不

① 如果该基金决定卖掉股票，我们就会将卖价计入，然后贴现到当下。如果他们持有股票的时间足够长，那么对我们的分析几乎不会有多大的影响。

同时间点的股票红利具体是多少，所以股价只是一种预测，即市场对未来所有股票红利的预期现值。

合理预测有一个重要特性，即预测结果不能超过预期，股价的表现也应该如此。假设你试图预测新加坡白天的最高温度。这个东南亚城市国家的天气变化不大，一般来说，热时气温大约为32℃，最热时会达到35℃，“冷”时也只会降到29℃。明白我的意思了吧？预测每天的气温是32℃就绝对不会与实际气温相差太远。如果新加坡的哪位气象预报员喝得酩酊大醉，预测某天的温度为10℃（比史上最低温度还低），预测其后一天的温度为43℃（比史上最高温度还高），就会公然违反“预测结果不能超过预期”这一规则。

席勒正是将这一原则运用到股市中并得出了惊人的结果。他收集了从1871年以来的股价和股票红利信息，然后从1871年开始，对每一年都根据历史数据预测未来的股票红利，即如果某人购买了那时的股票投资组合，预测他未来能够得到多少股票红利，席勒将此称为“事后合理”预测。席勒的计算方法是，通过观察实际支付的股票红利，并将其贴现到某一年。长久以来，股价呈上涨趋势，席勒调整了这一显著趋势后发现，股票红利的现值就像新加坡的温度一样稳定，但股价却波动很大。我们应该将股价解读为预测股票红利现值的尝试。具体结果如图12所示，那条近乎水平的线代表股票红利的现值，而那条弯弯曲曲的线则是实际的股价，正如喝醉酒的气象员所做出的天气预报一样，两条曲线都有了某种变动，消除了长期的上涨趋势。

席勒的论文题目是“股价是否波动太大，此后的股票红利变化已经无法解释这种波动？”根据图12所示，答案是肯定的。席勒的研究在金融界引发了一场风暴。有很多论文都在攻击他的研究方法和结论，其中有一篇甚至被评论家幸灾乐祸地称为“席勒杀手”。（你也许还记得，其中一篇论文的作者是艾伦·克莱顿，我们在第 17 章中提到过这篇论文，它曾在芝加哥大学的那次会议上被讨论过。）[183]

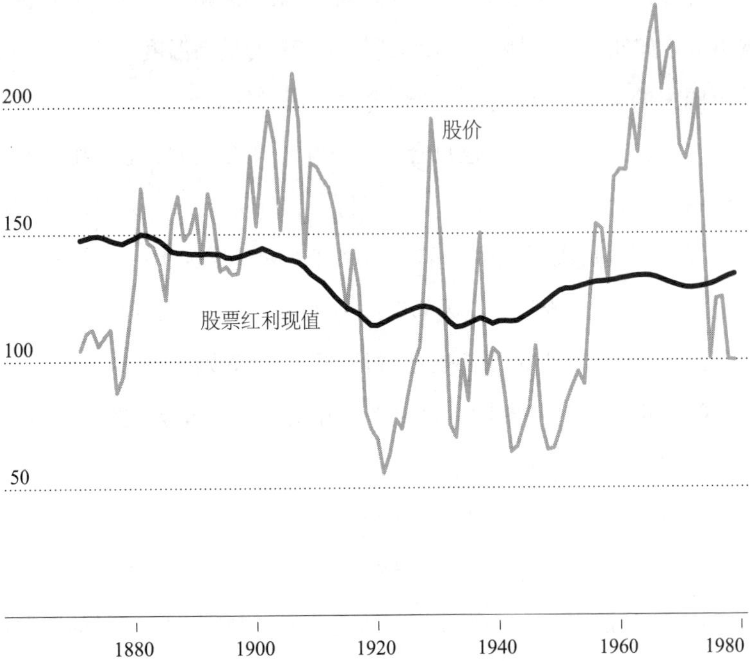

图 12　股价波动幅度大吗？

资料来源：罗伯特·席勒，1981 年

目前，经济学家还在为如何正确完成席勒的实验而争论，但是我认为这个问题早在席勒的论文发表几年后就被有效地解决了。1987 年 10 月 19 日被称为“黑色星期一”，全球股市暴跌。这场股灾开始于中国香港，之后是欧洲和美国，并不断向西蔓延。纽交所的股价下跌幅度超过 20%，而前一周的星期五已经跌了不止 5%。对我们来说至关重要的一点是，19 号那个星期一没有金融或其他任何方面的重磅新闻——没有爆发战争，没有政治领袖被暗杀，也没有其他任何重大事件发生。（我们可以对比一下，当年日本轰炸珍珠港之后，美国股市仅下跌了 4.4%。[184]）但是，此刻全球股价陡然直下，却没有人知道原因是什么。接下来的几天，股市波动幅度仍然很大。星期二，美国标准普尔 500 指数强势反弹了 5.3%，星期三又回升了 9.1%，但 26 号的星期一又下跌了 8.3%。10 月末，像“罗伯特·席勒是对的：金融市场果然波动性很大”这样的标题出现在《华尔街日报》也不会让人吃惊。在理性世界中，价格只会因为消息而发生变化，而在那个星期，唯一的消息就是股价波动得十分疯狂。

如果股价极不稳定，那么从某种程度上说，它们肯定是“出了问题”。与 10 月 15 日星期二的收盘价相比，接下来那个星期一的收盘价下跌了 25% 以上，在没有任何消息的情况下，我们很难说这两个价格都是内在价值的合理表现。

席勒最初在写那篇论文时，并没有从心理学的角度进行思考，他只是摆出了很难合理解释的事实。当然，我是从行为经济学的角度阅读这篇论文的，我觉得我和席勒很可能成为合作者。1982 年春天，席勒到康奈尔大学做讲座时，我、维尔纳以及席勒在校园里走了很久，我鼓励席勒从人类行为的角度重新审视他的论文。我不知道是不是因为我们的这次谈话，两年后他重新写了一篇论文，并成为行为经济学领域的重磅炸弹。这篇论文名为“股票价格和社会动态”（Stock Prices and Social Dynamics），对“正如社会现象可能会影响时尚趋势，它同样也会影响股价”这一异端学说表示支持。[185]没有任何明显的原因，裙子的流行款式会变长或变短，难道股价的变化就不会以类似的方式跳出经济学家预测的标准范围吗？从某种程度上说，席勒论文的主题比我的更为激进。我们可以想象一下，当很多人直到最近才淘汰了他们带有皮革补丁的粗呢运动夹克时，试图让经济学家相信时尚的影响力是相当困难的。几年后，席勒和乔治·阿克洛夫在一本书中引用了凯恩斯的“动物精神”，以指代消费者和投资者反复无常的态度变化。[186]

虽然我在描述时主要强调，席勒的研究与有效市场假说中的“价格合理性”有关，但它与“没有免费的午餐”也不无关系。为了说明原因，我们可以回忆一下价值投资法。我们可以预测，不管是市盈率很低还是一直都表现得极为糟糕的价值股，都能跑赢大盘。我们也可以计算大盘的市盈率，那么同样的原则是否适用呢？也就是说，是否可以通过购买相对便宜的股票，同时避免购买相对昂贵的股票，来跑赢大盘呢？席勒大胆地宣称：“可以，但是……”这也是我能给出的最佳答案。

要做这种计算，席勒倾向于用股票指数（比如标准普尔 500）的股价除以过去 10 年的平均收益。席勒之所以喜欢在计算收益时追溯之前很长的一段时间，是因为这样可以平滑经济周期中暂时的波动。相关市盈率如图 13 所示。

以我们的后见之明，很容易从此图中看出投资者应该会喜欢的做法。请注意，当股市偏离其历史趋势时，最后总会回归均数。20 世纪 70 年代，股票看起来很便宜，但股价最后触底反弹。20 世纪 90 年代末，股票看起来很昂贵，最后却一路狂跌。所以，席勒的长期市盈率似乎有某种预测能力，但预测并不十分精确，这也是我们在上文中回答“可以，但是……”的原因。

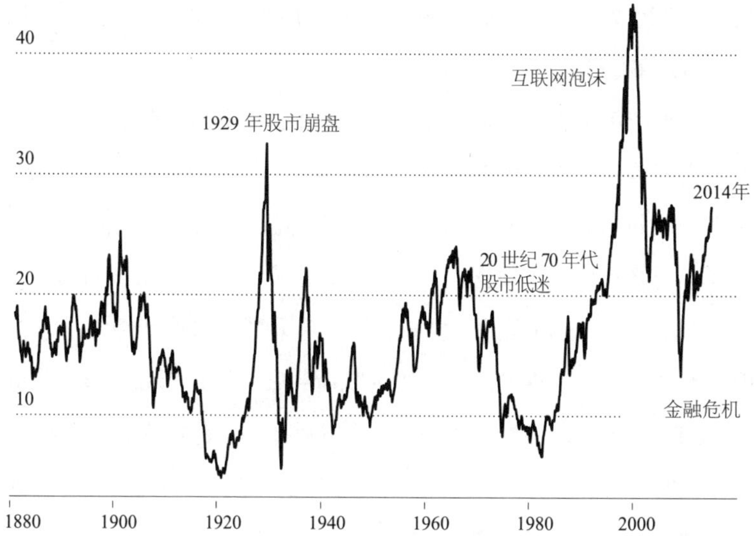

图 13 股市的长期市盈率

资料来源：http：//www.econ.yale.edu / ~shiller/behfin/

1996 年，席勒与约翰·坎贝尔（John Campbell）给联邦储备金监察小组做了一次简报。正是这次简报促使时任美联储主席的艾伦·格林斯潘做了一次讲话，他在讲话中用其一贯的间接方式问道，怎样才能知道股市是否进入了“非理性繁荣”期？席勒后来用这个名词作为他的一本畅销书的名字。[187] 这本书于 2000 年出版，当时恰逢股市开始下跌。那么，席勒的警告究竟是对还是错呢？① 因为他发出警告 4 年后股市才到达峰值，所以经过了很长一段时间之后，他那一度被视为错误的警告才沉冤昭雪！这种精确度的不足表明，长期的市盈率并不能保证

① 我也认为 20 世纪 90 年代末科技股的价格虚高，这里有记录为证。1999 年，我在一篇论文中预测，当时的情况将会发展成为巨大的互联网泡沫。但与席勒不同的是，如果我能抽出时间的话，（还记得我一直是个懒人吧？）这篇论文就可以提前两年发表。在对股市做了一次准确的预测后，我决心不再做其他预测。

投资者获得收益。如果谁在 1996 年听取了席勒的建议而大肆押注市场下跌，那么在有机会获利之前他早就破产了。

房地产市场也是如此。罗伯特·席勒有很多令人羡慕的优点，其中之一就是他长期以来钟情于收集数据。正是因为收集了自 1871 年以来的股价数据，他的那篇论文才能写就。除此之外，他还研究过投资者情绪和房价等数据。关于房价，席勒是和他的好友奇普·凯斯（Chip Case）一起研究的。凯斯是塔夫茨大学的房地产经济学家，他们二人共同创立了现在广为使用的凯斯–席勒房价指数（Case-Shiller Home Price Index）。在此之前，房价指数并不十分可靠，因为特定月份出售的房屋种类不一，价格也相差很大，这会影响平均售价。凯斯和席勒很聪明，他们创建房价指数时主要依据同一处房产的重复销售数据，从而控制了房屋的质量及位置变量。

美国房价自 1960 年以来的长期增长情况如图 14 所示。2000 年之前，此图使用的是政府收集的房价数据，此后凯斯–席勒房价数据问世，两种数据都包括在内。所有房价都是排除通货膨胀因素后的数据。图中显示，20 世纪 90 年代中期之前，大部分时候房价增长比较平缓，20 世纪 90 年代中期之后房价出现暴涨。另外，在很长一段时间内，房价与租金比都保持在大约 20 ∶ 1 的水平上，但此后则大幅偏离这一长久以来的基准水平。通过研究这些数据，席勒提出了存在房地产泡沫的警告，最终事实证明席勒是正确的。但是当时，说不准是因为泡沫的存在还是经济状况发生了某种变化，致使更高的房价与租金比成为常态。

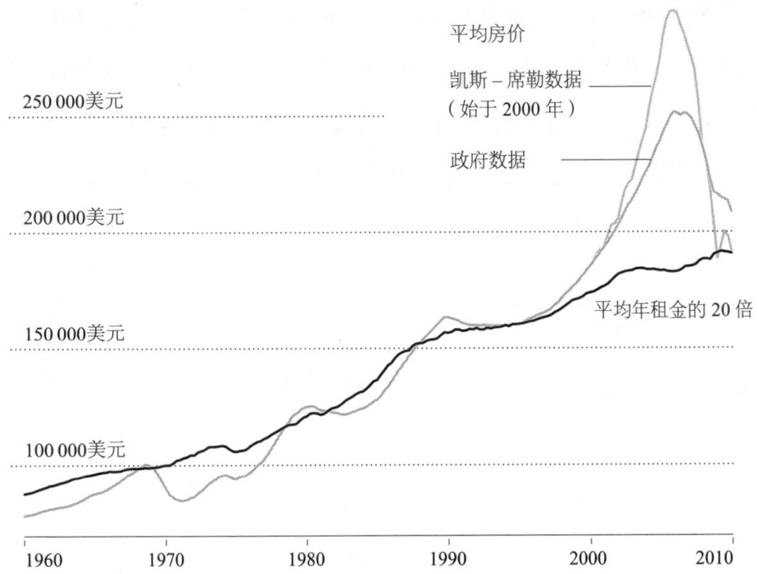

图 14 房价和租金

资料来源：http：//faculty.chicagobooth.edu/john.cochrane/research/papers/discount_rates_jf.pdf

在这里我要强调一点，这些预测虽然不够精确，但它们并非一无是处。当房价严重偏离历史水平时，不管是偏高还是偏低，这些信号都有某种预测价值。房价偏离历史水平越远，这些信号越应该被严肃对待。投资者应该避免在市场显示出过热迹象时将资金投入其中，但也不应该期待通过短线操作而获得巨大收益。比起判断泡沫何时会破裂，发现我们是否处于泡沫当中其实更容易。另外，试图通过波段操作获利的投资者几乎都很难如愿以偿。

虽然我和席勒的研究方向不同，但我们却成为好友并且建立了合作关系。1991 年，我和席勒开始负责组织行为金融学的研讨会，该研讨会每半年举办一次，由美国国家经济研究局主办。很多具有里程碑意义的行为金融学论文都在这个会议上发表，这个会议为行为金融学的繁荣发展起到了极大的推动作用，也使行为金融学后来在金融经济学领域独领风骚。[188]

第 25 章

动物精神和封闭式基金折价之谜

席勒的研究对有效市场假说中的“价格合理性”部分可谓一记重创，但不是致命的，有关其方法论的争议一直没有停止。虽然 1987 年 10 月那个星期的股市情况很难解释，但有效市场假说的支持者们却不愿意否认“价格是合理的”。1988 年春天，芝加哥大学为此举办了一次会议，我和尤金·法玛被分到了一个讨论组。法玛首先发言，他说，我们应该庆祝市场这么快就达到了新的均衡。他认为肯定是发生了什么事，投资者才调低了他们对股市未来收益的预期，股价因此做出调整，呈现出它们“应该”呈现的样子。

当轮到我发言时，我问在座的专家是否认为“黑色星期一”现值的股票红利下跌了 20%，只有少数几个人认为是这样的，而法玛并不在其中。我扬起眉毛表示质疑，这时，法玛立刻面带笑容地举手赞同。他并没有退让，而且依然保持着自己的幽默感。

必须有确凿的证据，才能说服法玛和其他身处有效市场假说阵营的专家们。但是正如我们在前文中提到的，由于很难精确地衡量内在价值，从而很难证明股价偏离了其内在价值。有一种方法可以用来检验价格是否“合理”，即运用有效市场假说的一条核心原则——“一价定律”。该定律指出，在一个有效市场中，同一种资产不可能同时以两种不同的价格出售。如果出现价格不一致的情况，立刻就会出现套利的机会，也就是说可以在没有任何风险的情况下获利。假设纽约的黄金价格为每盎司 1 000 美元，而伦敦的售价为 1 010 美元，投资者就可以在纽约购买黄金，然后在伦敦卖掉。如果交易成本很低，那么在两地黄金价格变得一样之前投资者都可以从中获利。市场上有很多聪明的交易者一直在留心观察有悖于一价定律的情况，所以套利机会几乎是转瞬即逝的，这样就保证了一价定律的适用性。如果能找到违反该定律的证据，将会重创有效市场假说。

违反一价定律的情况其实很容易就能找到，本杰明·格雷厄姆等人早已讨论过这一话题。封闭式基金这种共同基金似乎就违反了一价定律。

就我们更熟悉的开放式基金而言，投资者可以随时买入或赎回，并且所有交易的价格都是由基金标的资产的价值（即资产净值）决定的。假设一只基金只购买苹果公司的股票，一份苹果基金相当于一股苹果股票。假设苹果基金每份为 100 美元，投资者投资 1 000 美元，就可以购买 10 份苹果基金。如果投资者后来想要赎回基金，赎回金额将取决于苹果公司当时的股价。如果每股价格涨到 200 美元，投资者就可以得到 2 000 美元（基金收取的佣金很少）。“开放式”是指，基金所管理的资产可以根据投资者的偏好增加或缩减。

封闭式基金则与开放式基金不同。如果封闭式基金的基金经理最初打算筹集 1 亿美元，这个数额就不能改变，既不允许新的资金投入，也不允许原有资金撤出。（我们可以看出这种基金对投资经理的吸引力是多么大，因为投资者是不能撤资的！）封闭式基金可以在市场上交易，如果投资者想卖掉手中的基金，她必须以市价卖出。我们再回到苹果基金的那个例子上，假设它是一种封闭式基金，如前例一样，一份基金等值于一股股票，那么封闭式苹果基金的市价是多少呢？有人可能会认为是资产净值，也就是苹果公司当前的股价。如果不是苹果公司当前的股价，就违反了一价定律，因为投资者能以两种价格购买苹果股票，一种由苹果股票的市价决定，另一种由苹果基金的价格决定。

有效市场假说对封闭式基金的价格有一个清晰的预测：基金价格等于资产净值。但是，查看任何一张封闭式基金的价格表格，我们都会发现事实并非如此（图 15）。这些表格通常有三栏：一栏是每份基金的价格；一栏是资产净值；还有一栏是折价或溢价，衡量的是前两栏价格的百分数差。这三栏数据可以告诉我们，市价往往与资产净值不同。虽然基金通常折价卖出，一般低于资产净值的 10%~20%，但有时也会溢价卖出。这显然违反了一价定律，投资者用不着计算就可以从表格中看到这种反常现象，这到底是怎么一回事呢？

基金	资产净值（美元）	市价（美元）	溢价或折价（%）
加百利公共设施基金（GUT）	6.28	7.42	+18.2
贝莱德健康科学基金（BME）	38.94	42.48	+9.1
第一信托专业金融基金（FGB）	7.34	7.62	+3.8
DNP 选择收益基金（DNP）	10.50	10.55	+0.4
第一信托能源收益和增长基金（FEN）	37.91	35.83	− 5.5
ASA 黄金 & 贵金属有限公司（ASA）	11.24	10.19	− 9.3
贝莱德资源和大宗商品战略基金（BCX）	11.78	9.93	− 15.7
第一手技术价值基金（SVVC）	29.70	18.59	− 37.4

截至 2014 年 12 月 31 日

图 15　部分封闭式基金的溢价与折价

资料来源：*Wall Street Journal* online，January 1，2015

在我遇到查尔斯·李（Charles Lee）之前，我对封闭式基金的了解很少。查尔斯是康奈尔大学会计系的博士生，但他的教育背景显示他可能会对行为金融学感兴趣，于是我在他攻读博士研究生第一年时说服他成为我的研究助手。查尔斯在上我的行为经济学课程时，我建议他的课程论文可以选择封闭式基金作为主题。他接受了这个挑战。

就在查尔斯完成他的课程论文的那段时间，拉里·萨默斯（Larry Summers）与他曾经的三名学生写了第一篇有关“噪声交易者”的论文，随后又发表了一系列相关论文。“噪声交易者”一词源自费希尔·布莱克。布莱克在出任美国金融学会会长的就职演说中，用“噪声”一词与“信号”进行了对比，使之成为金融学领域的一个术语。理性经济人只会因为真实的信号而改变投资想法，但普通人可能会对那些都不能算作信号的事件做出反应，比如看到投资公司引人发笑的广告。换句话说，看似无关的信号就是噪声，而正如布莱克和萨默斯所说，噪声交易者会根据看似无关的因素而非真实信号做出决定。

此前，萨默斯曾用更有趣的语言描述过噪声对资产价格的影响。他有一篇独立撰写的论文，但并未发表，论文的第一句话是：“看看四周，你就会看到傻瓜”[189]。① 萨默斯有三名研究生：布拉德·德朗（Brad De Long）、安德烈·施莱费尔和罗伯特·瓦尔德曼（Robert Waldmann），三个人在大一时是室友。萨默斯和这三名学生一起撰写了一篇更严肃、更缜密、更客气的论文。[190] 他们提出的模型以封闭式基金为例，但没有做任何实证研究。我和查尔斯认为，我们也许可以在查尔斯的那篇课程论文的基础上填补这一空白。当时，安德

① 关于这篇论文，我唯一能找到的就是费希尔·布莱克传真给萨默斯的副本，上面还有手写的评论。在开篇“傻瓜”那句之后，布莱克写道，“我称他们是‘噪声交易者’。他们会把噪声当作信号，并且根据噪声进行交易”。

烈·施莱费尔刚到芝加哥大学任教，我们邀请他一起来做这件事。我们三人共同写了一篇有关封闭式基金的论文，共指出了4个封闭式基金之谜。

封闭式基金建立后，一般由经纪人出售，他们会收取高额的佣金，大约是售价的7%左右。但是在6个月内，封闭式基金一般会以高于10%的折价率进行交易，所以第一个谜团是：为什么有人会花107美元购买6个月后期望值为90美元的资产呢？根据这一现象，本杰明·格雷厄姆将封闭式基金称为“竖立在迟钝、愚蠢的股东之间的昂贵纪念碑”。[191]这种说法比直接称投资者为“傻瓜”更委婉，但仍是解决第一个谜团的唯一令人满意的答案。①

第二个谜团是之前提到的折价和溢价。为什么基金的交易价格与资产净值不同呢？

第三个谜团是不同的基金在不同时间的折价（和溢价）情况差异很大。这一点很重要，因为它排除了很多被认为可以解释折价存在的简单理由。其中一种简单解释是，折价是因基金收取了费用或管理不当而对投资者做出的必要补偿。但是，如果这可以算作一种解释，为什么折价情况会变化那么大呢？一般而言，费用或管理不会因为时间不同而相差很多。

第四个谜团是当折价销售的封闭式基金决定转变为开放式基金时——这往往是由于折价太多而受到来自股东的压力，其价格会趋近于资产净值。这一点排除了资产净值计算错误的可能性。总之，这四个谜团构成了有效市场之谜。

我们那篇论文的主要目标是吸引大家注意这些谜团，但我们的主

---

① 有一点要说明的是，在封闭式基金折价销售时进行投资是聪明之举，但在开始发行并收取佣金时购买则是愚蠢的行为。

要研究贡献是进一步剖析了折价随时间变化的原因。我们运用了美国封闭式基金的一个重要特点：这些基金的主要持有者是个人投资者而非机构投资者。我们假设个人投资者在市场中扮演着噪声交易者的角色，他们比退休的基金和捐赠基金等专业机构的投资者更浮躁，因为他们很容易改变自己的积极或消极情绪，我们将这些情绪称为“投资者情绪”。我们推测，当个人投资者兴致高昂时，封闭式基金的折价率会降低，但当他们比较悲观或害怕时，折价率则会升高。在席勒看来，投资者情绪显然是“动物精神”的一种。

问题是如何衡量投资者情绪。为了解答这个问题，我们也利用了个人投资者比机构投资者更可能持有小公司股票这一点。机构投资者之所以回避小公司的股票，是因为这些股票的交易量不够，无法满足其流动性需求；共同基金等机构投资者也不会购买封闭式基金或其他共同基金，因为它们的客户不喜欢支付两种费用。所以，如果个人投资者的情绪是变化的，我们认为这会表现在封闭式基金的折价上以及小公司和大公司的相对表现上。（虽然从平均情况来看，小公司的股票表现得更好，但有时大公司的股票表现也会优于小公司。）

我们的发现正是如此。[192]封闭式基金的平均折价与小公司股票和大公司股票之间的收益差有关；折价越大，两种股票的收益差也越大。这一发现相当于找到了大脚怪或其他神秘生物的脚印。

正如上文所说，我们绝不是第一个撰写封闭式基金主题论文的人。经济学家雷克斯·汤普森（Rex Thompson）就写过一篇相关的论文，[193]发现折价最大时购买基金将会得到巨大的收益（这种策略也得到本杰明·格雷厄姆的支持）。伯顿·麦基尔（Burton Malkiel）同样支持这种策略，他的畅销书《漫步华尔街》（*A Random Walk Down Wall Street*）[194]至今仍在热销。不过，我们的论文确实惹怒了一些人，其中包括诺贝尔奖得主默顿·米勒。米勒是芝加哥大学资历很深的金融经济学家，也是施莱费尔的同事。

时至今日，我仍然不知道我们的论文为什么会让米勒那么生气，不过我觉得虽然其他人也写过类似论文，但我们毕竟是自格雷厄姆以来第一波不按常理出牌的人，我们也没有为自己发现的反常现象致歉或是寻找借口。相反，我们看上去还很高兴。最重要的是，我们用一个经济学家讨厌的反常现象（小公司效应）解释了另一种反常现象（封闭式基金折价之谜）。对于一个经济人来说，这就相当于在安息日工作时徒然呼唤上帝之名。

米勒进入了战斗模式。我们将这篇论文投给了《金融杂志》，杂志编辑勒内·斯塔尔茨（René Stulz）将论文发给了审稿人。与此同时，我们得知米勒在游说斯塔尔茨拒绝刊登我们的论文。感谢斯塔尔茨，他最终接受了我们的论文，并告诉米勒，如果米勒不认同我们的研究结果，就应该按照惯例对我们的文章做出评论，并提交给杂志。

米勒采纳了斯塔尔茨的意见，他邀请芝加哥大学的陈乃虎教授（Nai-fu Chen）以及研究生雷蒙德·卡恩（Raymond Kan）一起做研究，并针对我们的论文写了一篇评论。米勒十分机敏，那篇评论以其惯常的虚张声势的风格写成。评论是这样开头的："查尔斯·李、安德烈·施莱费尔和理查德·塞勒（1991）宣称解决了两个而非一个长久以来悬而未决的谜团，即封闭式基金折价和小公司效应。三人认为，这两个谜团都受到了个人投资者情绪的影响。如果他们确实解决了这些谜团，那么这种一石二鸟的做法的确很巧妙，但他们并未成功。"[195]

在这里我就不详述双方争论的内容了，免得让大家生厌，因为其中涉及的大多是技术细节。按照惯例，我们也写了一篇文章对米勒的批评做出回应，并将其发表在同一期杂志上，其中使用了新数据来支持我们的观点，米勒认为这违反了处理此类争论的一般做法。他坚持对我们的回应进行反击，也就是说，根据惯例我们作为原作者还需要继续做出回应。[196]

在最后两轮争论中，双方都宣称自己获胜了。我不知道谁是赢家，但我很清楚这次史无前例的无聊争论吸引了很多人的注意。数百位金融经济学家阅读了我们最初的那篇论文，这都要感谢米勒教授。米勒虽然在批评我们，但却帮了我的大忙。如果不是因为米勒，《金融杂志》的很多读者可能不会注意到那篇有关封闭式基金的论文。总之，什么都比不上一场漂亮的争论能够吸引的注意力多。

第 26 章

果蝇、冰山和负股价

我们与默顿·米勒的争论模糊了封闭式基金最重要的一个特点：封闭式基金公然违反了一价定律。这就好比我们发现了一头独角兽，然后一直争论该将独角兽的皮毛颜色称作什么颜色。几年后，当我到芝加哥大学执教后，与芝加哥大学的同事欧文·拉蒙德（Owen Lamont）再次研究了一价定律。

当时，拉蒙德还不算是一位行为经济学家，而只是一位思想开明的研究者，对有趣的问题有很好的判断力。在我和席勒协助美国国家经济研究局组织的行为金融学研讨会上，拉蒙德一直是研讨会的首选参会者。研讨会上的优秀辩论者比比皆是，但拉蒙德可能是其中得分最高的人。有一次，拉蒙德要评论一篇论文，作者在文中衡量了期权交易者在交易日的焦虑程度。这项研究所使用的传感器技术很精妙，但我们很多人都在想可以从中得到什么启示。拉蒙德在评论伊始就总结道："论文作者明确否定了交易者是木头人这一假设。"

拉蒙德发现了一个有趣的问题，有一家名为 3Com 的公司明显违背了一价定律。3Com 公司的主要产品是应用以太网技术的网络计算机，它还收购了 Palm 公司，Palm 公司当时是 Palm Pilot 这款出色的掌上电脑的生产商。在 1999 年夏天，硅谷任何一家还算不错的科技公司的股价每一两个月几乎都会翻一番，但 3Com 公司的股价却一直很平稳。于是，公司的管理层执行了新计划去提高股价，这个计划就是把自己与 Palm 公司分开，让 Palm 公司独立经营。2000 年 3 月 2 日，3Com 公司卖掉了自己在 Palm 公司的一部分股份。这种交易被称为“股票分拆上市”，3Com 公司在 Palm 公司的首次公开募股中卖掉了 Palm 公司大约 4% 的股份，以及整个集团 1% 的股份，自己则保留了 95% 的股份。

此举本身就会让有效市场假说的支持者们提心吊胆。Palm 公司在 3Com 公司内部，还是独立出来，这有什么区别吗？如果股价是“合理的”，那么将一家公司拆分为两家将不会提高它们的价值，除非母公司（即 3Com 公司）对 Palm 公司管理不善，妨碍了子公司的成长。当然，3Com 公司的管理层没有宣称 Palm 公司的独立是因为他们管理不善。相反，3Com 公司暗示，与作为母公司的一部分相比，Palm 公司若独立出来会奇迹般地提升它的价值。毫无疑问，它们希望独立的 Palm 公司会像 eBay（易贝网）、美国在线和亚马逊等当时极具吸引力的科技公司一样，市场价值得到提升。有效市场假说的支持者会对此举表示怀疑，他们认为，在充满经济人的市场中，3Com 公司的价值等于 Palm 公司的价值加上其他所有部门的价值，将 Palm 公司独立出来不会影响公司的整体价值。

不过，20 世纪 90 年代末的科技公司的股价显然不是由理性经济人推动的。令人疑惑的是，3Com 公司的股票分拆计划确实奏效了。1999 年 12 月 13 日，3Com 公司首次宣布他们计划将 Palm 公司分拆出来，当时 3Com 公司的股票为每股 40 美元，到 2000 年 3 月 1 日

Palm 公司首次公开募股时，3Com 公司的股价超过了 100 美元。分拆计划耗时耗力，但回报还是不小的！不过，真正奇怪的事情还在后头。

股票分拆的过程如下：最初 Palm 公司只有 5% 的股份被卖给了外部投资者，3Com 公司持有余下 95% 的股份。几个月后，3Com 公司的每位股东持有的 Palm 公司股份变成原来的 1.5 倍。一价定律此时便发挥作用了。Palm 公司的原始股一旦开始交易，3Com 公司的股东就将拥有两项独立的投资。一股 3Com 公司的股票包括 1.5 股 Palm 的股票加上 3Com 公司其余部分的股权，后者用金融学术语来说就是 3Com 公司的“自有价值”（stub value）。在理性世界中，3Com 的股价等于自有价值加上 Palm 股价的 1.5 倍。

在首次公开募股中，销售 Palm 公司股票的投资银行家必须确定股价的金额。随着投资者对首次公开募股的热情不断高涨，他们不断提高股价，最后定为每股 38 美元。但是，当 Palm 股票开始入市交易时，股价暴涨，当天收盘时每股价格已超过 95 美元。投资者的确很看好独立后的 Palm 公司的前景。

那么，3Com 公司的股价会有什么变化呢？我们来计算一下，每股 3Com 股票中包括 1.5 股 Palm 股票，即 95 美元 ×1.5=143 美元。此外，3Com 公司除去 Palm 公司的其余部分也是赢利的，所以 3Com 公司的股价至少应该涨到 143 美元，并且很有可能比这个金额还高。但实际上，自 Palm 公司股票开始交易的第一天起，3Com 公司的股价却呈下行趋势，收盘时仅为 82 美元。这就是说，市场对 3Com 公司“自有”价值的估算是每股 –61 美元，总计为 –230 亿美元！你看的没错，股市显示 3Com 公司的其他部门虽然赢利，但其自有价值为 –230 亿美元。

在理性的世界中，3Com 公司股票的每股价格应该等于 Palm 公司股价的 1.5 倍加上 3Com 公司的自有价值。

3COM	=	PALM	x	1.5	+	S
3Com 公司股票的每股价格		Palm 公司每股股价的 1.5 倍				3Com 公司的"自有"价值

但是股市收盘时，股价并不合理。如果计算 s 的值，你会发现 3Com 公司的自有价值是负数。

\$82	=	\$95	x	1.5	+	–\$61
3Com 公司股票的每股价格		Palm 公司每股股价的 1.5 倍				3Com 公司的"自有"价值

图 16

金融学中还有一个比一价定律更基本的原则，即股价不可能是负值。如果你愿意，可以抛售所有股票；股东的责任也是有限的，所以股价的绝对值最低可以降为零。没有哪家公司的股票价值是 –100 美元，更不用说 –230 亿美元了。但是，市场显示的结果却是如此。

我们换个方式思考一下。假设一个理性的经济人希望投资 Palm 公司，他可以花 95 美元购买一股 Palm 公司的股票，也可以花 82 美元购买一股 3Com 公司的股票，后者相当于 Palm 股票的 1.5 倍加上 3Com 公司的自有价值。这个选择看似不难！如果购买 3Com 的股票，不仅可以用更少的钱买到更多 Palm 公司的股票，还可以免费获得 3Com 公司旗下其余部门的股份，那么为什么要直接购买 Palm 公司的股票呢？

这严重违背了一价定律，以至于各大报纸纷纷对此进行报道。尽管如此，3Com 公司的自有价值直到几个月后才摆脱负值。

为什么会发生这种情况呢？违背一价定律并使其持续一段时间，有两个必要因素。第一，要有一些投资者莫名其妙地希望拥有一股未掺杂其他成分的 Palm 公司股票，而不希望拥有掺有另外一股赢利公司股份且更为便宜的股票。换句话说，要有一些噪声交易者，也就是萨默斯所说的“傻瓜”。虽然购买 Palm 公司股票时有人知道其估值过高，但他们希望随后以更高的价格卖给“傻瓜”。

另外一个必要因素是，必须阻止专业投资者让股票恢复到正常价格。明智的投资者只会购买 3Com 公司的股票而非 Palm 公司的股票，但真正的经济人还会更进一步。在这种情况下，专业投资者将购买估值过低的 3Com 公司股票，同时卖空一定数量的 Palm 公司股票。当交易完成后，投资者卖掉自己获得的 Palm 公司的股份，偿还贷款，最终获得的利润将等于 3Com 作为独立公司的股价。这种交易绝不会亏本。既然大家都知道这些消息，为什么不这样做呢？问题在于首次公开募股中销售的 Palm 公司股票太少，无法满足所有想买入该股票的投资者：可供买入的股票少于想要买入的需求，这意味着，专业投资者无法促使 Palm 和 3Com 公司的股价达到合理的均衡点，即 3Com 公司的股价至少是 Palm 公司股价的 1.5 倍。①

---

① 如果你手头有时间，就可能找到可以借入的股票。事实上，当时芝加哥大学有一名金融学博士生，他决定利用 3Com 公司和 Palm 公司的股票赚钱。他在每个折扣经纪商那里开户，并倾注所有的时间借入 Palm 公司的股票进行卖空。每当他借入 Palm 公司的股票，就会卖空，再用收益购买 3Com 的股票以对冲头寸。几个月后交易结束时，他获得的利润十分可观，并买了一辆跑车，他给跑车命名为“Palm-mobile”。这则故事的寓意是，我们可以从反常现象中获得上万美元的收益，但可不会是上百万美元。

3Com 公司和 Palm 公司的故事并非唯一的特例。[①]1923 年，年轻的本杰明·格雷厄姆就发现杜邦公司持有大量通用汽车的股票，但奇怪的是，杜邦股票的市价几乎与其通用汽车的股价一样。尽管杜邦是一家赢利很多的公司，但它的自有价值几乎是零。格雷厄姆做了一笔聪明的交易，买入杜邦公司的股票，卖掉通用汽车的股票，之后在杜邦股价上涨时大赚了一笔。

不过，专业投资者并不总是一帆风顺的。多年来，荷兰皇家壳牌这家合并形成的公司一直持有两种股票，皇家荷兰石油公司的股票在纽约和荷兰交易，壳牌的股票则在伦敦交易。根据 1907 年公司成立时的合并协议规定，60% 的利润归皇家荷兰的股东所有，而 40% 的利润归壳牌的股东所有。一价定律规定，两种股票的股价之比应该是 60 ：40，即比值为 1.5。但是，这两种股票是否一直按照此比率交易呢？没有！皇家荷兰的股价有时比壳牌低 30%，有时高 15%。对噪声交易者来说，似乎连计算“乘以 1.5”都极有难度。

在这种情况下，专业投资者应该买入较便宜的股票，卖掉较贵的股票。与 3Com 公司和 Palm 公司那个案例不同的是，皇家荷兰和壳牌这两种股票的交易十分广泛，并且很容易买到，那么是什么妨碍专业投资者以 1.5 ：1 的价格比率交易这两种股票呢？奇怪的是，没有任何因素。还有一点很重要，3Com 和 Palm 之间的股价异常现象几个月后就消失了，但荷兰皇家壳牌公司的两种股票的差异却持

---

① 2014 年年中也出现了一次类似的情况，当时雅虎持有的阿里巴巴的股票价值超过了整个雅虎的价值。

续存在了几十年。① 不过，其中也暗藏着风险。有些专业投资者，比如对冲基金美国长期资本管理公司（LTCM）就按此法交易，卖掉较昂贵的皇家荷兰股票，买入便宜的壳牌股票，但结果却不尽如人意。1998 年 8 月，因为亚洲金融危机和俄罗斯债务违约，美国长期资本管理公司和其他对冲基金开始赔钱，需要减仓，其中也包括荷兰皇家壳牌的股票。不过，美国长期资本管理公司并不是唯一一家发现荷兰皇家壳牌股价反常的对冲基金，它们在俄罗斯和亚洲也开始亏钱，而这并不奇怪。所以，在美国长期资本管理公司减持荷兰皇家壳牌的股票时，其他对冲基金也在这么做，但股价却朝着相反的方向变化，也就是说，昂贵的股票变得更贵了。几个星期后，这个“套利”机会以及其他类似的机会都不复存在，美国长期资本管理公司的“套利”最终失败了。[197]

美国长期资本管理公司的案例证明了安德烈·施莱费尔及其长期合著者罗伯特·维什尼提出的“有限套利”理论。1997 年，施莱费尔和维什尼发表了一篇论文，[198] 描述了一种假设的情况，这与美国长期资本管理公司的经历十分类似。这篇论文发表一年后就发生了此类事件。当股价朝着与投资经理预期相反的方向发展，投资者开始要求赎回资金时，股价会变得更加离谱，将呈恶性螺旋状上升。我们从中可以学到重要的一点：股价会变得异常，而专业投资者并不是总能做出正确的判断。

---

① 20 世纪 90 年代，我有一次向一家大型退休基金的首席执行官讲述这种反常现象，他说我肯定是错了，因为专业投资者当然会买更便宜的股票。我问他：“真的吗？我相信您的基金肯定持有价值上百万的昂贵股票。”我还提出可以和他打赌，如果我赢了，他请我吃一顿大餐。他很明智，并没有和我打赌。他的基金部分与标普 500 挂钩，而标普 500 则包括了溢价销售的皇家荷兰股票。

我和拉蒙德写的那篇有关3Com和Palm公司的论文，[199]题目起得很大胆，叫作“市场能自动调节吗”（Can the Market Add and Subtract），我们还在芝加哥大学的金融学研讨会上做了演讲。研讨会结束时，尤金·法玛对我们列举的这个案例以及封闭式基金案例的重要性提出了质疑。他指出，案例所涉及的都是规模相对较小的金融资产。所以，虽然研究结果与有效市场假说相矛盾，但法玛认为因为资产规模太小，所以无须担忧。

在我看来，金融领域的这些特殊案例就像遗传学研究中的果蝇。大千世界，物种繁多，果蝇并不是一个极其重要的物种，但它们的快速繁殖能力有助于科学家的研究。如果没有果蝇，开展这些研究就会变得十分困难。所以，我们发现的案例就是金融学中的“果蝇”。通过这些罕见的案例，我们可以讨论一下其内在价值。没有人能够确定3Com或Palm公司的股价应该是多少，但我们几乎可以确定在资产拆分后，3Com公司的股价至少应该是Palm公司股价的1.5倍。我认为，类似案例只是市场定价错误的冰山一角，而法玛却以为我们看到的是整座冰山。

这些案例能够说明什么呢？如果一价定律可以被上述案例违背，那么就整个市场而言，显然会出现更大的差距。我们回想一下关于20世纪90年代的互联网股票是否存在泡沫的那场争论，当时甚至直到现在都无法证明科技股的定价过高。但是，如果市场连Palm和3Com公司股价这么简单的问题都无法校正，以科技股为主的纳斯达克指数当然也可能定价过高。在Palm与3Com的股票交易中，昂贵的股票属于出色的 Palm 公司，便宜的股票属于不够活跃的 3Com 母公司，这似乎并不是巧合；当我们对比吸引力巨大的科技股和默默无闻的工业股的股价上涨情况时，也是如此。

那么，我对有效市场假说究竟如何评价呢？需要强调的是，作为规范性标准，有效市场假说是十分有用的。在理性经济人的世界里，我认为有效市场假说是正确的。如果没有理性模型作为起点，行为金融学的研究将无从开始。如果没有理性框架，就没有所谓的反常现象，我们也就无法发现非理性的行为。另外，目前还没有一个有关资产价格的标准行为理论可以作为实证研究的理论基础。不论研究什么课题，我们都需要一个起点来引领我们的想法，而有效市场假说仍是我们所拥有的最佳起点。

就有效市场假说被当作资本市场的描述性模型而言，我的看法就没有那么清晰了。有效市场假说包括两个部分，如果用判断政治候选人主张的尺度来衡量，我认为“没有免费的午餐”这一点是“基本正确”的。当然也有反常现象：有时市场反应过度，有时则反应不足，但大多数活跃的投资经理都没有跑赢市场，这一点毋庸置疑——正如荷兰皇家壳牌公司和美国长期资本管理公司的案例所示，即使投资者确实知道股价不合理，这种价格也仍会继续存在，甚至还会变得更加不合理。这理应吓坏那些自认为很聪明并想要利用定价错误来赚钱的投资者。赚钱是有可能的，但并不容易。[①] 当然，那些认同有效市场假说并投资低成本指数基金的投资者，他们的选择也是无可指摘的。

---

① 自 1998 年起，我一直是一家资产管理公司的合伙人。我们这家公司名为“富勒 – 塞勒资产管理公司”，主要寻找那些因投资者的行为偏见所导致的错误定价的机会，通过这种方法投资美国股票。我们目前还在营业，这说明我们用行为金融学成功跑赢了大盘，或者说明我们很幸运，抑或兼而有之。

我对有效市场假说中“价格是合理的”这一点的评价更低。而对很多重要问题而言，“价格是合理的”这一点也更加重要。我认为这一点错到了什么地步呢？值得注意的是，在费希尔·布莱克那篇关于噪声的文章中，他表示：“我们或许可以这样来定义一个有效市场，即价格与价值的比值在两倍以内，也就是说价格在价值的一半到价值的两倍之间。当然，两倍的关系是任意的。不过，从直觉上看，鉴于价值的不确定性以及价格回归价值的程度，我认为这一数值看上去是合理的。根据这个定义，我认为几乎所有市场在任何时间都是有效的。‘几乎所有’意味着至少有 90%。”[200]

我不确定用“90%”定义“几乎所有”是否令人满意，但更重要的是，用两倍的关系来定义有效市场的浮动幅度还是太过宽泛。我们可以想一想，在房地产泡沫期间建造的所有房屋，其目前的价格也只是峰值时价格的一半。购买这些房产的人可能不会认同房地产市场在繁荣期内是有效的。另外，布莱克于 1996 年去世，并没有经历科技泡沫和房地产泡沫。我认为如果布莱克还活着，他可能会将价格与价值的比值更改为“三倍以内”。与 2000 年的峰值相比，当纳斯达克指数在 2002 年跌至低谷时，其跌幅超过 2/3，几乎可以肯定的是，这次下跌主要是因为最初的过度上涨。（这肯定不能归咎于互联网公司太令人失望。）

我的结论是：价格通常都是错误的，有时还错得很离谱。此外，当股价偏离基本价值的幅度很大时，资源误置的情况会非常严重。例如，当全美国的房价普遍上涨时，有些地区涨得十分迅速，房价与租金比达到历史最高点。如果房主和放贷者都是理性的经济人，那么他们应该会注意到这些预警信号，并意识到房价下跌的可能性将越来越大。不过，席勒的调查却显示，这些地区的人对房价将继续上涨的预期最乐观。人们并没有预期房价会回归均值，而是认为房价会涨得更高。

此外，在这种情况下，理性的放贷者应该对抵押贷款资格的审核更加严格，但事实恰恰相反。申请抵押贷款基本不需要交首付，对借款人的信用度也并未给予足够的关注。这些“骗子贷款”[201]对房价的上涨起到了推波助澜的作用，而政策制定者却没有采取任何措施加以干预。

这是我们从研究市场有效性中学到的最重要的一课。如果政策制定者只是简单地相信价格永远合理，那么他们永远都不会认为有政策干预的必要。但是，一旦我们承认可能会出现泡沫，并且私营企业似乎也正在助长这一疯狂的趋势，决策者在某种程度上出手干预就是有道理的。

全球央行必须采取特别措施以帮助经济走出金融危机的困境。那些最爱抱怨这些特别措施的人，同样也会反对采取措施来降低另一场危机发生的概率。这真是太不理性了。

第七部分

助推计划：1995年至今

我去芝加哥大学求职面试期间，曾与金融系的几位老师在教师俱乐部有过一次午餐会。我应聘的是现在被称为布斯商学院的机构里的一个职位。当我们离开商学院，在去往教师俱乐部的路上，我发现大楼旁边的人行道上有一张 20 美元的纸币。我很自然地把钱捡起来，然后所有人都笑了，因为我们都意识到当时的情况颇具讽刺意味。有一个古老的笑话是这样的：芝加哥大学的经济学家不会弯腰去捡一张 20 美元的钞票，因为如果钱是真的，早就有人捡走了。世上没有免费的午餐或白捡 20 美元这种便宜事，但是对于我这样一个异类而言，那张 20 美元的钞票看起来是那么真实，为它弯一次腰还是值得的。

我任职商学院这件事并非没有争议。我可以猜到，虽然我不在金融系，但默顿·米勒肯定会不高兴。我即将加入的是一个行为科学团队，该团队主要由心理学家组成，这在我看来是一个有利因素。我将有机会组建我梦寐以求的行为科学家团队，他们都经过严格的学术训练，我一直认为顶尖的商学院都应该有一个这样的团队。在此过程中，我可以进一步学习心理学，对这方面的知识我还十分匮乏。

至于商学院内部是如何讨论我的任职问题的，我并不知情，但是一名杂志记者在我到达芝加哥大学后采访了尤金·法玛和默顿·米勒，询问他们为什么让我这样一个异类加入他们的行列。我和法玛一直保持着很好的交情，他开玩笑说，他们想让我在他们的眼皮底下。记者又追问米勒为什么没有阻止我来芝加哥大学任职。这个问题显然十分无礼，米勒本可以回复“这不关你的事”。但是，他表示之所以没有阻拦我，“是因为每一代人都会犯错误”。欢迎来到芝加哥大学！

第 27 章

当法律遇上行为经济学

1994—1995 学年，我以客座教授的身份在麻省理工学院的斯隆商学院访学，希望与弗朗斯 · 勒克莱尔（France Leclerc）共度一段美好时光，弗朗斯当时正在市场营销系执教。就是在这一年，我们两人都接受了芝加哥大学商学院（后改名为芝加哥大学布斯商学院）的教职，后来我们结婚了。[①] 在麻省理工学院的时候，有一天我接到了奥利 · 阿申费尔特的电话，他问我是否可以在他组织的一次会议上做一个演讲，谈谈行为经济学在法律中的应用。奥利 · 阿申费尔特就是那位允许我和埃尔德 · 沙菲尔用他的葡萄酒简报做心理账户研究的经济学家。奥利在电话中说："我们需要有人来讲讲行为经济学。"我告诉奥利，这个话题很有趣，但我对法律却一无所知。我说我会先试着找一位知识渊博的合作者，然后给他回电话。

在罗素 · 赛奇夏令营的第一批学员中，有一位名叫克里斯蒂

---

① 弗朗斯现在已经转行，从市场营销学转行做摄影工作。以我极具偏见的眼光来看，她拍摄的照片很值得一看。你可以登陆 francleclerc.com 去看看。

娜·乔尔斯的学员，她看上去似乎前途无限。她刚刚拿到麻省理工学院的经济学博士学位，之前她取得了哈佛大学的法学学位，学习十分刻苦。克里斯蒂娜充满挑战精神，我们反复讨论不同的话题，很快就找到了足够的资料。于是，我告诉奥利，我们接受他的邀请。讲座的基本内容是，法律经济学应如何改进才能与行为经济学的最新研究成果保持一致。

法律经济学的传统研究方法完全以经济人模型为基础。很多法律经济学的文章都花费了很大篇幅才得出结论：如果能让市场自由运行，结果将会是最好的。很多论证都或多或少取决于某种形式的“看不见的挥舞的手”。

我们的想法是将行为经济学的某些基本要素引入这类论证，看看这些论证需要做出哪些改进。在这一点上，我采用了教学法，将这些基本要素归纳为“三个有限”：有限的理性，有限的自我控制力，有限的利己主义。而在当时，法律经济学假设人类的这些特性都是无限的。

我最后因故未能参加会议，所以克里斯蒂娜独自做了演讲，不过演讲完成得十分顺利，我们甚至觉得可以将其扩展成一篇学术论文。我们打算在履新后立刻着手写作这篇论文。克里斯蒂娜获得了在哈佛大学法学院的工作机会，当我到达芝加哥大学的时候，她也会抵达哈佛大学。

我到达芝加哥大学时，在商学院外面碰到的第一个人就是卡斯·桑斯坦（Cass Sunstein），真是太幸运了。桑斯坦是法学院的教授，之前与卡尼曼合作过，对行为经济学很感兴趣。在法律界，桑斯坦备受推崇。虽然在名义上他的专长是宪法研究，但他所撰写的文章和书籍几乎涵盖了法律的每一个分支。我们一起吃过几次午餐，彼此感觉非常投缘。他的热情极具感染力，并且知识广博得令人震惊。我向克里斯蒂娜建议，我们应该邀请桑斯坦加入法律和行为经济学的研究团队。克里斯蒂娜表示赞同，因为让桑斯坦加入我们的研究团队，就像让梅西加入足球队一样。我们很快就一起出发并“奔跑起来”，我用“奔跑”一词是因为桑斯坦做事的效率很高。

我们三人仅花了几个月的时间就完成了论文初稿，我们的论文题目是“从行为角度研究法律经济学”（A Behavioral Approach to Law and Economics）。这是我写过的最长的一篇论文，而对于法学教授来说，文章越长越好，脚注再多也不怕。我们的论文发表时长达 76 页，共有 220 个脚注。[202] 它之所以仅有 76 页，正是因为我一直在抱怨论文过长。

当我们准备提交论文时，我发现在法学学术圈与经济学学术圈里论文的发表过程截然不同。在经济学领域，一篇论文一次只能投给一种期刊。如果该期刊拒绝，才能转投下一个。但在法学领域，作者可以一稿多投，我们就是这么做的。《斯坦福法律评论》（*The Stanford Law Review*）最先回复愿意发表我们的论文，很快，另外一本法律评论期刊也表示对我们的论文很感兴趣。于是我们有了谈判的筹码，对此我提了一个建议。既然期刊编辑想要发表我们的论文，而论文又必然会引发争议，那么为什么不让编辑邀请法律经济学领域的一位杰出人物撰写一篇评论，与我们的论文在同一期发表呢？这样的话，我们还有一次回复的机会。我想起我们之前与默顿·米勒的那次争论，吸引了很多人来关注我们的那篇探讨封闭式基金的论文。我认为这次也会产生类似的效果。

法学家理查德·波斯纳（Richard Posner）显然是做评论的最佳人选。波斯纳被视为现代法律经济学的鼻祖，该领域最杰出的著作就出自波斯纳之手，并几经修订再版。波斯纳所开辟的领域将正规的经济学推理方法引入了法学研究。从一开始，法律经济学就主要建立在芝加哥大学所奉行的传统经济学的基础上，所以波斯纳为此投入了大量的时间与精力，而我们则为他的研究提供了另一种方法。

我们知道波斯纳会认为我们的方法有很多偏颇之处，我们也知道他很快就能写完一篇评论。他不仅是一位兼职的法学教授，还是芝加哥第七巡回上诉法院（仅比美国联邦最高法院低一级）的法官，他在自己的研究领域也著作颇丰。正如经济学家罗伯特·索洛（Robert Solow）那句生动的描述，“写文章对波斯纳而言就像其他人呼吸一样容易”，[203]给我们那篇冗长的论文写评论是不会耽误他很长时间的。

虽然我们都已猜到波斯纳对我们的论文会有什么看法，但至于他觉得哪部分内容最不可接受，则是到我们在芝加哥大学法学院演讲的前一天才知道。那天早晨，我们收到了波斯纳寄来的信，里面附有他的评论。那封信的篇幅不短，批评味儿十足，阅读时可以清楚地感受到他写信时的情绪。波斯纳告诉我们，他已经在评论中将自己的想法详细地写清楚了，所以在我们演讲时，他会保持沉默。波斯纳知道，其他人肯定也迫不及待地要发言。也许他认为这是一个很好的承诺策略。

在谈论我们的争论之前，有必要介绍一些背景。当理查德·波斯纳以及同时代的其他学者开始从事法律经济学研究时，有很多法学家并不认同他们的某些研究成果，但因为这些法学家缺乏经济学知识，很难与之争鸣。当时，受过正规经济学教育的法学教授寥寥无几，而且他们使用的也是以经济人为主体的传统模型。试图质疑这类论文的法学家，如果与那些将法律与经济人联系起来的法学家争论，那么他们往往会觉得低人一等。后者会将前者的批评置于一旁，并且居高临下地说：“唉，你真的没弄明白。”所以，在我们这次研讨会上，有些人会捍卫传统的研究方法，比如波斯纳，但有些处于下风的人也许会（悄悄地）支持我们，希望我们胜过那些居高临下的人。

桑斯坦和克里斯蒂娜都认为应该由我来主讲。他们认为我有更丰富的辩论经验，或者至少他们的想法是这样的。他们坐在旁边，我不停地朝他们那边看，却发现他们几乎快躲到桌子下面去了。

开场时，我先提醒大家，标准的法律经济学假设人们都有正确的想法，并能做出理性的选择，但如果事实恰恰与此相反呢？若真如此，法律经济学应该做出何种改变呢？我们在论文中列举了芝加哥警察局采取的一种新政策来阐释。一直以来，停车罚单一般都被放在汽车的前挡风玻璃上，用雨刷夹住。新政策是用亮橘色的纸打印罚单，并贴在侧窗上，这样路过的司机能更清楚地看到它。我们指出，从行为学的角度而言，这种做法很聪明，因为这可能会增加人们头脑中认为自己会被开罚单的概率，几乎不用付出任何代价就起到了打击非法停车的效果。[①] 这个例子看起来既不深奥，也没有争议性。但我们要知道，法律经济学公认的一点是，人们对所有事情都有正确的看法，包括犯罪被抓的概率，人们还会通过计算预期损益来决定是否犯罪，包括非法停车、抢劫银行等。如果仅仅通过改变罚单的颜色和位置，而无须改变实际被开罚单的概率，就可以改变人们对被开罚单概率的看法，那么这可能也适用于预防更严重的犯罪。这种观点绝对属于异端。

波斯纳法官安静地坐了大约5分钟，之后就再也按捺不住了。他突然问道，为什么要忽略进化论呢？在最后通牒博弈实验中，当响应者分得的资源较少时会拒绝接受；人们会忽略沉没成本；论文中讨论的这些奇怪行为难道进化生物学没有做出任何解释吗？进化论难道不

① 后来我们将这种做法称为“助推”（nudge）。

能解释这些以及其他所有“认知怪癖”吗（波斯纳坚持使用这一暗含贬义的词汇）？他的想法是，如果人类已经进化到能够注意到沉没成本，或是在最后通牒博弈实验中拒绝不公平的分配方案，那么这些行为从某种程度上讲一定是对我们有益的，也是理性的。问题解决了。

我向波斯纳保证，我绝不是造物论者，也认同进化论的科学性。我还表示，我们所讨论的很多人类行为都有进化方面的原因，这是毫无疑问的。但是，认同进化论并不意味着需要在经济分析中突出进化论的重要性。我们知道人们厌恶损失，但不需要知道这是否可以用进化论来解释。（特沃斯基曾开过一个玩笑，世界上存在过不受禀赋效应影响的物种，但它们已经灭绝了。）除非我们更改模型，指出人们会注意沉没成本，否则该模型将做出糟糕的预测。这时，波斯纳彻底被激怒了。他绝望地喊道：“你讲的东西太不科学了。”在此之前，我已决意保持冷静，所以我对他的突然爆发只是报以一笑，说了一句“好的，那么……”便继续我的话题了。后面还有更具争议性的内容，我坚决不能让这次会议变成一场看谁嗓门大的比赛，尤其是在一位联邦法官面前！

最大的争论围绕科斯定理展开。该定理以其开创者罗纳德·科斯（Ronald Coase）的名字命名，他曾在芝加哥大学法学院工作过很多年。科斯定理可以简述为：在交易成本为零的情况下，也就是说人们之间可以极其容易地进行交易，此时资源配置的效率是最佳的。①

其中的逻辑很容易解释。我会循着科斯的思路，用一个简单的例子解释一下。假设亚历克莎和茱莉亚是大学室友。茱莉亚很安静并且很勤奋，而亚历克莎很爱热闹，喜欢在学习的时候将音乐声音调到很

---

① 除了交易成本为零，科斯定理还有一个重要条件：所涉及的金钱与争议双方拥有的财富相比“很少”。由于此次讨论的目的，我将忽略这一点。

大，而这会影响到茱莉亚。于是，茱莉亚将此事反映给舍监海利，后者负责解决这个矛盾。海利有两种选择：她可以赋予亚历克莎将音乐声音调到很大的权利，也可以赋予茱莉亚安静学习几个小时的权利。科斯定理对此有一个清晰而惊人的预测：海利的决定将不会影响亚历克莎播放音乐的时长。那个时间仅仅取决于亚历克莎喜欢音乐的程度是否大于茱莉亚讨厌吵闹的程度。

结果让人感到很意外，但逻辑很简单。假设亚历克莎愿意为大声播放音乐每晚支付 5 美元，茱莉亚愿意为享有安静的夜晚支付 3 美元。如果茱莉亚有权享受安静的时光，那么根据科斯定理，亚历克莎可以支付给茱莉亚 3~5 美元以获得大声播放音乐的权利，这个价位茱莉亚也会接受。与亚历克莎不能播放音乐且没有金钱交易相比，这样做双方会更高兴。另外，如果亚历克莎得到播放音乐的权利，茱莉亚将不愿意支付足够的金额让亚历克莎停下来，因为她对安静的重视程度不如亚历克莎对音乐的喜爱程度高。不管是哪种情况，茱莉亚如果想要安静的环境，都必须找个其他的地方。

这一结果之所以对法律界很重要，是因为法官常常要判断哪一方拥有某种权利。科斯定理指出，如果交易成本极低，那么法官不会判决可以实施经济活动，他只会判决谁需要付钱。一篇名为“社会成本问题”（The Problem of Social Cost）[204]的论文阐述了这一结果，这是一篇被引用次数最多的经济学论文之一。

我在这个问题上的主要观点主要取决于科斯定理中的明确假设：双方达成有效经济协议的交易成本为零。科斯在这一点上很坦率，他说：“当然，这是一个十分不切实际的假设。”[205]虽然很多人在应用科斯定理时都忽略了科斯本人的提醒，但我们想要证明即使交易成本为零，其结论也是错误的。为了证明这一点，我们介绍了本书第 16

章讨论过的马克杯实验的结果，具体情况如图 17 所示。

A：根据对康奈尔马克杯的估值高低对学生进行排序

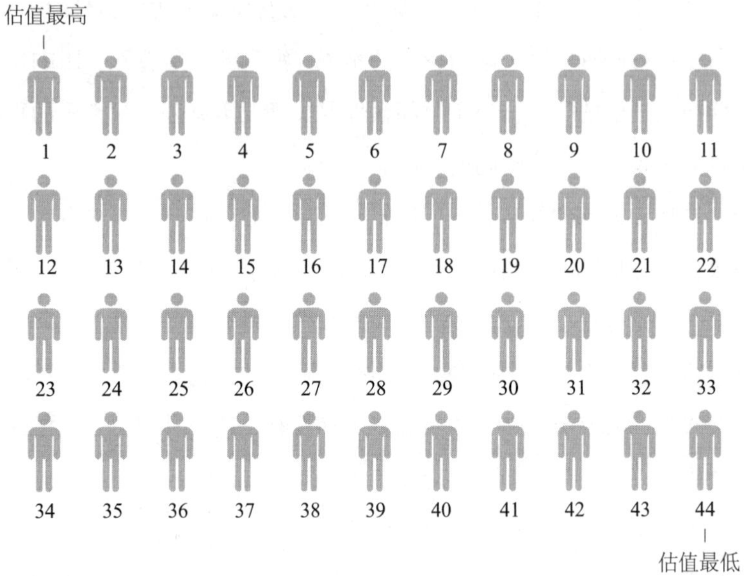

B：与代币实验一样，我们将印有康奈尔大学标志的马克杯随机分给学生们。

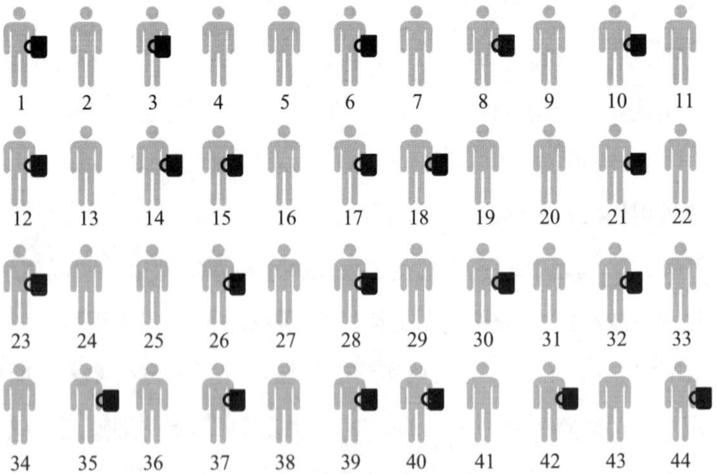

C：如果科斯定理成立，我们预期的结果将如下图所示：

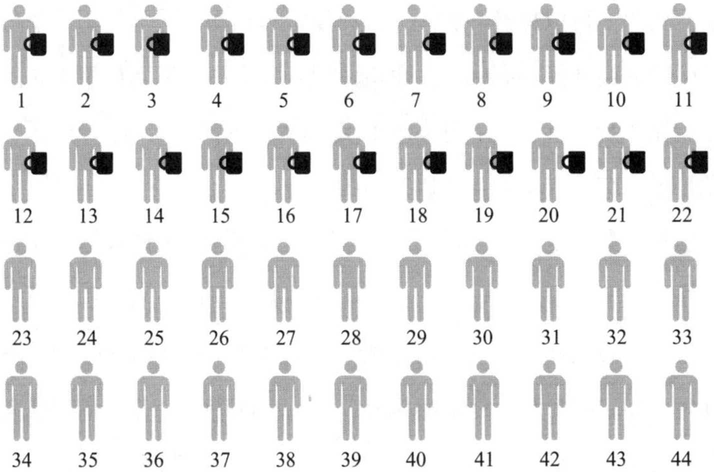

D：恰恰相反，实际结果如下图所示：

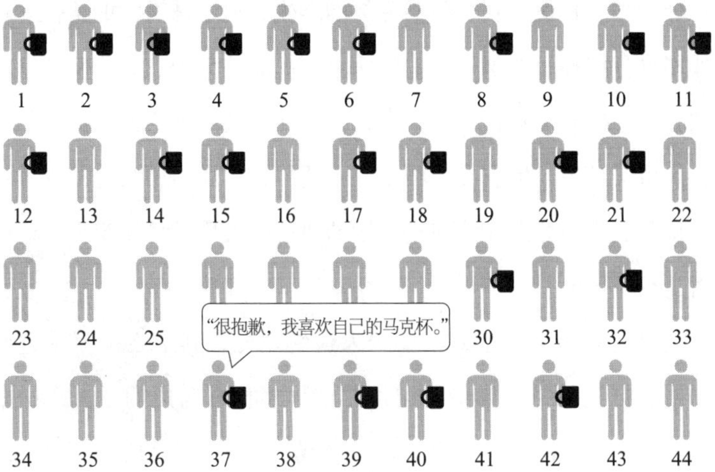

图 17

资料来源：亚历克斯·伯克威茨（Alex Berkowitz）

让我们回想一下，代币实验使用的是可以兑换成现金的代币，实验人员告诉每位实验对象一个不同的代币价值，即实验结束后如果手中还有代币，可以兑换多少现金。科斯定理预测，认为代币价值最高的学生最后会选择持有代币，也就是说资源会被分配到最看重它的人那里。结果也确实如此，正如科斯定理所预测的，市场运行得很好，也就是说，交易成本不会妨碍交易的进行。

但是，科斯定理不仅适用于代币，该定理还指出如果用马克杯等真实商品代替代币，应该会产生同样的结果。所以，当我们每隔一名学生发一个马克杯时，科斯定理预测，最喜欢马克杯的学生最后应该拥有马克杯。因为马克杯是随机分配的，所以应该会有一半的马克杯被用来交易。但是，我们发现实际交易量比预期交易量低得多。资源并没有按照预期的方式分配，其原因在于禀赋效应：与最初没有分得马克杯的学生相比，在分到马克杯的学生眼里，马克杯的价值差不多是那些没分到杯子的学生眼中的两倍。商品的分配方式确实会影响最后到底是谁拥有马克杯。换句话说，科斯定理在理论上是成立的，比如在代币实验中，但它在实践中并不适用，比如当用马克杯等实物进行交易时。我们竟然在法律经济学的研讨会上质疑科斯定理，这简直相当于犯了叛国罪。

当时，芝加哥大学有一些令人遗憾之处，其中之一就是过度容忍那些总把芝加哥大学商学院的传统思想挂在嘴边的学者，庆幸的是，现在这种情况已经完全改观了。我以经济学家约翰·洛特（John Lott）为例，他连续申请了一系列的访学项目，所以在芝加哥大学待了好几年。洛特最广为人知的事就是写作了《枪支越多，犯罪越少》（*More Guns, Less Crime*）[206]一书。正如书名所示，书中的主要观点是，如果每个美国人都随身携带枪支，将没有人敢犯罪，这个观点遭到了其他研究者的强烈反对。[①] 洛特经常积极地参加各种研讨会，他的风格很像比特斗牛犬。

洛特出席了我们举办的这次研讨会，并且看起来很生气，所以我在心里默默祈祷他最好没带枪来。洛特的妻子加特鲁德（Gertrude）是位经济学家，也出席了这次会议。她问了一个关于马克杯实验的问题：马克杯的低交易量是否可以用交易成本解释？我说，代币实验已经排除了这种解释，毕竟代币和马克杯的交易成本一样，但代币交易却符合科斯定理的预测。她似乎对我的解答很满意，但洛特随后就站出来问道，“我们难道不能将禀赋效应也视为一种交易成本吗？”听到这个问题后我惊呆了。交易成本应该是进行一场交易的成本，而不是进行交易的渴望。如果我们随意地给各种偏好贴上“成本”的标签，从而使行为与标准理论相一致，那么该理论不仅无法验证，也是没有意义的。所以，我没有与洛特争论，而是转向波斯纳，问他是否承认我并不是房间里最不讲科学的那个人。波斯纳面带笑容地点了点头，房间里所有能看到波斯纳的人也都笑了起来。因为波斯纳不在洛特的视线范围内，所以我看见他生气地问旁边的人发生了什么事。于是，我赶紧转移了话题。

最不认同行为经济学的人是那些为建立理性行为模型付出最多

① 斯坦福大学法学院的约翰·多诺霍三世（John DonohueIII）及其同事的最新研究发现，法律中“可以携带枪支”的条款如果说起到了什么作用的话，那就是增加了犯罪率。（John DonohueIII, Abhay Aneja, Alexandria Zhang. 2014）

的人，因此可能会出现一种有趣的情况。在涉及沉没成本谬误时，他们的反对态度会不会更明显呢？当然，我不能对批评我的人说，他们这样紧紧抓住他们钟爱的理论不放，实际上就是在关注沉没成本。不过，我可以介绍一些新的实验数据，这些数据来自另一种最后通牒博弈实验。

在一般的最后通牒博弈实验中，实验人员会提供金钱让实验对象来分配。现在，我们改变了方式，让实验人员也有钱可赚！我们让学生们每人拿出 5 美元，然后进行分配。（实验对象自愿参加。）每名学生需要填一张表格，从中我们可以知道在博弈双方每人付出 5 美元的情况下，实验对象在最后通牒博弈实验中会如何分配这 10 美元。我们还会知道实验对象作为提议者和响应者分别会做出什么样的决定。我们告诉实验对象，提议者和响应者是随机分配的，然后将这名实验对象与另一位匿名的学生分为一组。①

如果沉没成本并不重要，那么实验结果应该与一般的最后通牒博弈实验一模一样。5 美元的沉没成本是一个看似无关的因素。不过，经济学家也许会认为，如果学生自掏腰包，那么他们会更加严肃地对待实验，其行为会更加理性。然而，我们得到的实验结果恰恰相反。虽然提议者的表现与一般的最后通牒博弈实验中的实验对象十分相似，大多数提议者至少会从 10 美元中拿出 40% 分给响应者，但响应者——我们实际关注的一方——的行为却发生了变化，这导致实验结果与标准理论的预测更加不一致。

---

① 实验能够赚钱，是因为出钱的是学生，并且提议者提出的很多方案都遭到了响应者的拒绝，也就是说，博弈双方都没有得到钱。我们总会想办法把钱返还给学生。我们经常让他们参加前文讨论的“选美竞赛”，将在实验中剩余下来的钱分给获胜的学生。

当使用自己的钱（而非“实验人员的钱”）做实验时，响应者更关心自己是否被公平地对待，他们并没有理性地对待自身利益，也没有因为对方愿意分给他们钱（实验中最小的分配额度是50美分）就欣然接受。在卡尼曼、尼奇和我几年前做的那次实验中，响应者同意接受的最小金额平均为1.94美元。在新的实验中，这一金额提高了很多。在麻省理工学院的MBA学生中，最小金额平均为3.21美元，芝加哥大学的MBA学生是3.73美元，芝加哥大学法学院的学生是3.35美元。另外，在这三组学生中，很多响应者要求分得5美元。实验越“真实”，响应者与利益最大化趋向越不一致。正如我们所预料的，学者们听到这个实验结果后都表现得很惊讶。

不愿意接受“不公平”的对待，是科斯定理预测不准的另一个原因。很多年前，我在罗切斯特大学时就发现了这一点。我们家后院有一棵柳树，秋末时它开始落叶，直到第一场雪来临，这让清扫落叶的工作变得尤为艰巨。这棵柳树十分靠近我家和邻居家的分界线，所以我的邻居十分讨厌这棵树，他要求我把树移走。

我对这棵树的感情十分复杂。它外观很美，夏天时还能供我们乘凉，这两点差不多可以抵消它落叶的缺点。但是，为了邻里和睦，我还是询问了移树的价钱，发现竟然需要1 000美元，这相当于我那时一个月的薪水了。我不愿意花这么多钱去移走一棵树。不过，我深谙科斯定理，实际上，我正在教一门以科斯定理为核心理论的课程。于是，我去和邻居说，我并不讨厌这棵树，如果他不喜欢，可以花钱把它移走。他认为这是他听过的最无礼的提议，所以当着我的面狠狠地关上了门，从此再也没有提起移树的事。

当人们面对不公平的对待时，他们会十分生气，甚至不惜牺牲个人利益去惩罚对方，这是我们从最后通牒博弈实验中学到的基本知识。正如柳树的这个例子所示，在运用科斯定理的情况下也会发生同样的事情。官司打完之后，原告和被告一般都会厌恶对方，败诉的一方尤其如此。按照科斯定理，如果败诉一方更看重自己刚刚失去的产权，他必须愿意出价给对方以尝试拿回产权。但是，当人们生气时，最不愿意做的事就是与对方说话。法学教授沃德·法恩斯沃思（Ward Farnsworth）曾采访了20多个办理民事案件的律师，他们的当事人要求法令救济，而法官同意或驳回了其要求。法恩斯沃思记录了当事人的“不情愿”，没有一个案件的诉讼双方在法庭判决后还会尝试沟通。[207]

除了科斯定理，我们的论文还有一部分内容会让法律经济学的教授们怒发冲冠，那就是温和专制主义，我们把这个话题放在了论文的最后。芝加哥大学商学院的自由主义信念的一个核心主张就是“消费者主权”（consumer sovereignty）：人们会做出合适的选择，这肯定比由他人代劳更好。当我们提出有限的理性和有限的自我控制能力这两个令人恐惧的观点时，就是在削弱这一主张。如果人们犯了错误，可以想象至少从理论上讲，有人可以帮助他们做出更好的选择。

我们知道这样说很危险，会激怒芝加哥大学的法律经济学人士，所以我们用了桑斯坦创造的“反–反温和专制主义”这个词语，从而以尽可能温和的方式来探讨这一话题。双重否定表明我们还没有准备好直接支持温和专制主义，但我们确实发现，我们的研究显然削弱了“不可能帮助任何人做出更好决策”这一膝跳反射似的断言。我们用了两页纸的篇幅探讨这个问题，随后又用更长的篇幅剖析了“行为官僚主义者”。这是我和桑斯坦这么久以来第一次提出，如果政府官员是那个试图提供帮助的人，我们必须认识到他也是一个普通人，也会有偏见。当然，我们后来也提过很多次，但令人沮丧的是，不管我们提多少次，总有人指责我们忽略了这一点。

研讨会结束后，我们回到了教师俱乐部。克里斯蒂娜点了一杯葡萄酒，我要了双份苏格兰威士忌，桑斯坦要了三杯健怡可乐——他最喜欢的灵丹妙药。我们在研讨会上没有改变任何关键人物的想法，但我们坚持下来了。更值得庆祝的是，我们很肯定这篇论文将会引起轩然大波。

很难说我们的论文究竟产生了什么影响，不过这篇论文常常被引用，但我们还不确定在我们的助推下，是不是有人已开始投身于行为法律经济学的研究。现在，我可以说有很多行为法律经济学的研究正在进行中，埃亚勒·扎米尔（Eyal Zamir）和多伦·泰希曼（Doron Teichman）已经编辑完一本长达800页的《牛津行为法律经济学手册》（*Oxford Handbook of Behavioral Economics and the Law*）[208]。加州大学洛杉矶分校的法学教授拉塞尔·科罗布金（Russell Korobkin）为该领域做出了卓越贡献，他已经准备好宣布胜利："将对法律规则和制度的经济学分析从严格的理性选择假设中分离出来，这场仗我们已经打赢了。"[209]我始终是一个担心自己过度自信的人，我尚未准备好宣称"任务完成"，但我确信我们绝对可以说"任务已经启动"。

第 28 章

挑选办公室的风波

芝加哥大学布斯商学院可以说是一个做研究的理想之地，你几乎可以感受到这块科学前沿阵地一直在向外扩展，除了 2002 年春天的那几个月。那段时间，至少终身教授们的研究暂停了，因为我们面临着分办公室的问题。

这个任务看似很简单。一直以来，芝加哥大学商学院都位于充满田园风光的校园内，虽然很有魅力但十分拥挤，所以商学院在两个街区以外的地方建了一座新楼。这座大楼由世界著名设计师拉斐尔·维诺里（Rafael Viñoly）设计，建成后将是一座带有漂亮中庭的现代风格的大厦。大楼与著名的罗比之家隔街相望，罗比之家是弗兰克·劳埃德·赖特（Frank Lloyd Wright）设计建造的第一处具有标志性的住宅区。维诺里在设计商学院面对罗比之家的一角时，还微妙地表达了对赖特的敬意。这座大楼宏伟壮丽、熠熠生辉，几乎所有人都期待赶快搬进去。那时剩下的就只是分办公室的问题了，这能出什么差错呢？

对于如何分办公室，有很多种可能的办法，但院长们商定了一种不同寻常的分配方法。我们将举行一次选办公室的活动，所有教员都会得到一个挑选时间段，这时他会知道哪些办公室已经被人选走，然后在剩余的办公室中任意选择一间。这一切看起来似乎都很好，但有一个重要问题，那就是如何确定选择顺序。资历仿佛是一个明显的决定性要素，那时芝加哥大学流传着一句有名的谚语，只有最近发表的那篇论文才能显示出你的水平，所以按资历排序的可能性被排除了。抽奖这种方法也不可行，选办公室这件事太重要了，怎么能完全听天由命呢？

院长们最终决定，选办公室的次序将取决于每个人的“优点”，而优点则由副院长约翰·赫伊津哈（John Huizinga）判定。赫伊津哈不仅负责与新教师沟通合同事宜，还要安抚老员工对教学任务、薪金、同事、学生、研究预算等各种问题的不满情绪。赫伊津哈做这些工作已有几年的时间了，而且大家都很信任他，认为他是一个坦白正直的人，虽然有时可能会过于耿直。①

其他院长都明确表示分办公室这件事将由赫伊津哈全权负责，也就是说有什么不满也都去找他解决。经过仔细考虑后，赫伊津哈宣布了将如何确定选择顺序（以及等级）。首先，我们这些人将被分为不同的类别［赫伊津哈在此用了统计学术语“分箱”（merit）］。赫伊津哈会决定究竟分几个箱子，哪些教师会被分到哪个箱子中，但每个箱子中的教师们的顺序将通过随机抽签来决定。箱子的具体数量当时没有做说明，直到现在我们仍然被蒙在鼓里。我们从下文中会看到，这给选择过程造成了一定的模糊性。

选办公室那天，每人有15分钟的选择时间，届时还会有一位工

① 赫伊津哈还是一个超级篮球迷，他经常在NBA梦幻联盟游戏中获胜。分办公室的事情过去几年后，他成了身高2.26米的球星姚明的经纪人。

程设计师在现场帮忙。当时，大楼还像个铁笼子，所以教师们不可能实地考察办公室，但是有设计图纸和大楼的建筑模型做参考。还有两条有关利益的规则：办公室不可以进行交易；并且在一位资深教授的要求下，院长们强调，不可以花钱从同事那里购买优先选择权。这两条规则表明，即使在芝加哥大学布斯商学院这样有很多人支持婴儿和器官可开放交易的地方，也有些东西仍非常神圣，以至于不能在市场上销售，那就是教师办公室。

大多数教师似乎都期望选择过程像赫伊津哈设置的这样有些模糊，几乎所有的资深教授都知道自己拥有优先选择权，因此很高兴。随后的几个星期一直风平浪静。

终于，所有教师都收到了一封邮件，得知选办公室的活动将在几周后举行，并且每个人都知道了自己的选择时间段，比如周三上午10点15分到10点30分。这封邮件没有显示出等级的划分，我们处于茫然的状态……大约有30分钟。金融与经济专业有一位资深教授名叫阿尼尔·凯什亚普（Anil Kashyap），他活力十足，自告奋勇地担负起弄清楚选择顺序的重任。他发了一封邮件，让所有人把他们选办公室的时间段回复给他。只用了几个小时的时间，凯什亚普就把大致的排序弄出来了。

资历并没有被完全忽视，所有拥有终身教职的全职教授都排在（未获得终身教职的）副教授之前，副教授又排在助理教授之前，之后是兼职教授，再往后是其他教职的人。未获终身教职的教授们的选择顺序显然是随机安排的。面对这种情况，资历较浅的教授都重新投身到了自己的研究中，希望有一天可以获得终身教职，能在那些资深教授的办公室里办公。但与此同时，资深教授们那里却乱成了一团。

赫伊津哈从来没有向我透露过资深教授的选择顺序究竟是如何确定的，据我所知，他也没有告诉其他任何人。下面是我自己的猜想。[①] 我认为全职教授被分别放在三个箱子里。第一个箱子（A 箱）中大约有十几个人，他们都是各自所在领域的明星或资历很深的人，会计学、经济学等专业至少会有一位教授入选，而金融专业在商学院规模最大，所以会有几位教授入选。到目前为止，一切都没问题。如果尤金·法玛第一个选办公室，没有人会抱怨，毕竟他是芝加哥大学最杰出的教授。

B 箱里基本上是除 A 箱中的人之外其他的终身教授，而 C 箱中则是那些不再积极做研究的人。赫伊津哈展现了君子风度，他自己是终身教授中最后一个选办公室的人。我相信赫伊津哈将某些人选入 A 箱中，应该考虑了以下两点原因。一是要褒奖那些为商学院做出重大贡献的人。二是想将明星教授分散开来，因为最具吸引力的办公室位于各个楼层的角上，所以他们会彼此分开。商学院的大楼共 5 层，占据了一整个街区，教师们的办公室分布在上面的三层中。

B 箱中有几个人认为自己应该被分到 A 箱中，但结果却被分在 B 箱中，而且抽到了很靠后的顺序，他们倍感郁闷。其中最生气的当属“阿尔希”[②]，他们专业有个叫“克莱德”的人被选入了A箱，并且很幸运地抽到了第二的选择顺序，而阿尔希不仅被分到 B 箱中，而且还抽到了最后几位的选择顺序，排在两位比他年轻的同事后面。

那一刻“生气”这个词根本无法形容阿尔希的情绪，他简直是暴跳如雷。他坚持认为，整个选择过程都是暗箱操作，虽然有大量

---

① 我给赫伊津哈看过本章内容，让他评论一下我的猜测。他既没有肯定，也没有否定我的想法，但他确实承认我猜测的基本内容是正确的。

② 本章提到了两个人只写明了姓氏，其实确有其人，但他们的名字是虚构的。

证据证明事实并非如此，但他仍不相信。第一选择权被道格·戴蒙德（Doug Diamond）抽中，戴蒙德是深受尊崇和爱戴的一位教授，但在学术圈之外知道他的人并不多。法玛抽到的是第三选择权。我记得当时大家都认为唯一一个真正高兴的人是戴蒙德，但就愤怒而言，没有人能比得过阿尔希。

阿尼尔·凯什亚普排好选择顺序后，又想试验一下教授们会如何选择。选择权排在前面的人可能想知道之后谁会成为他们的“邻居”。我们用邮件做了一次“模拟”选择实验，我们依次发给戴蒙德、克莱德、法玛等人一张电子表格，让每个人挑选他们中意的办公室。

教授们传阅了楼层平面图，但还希望了解更多的信息，比如每间办公室的大小、办公室是否有恒温器等。大约 1/3 的办公室装有恒温器，使用这些办公室的人可以用恒温器调节室内温度，至少从理论上说是这样的。我建议赫伊津哈也给其他办公室装上可以起到“安慰”作用的假恒温器，这样所有人都会很高兴。我选的办公室装有真的恒温器，但根据我的经验，真的恒温器控制温度的效果和假的差不多。模拟选择实验花了两天时间才完成，其间有人大声抱怨“某某人死哪儿去了，他难道不看邮件吗”。大家都对模拟选择实验很感兴趣，于是我们又做了一次，看看有没有人改变主意。这一点很重要！

选办公室的日子终于来到了，早上 8 点 30 分正式开始。唯一的问题就是，当有人选择了模拟选择实验中后面某个人所选的办公室时，被“抢占”了办公室的人会想：“那是我的办公室，你这个杂种！”看起来即使是在模拟选择实验中明确了所有者的办公室，也会产生禀赋效应。后来发生了一件奇怪的事，金融学教授路易吉·津加莱斯（Luigi Zingales）在下午 1 点 15 分选办公室，他看中了五层的一间办公室，他的几位研究公司金融学的同事的办公室都在那附近。但是，津加莱斯生性多疑，他认为这和他在意大利长大有很大的关系，因此他对自己所选办公室的大小表示怀疑。

设计师试图搪塞过去，但津加莱斯执意要核查一下图纸。当设计师拿出真实的楼层平面图，发现津加莱斯是对的。他选的办公室比图纸所给的信息要小差不多两平方米。其实所有办公室都很大，面积为17~21平方米。于是，津加莱斯立刻改变主意，选了一间更大的。他回到办公室，和同事们分享了自己的发现。他自然没有将自己的怀疑告诉在他之前选择办公室的人，以免自己失去竞争优势。消息传得很快，之前已经选完的人纷纷要求重新测量他们已选好的办公室，结果确实发现了类似问题，而且正选的人也想要调换。这下乱套了！赫伊津哈当时正外出开会，终于在下午3点左右赶了回来，选择过程暂时告一段落，所有办公室将重新测量面积。

新的测量结果几天后才能公布，其间那些已经选完的人也不高兴了。他们当中有些人的办公室“缩了水”，他们想与那些选择权在他们后面的人交换。赫伊津哈发了一封邮件，宣布下周将重新开始选办公室。已经选过的人可以换办公室，但不能选择其他人已经选择的办公室，即使那个人的选择权排在后面。这引起了更大的混乱。正在这时，赫伊津哈走进了教师休息室，他戴了一副格鲁乔·马克斯的标志性塑料眼镜，仿佛要把自己伪装起来。屋子里的人大多都笑翻了，但那些仍在气头上的人却没有笑。

大约一年以后，我们搬进了新大楼，事情大体上还算顺利。事后看来，选办公室这场风波中最显著的一点就是，除了 9 个在拐角处的办公室，其他办公室基本上一样。它们都很好，比旧大楼中的办公室要好得多。当然，有些办公室大一点儿，有些办公室能看到更优美的风景，但现在看到的这些差别在选择阶段其实并未受到重视。比如，五楼的办公室最先被挑选完，这可能基于“越高越好”这一有缺陷的启发法；但五楼没有四楼的风景好，并且在三部电梯中只有一部可以抵达五楼。北边的办公室风景最好，可将芝加哥的城市风光尽收眼底，但这些办公室却不是最先被选走的。

如果“朝北”是因为光线适中且风景优美而成为市场中值得购买的商品，那么“尺寸”这个因素就有炒作的嫌疑。18 平方米和 20 平方米的差别其实并不明显，大多数到访商学院的人都没有意识到办公室的大小不同。但是，如果你在电子表格中看到的只是一列标有面积数字的办公室，这个因素必定会受到过度的关注。如果以数字形式呈现，人们就会将其考虑在内。[210]

事后我觉得如果选办公室的过程能更透明一些，把教师分为几类，所引起的愤怒就可能会减轻，比如公开箱子的具体数量就是很好的一个方法，这至少会让阿尔希相信他的选择权并不是故意被排到后面的。

另外，我还认为设计师拉斐尔 · 维诺里及其设计团队也要负一点儿责任。虽然他们尽职尽责地花了很长时间与学生、教师、行政人员来讨论大楼的功能，并且建成的大楼确实既美观大方又功能齐全，但没有人告诉设计师办公室将如何分配。如果他知道这一点，也许可以不设计位于大楼拐角的办公室。即使在设计后期，他也可以实现这一改变，让道格 · 戴蒙德的办公室小一点儿。戴蒙德的办公室在五层的东北角，是所有办公室中最大的一个，这简直是往那些不幸的教授的伤口上撒盐。当时我提出建议，如果有可能的话，设计师应该把戴蒙德办公室的面积分出一部分给他的邻居们，这样人们就不会一眼看出它的不同了。但是，维诺里只是一名设计师，当时“选择设计师”这个名词还没有出现。

第 29 章

球队选秀与贝克尔猜想

在顶尖的研究型学府做教授有很多独一无二的好处，其中我最珍视的一点就是：只要是我觉得有趣的事，几乎都可以进行研究，并且还可以称之为工作。前面我们已经看到，我写了一篇有关饮酒者心理账户的论文。接下来的两章我们将涉足其他两个领域：美国国家橄榄球联盟的选秀活动和电视竞猜类节目中参赛者的决策，这两个问题从表面上看似乎微不足道，但其共同点是所涉金额很高，这为我们提供了研究此类决策的绝佳途径。批评人士不断指出，如果做决策时所涉金额足够高，“行为偏差”（behavioral bias）就会消失，我们研究这两个问题就是为了回应这些批评声。

其中一个批评美国国家橄榄球联盟选秀活动研究的声音来自加里·贝克尔（Gary Becker），他是芝加哥大学研究价格理论的著名学者之一。[①] 我将这种批评声称为“贝克尔猜想”。贝克尔认为，在充

① 令人难过的是，2014 年我在写作本书时，加里·贝克尔去世了，他是我见过的最富有想象力的经济学家之一。很遗憾，他不能告诉我他对本书的想法。虽然我不同意他的观点，但我确实从中有所收获。“他既是一位绅士，又是一名学者”，这句评价虽然像是陈词滥调，但用来描述贝克尔却十分恰当。

满竞争的劳动力市场上，只有能像经济人那样完成工作的人才会得到重要的工作。当被问到他对行为经济学有什么看法时，贝克尔做出了如下猜想：“社会分工即使没有完全消除（由有限理性引起的）任何效应，也会大大减弱这些效应……即使有 90% 的人无法进行概率计算时所需的复杂分析，也不要紧，因为剩下的那 10% 的人可以完成这些工作。”[211] 本章我们将检验贝克尔猜想：它是否适用于国家橄榄球联盟中各个球队的老板、总经理和教练？先剧透一下：不适用。

我是和我以前的学生凯德·马西（Cade Massey）一起研究这个话题的，凯德目前在沃顿商学院工作。我和凯德的合作经历与我和维尔纳·德邦特的合作经历差不多。我来到芝加哥大学的第一年就遇到了凯德，他当时还是一名 MBA 班的学生。令我印象深刻的是，他对如何解释人们的行为、如何使研究项目更加有趣等问题有着很好的直觉。我鼓励他继续攻读博士学位，他同意了，后来证明这个决定对我们以及有幸听过他讲课的学生来说都是一件好事。

我们的论文基本上围绕美国国家橄榄球联盟的选秀活动展开。[212] 在联盟中，每支球队选择球员的方式都与教授选办公室的方式十分相像。另外，请不要担心，其实要理解本章内容，并不需要特意关注美国的橄榄球比赛。总之，本章所谈及的问题，每个组织在选择员工时都会遇到。

下面介绍一下美国国家橄榄球联盟的选秀规则。每年春末，球队都会挑选有潜力的球员。几乎所有候选人都在美国高校踢球，专业球探和总经理可以借此了解他们的表现。每支球队轮流选择球员，选择顺序由球队前一年的比赛成绩决定。成绩最差的球队最先选择，而冠军球队最后选择。选秀共有 7 轮，也就是说每支球队开始时都有 7 个选秀权，不过有时也会有额外的选秀权，但这与我们的研究没有多大关系。球员的第一个合同期一般为4~5年，在此期间，他只能为选择他的球队效力。等合同期满或者该球员退出球队后，他就是自由球员了，可以与他喜欢的任何球队签约。

球队选秀与芝加哥大学商学院选办公室有一个重要的不同之处，即球队是可以交换选秀权的。比如，拥有第4顺位的球队可以放弃这个选择权，以换取两个或多个靠后的选秀权。我们样本中的选秀权交易次数超过400次，这足以让我们知道球队对靠前的选秀权有多么重视。球队还可以用今年的选秀权换取未来几年的选秀权，这为我们提供了研究球队的时间偏好的机会。

在开始研究之前，我和凯德有一种强烈的预感，即球队在选秀过程中肯定有一些非常不合逻辑的行为。具体而言，我们认为球队会过于看中靠前的选秀权，我们的预感有一部分来自几个极端事件，其中最著名的事件与传奇人物迈克·迪特卡（Mike Ditka）有关，他之前是一名具有传奇色彩的球员，后来成为新奥尔良圣徒队的教练。

在1999年的选秀活动中，迪特卡坚信唯一影响圣徒队夺冠的因素就是能否签下跑锋里基·威廉姆斯（Ricky Williams）。当时，圣徒队是排在第12顺位选择球员的球队，迪特卡担心威廉姆斯会被前面11支球队中的一支选走，所以迪特卡公开宣布他愿意用本队的所有选秀权交换威廉姆斯（这可不是最明智的谈判策略）。当轮到第5顺位的华盛顿红皮队时，威廉姆斯还没有被选走，迪特卡的愿望实现了，不过代价十分高昂。圣徒队的选择顺序从第12顺位上升到第5顺位，但为此放弃了其此次选秀的所有选秀权，以及次年第一轮和第三轮的选秀权。放弃次年的选秀权对圣徒队来说代价实在是太大了，因为该球队1999年的比赛成绩是倒数第二，也就是说他们放弃了 2000 年的第 2 顺位。显然，签约威廉姆斯并不足以改变圣徒队失败的命运，迪特卡也被解雇了。威廉姆斯在圣徒队效力 4 年，他固然是一个非常好的球员，但并不具备左右比赛结果的能力。另外，圣徒队本可以利用迪特卡放弃的选秀权选到更多好球员，大家共同努力去争取更好的成绩。这引发了我和凯德的思考：为什么要进行这种交易呢？

我们发现在国家橄榄球联盟的选秀过程中存在一种普遍性行为，即通过交易得到更靠前的选秀权，而圣徒队的做法只是其中的一个特例。心理学领域有 5 种关于决策的研究发现可以支持我们的假设：排名靠前的选秀权实在太贵了。

1. **过度自信**。人们可能过于相信自己在辨别两名球员优劣上的能力。

2. **过于极端的预测**。在橄榄球选秀过程中，评估潜在球员素质的球探很喜欢说某某球员很可能成为超级巨星，但实际上巨星往往不那么容易出现。

3. **赢家的诅咒**[213]。当很多人为某标的物展开竞争时，赢家对该物品的估价往往最高。选球员也是如此，尤其是那些很早就被选走又受到大力追捧的球员。赢家的诅咒指出，这些球员素质很好，但并不像选择他们的球队认为的那样好。大多数球队都认为里基·威廉姆斯是一名极具潜力的优秀球员，但他们喜欢威廉姆斯的程度都比不上迪特卡。

4. **错误共识效应（false consensus effect）**[214]。一般来说，人们倾向于认为其他人和自己有同样的偏好。比如，iPhone

（苹果智能手机）刚上市时，我让班里的学生匿名回答了两个问题：你用的是 iPhone 吗？你认为班里有多少人在用 iPhone？用 iPhone 的学生认为大多数同学都在用 iPhone，而没用 iPhone 的学生则认为大多数学生都没用 iPhone。橄榄球选秀也是一样，当一支球队想选某个球员时，他们认为其他球队也有这样的想法。因此他们会尽全力去交换靠前的选秀权，以防止其他球队捷足先登。

5. **现时偏见**。球队老板、总经理和教练都想马上就赢得比赛。对于那些在选秀中很早就被选中的球员来说，球队寄希望于他们能立刻改变一个落后球队的命运，使其翻身成为赢家或是超级碗的冠军。球队要的就是马上赢得比赛！

所以我们的基本假设是，靠前的选秀权的价值被高估了，也就是说，选秀活动并不符合有效市场假说。幸运的是，我们收集到了所有研究所需的数据，可以严谨地检验这一假说。

我们分析的第一步就是估算选秀权的市场价值。因为选秀权常常用于交换，所以我们可以通过其历史交易数据来估算选秀权的相对价值。如果你的选择权排在第 12 顺位，而你想上升至第 5 顺位，就像迪特卡那样，你愿意为此付出多大代价呢？分析结果如图 18 所示。图中的圆点表示具体的交易，也就是我们绘制曲线时所采用的数据。此图中有两点比较惹人注目：第一，曲线十分陡峭。第 1 顺位的价值是第 33 顺位的约 5 倍，而第 33 顺位是第二轮的第 1 顺位。原则上说，拥有第 1 顺位的球队可以通过一系列交易，得到第二轮中靠前的 5 个选秀权。

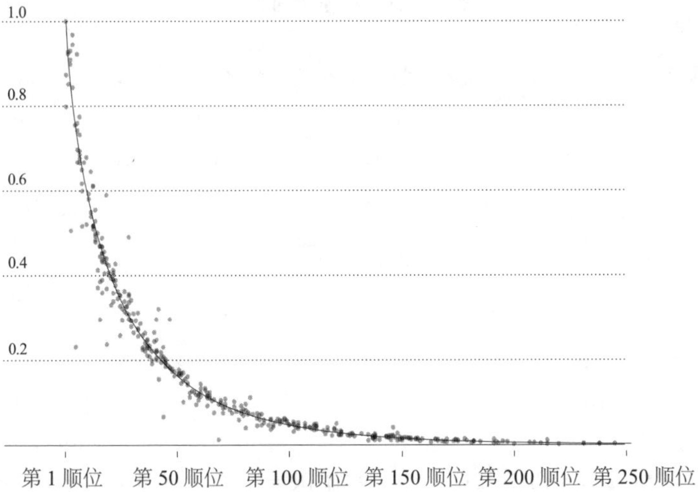

图 18　美国国家橄榄球联盟选秀权的平均价值与第 1 顺位价值的比较

资料来源：马西和塞勒（Massey and Thaler），2013

第二，曲线与数据十分吻合。图中由点表示的具体交易值与我们绘制的曲线十分接近。在实证研究中，我们几乎从未得到与数据如此匹配的曲线。这是怎么回事呢？其原因在于，所有人都参照了一张表，这张表列出了选秀权的相对价值，它最初是由迈克·麦科伊（Mike McCoy）制作的，名为"选秀权价值排行榜"。麦科伊具有工科背景，还拥有达拉斯牛仔队的少量股份。时任球队教练的吉米·约翰逊（Jimmy Johnson）让麦科伊帮忙研究如何为潜在的选秀权交易定价，麦科伊仔细研究历史交易数据后制作了这张表。虽然一开始这张表属于牛仔队的专有资料，并未公开，但它后来在联盟中广为流传，以至于所有球队都在使用它。表 1 显示出了第一轮选秀权的价值有多高。

表 1　选秀权价值排行榜

选秀权排名	价值	选秀权排名	价值	选秀权排名	价值	选秀权排名	价值
1	3 000	9	1 350	17	950	25	720
2	2 600	10	1 300	18	900	26	700
3	2 200	11	1 250	19	875	27	680
4	1 800	12	1 200	20	850	28	660
5	1 700	13	1 150	21	800	29	640
6	1 600	14	1 100	22	780	30	620
7	1 500	15	1 050	23	760	31	600
8	1 400	16	1 000	24	740	32	590

我和凯德拜访了麦科伊，一起愉快地交流了这张表的使用情况。麦科伊强调，设定选秀权的价值并非他的本意，他只是根据历史交易数据估算出选秀权的价值。然而，我们进行分析的目的与麦科伊不同，我们想从有效市场假说的角度来检验表中所列出的数据是否“合理”。一支理性的球队是否应该为了靠前的选秀权而放弃多个选秀权？

要想证明球队对靠前的选秀权估值过高，我们还需要完成如下两个步骤。第一步很简单，即确定球员的薪金。幸运的是，我们可以找到相关数据。在研究薪金之前，我们还需要了解美国国家橄榄球联盟选秀市场的另一个特点，即联盟采用了薪资帽制度，也就是说，联盟为每支球队支付球员的总薪金设定了一个上限。这与美国职业棒球大联盟和欧洲足球联赛等的薪金制度迥然不同，对于后者来说，有钱的老板为了得到明星球员，想付多少就付多少。

正是由于薪资帽的存在，我们的研究才得以进行，因为每支球队必须在相同的预算下选秀。为了成为常胜将军，球队必须精打细算。如果一位俄罗斯寡头想要斥巨资签下一名橄榄球巨星，我们可以为他的决定找到合理的理由。我们可以说他通过观看这位巨星比赛得到了效用，就像他买了一件极其昂贵的艺术品一样。但是，在美国国家橄榄球联盟中，以高价签约球员或是为了得到像里基·威廉姆斯这样的球星而放弃多个选秀权，这种做法显然关系到球队的机会成本，比如可以用这些钱或选秀权签下其他多位球员。薪资帽制度表明，打造一支胜利球队的唯一方法是，要选择那些为球队带来的价值高于球队为其付出的成本的球员。

联盟还对新秀的薪金做出了规定，球员第一年的薪金水平按选秀顺序排列，如图 19 所示。图中的数据是球队支付的“最高薪金”，包括球员的工资以及预付的奖金。图 19 与图 18 有很多共同之处：第一，曲线十分陡峭，并且，首轮被选中的球员薪金要远远高于之后几轮被选中的球员薪金；第二，曲线与数据十分贴近，因为橄榄球联盟大体规定了球员在第一次合约期间的薪金水平。

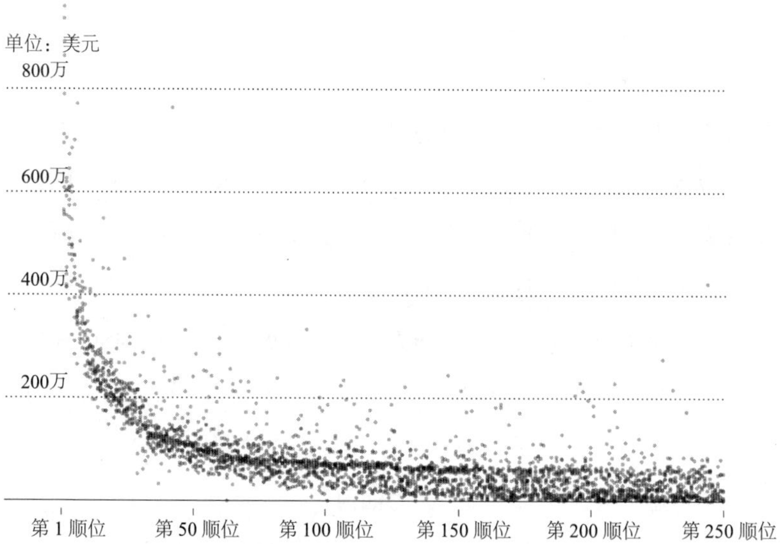

图 19　按选秀顺序排列的平均薪资水平

资料来源：马西和塞勒（Massey and Thaler），2013

所以，靠前的选秀权从交易价格和球员薪金水平这两个方面讲都是很贵的。首先，球队需要放弃多个选秀权才能换到一个靠前的选秀权（要么用多个靠后的选秀权交换一个靠前的选秀权；要么拒绝别人提议的类似交易，导致机会成本很高）。其次，需要支付给首轮被选中的新秀较高的薪资。一个显而易见的问题是：这样做值得吗？

我们还可以换个问法：必须满足什么条件，为靠前的选秀权支付的价格才是合理的？这些条件符合现实吗？从价格方面来看，第一个被选中的球员一般会比第33个被选中的球员要优秀5倍。单凭这一事实并不能说明什么，因为球员的价值变化范围超过5 ：1。有些球员是明星球员，甚至能够彻底改变一支球队的命运，但有些球员则几乎没有什么价值，他们耗费了球队很多钱却没有带来多少回报。实际上，因为球队无法忽略沉没成本，让这些低价值球员上场反而有损球队的成绩。如果一支球队花很大代价优先选择了一名球员，那么不管球员的表现如何，球队都会顶着巨大的压力让其上场。[215]

所以，选秀的关键似乎在于球队总经理区分超级明星和低价值球员的能力。这里有一个简单的思想实验：假设根据选秀的顺序排列某一位置的球员（比如四分卫、外接手等）。以其中两个排名相邻的球员为例，比如第3个被选中的跑锋和第4个被选中的跑锋。根据某种客观的衡量标准，先被选中的球员优于后被选中的球员的概率是多少？如果球队拥有绝佳的预测能力，那么先被选中的球员应该百分之百优于后被选的球员。如果球队的预测能力不佳，那么先被选中的球员优于后被选中的球员的概率将是50%，就像抛硬币正面朝上的概率一样。猜一猜，球队的预测能力如何？

纵观整个选秀过程，先被选中的球员更优秀的概率实际上约为

52%。第一轮时的概率稍高，为 56%。[①] 在阅读本章剩下的内容，以及下次你想聘用某人并且“确信”自己找到了合适的人选时，请一定要牢记这一点。

虽然这一数值已经明确反映了我们的分析结果，但我在这里还可以更全面地介绍一下我们的评估过程。我们跟踪记录了研究期间被选中的每位球员在第一个合同期内的表现。我们给球员每一年的表现赋予一个经济价值。换句话说，我们估算了每个球员每年能为球队带来的价值，具体做法是查看在合同的第六年、第七年或第八年聘任一位同等（位置和素质）的球员需要耗资多少。那时，球员的第一份合同已经到期，他成了自由球员，所以要按照市场行情给其支付薪金。对选择他的球队而言，一名球员的绩效价值等于第一个合同期内他每一年给球队带来的价值之和。（此后，要继续留用这名球员，球队必须按照市场行情支付薪金，否则他将签约其他球队。）

在图 20 中，我们画出了球员的绩效价值曲线，并将其按照被选中的顺序排列。另外，我们还把图 19 中的薪资曲线也加入其中。请注意，绩效价值曲线是向下倾斜的，也就是说球队确实具有评估球员价值的能力。先被选中的球员确实更加优秀，但他们到底有多优秀呢？如果用绩效价值减去薪金，就可以得到球员的“剩余价值”，也就是说与球队支付给球员的薪金相比，球员为球队多（或少）带来了

① 这些统计数据只使用“首开次数”这一标准来确定球员的表现。我们之所以用这种简单的标准，是因为这项指标可以衡量任何位置的球员。不过，即使我们只用更细致的成绩作为标准，比如外接手或跑锋获得的码数，这些结果以及我后面提到的其他结果仍十分相似。

多少绩效价值。我们可以把它想象成在第一个合同期内，球队从球员身上获得的利润。

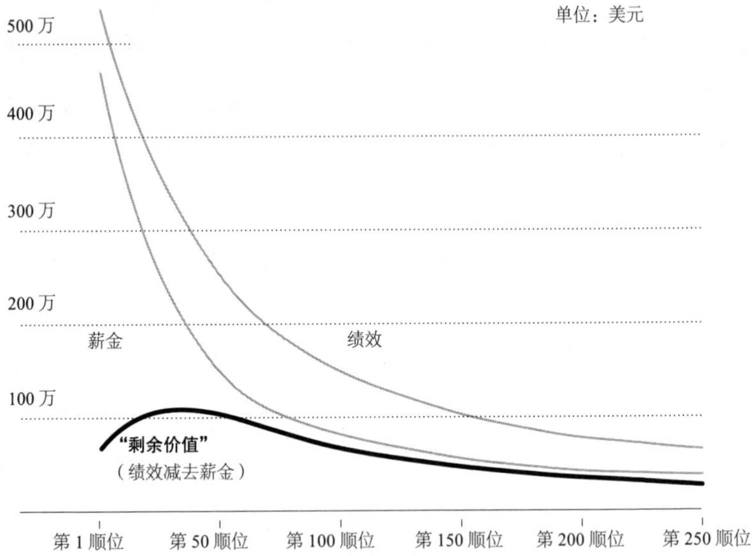

图 20　美国国家橄榄球联盟选秀活动的“剩余价值”

资料来源：马西和塞勒（Massey and Thaler），2013

图 20 中最下面的那条线代表剩余价值。我们需要注意的是，这条曲线在第一轮选秀过程中是向上倾斜的，也就是说先被选中的球员的价值实际上小于后被选中的球员。但是，别忘了“选秀权价值排行榜”显示，先被选中的球员的价值远远高于后被选中的球员！图 21 中有两条曲线，一条是选秀权价值排行榜曲线，另一条是剩余价值曲线。纵轴表示球员的剩余价值与选秀权价值的比值，其中第 1 顺位球员代表的比值为 1。

如果美国国家橄榄球联盟的球员市场是有效的，这些曲线就应该是一模一样的。

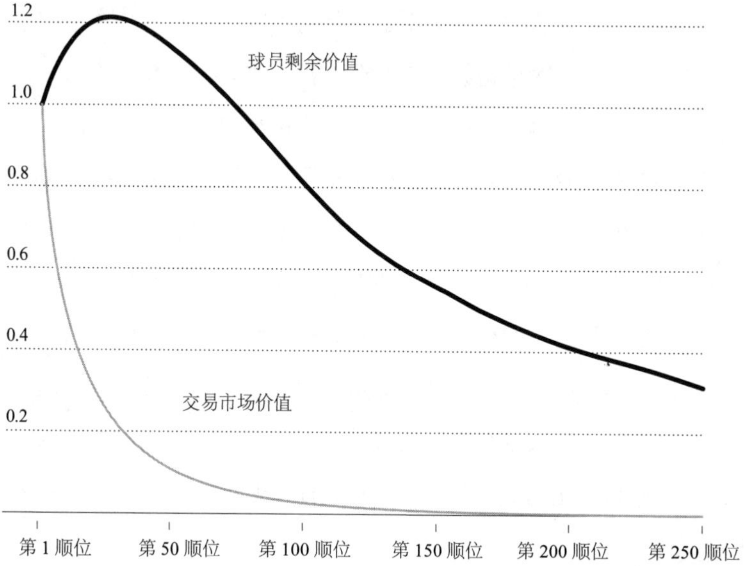

图 21　选秀权价值排行榜与球员剩余价值的比较

资料来源：马西和塞勒（Massey and Thaler），2013

如果市场是有效的，那么这两条曲线应该一模一样。也就是说，选秀权价值曲线可以准确地预测使用该选秀权的球队可以得到的剩余价值，也就是说第一顺位将产生最大的剩余价值，第二顺位将产生第二大的剩余价值，依此类推。但是，事实并非如此。交易市场价值曲线（即选秀权价值曲线）显示，可以用第一选择权交换第二轮中的5个靠前的选择权，但我们发现第二轮的这些选择权将比球队换来的第一选择权产生更多的剩余价值。在我检验有效市场的这么多年时间里，这是我见过的最明显的悖论。

我们还发现选秀权市场有一点很有趣。有时球队会用今年的选秀权交换次年的选秀权。发生这种交易的概率是多少呢？随便看一眼数据，我们就会发现这种交易运用了一条简单的经验法则：今年的某一个选秀权可以换得次年轮数靠前的选秀权。比如，放弃今年第三轮的一个选秀权，可以得到明年第二轮的一个选秀权。（经详细分析发现，交易基本上遵循这一规则。）从表面来看，这条经验法则听上去并非不合情理，但我们据此推断，球队每年的贴现率达到了 136%！人们竟然有如此强烈的现时偏好！有些聪明的球队已经意识到了这一点，它们愿意用今年的选秀权去换取次年更靠前轮数的选秀权。[①]

所以我们的研究总结出两条简单的建议：第一，球队应该用一个靠前的选秀权去换取多个靠后的选秀权，尤其是第二轮的选秀权；第二，成为一名“选秀银行家”，用今年的选秀权去换取次年更靠前的选秀权。

很多读者，尤其是那些像经济学家一样思考问题的读者，对此可能会有几种解释。所以在讨论我们研究结果的准确性，尤其是用一个靠前的选秀权去换取多个靠后的选秀权之前，我们要先排除这些可能的解释。

如果球队选择知名度较高的球员，即使他还没有成为明星，难道就不能通过出售印有球员名字的球衣来获得更多的利润吗？不能。各支球队会分享所有球衣以及其他衍生商品的销售收入。

如果球队选择知名度较高的球员，即使他没有成为明星，难道就不能通过卖出更多的比赛门票而使物有所值吗？不能。首先，美国国家橄榄球联盟的大多数球队都有等待购买季票的客户名单，但更重要

① 一支真正聪明的球队会用今年第二轮的选秀权换取次年第一轮的选秀权，然后再用第一轮的选秀权交换次年第二轮的多个选秀权，或者再用其中的一个选秀权换取第三年的第一轮选秀权，依此类推。

的是，没有人会来观看一个无价值球员的比赛，即使他名气很大。为了全面研究这种可能性，我们仅针对攻击线锋重新做了分析。攻击线锋基本属于球场上默默无闻的勇将，他们负责保护四分卫，防止后者被对方魁梧的球员拦截。虽然只有最忠心的球迷才能叫出他喜欢球队的攻击线锋的名字，但我们的分析结果是一样的。所以，“明星魅力”不可能解释反常现象。

选到真正的超级明星是否会物有所值呢？答案是否定的。我们做的一个简单分析就可以证明这一点。我们通过分析得出的主要建议是，拥有靠前选秀权的球队应该用它去交换多个靠后的选秀权。为了验证这一策略是否有效，我们以选秀权价值排行榜为依据，评估了所有以二换一的交易，比如排行榜中显示，拥有第 1 顺位选秀权的球队可以用它来交换第 7 顺位和第 8 顺位、第 4 顺位和第 12 顺位、第 2 和第 15 顺位等。对于每种潜在的交易，我们用两种衡量球员绩效的因素（即首发次数以及当选为全明星球员的次数）来考察球队的表现。我们发现，用一个靠前的选秀权换取多个靠后的选秀权可以大幅增加球员的首发次数，也不会影响其入选全明星赛的次数。

美国国家橄榄球联盟各支球队的决策者们怎么会错得如此离谱呢？在市场的作用下，为什么选秀权的价格没能与其为球队带来的剩余价值相匹配呢？问题的答案很好地证明了“有限套利”（limits to arbitrage）的存在，这个概念对我们理解金融市场尤为重要。假设有一支球队阅读并理解了我们的论文，它的决策者会怎么做呢？如果它是经常位列前茅的优秀球队，除了愿意用今年的选秀权换取明年更好的选秀权以外，它的决策者很少会利用市场的这种无效性。因为无法卖掉一个靠前的选秀权，所以聪明的球队没有什么套利的机会，外部投资者的套利机会就更少了。我们想到的最佳方法就是买一支成绩很差的球队，用一个靠前的选秀权来换取多个靠后的选秀权，并在一段时间内持续调整其选秀策略。

在我们这篇论文的初稿尚未完成时，就有一支橄榄球球队表示对我们的研究很感兴趣，现在我已经与三支球队非正式地合作过（当然，每一次只与一支球队合作）。我们第一个接触的就是华盛顿红皮队的老板丹尼尔·斯奈德（Daniel Snyder）。布斯商学院企业家俱乐部曾邀请斯奈德先生做过一次演讲，其中一位组织者让我主持讨论部分。我知道自己在午餐时可以和斯奈德一对一地聊会儿天，就同意了。

丹尼尔·斯奈德是一个靠自身努力获得成功的人。他大学辍学后开了一家公司，主要业务是包机服务，还向大学生出售便宜的春假机票。后来他进入了直邮广告行业，并且在2000年的市场巅峰期幸运地卖掉了自己的公司，这证明他很聪明。他用卖公司的钱加上一大笔贷款购买了红皮队，这是他小时候就很喜欢的一支球队。（很多人认为这支球队的名字很难听，这没什么奇怪的，但斯奈德决定继续使用这个名字。）我们见面时，他刚成为红皮队老板没多久。

我向斯奈德介绍了我和凯德所做的研究，虽然当时已是赛季中期，他还是立刻表示将派“他的下属”与我们见面。他说：“我们想在所有事情上都做到最好。”显然，斯奈德先生想做的事，总会做成。一个周一，我接到了他的首席运营官的电话，他表示想立刻与我和凯德见面。周五我们就和他以及他的两位副手见了面，讨论让我们双方都受益匪浅。我和凯德向他们介绍了基本的研究结果，他们也确认了一些规则的细节。

赛季结束后，我们与斯奈德的下属做了进一步沟通。那时，我们十分确信他们已经理解了那两条建议：用一个靠前的选秀权换取多个靠后的选秀权；用今年较差的选秀权换取次年更好的选秀权。我和凯德怀着极大的兴致在电视上观看了当年的选秀过程，结果却让我们十分失望。红皮队所做的与我们的建议恰恰相反，它们用多个靠后的选秀权换取了一个靠前的选秀权，然后用次年一个靠前的选秀权换取了当年一个靠后的选秀权。当我们询问红皮队的联系人这是怎么回事时，只得到了一个简短的回答："斯奈德先生希望球队今年就能赢。"

由此可以很好地预测斯奈德的未来决策。2012 年，红皮队拥有第 6 顺位选秀权，这说明它在 2011 年是倒数第六的球队，球队十分想要一名高素质的四分卫。当时，有两位备受好评的四分卫——安德鲁·拉克（Andrew Luck）和罗伯特·格里芬三世（Robert Griffen III）。印第安纳波利斯小马队拥有第 1 顺位，并且已经宣称将会选择拉克。红皮队想要罗伯特·格里芬三世，当时第 2 顺位的选秀权在圣路易斯公羊队手中，而该队已经有了一名很好的四分卫，所以红皮队与公羊队进行了交易。红皮队的选秀权从第 6 顺位上升至第 2 顺位，另外它还放弃了 2013 年第一轮和第二轮的选秀权，以及 2014 年第一轮的选秀权。仅仅为了上升 4 位，竟然付出了如此高昂的代价。

结果如何呢？第一年，罗伯特·格里芬三世表现得十分出色，所以这笔交易看上去是明智的，而我们这些书呆子教授看起来则很愚蠢。罗伯特·格里芬三世是一名非常高效的球员，看他比赛让人感到非常兴奋。红皮队一路凯歌，打入了季后赛，这说明如果罗伯特·格里芬三世成为全明星球员，这笔交易就绝对是明智的。但是，在赛季末罗伯特·格里芬三世不幸受伤了，无缘其中一场比赛。后来当他重新上场时，又加重了伤痛，而且需要做手术，这可能是因为他过早归队造成的。2013 年，他并没有恢复到像新秀时期的最佳状态，红皮队这一赛季的最终成绩十分糟糕。它在 2014 年的选秀权是排在首轮第 2 顺位的，把这一选秀权拱手让给公羊队的代价实在是太高了。（人们还记得，红皮队一开始用多个靠后的选秀权换来的也只是第 2 顺位。）2014 赛季，罗伯特·格里芬三世的表现也很令人失望。事后看来，另一位名叫拉塞尔·威尔逊（Russell Wilson）的球员表现得更优秀，他也不像罗伯特·格里芬三世那么容易受伤，但威尔逊在第三轮选秀时才被选中。在国家橄榄球联盟效力的三年内，威尔逊带领球队两次打进超级碗决赛，并获得一次冠军奖杯。

当然，我们不应该事后判断交易是否合理，格里芬三世受伤当然是红皮队的不幸，但这只是问题的一方面。当你为了选择某位球员而放弃多个选秀权时，就是把所有鸡蛋都放到了一个篮子里，而橄榄球球员其实和鸡蛋一样脆弱。①

我们与红皮队的合作并没有持续很长时间，但很快我们就发现，另外一支球队（球队的名字需要保密）非常希望与我们谈一谈选秀策略。从我们与这支球队的交流中，我们得知球队的管理层常常为选秀策略争论不休。有些具有分析能力的人相信我们的研究，并且认同我们的两条建议。不过，球队老板或教练等人常常会因为十分青睐某位球员，而坚持要用多个靠后的选秀权来换取这名球员。另外，球队确

① 2014 年华盛顿红皮队在赛季末的一场比赛中与圣路易斯公羊队对决，红皮队此前为了得到梦寐以求的球员所放弃的所有选秀权都到了公羊队手中。比赛一开始，公羊队教练就派出了所有用额外选秀权选到的球员，让其中一人作为队长扔硬币开球。最终公羊队以 24：0 完胜红皮队，格里芬三世因为表现不佳而一直坐在长椅上。斯奈德先生是否因此学会了要有耐心，我们拭目以待。

实偶尔会在第一轮选秀中以好换次，得到来年第一轮的选秀权外加第二轮的一个选秀权，但因为“庄家的钱”效应，额外得到的选秀权不会被保留多久，它们往往很快就会因球队想得到另外一个“十分有把握的球员”而被交换出去。

球队未能做到选秀最优化这一案例说明，委托人 – 代理人问题其实更确切地说应该是愚蠢的委托人问题。经济学家会这样评价一支以次换好的球队：“这只是一个代理人问题。”经济学家的意思是，总经理或教练因为担心自己的工作保不住，所以需要马上就赢得比赛，否则将会被解雇。当然，教练和总经理被解雇的事情时常发生，所以他们担心丢掉工作也是十分合理的。但是，我认为将他们的糟糕决策归咎于传统的代理人问题是错误的。在很多情况下，不仅是在体育领域，老板至少应该和员工担负同样的责任。总经理之所以用多个靠后的选秀权换取一个靠前的选秀权，是因为球队老板希望马上就能赢。这与我们在第 20 章谈到的一个案例十分相似。在那个案例中，首席执行官希望属下接下 23 个有风险的项目，但因为属下担心项目不成功自己就会被解雇，所以只接下了 3 个项目。其实，这个问题应该由首席执行官出面解决。

教练的决策也是如此。在美式橄榄球比赛中，每场比赛都是精心布局的，教练需要在几十种战略战术中做出决策。这与欧洲足球不同，欧洲足球的风格更加简洁流畅，只有角球等几种定位球。美国国家橄榄球联盟中的有些独特决策可以拿来进行分析，并且已经有人做过类似的分析。其中一种决策就是在第 4 档时是否“继续进攻”。一支球队共有4次进攻的机会，这些机会被称为“档”，在此过程中要推进10码或得分，否则对方球队将获得球权。如果球队进攻三次还未推进10码，可以选择继续推进并尝试射门，或是选择弃踢，而将进攻权交给对方。加州大学伯克利分校的经济学家戴维·罗默研究过这个问题，发现球队并没有充分利用“选择进攻”的机会。[216]

橄榄球分析专家布莱恩·伯克（Brian Burke）用更多的数据重新进行并扩展了罗默的分析。2013年，《纽约时报》运用伯克的模型开发了一个程序，可以计算球队在第4档时应该采取的最优策略，包括弃踢、继续进攻或射门。[217]球迷可以实时关注该程序[218]，看看如果运用数学方法，球队应该如何选择。这项研究以及免费的应用程序对橄榄球教练的行为有何影响呢？几乎没有。自从罗默的论文发表以来，球队在第4档时选择继续进攻的概率一直呈小幅下降趋势，也就是说球队越来越愚蠢了！（同样，我和凯德的论文发表后，球队的选秀策略也几乎没有变化。）

纳特·西尔弗（Nate Silver）擅长做体育比赛预测，并因《信号与噪声》（*The Signal and the Noise*）①[219]这本优秀作品而享誉全球。据他估算，球队因为第4档的糟糕决定而需要付出的代价，平均来说是一个赛季少赢1/2场比赛。而《泰晤士报》（*Times*）的分析师则认为大约每年少赢2/3场比赛。这看起来似乎代价不大，但是一个赛季只有16场比赛。球队只要在一场比赛中做出两三次明智的决定，每隔一年就能多赢一场比赛，并且需要帮助的话，它们还可以上网查询。

当然，教练也是普通人，他们倾向于按照自己惯用的方式做出

① 《信号与噪声》一书中文版已由中信出版社于2013年8月出版。——编者注

决策，因为这样之事后不会受到老板的批评。正如凯恩斯所说，墨守成规不会让你失去饭碗。一位（经常阅读经济学期刊或是雇人这样做的）明智老板会激励属下遵循这样一条策略：让球队获胜的机会最大化，同时告诉他们，这样做不会丢掉饭碗。不过，这样的老板并不多。所以，拥有一支价值几十亿美元的橄榄球球队，并不代表你属于加里·贝克尔所说的那 10% 的精英之一，当然也不代表你能够雇到这样的人或是让他们做出最佳决策。

鉴于此，我们应该如何评判贝克尔猜想正确与否呢？贝克尔猜想指出，精于计算概率的那 10% 的人最终将找到需要此类技能的工作。从某种程度上说，我们也许期望贝克尔猜想是正确的：美国国家橄榄球联盟的所有球员都很擅长踢球；所有的文字编辑都擅长拼写和语法；所有的期权交易商至少都能找到计算器上代表布莱克－斯科尔斯公式的按钮。一个竞争激烈的劳动力市场确实能够指引人们找到适合他们的工作。但是，颇具讽刺意味的是，随着管理层级的不断升高，这种逻辑却似乎变得越来越不那么令人信服了。所有的经济学家至少都很擅长经济学，但很多担任系主任的经济学家却把工作做得极为糟糕。这就是著名的“彼得原理”（The Peter Principle）[220]：人们总是不断地得到晋升，直到变得不称职。

橄榄球教练、系主任或首席执行官这些工作都是多面的。对橄榄球教练而言，能够在漫长的赛季中成功管理并激励一队年轻、富有、健壮的球员，也许比能够准确地判断在第 4 档时是否继续进攻更重要。高管和首席执行官们也是如此，很多管理层都是很差的学生。即使他们是好学生，肯定也忘记了统计课上所学的大部分知识。

有一种方法可以拯救贝克尔猜想，那就是辩称首席执行官、教练和其他受聘的管理者拥有多种技能，虽然这些技能中可能并不包括逻辑分析和推理，但他们可以聘用贝克尔所说的那10%的精英，让他们来完成各种计算。不过，我的直觉是，随着决策的重要性不断提高，依靠别人来做定量分析的倾向将逐渐减弱。当冠军之位或公司的前途处于风险之中时，管理者们往往会依靠自己的直觉。

现在，我和凯德已经转向了第三支球队，球队的老板希望进入贝克尔所说的精英之列。但是，我们越了解专业球队的运作情况，便越清楚让组织中的所有人都采取利润最大化以及赢得比赛的次数最大化的策略有多么困难，尤其是当这些策略违背传统观念的时候。显然，我们需要获得老板的明确支持，不过，老板必须让所有为他工作的员工相信，如果他们采取了明智但非传统的做法，即使失败了（或者尤其是在失败的情况下），也会受到褒奖。很少有球队做到这一点，正如没有足够多的球队在第4档时选择继续进攻以及大多数球队在选秀日做出的糟糕决策一样。我们可以看到，若要了解球队或任何其他组织是如何做出决定的，以及是如何改善决策的，我们就需要记住一点，即这些组织都是由普通人拥有并管理的。

第 30 章

有奖竞猜类节目你该怎么玩？

我们面对的其中一种批评是，在实验室观察到的反常行为不会出现在现实世界中。不过，我们那些所涉金额确实很高的金融市场研究，以及那篇关于橄榄球队选秀活动的论文清楚地表明，我们已经向这种批评发起了进攻，但现在宣布胜利还为时过早。谜团是没那么容易解开的。另外，这些研究结果还有一个局限性：在大多数情况下，它们都与市场价格而非特定的个人行为有关。的确，选秀权的价格发生了偏离，但很难将其归咎于某种行为。实际上，从过度自信到赢家的诅咒等很多反常的行为都预示着靠前选秀权的价值被高估了，所以不可能说清楚究竟是哪种不理性的行为导致了错误的定价。另外，虽然根据前景理论，出租车司机和个人投资者的行为都找到了合理的解释，但这也不能排除其他与期望效用最大化相一致的解释。经济学家十分擅长为各种行为编造合理的解释，不管这种行为看起来有多么愚蠢。

卡尼曼和特沃斯基在建立前景理论时使用的是高度程式化问题，旨在消除所有可能的歧义。当实验人员询问实验对象“你愿意有 100% 的概率赢得 300 美元，还是有 50% 的概率赢得 1 000 美元，而有另外 50% 的概率输掉 400 美元”时，因为问题十分简单，所以没有其他令人困惑的因素会影响实验对象的回答。经济学家辩称，当金额足够高时，人们就会做出正确的决定。丹尼尔和特沃斯基通过假设性问题“解决”了这个难题，所以实验对象想象他们做出的都是重要选择，但没有人拥有足够的预算在现实生活中去做这种实验。即使研究人员选择去贫穷国家做实验，所涉金额也很少会超过当地人几个月的工资，而且与买房、择业或择偶等事情的影响力相比还是相差甚远。之前我们一直没找到方法，可以在现实生活中呈现丹尼尔和特沃斯基的假设性问题。不过，2005 年，我在荷兰找到了解决这个问题的方法。

当时，我去荷兰鹿特丹的伊拉斯姆斯大学领取荣誉教授的聘书。除了这项殊荣外，我这次访问的另一大收获是见到了三位经济学家：金融学终身教授蒂里·波斯特（Thierry Post）、刚刚成为助理教授的马蒂因·范登阿西姆（Martijn van den Assem）、研究生吉多·巴尔图森（Guido Baltussen）。他们当时正在做一个项目，研究荷兰的一档有奖竞猜类电视节目的决策问题。我对他们的研究十分好奇，他们的初步研究结果证明“庄家的钱”效应是存在的，这令我十分兴奋。（让我们回忆一下本书第 10 章的“庄家的钱”效应，该效应指出，如果人们在游戏当中居于赢家的位置，他们就更愿意冒险。）在节目中，参赛者需要做出关乎几百万美元的决策。也许，行为学的研究成果在高风险的情况下是否起作用这一谜团即将被解开。他们问我是否可以加入他们的研究[221]，我同意了。①

如果让我设计一个游戏来检验前景理论和心理账户，我不会做得比这档电视节目更好。该节目由恩德莫（Endemol）娱乐节目制作公司出品，最初在荷兰推出，很快便席卷全球。我们使用的数据来自该节目在荷兰、德国和美国的不同版本。该节目的荷兰名字为“Miljoenenjacht”，英文名字为“Deal or No Deal”，其中文意思都是“一掷千金”。

版本虽然不同，但游戏规则基本相同，在这里我主要介绍一下荷兰版。在节目中，参赛者会看到计分板上（图 22）显示出 26 个不同的金额，从 0.01 欧元到 500 万欧元不等。没错，是 500 万欧元，相当于 600 多万美元。选手能获得的金额一般会高于 22.5 万欧元。节目组提供了 26 个箱子，每个箱子里有一张卡片，上面写着一个数字。参赛者选择其中的一个箱子，但不能打开，如果他愿意，就可以一直持有这个箱子，到节目结束时他所获得的奖金就是这个箱子里的卡片上写着的金额。

选好自己的箱子后，参赛者要在不知道里面的具体金额的情况下，再打开 6 个箱子，看看其中的卡片上各写着多少金额。每个箱子一被打开，其对应的金额就会从计分板上消失，而板上所剩的金额就

---

① 我同意加入他们的研究，但也做出了几点提醒。我告诉他们，至少从两点上来说，他们选择与我合作可能并不明智。首先，我做事情是出了名的慢。（我并不是在说我的懒惰。）其次，我担心会出现“马太效应”，这个术语是由社会学家罗伯特·K·默顿（Robert K. Merton）创造的，是指“在任何领域，人们常常把过多的成就归功于其中知名度最高的人”。芝加哥大学的统计学家史蒂芬·斯蒂格勒（Stephen Stigler）也提出了一个类似的概念，叫作“斯蒂格勒定律”（实际上是带有讽刺意味的）。他表示：“没有哪项科学发现是以其最初发现者的名字命名的。”当然，其中的笑点是：斯蒂格勒定律相当于把马太效应重述了一遍。波斯特等人最终还是决定与我开展合作，但有一个附加条件是，如果我觉得没有做出什么贡献，就可以随时退出。

是参赛者最终可能得到的金额。这时，参赛者面临一次选择。场外的一位银行家会提供一定数量的现金，即“银行报价”，来换取参赛者手上的那个盒子，如计分板最上方所示。参赛者可以选择银行家提供的现金，或者继续打开更多的箱子。在面临这两个选择时，参赛者必须回答“换”(Deal) 或“不换”(No Deal)。如果参赛者选择继续（即“不换”)，那么他每轮都可以打开几个箱子，最多可以进行 9 轮，从第二轮之后，每轮可以打开的箱子数量分别为 5、4、3、2、1、1、1。

13 000 欧元		……	当前的“银行报价”
0.01 欧元	50 欧元	10 000 欧元	400 000 欧元
0.20 欧元	100 欧元	25 000 欧元	500 000 欧元
0.50 欧元	500 欧元	50 000 欧元	1 000 000 欧元
1 欧元	1 000 欧元	75 000 欧元	2 500 000 欧元
5 欧元	2 500 欧元	100 000 欧元	5 000 000 欧元
10 欧元	5 000 欧元	200 000 欧元	
20 欧元	7 500 欧元	300 000 欧元	

注：黑色数字表示未打开的箱子中的金额，灰色数字表示已打开箱子中的金额

图 22 《一掷千金》节目的计分板

银行提供的现金的多少取决于计分板上剩下的金额数以及比赛所处的阶段。为了让参赛者继续参与，并且让节目更具娱乐性，在游戏的最初几轮，银行报价仅占剩余箱子中金额的预期价值的很小一部分，在这里期望值是指剩余金额的平均值。在节目一开始，一个箱子也没有打开时，期望值接近 40 万欧元。第一轮中，银行报价大概是期望值的 10%，但最后几轮中，银行报价甚至可能超过期望值。到第 6 轮时，银行报价平均约为期望值的 3/4，这时参赛者将面临高风险的艰难抉择。虽然随着游戏的进行，银行报价占期望值的比重越来

越大，这会刺激参赛者继续参与，但他们在选择打开哪个箱子时确实面临着不走运的风险。如果金额很大的箱子被打开，那么期望值和银行报价都会随之下降。

我们这篇论文的主要目的是通过这些高风险决策来比较标准的期望效用理论和前景理论。① 除此之外，还要检验“路径依赖”（path dependence）的作用。游戏的玩法是否会影响人们的决策呢？经济学理论的回答是：不影响，因为唯一重要的因素应该是参赛者当前面临的选择，而不是运气好坏——路径属于看似无关的因素。

论文得出了一个看似普通的结果，但对评价这两种矛盾的理论却具有重要意义。参赛者只是适度地规避风险，并没有对风险表现出极度的厌恶情绪。当银行提供的现金达到期望值的 70% 时，很多参赛者仍会表示拒绝，即使数十万欧元唾手可得，参赛者也不为其所动。这一结果与股权溢价之谜的研究有关联。有些经济学家指出，如果投资者极度厌恶风险，就会出现这种谜团。不过，对《一掷千金》这档竞猜节目的研究结果，并不支持这种假设。有一个简单的事实可以证明这一点，在这档节目的荷兰版中，即使银行提供的金额为几十万欧元，也没有哪位参赛者会在第 4 轮之前退出比赛。如果一位参赛者的风险厌恶倾向十分严重，则足以解释股权溢价之谜，但在这档节目中却并非如此。

更有趣的便要属路径依赖的作用了。我曾受到朋友打扑克牌的启发，与埃里克·约翰逊写了一篇论文[222]，发现在两种情况下人们不那么厌恶风险，甚至会主动追求风险。第一种情况是他们赢钱的时候，即“用庄家的钱赌博的时候”；第二种情况是输钱但有机会翻本的时候。《一掷千金》中的参赛者也表现出了同样的倾向，并且是在

① 显然，前景理论会胜出。

金额很大时。

有些参赛者在节目中的某个环节会认为自己“输了钱”，要想知道这些参赛者会做何反应，我们可以看看弗兰克的遭遇。可怜的弗兰克是荷兰版《一掷千金》的一名参赛者，他在第一轮中打开的6个箱子中只有一个箱子中的金额较大，当时的期望值超过38万欧元。不过，第二轮他可没那么走运了，他打开的箱子中的金额都很大，期望值骤降至6.4万欧元，这时银行出价仅为8 000欧元。弗兰克感觉自己就像一个刚刚输掉很多钱的人，他选择继续玩下去。后来，他的运气又好了一些，在第6轮时他做出了一个有趣的决定。当时，剩余箱子中的金额分别为0.50欧元、10欧元、20欧元、1万欧元、50万欧元，预期价值为102 006欧元。银行提供的金额是7.5万欧元，相当于期望值的74%。要是你，你会如何选择呢？

要注意，剩余箱子中的金额呈极度偏态分布。如果他选择打开的下一个箱子是50万欧元的那个，那么他最后得到的钱将不会超过1万欧元。弗兰克下定了要赢大钱的决心，他说：“不换。”遗憾的是，他选中的箱子正是装有50万欧元的那个，于是期望值降到了2 508欧元。弗兰克十分沮丧，他坚持到了最后。在最后一轮中，还有两个箱子，其金额分别为10欧元和1万欧元。银行很同情弗兰克，为他提供了6 000欧元，相当于期望值的120%，但弗兰克仍说：“不换。”最后，他带着10欧元离开了。

我们再看另外一个极端的例子，它来自德国版的《一掷千金》，它的头奖没有荷兰的头奖那么诱人，只有25万欧元，参赛者平均“只能”赢得20 602欧元。我们要说的这位参赛者名叫苏珊娜，她在前几轮都很幸运，最后一轮中只剩下10万欧元和15万欧元两个箱子，也是金额最高的三个箱子中的两个。这时银行提供的现金为12.5万欧元，正好与期望值相等，但苏珊娜说：“不换。”毫无疑问，她认为自己是在拿“庄家”的 2.5 万欧元冒险。幸运的是，苏珊娜最后赢得了 15 万欧元。

弗兰克和苏珊娜在节目中的决定证明了我们那篇论文的研究结果，也有力地证实了路径依赖理论。显而易见的是，参赛者不仅会对赌博本身做出反应，赌博结果也会影响他们。我在康奈尔大学时首次观察到了这种现象，那是我在和同事打牌时发现的。我和埃里克·约翰逊用实验检验了这一结果，当时所涉的金额为几十美元。但是，当金额升至几十万欧元时，正如节目中所示，也出现了同样的情况。

使用电视节目中的数据来研究人们的行为存在一个问题：人们在公开场合和私下里可能会有不同的表现。幸好，巴尔图森、范登阿西姆和当时还是研究生的丹尼·范多尔德（Dennie van Dolder）做了一项实验[223]，比较了在公开和私下两种不同的情况下人们的决策会有何不同。

实验的第一阶段以学生为实验对象，在观众面前模仿参加竞猜类电视节目。实验人员尽可能模仿电视节目的情境，实验中有一位主持人、座无虚席的礼堂，还有欢呼的粉丝。当然，唯一不可能模仿的就是奖金，在实验中，奖金金额分别降为千分之一（大额奖金）或万分之一（小额奖金）。在这两个实验中，最高奖金分别为 500 欧元和 5 000 欧元。实验有一个有趣的发现：人们在电视节目中和实验中做出的决定差异不大。正如预期的那样，在奖金较小的实验中，学生们总体来说厌恶风险的程度要低一些，但降低的幅度并不大。另外，路径依赖的情况再次出现，大赢家和大输家更愿意追求风险。

研究的第二阶段是让学生在实验室的电脑上不公开地做出决定，并将结果与第一阶段进行对比。实验对象在电脑上与在观众面前要做出的选择完全相同，并且奖金也是真实的。现在我们做个思想实验：

自己单独做决定与在众目睽睽之下做决定，在哪种情况下学生愿意承担更大的风险呢？

实验结果让我大吃一惊。我之前认为，如果当着众人的面做出选择，学生会愿意冒更大的风险，但结果正好相反。面对观众时，学生们表现得更厌恶风险。[224]除此之外，两个实验的结果十分相似，这给了我些许安慰，因为我作为新手才刚刚开启研究竞猜类电视节目的旅程。

◇

还有一个领域也面临着“提高赌注会怎么样”这一问题的挑战，即所谓的“涉他”行为[225]，比如最后通牒博弈和独裁者博弈。当然，研究人员早已做过研究，将输赢的金额提至实验对象几个月的薪水总额，但仍有人质疑如果涉及的是“真钱”，会怎么样呢？我们研究《一掷千金》的那篇论文发表后，范登阿西姆因为另一项研究联系了我，当时，他的研究搭档是丹尼·范多尔德。娱乐节目制作公司恩德莫又推出了一档节目，希望经济学家从行为角度进行分析。这档节目叫作“财富金球”（Golden Balls）。

每一期节目的结尾最吸人眼球。节目最开始有4位参赛者，但预赛时会淘汰两名，其余的两位参赛者将晋级决赛，获胜者的奖金十分可观。在决赛中，他们面临的情况与博弈论中著名的“囚徒困境”差不多。我们简单回忆一下囚徒困境：博弈双方必须决定是合作还是背叛。在一次性博弈中，自私的理性策略是双方都背叛，但如果他们能够合作，结果会更好。与标准理论相反的是，在低风险的囚徒困境研究中，大约有40%~50%的人会选择合作。如果风险增加，会发生什么呢？利用《财富金球》中的数据，我们就可以得出答案。

节目中，两位决赛选手积累的奖金金额已经很高了，他们要决定如何分这些钱，可以选择“分”（split）或是“偷”（steal）。如果两位选手都选择“分”，那么每人可以得到一半的奖金。如果一个选择“分”，一个选择“偷”，选“偷”的选手将得到全部奖金，而选“分”的人则一无所获。如果两人都选“偷”，则都会空手而归。奖金金额很高，即使是最固执的经济学家也不得不承认这一点。参赛者平均得到的奖金超过两万美元，其中有一次的奖金高达 17.5 万美元。

这档节目在英国播出了三年，制片方很慷慨，把每期节目的录像带都给了我们。最后，我们共研究了 287 个样本。[226] 其中我们最感兴趣的一个问题是：在奖金如此高的博弈中，合作频率是否会下降。答案可参见图 23，可以说它既是肯定的又是否定的。

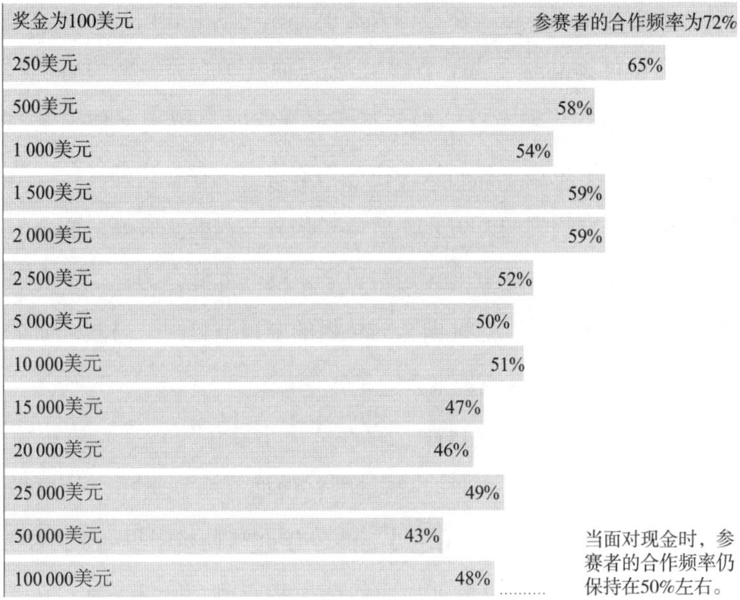

图 23　参赛者的合作频率

资料来源：范登阿西姆等（van den Assem et al.），2012

图23展示了奖金额度从低到高排列时参赛者的合作频率。正如很多人预测的那样，随着奖金额度的升高，合作频率呈现下降趋势。但是，传统经济学模型的卫士们如果现在就开始庆祝，还为时过早。合作频率的确下降了，但仅仅降至与以往实验结果相同的水平，即40%~50%，[227]并且实验中所使用的金额很小。换句话说，没有证据能够证明，这些在低风险实验情境下的高合作频率不具有代表性——无法代表风险增加时的结果。

当奖金金额比较少时，人们的合作频率特别高，正是出于这个原因，随着金额的增加，合作频率才会逐渐下降。我和我的合著者们对此有一个猜想，我们称之为“大个花生”（big peanuts）假设。我们的想法是，一定金额的钱在有些情境下会被视为很多，而在其他情境下则会被视为微不足道。在“行为清单”那一章中我们曾提到，有人在买一个小件物品时会为了节省10美元而开车去另一家门店，但购买大件物品时却不愿意这么做。买新电视机时，10美元似乎像“花生米”一样微不足道，我们认为在这档节目中也存在这种现象。节目中的平均奖金大约为两万美元，所以如果有一对参赛者最后面临的选择仅仅是500美元，那就太无足轻重了。既然如此，为什么不表现得友好一些呢？尤其是在这种向全国转播的电视节目中。当然，如果在实验中，500美元可以说是很大一笔钱了。

《一掷千金》这档节目中也存在“大个花生”现象。还记得可怜的弗兰克进入最后一轮时的情景吧？他面临两种选择，一种是有100%的概率得到6 000欧元，另一种是有50%的概率得到1万欧元，另外50%的概率得到10欧元，而他选择赌一把。我们认为，节目开始时他的期望收益接近40万欧元，在前几轮他也有赢得7.5万欧元的机会。当面对这两个选择时，弗兰克一定认为奖金太低了，因而无所谓输赢，干脆选择赌一把。

我们还研究了《财富金球》中参赛者行为的另一个方面：我们能否预测谁会选择“分”，谁会选择“偷”？我们分析了很多人口统计学变量，但唯一的重要发现是，年轻人大多不会选择“分”。所以，千万别相信未满 30 岁的参赛者。

我们还分析了参赛者在最后做决定前所说的话。这些话语表达的大致是同一个意思：“我不是那种会选择‘偷’的人，我希望你也不是。”这就是博弈论中所谓的“空话”：在没有规定说谎会受到惩罚的情况下，所有人都会承诺自己说的是真话。但是，在所有这些噪声中，有一个可靠的信号。如果有人明确承诺会选择“分”，那么她真会这样做的概率将高出 30 个百分点。（例如，她会说：“我向你保证我会选‘分’，你要 120% 地相信我。”）这反映了一个普遍的倾向，比起承诺时的言不由衷，人们更倾向于在撒谎时不提供某些信息。如果我要卖给你一辆二手车，那么我没有必要告诉你这辆车很费油。但是，如果你问我“这辆车耗油吗？”你很可能会诱使我承认：“是的，它在这方面有点儿小问题。”所以，要想得到真相，提出具体的问题会大有帮助。

我们让学生分析每一期节目的内容。而我只看了十几期，对节目的规则只有大概的了解。直到有一期节目的视频在网上疯传后，我才意识到《财富金球》可能记录下了竞猜类电视节目中的最佳时刻。当然，必须承认这档节目中的竞争并不激烈。在这期人们争相观看的节目中，两位参赛者分别是尼克（Nick）和易卜拉欣（Ibrahim），而主角是尼克。尼克似乎把参加竞猜类节目当成了自己的副业，他曾上过 30 多个不同的节目，而在《财富金球》的这期节目中他更是极尽创新之能事。

在介绍尼克的策略之前，我需要说明一点，《财富金球》中的博弈与标准的囚徒困境有一点不同：如果对方选择“偷”，你不管选择“分”还是“偷”，结果都一样，即你什么也得不到。但是，在传统的囚徒困境中，如果两名囚徒中的一名保持沉默，而另一名囚徒选择招供，那么前者将受到严厉的惩罚。[①] 尼克利用这一区别设计了他的策略。

双方的交流时间一开始，尼克就抢先做出了一个惊人的承诺：“易卜拉欣，你一定要信任我。我向你保证，我肯定会选‘偷’，但我会把自己的奖金分给你一半。”易卜拉欣和主持人都不知道尼克为什么要这样做。正如易卜拉欣指出的，如果要平分，有一种更简单的方法，双方都选择“分”即可。但是，尼克说不要，他一定要选“偷”。主持人从来没听过其他参赛者说出这种言论，所以便插话说明这种承诺并没有得到节目组的授权，节目也不会对此做出保证，唯一可以确保二人平分奖金的办法就是都选择“分”。显然，交流的时间远远超过了节目的规定时间，所以在播出时，大部分讨论的画面都被剪辑掉了。你可以想一想，如果你是易卜拉欣，你会怎么做。

可怜的易卜拉辛显然压力很大，而且他无法弄清楚尼克到底要干什么。他愤怒地问尼克：“你的脑子究竟长在哪里了？”尼克微笑着指了指自己的头。当主持人最终要求二人做出选择时，易卜拉欣好像极度怀疑尼克的承诺，突然弃选了他之前选择的那个球，而是拿起了另一个，这充分表明他决定合作，选择的是“分”。他也许是因为别无选择，抑或是最后一次声东击西。

---

① 在博弈论中，这种情况被称为“弱”囚徒困境。

揭晓谜底的时刻到了。易卜拉欣确实选择了“分”，那么尼克呢？尼克打开了自己所选的球，上面也写着“分”。

美国国家公共广播电台有一档名为“广播实验室”（Radiolab）的节目，专门为这期《财富金球》制作了一期节目。在节目中，主持人问易卜拉欣，他当时是怎么想的，易卜拉欣说他其实打算选“偷”，但在最后关头改变了主意。主持人提醒他，他在节目中说了一段慷慨激昂的话，大概意思是他的父亲曾告诉他一个男人应该说话算数。主持人对这句话有几分好奇，问道：“这是什么意思？”易卜拉辛回答：“哦，那句话呀，事实上，我从未见过我的父亲，我只是觉得这段故事会很感人。”[228]

人真的是很有趣呢。

第八部分

让世界变得更美好：

2004 年至今

20 世纪 90 年代中期，行为经济学家主要有两个目标：第一个目标是实践性的，即寻找并记录个人或公司的反常行为以及反常的市场价格；第二个目标就是发展和完善行为经济学理论。如果没有可以将心理学成果融入其中的正规数学模型，经济学家是不会严肃对待这一领域的。随着越来越多颇具天分的人不断加入行为经济学的行列，甚至还有像 2014 年诺贝尔经济学奖获得者让·梯若尔（Jean Tirole）这样著名的理论学家[229]也在尝试着建立行为学模型，行为经济学在理论和实践方面都得到了长足发展。不过，我们还有一个隐藏在这两个目标背后的目标：运用行为经济学使世界变得更美好。我们当时面临的最大批评声是，我们是未公开身份的社会主义者（如果不是共产主义者的话），并且我们试图用官僚制度取代市场机制。这种质疑已经成为经济学家根深蒂固的想法。那么，我们能否在对这种批评声不置可否的情况下，运用行为经济学使世界变得更美好呢？现在该是为这一目标努力的时候了。

第 31 章

“明天储蓄更多”计划

行为经济学家一直致力于自我控制问题的研究，帮助人们提高退休金自然是一个很好的研究起点。标准的经济学理论并未帮助人们设计出更好的退休金计划。标准的经济学理论假设，人们存入退休账户的钱是合适的（肯定也正进行着合理投资）。如果人们已经做得很完美了，还需要别人帮忙吗？另外，即使经济学家确实想在这件事上帮点忙，他也只有一个政策工具可以使用，那就是税后退休金收益。米尔顿·弗里德曼和佛朗哥·莫迪利亚尼等人创建的标准退休金理论[230]言之凿凿地预测，其他任何政策变量都是无足轻重的，因为决定一个人退休金的其他因素，比如年龄、薪水、寿命等，并不是由政府控制的。政府不能改变你的年龄，却能通过退休金免税等政策改变你的税后退休金收益。不过，使用这一政策工具时还有一个基本问题，即经济学理论并没有说明人们对这种政策的反应会有多积极。实际上，我们甚至不能确定，退休金免税这一政策到底是会提高还是降低人们的退休金总额。

乍一看，免税政策可以增加人们的退休金收益，应该会提高退休金总额，原因是退休金收益增加了。不过，进一步思索后，人们可能认为，收益率更高意味着，用不着存那么多钱就能达到既定的退休金计划的目标。如果收益率升高，试图积累够一定数额退休金的人存入较少的钱就能达到目标。① 所以，经济学理论只提供了一个政策工具，即税后收益率。但是，我们并不知道到底是提高收益率会促使人们存入更多的钱，还是降低收益率能促使人们做到这一点。当然，实证研究可以告诉我们，改变税率可能会产生什么影响，不过直到最近才得出了确定性的结果。2002 年，斯坦福大学的经济学家道格拉斯·伯恩海姆（Douglas Bernheim）做了一次全面的文献综述，其中写道：“作为经济学家，在回顾浩如烟海的税收和储蓄研究文献时，会不自觉地感到自己十分渺小，因为即使是最基本的实证问题，也很难在文献中找到任何有用的信息。”[231]

要想弄清楚税收政策改变带来的影响，其中一个问题是：投资者需要遵守一定的规则才能享受低税率，比如必须将钱存入某个特定账户，如果在退休前取出则要缴纳罚金。这种特定账户从两个方面看可能会有助于储蓄。首先，提前取出要缴纳罚金这一点，会促使投资者将钱留在该账户中用于投资。其次，与普通的储蓄账户相比，人们更不愿意动用被设定为“退休金”的心理账户。实际上，在美国推出退休金减税政策之后，经济学家一直在激烈争论，[232] 这种政策究竟是

① 经济学理论确实预测，如果退休金是免税的，人们的退休金总额会增加，但它并没有指出人们定期存入的钱是否也增多了。就整个社会而言，这两方面都是我们应该关注的。我们可以做一个类比，假设你用旧车置换了一辆新车，能够节省一半油耗。如果你是一个理性的经济人，在开车费用降低的情况下就会选择多开车，但这不能说明你会买更多的汽油。

真的提高了退休金总额，还是仅仅将钱从缴税账户转到了免税账户。直到最近我才得出了在我看来是最后的检验结果，我会在后文做出详细介绍。

行为经济学认为，那些看似无关的因素都很重要，所以在退休金政策以及其他很多政策方面便有了更多的可能性。1994 年，我初次涉足这一领域，发表了一篇名为“心理学和退休金政策”（*Psychology and Saving Policies*）[233] 的论文。论文篇幅不长，我在文中从行为经济学的角度提出了三条建议。前两条建议主要针对当时流行的退休金计划，即“个人退休账户”（Individual Retirement Account，简称IRA）。随着这种账户对个人薪金的要求更加严格，同时 401（k）等退休金计划越来越流行，个人退休账户的重要性日渐式微。我写那篇论文的时候，个人每年最多可以往减税账户中存入 2 000 美元（已婚夫妇为 4 000 美元）。因为这种账户的存款可以减税，所以当边际税率为 30% 时，个人如果按最高额度存入 2 000 美元，就相当于少缴纳 600 美元的税。

个人退休账户的设计存在一个问题：纳税人必须在税前缴款。这对很多纳税者来说都是有问题的，因为只有在申报纳税与政府结清税款之后，人们才会有钱存到个人退休账户中。美国纳税人在报税后很可能会得到一笔收入，因为有 90% 的人会收到退回的税款，每个家庭平均约有 3 000 美元的退税款，但是要过一段时间款项才会到账。

所以，我的第一条建议是让纳税人把一部分所得税退款存入个人退休金账户，存入的金额取决于其当前的报税情况（针对前一年的收入）。也就是说，纳税人只要在报税前开设“个人退休金账户”，然后让美国国税局将一部分退还的税款存入这个账户，以后每年都重复这一做法即可。

我的第二条建议旨在加强第一条。员工发工资时，美国财政部会从中扣除一定的预交税款，所以我建议政府调整计算预交税款的公式，以便纳税者在年末时能得到更多的退税。当然，任何人都可以主动降低他们的预付率。有证据显示，当人们得到意外之财时，将其存起来的概率往往比拿到定期工资后将其存起来的概率要高，尤其是当意外收入非常可观时。[234]虽然退税符合人们的预期，但他们还是倾向于将其看成是意外之财。所以，我的想法是，如果我们让人们得到更多的退税款，那么不管我们能否找到更容易的方法让人们把这些钱存入个人退休金账户，最终都会使存款增加。这两条建议如果结合在一起就更理想了。

我觉得提高预付税率可能还有另外一个益处：人们对纳税制度的遵从度会更高。我认为很多纳税人都将退税看成一笔收益，而将缴税不足看成一种损失。当他们面临损失时，可能就会在报税时耍些花样。我们在前文中说过，人们在面临损失又有机会翻本时往往会寻求冒险。最近瑞典的一项研究证实了我的猜测。论文的作者研究了400万份纳税申报单，他们发现当纳税人需要额外写支票给政府时，减税申请就会大幅增加。在作者研究的这一类别中，所涉金额较小（低于两万瑞典克朗，约为2 600美元）的减税申请大多是虚假的。如果对纳税人进行审计（当然，基本不会发生这种情况），此类申请中有90%将会被驳回。[235]

我的第三条建议是改变人们加入雇主所提供的退休金计划的方式，比如美国的401（k）计划。基本上，我的问题就是：为什么不改变加入方式呢？根据一般的规定，想要加入退休金计划，员工必须填写一大堆表格，选择储蓄率，并决定这些钱的投资方式。为什么不将加入退休金计划设为默认选项，然后告诉他们如果不选择退出，就将以默认的储蓄率、默认的投资方式加入退休金计划呢?

针对最后一条建议，经济学家做出了清晰的评价，即“没有任何作用”，因为把某种选择设置为默认选项是看似无关的因素。加入401（k）计划能帮助人们存下很多钱，即使没有数十万美元，也有几万美元，尤其是在一般情况下雇主也会按照一定的比例存入资金。没有哪个经济人会因为要填写很多表格这种微不足道的不便而放弃获得这笔钱的机会。如果这样做，就像彩票中了大奖却不愿意费事去兑奖，因为兑换彩票需要在便利店停留5分钟的时间。但是对于普通人来说，填写表格和选择投资策略都令人生畏，而将加入退休金计划设为默认选项会产生很大的影响。

后来我才知道，我并不是最早提倡将加入退休金计划设置为默认选项的人。有几家公司曾尝试过，最著名的当属快餐巨头麦当劳了。但是，当时这种计划的通用名起得可不好，业界称其为“负面选举”（negative election）。这个名字很难让人们对退休金计划产生热情。

在那篇论文发表几年后，我受邀到美国共同基金巨头富达国际投资公司做讲座。当然，对富达来说，这个话题涉及金钱利益。当时，全美国的公司都在快速地从老式的退休金计划转向新的退休金计划。在之前的计划中，所有的决定都要由雇员自己做出。为响应这一变化，富达和很多其他大型金融服务公司已经开始从事新业务，为雇主管理这些退休金计划，它们的共同基金也可以作为雇员潜在的投资方式。增加退休金账户的余额对雇员们和富达公司来说都是有益的。

如果我想到什么方法能让人们往退休金账户里存更多的钱，同时观众席中又有数百家雇主代表，他们也许愿意尝试。当然，我会提倡将默认选项改为自动加入，但如果能想到一些新点子就更好了。

我和什洛莫·贝纳奇讨论了一番，当时我们已经成为经常合作的搭档。我采取的方法是，先列出最重要的行为原因，以解释人们为何没有存入足够的退休金，然后设计一个能够克服所有这些障碍的计划。现在，每当我想对某个问题进行行为干涉时，一般都会使用这种方法。我在这张障碍清单上列出了三个因素。

第一个障碍是惯性。调查显示，大多数加入退休金计划的人都认为自己应该多存些钱，也打算尽快付诸行动。但是，他们会一直拖延，甚至从未改变自己的储蓄率。在现实中，除非换工作时又有一堆新表格要填，否则大多数人都不会更改自己的退休金计划选项。自动加入可以神奇地解决惯性问题。另外，还应该在计划中加入自动提高储蓄率这一条。如果我们能够吸引人们加入储蓄率不断提高的计划，并且将储蓄率选项设置为自动提高，惯性就可以起到积极作用了。[236]

第二个障碍是损失厌恶。我们知道人们讨厌损失，尤其不愿意看到自己的薪水下降。根据我们在研究公平时得到的结论，我们知道就薪水而言，损失厌恶是用名义工资衡量的，并没有消除通货膨胀的影响。所以，如果我们能够想出一种方法，不让员工感到薪水下降，就会减小推行退休金计划的阻力。

第三个障碍是自我控制问题。此类研究有一个关键发现：与当下相比，我们在未来有更好的自我控制力。在沃尔特·米歇尔的棉花糖实验中，如果我们让实验对象在明天下午 2 点得到一个棉花糖和明天下午 2 点 15 分得到三个棉花糖之间做选择，即使是小孩也会做出正确的选择——选择后者。但是，我们知道如果将选择的时间改在今天下午，则很少有小孩能坚持到下午 2 点 15 分，他们都有现时偏好。

我最终在富达所做讲座的题目为“明天储蓄更多”（Save More Tomorrow）。我的想法是，让人们自行决定是“现在”提高储蓄率还是“随后”提高，“随后”具体是指下次涨薪时。然后，让他们始终坚持往账户中存钱，除非他们选择退出退休金计划或是储蓄率达到上限。我们将提高储蓄率与涨薪联系在一起，可以减少损失厌恶情绪；让人们做出一个将来某个时刻才会生效的决定，可以减弱现时偏好；保持退休金计划不变，除非当事人选择退出，这样的惯性也会产生益处。根据我对行为经济学的了解，这样的计划是可行的。我那时还十分幼稚，坚信在场的数百家企业中至少会有一家立刻与我联系，询问如何实施这一伟大的计划。我也很愿意与大家分享，只要他们让我和什洛莫评估计划实施的结果，我将为他们提供免费咨询。

可是，我错了，没有一家公司联系我。另外，“自动加入”计划虽然在名称上有所改进，但人们对它的接受程度也没有增加多少。

公司对采取“自动加入”的方法犹豫不决，其中一个原因是，它们不知道这是否合法。退休金政策专家马克·伊夫里（Mark Iwry）律师帮了我们大忙。伊夫里当时是美国财政部官员，主管美国的退休金政策。在他的号召下，美国财政部和国税局出台了一系列规定和通知，为401（k）计划以及其他退休金计划中的“自动加入”选项下了明确的定义，同意并改进了这种政策。可以说，马克·伊夫里为这个计划的实施铺平了道路，不仅给它起了一个更好的名字，而且得到了官方认可。（伊夫里是独立想出这一举措的，不过后来我们俩结识，并携手开展了其他项目的合作。）

但是，在没有证据证明这种方法的确有效的情况下，还是很难说服公司采用。芝加哥大学的布丽吉特·马德里安（Brigitte Madrian）解决了这个问题，目前马德里安在哈佛大学肯尼迪学院教书。一天，马德里安走进我的办公室，告诉我，她得出了十分有趣的研究结果。虽然是她亲自做了计算，但她还是很难相信这些结果。有一家试行“自动加入”方法的公司，请马德里安帮助他们分析一下相关数据。她与这家公司的一名员工丹尼斯·谢伊一起检验“自动加入”是否产生了效果。分析结果令人十分惊讶，至少对接受传统经济学教育的马德里安而言是这样的。她知道，默认选项属于看似无关的因素，因此不应该起到什么作用，但她确实发现事实并非如此。①

这家公司于1999年7月开始采用自动加入退休金计划的方法，也就是在政府认同这一做法的一年后。马德里安比较了两组员工的情况，一组是1998年加入退休金计划的员工，另一组是实施自动加入方法之后聘用的新员工。即使是最愚钝的员工最终也会知道，加入退休金计划对自身有益，尤其是雇主也会按照一定比例存入资金的退休金计划，所以自动加入主要是影响了人们加入养老金计划的速度。在采用自动加入的方法之前，只有49%的员工加入了退休金计划；而采用自动加入的方法之后，这一数值变为86%，只有14%的员工选择退出。一个看似无关的因素竟然让人们的行为产生了如此巨大的改变。

马德里安和谢伊的那篇论文名为“建议的力量”（The Power of Suggestion）[237]，名字很贴切。她们的分析显示，默认选项可能会有一个缺点：任何采用自动加入方法的公司必须选择一个默认的储蓄率和一个默认的投资方式。谢伊的公司选择的是3%的储蓄率和一种货币市场基金，这种基金风险较小，但回报率也较低，也就是说退休金的积累会比较慢。这两个选择都受到了政府的影响。当时，公司只能选择货币市场基金作为默认的投资方式，因为这是美国劳工部唯一认可的选择。从那时起，劳工部通过了一系列“合格的默认投资选择”。现在

① 马德里安的怀疑并没有持续很长时间，她很快就与戴维·莱布森等人再次得出并扩展了最初的结论。她和戴维现在是退休金计划领域的知名专家。

大多数退休金计划都会选择一种含有股票和债券的基金，随着员工年龄的增长，股票所占比例将逐渐降低。

3% 的默认储蓄率也受到了政府的影响，但政府并非有意为之。在马克·伊夫里等人制定的官方政策中，通常都会列举一些特定的例子。比如,1998 年 7 月的规定中就有这样的话①：“假设一家公司让员工以 3% 的储蓄率自动加入一项退休金计划……”[238] 从此以后，绝大多数实施自动加入退休金计划的公司都以 3% 为初始的储蓄率。我们姑且称之为无意为之的默认选项吧。

雇主并没有将“货币市场基金”和“3% 的储蓄率”这两个默认选项当成一种建议，而是认为这样做会使公司遭到起诉的概率最小。不过，员工会将默认选项看作一种建议，而且大多数员工最后都认同了默认选项。

马德里安和谢伊对比了自动加入计划实施前后的两组员工，她们发现，有些员工如果可以自行选择，就会选择更高的储蓄率。很多员工之前选择的都是 6% 的储蓄率，这也是雇主存入资金的上限。自动加入计划实施之后，选择 6% 的储蓄率的人越来越少，而选择 3% 的人越来越多。这就是自动加入计划的缺点，也是公司应该采用“明天储蓄更多”计划的原因。

马德里安的论文提高了人们对自动加入计划有效性的意识，但还没有雇主采用“明天储蓄更多”计划。有一天我突然接到了什洛莫·贝纳奇的电话。一家金融服务公司的顾问布莱恩·塔博克斯（Brian Tarbox）听我们谈过这个计划，并且按此实施了。我们此前曾

① 伊夫里及其团队之所以选择 3%，只是因为较低的储蓄率水平激起反对呼声的可能性较小，至少可以作为一种指导原则。到 2000 年时，伊夫里的团队试图通过其他规定提高储蓄率，但最初设置的标准很难改变。

和塔博克斯谈过这个计划，但已经是几年前的事情了。几年后塔博克斯又找到什洛莫，说他已经收集了相关数据，想与我们分享。开瓶香槟庆祝一下吧！我们终于有一个案例可以分析了。

塔博克斯提供咨询服务的这家金融公司在开始时面临一个问题。就退休金计划而言，如果低薪员工不加入计划，公司可能会违反劳工部的规定——该规定限制了高薪员工的退休金占其收入的比例。如果低薪员工不加入，个人可以缴纳的最高金额将会降低。这家公司迫切希望能说服低薪员工多向退休金账户里存些钱，于是聘请塔博克斯与员工一对一地见面，帮助他们做一个财务规划。塔博克斯的笔记本电脑里安装了一款软件，可以用来计算员工应该存入多少退休金。我想这家公司希望塔博克斯能够给它的员工讲讲其中的道理，不过，员工需要的不仅仅是一次谈话，而是一项对他们有利的计划。

当时，这家公司的员工向退休金账户里存的钱并不多，此前积累的金额也不高。当塔博克斯用程序计算员工的最佳储蓄率（即理性经济人所选的储蓄率）时，程序一般都会建议 15%，这是这家公司所允许的最高储蓄率。如果塔博克斯建议当时实际储蓄率为 5% 的员工将 15% 的收入存入退休金账户，员工肯定会以为这是在开玩笑。大多数人要做到收支平衡都很不容易，大幅提高储蓄金额意味着实际工资会减少很多，所以员工是不会同意的。

什洛莫·贝纳奇和布莱恩·塔博克斯制定了一条适中的策略。塔博克斯没有告诉员工程序推荐的储蓄率，而是建议员工将储蓄率提高 5 个百分点。如果他们不愿意听取这条建议，还可以选择一种类似于“明天储蓄更多”的计划。

我们之前就给了塔博克斯这个备用计划，这对他（以及公司的员工）是十分有益的。约有 3/4 的员工拒绝将储蓄率提高 5 个百分点，对于这些极其不愿意提高储蓄率的员工，塔博克斯建议他们可以在下次涨薪时提高储蓄率，并且以后每次加薪时都这样做，坚持4次。结果令塔博克斯十分惊讶，78%的员工都愿意接受这个建议。其中有些员工当时还没有加入这项计划，但也认为这是个很好的机会，几个月后就会加入。

在三年半的时间内，员工涨薪4次，那些参与“明天储蓄更多”计划的员工的储蓄率也随之提高，几乎变为原来的4倍，从3.5%提高到13.6%。与此同时，那些接受塔博克斯的建议将储蓄率提高5个百分点的员工，第一年就这样做了，但因为惯性，这一数值之后没有再提高。后来，塔博克斯告诉我们，当他意识到这一点，他认为自己一开始就应该向所有人推荐“明天储蓄更多”计划（表2）。

表2 他们为明天储蓄更多了吗？

员工 \ 储蓄率	开始时	第一次涨薪后	第二次涨薪后	第三次涨薪后	第四次涨薪后
拒绝塔博克斯的第一条建议的员工	6.6	6.5	6.8	6.6	6.2
采纳塔博克斯的第一条建议的员工	4.4	9.1	8.9	8.7	8.8
加入“明天储蓄更多”计划的员工	**3.5**	**6.5**	**9.4**	**11.6**	**13.6**
拒绝加入“明天储蓄更多”计划的员工	6.1	6.3	6.2	6.1	5.9

资料来源：塞勒和贝纳奇（Thaler and Benartzi），2004

有了这些分析结果，我们便开始说服其他公司也尝试这种做法。我和什洛莫可以全力提供帮助，只要公司同意让我们分析它们的数据即可，这样我们就会有更多的案例可以研究。我们有一个很重要的发现，即参与率与员工了解计划的程度以及加入计划的便利性有很大关系，这也印证了我们之前的猜想。塔博克斯的做法是很有效的，他先让每名员工都看到自己的退休金储蓄情况有多严峻，然后提供一项改善这种情况的简单计划。最重要的是，他帮助员工填写并收走必要的表格。但是，这种手把手的教法会耗费大量的人力。有些公司曾组织员工参加相关培训，这的确会起到一些作用，但如果不能现场签约加入，其有效性将十分有限。另外，将这个选项放在退休金计划管理者的网站上难找的角落里，无助于吸引懒惰的拖延者（我们大多数人都如此）。我们的解决方案是将“明天储蓄更多”这样的计划设置为默认选项（员工有权选择退出）。当然，任何仍使用3%的起始储蓄率的公司都对员工有亏欠，因为它们未能帮助员工将储蓄率提高至上限，员工因此失去了晚年拿到一笔可观退休金的机会。我认为，对那些除了退休金以外没有其他财富来源的人来说，将10%的收入存入退休账户是底线，如果能提高到15%将会更好。

现在，“自动加入”和“明天储蓄更多”计划正在逐步普及。很多公司都采用了“明天储蓄更多”计划的简单版本，我们称之为“自动升级”，这个版本剥离了储蓄率提高与涨薪的关系。事实证明，很多薪资管理部门没有能力（或不愿意）用计算机程序将二者结合起来。(幸运的是，这并不是该计划的一个重要特点。）安·休伊特（Aon Hewitt）曾针对美国大公司做过一项调查，[239]截至2011年，56%的雇主采用了“自动加入”计划，51%的雇主提供“自动升级”或“明天储蓄更多”计划。员工对退休金计划参与度很高的一个原因是，2006年美国通过了《养老金保护法案》，其中有一些激励方案促使公司采用了这些计划，但激励力度其实并不大。

《科学》杂志最近发表了我和什洛莫的一篇文章，[240]在文中我们估计，截至2011年，美国大约有410万人加入了某种“自动升级”

计划；到2013年，这些人每年多存入的总金额将达到76亿美元。英国最近开启了一项全国性的个人退休金计划[241]，该计划也采用了自动加入的方法。迄今为止，在选择自动加入计划的员工中，退出率约为12%，据说随后英国也会实施自动升级计划。澳大利亚和新西兰也推出了类似的计划。[242]

我们经常被问到一个不知道该怎么回答的问题：这种自动储蓄计划是否真的提高了家庭资产净值？有些人指出，一旦加入这种计划，参与者可能会减少在其他账户中的储蓄金额或是背负更多的债务。美国没有哪种数据库可以提供足够的家庭财富数据，所以我们无法回答这个问题。不过，一个由经济学新秀组成的团队[243]利用丹麦的数据明确地回答了这个问题，也回答了前文中提到的一个更宽泛的问题，即退休金免税政策是否提高了退休金储蓄金额？该团队由美国和丹麦的经济学家组成，负责人是哈佛大学的拉伊·切蒂（Raj Chetty）。他们之所以可以完成此项研究，是因为丹麦的相关部门严格记录了每个家庭的财富与收入。

这项研究有两个主要结论。第一个结论是，自动加入计划产生的储蓄金额大部分都是“新的”。当某人跳槽到一个对退休金计划更慷慨的公司，并通过该计划自动存入更多的钱时，他在其他账户的存储金额并没有明显下降，债务也没有增加。在一个经济人的世界中，这一结果是惊人的，因为经济人认为金钱是可替代的，并且所存入的也正好是合适数额的钱。所以，如果一名员工被迫或因受到刺激而在某个账户存入更多的钱，那么他存入其他账户的钱必然会减少或负债更多。论文的第二个结论对比了计划中两个因素的相对贡献，这两个因素就是自动加入的特点和税收优惠。在这些计划产生的“新”储蓄中，论文作者只将其中的1%归功于税收优惠，而将其余的99%归功于自动加入的特点。研究者总结道：“综上所述，我们的研究结果显示，税收补贴是提高退休金储蓄最有效的政策，这一点是值得怀疑的。而助推人们多储蓄的“自动加入”或默认选项对退休金储蓄有更大的影响，并且财政成本更低。”

2004年，距布莱恩·塔博克斯第一次尝试采用“明天储蓄更多”计划已经过去了几年，我和什洛莫·贝纳奇写了一篇相关论文。[244]我第一次在芝加哥大学介绍这项研究是在纪念舍温·罗森的一次会议上。舍温是我的研究生论文导师，当时他刚刚去世，年仅62岁。评价我们这篇论文的是凯西·穆利根（Casey Mulligan），他是芝加哥大学经济系仅存的几位传统经济学的中坚分子之一。

我们的研究结果与穆利根笃信的理论形成了鲜明的对比。我们只是通过看似无关的自动加入计划，就让人们存下了更多的退休金。理性经济人是不会加入“明天储蓄更多”计划的，因为他们已经在养老金账户里存入了合适的金额。如果他们确实加入了该计划，也不会影响他们的储蓄率，因为他们会在其他账户中做些调整，使账户像之前一样保持最恰当的金额。穆利根勉强承认，我们确实成功地表演了黑魔法，但他怀疑我们搞了某种恶作剧。他认为，我们也许诱骗员工存入了更多的钱。当然，我心里想，如果人们真像穆利根所认为的那样，和理性选择理论的支持者一样聪明，他们是不会那么容易上当的，但我没有当众说出来。相反，我承认我们可能诱导人们存入了更多的钱，并且比理性经济人会存入的最恰当金额还要多，不过鉴于美国的个人储蓄率很低，这似乎不可能成立。不过，作为预防措施，我们设定了最高的储蓄率，达到这个上限后，储蓄率将不再增长。

另外，如果一个家庭未来会与理想的目标储蓄金额失之交臂，那么与储蓄过少相比，储蓄超出计划的退休金数额似乎更好。我并不是在教导人们在一生中应该如何进行消费分配，肯定有很多守财奴一生都过着悲惨的生活。我关心的是预测退休金收益率以及后来要做出改变的难易度。如果一位刚刚过了60岁的老人退休金过剩，他可以有很多补救措施，比如提早退休、环游世界、宠爱孙子等。但是，如果有人到60岁才发现自己的退休金不足，他就几乎没有办法补救，只能无限期地延长退休时间。

凯西·穆利根用一个问题结束了他的评论，他说：“是的，看起来你们似乎能够让人们存入更多的钱，但这难道不是‘温和专制主义’吗？”

在芝加哥大学，你可以称别人为马克思主义者、无政府主义者，甚至是绿湾包装工队（美国国家橄榄球联盟中芝加哥熊队的主要对手）的粉丝，但是称自己的同事是温和专制主义的拥护者，可以说是最伤人的说法了。面对这一谴责，我真的很困惑。我们一般会认为温和专制主义都含有逼迫的成分，比如人们必须缴纳社保或是不能购买酒或毒品。但是，“明天储蓄更多”是一个人们自愿加入的计划。我指出了这一点，并继续说道，如果这也算是温和专制主义，那么它一定是另外一种温和专制主义。我在脑海中尽力搜索一个合适的词，然后脱口而出：“也许我们应该称之为‘自由主义的温和专制主义’（libertarian paternalism）。”

我在心里记下了这个新名词，准备在下次见到卡斯·桑斯坦时，和他做一番讨论。

第 32 章

自由主义的温和专制主义与助推策略

当我再次见到桑斯坦时，我告诉他我发明了一个新名词——“自由主义的温和专制主义”。这个名词虽然不怎么出彩，但他必须承认这比他提出的“反－反温和专制主义”更具建设性，这个词也勾起了他的兴趣。

当时，“温和专制主义”是行为经济学家十分关注的一个概念。科林·卡默勒、乔治·勒文施泰因、马修·雷宾曾与泰德·奥多诺休以及法学教授萨姆·依萨卡洛夫（Sam Issacaroff）共同完成了一篇有关这方面的论文，论文题目是“不对称温和专制主义”（*Asymmetric Paternalism*）。[245] 他们是这样定义这个新名词的：“如果一项规定为那些犯错误的人创造了巨大利益，但对那些完全理性的人却几乎没有产生任何伤害，那么这项规定体现的就是不对称温和专制主义。”[246] 此前，雷宾和奥多诺休曾提出“谨慎温和专制主义”（cautious paternalism）[247]，不过他们随后更大胆地提出了“最优温和专制主义”（optimal paternalism）。这个问题仿佛是房间里的大象，已经存在几十年了，我们所有人都在努力地研究这一问题：如果人们犯的是系统性错误，这会对政府政策有什么影响呢？

2002 年，彼得·戴蒙德（Peter Diamond）当选美国经济学会主席，并且负责组织 2013 年 1 月即将召开的年会。彼得在很早的时候就对行为经济学十分感兴趣，并且为这一领域做出了重大贡献。他借此机会在年会上组织了几场有关行为经济学的会议和一个讨论温和专制主义的会议。我和桑斯坦写了一篇简短的论文介绍了自由主义的温和专制主义。[248] 按照规定，我们发表的论文只能占 5 页的版面，不过桑斯坦觉得意犹未尽，所以在这篇论文的基础上延展出了一篇长达 40 页的法律评述文章，题目为“自由主义的温和专制主义并不矛盾”（Libertarian Paternalism Is Not An Oxymoron）。[249]

当我把这篇论文的初稿打印出来时，我觉得它太长了。一天，我问桑斯坦是否能据此写成一本书。桑斯坦十分喜欢我的这个想法，没有什么事比写书更让他兴奋的了。

我们最初的那篇文章以及后来桑斯坦的那本书都建立在一个前提下：在我们这个越发复杂的世界，我们不可能指望人们拥有足够多的专业知识，在任何必须做出选择的领域都能做出接近于最佳水平的决策。不过，即使我们有时会犯错，我们每个人仍然很享受自己做决定的感觉。有没有什么方法可以在不明显逼迫人们的情况下，让他们在事前和事后更容易做出正确的决定呢？换句话说，我们在自由主义的温和专制主义之下能够收获什么呢？

我们知道,“自由主义的温和专制主义”这个词会激怒某些人。“温和专制主义”这一术语不仅在芝加哥大学惹人反感；在日常生活中，很多人也都反对政府或其他相关机构告诉他们该怎么做，这就是温和专制主义的一般含义。“自由主义的温和专制主义”很难一口气念完，听起来似乎确实是矛盾的，但实际并非如此，至少按照我们的定义来说它不是自相矛盾的。

我们所说的“温和专制主义”是指尽力帮助人们达成他们的目标。如果有人问你，如何到达最近的地铁站，你给他指了正确的路，按照我们的定义，你就是一个温和专制主义的支持者。我们之所以用“自由”这个形容词，是想通过这种方式帮助别人但并不限制他们的选择。①

虽然我们很喜欢“自由主义的温和专制主义”这个词，也能说清楚其中的逻辑，但可以肯定这绝不是一个好书名。当时，负责评估我们这本书的一位编辑解决了这个问题，他建议我们使用“助推”（nudge）作为书名，因为这个词似乎描述了我们想要做的事情。那家出版社最终拒绝出版我们的书，但我们采用了那位编辑建议的书名，我们对这样一份礼物心怀感激。

总的来说，我认为出版界对我们这本书的热情不尽相同，有的不温不火，有的冷若冰霜。最后，我们找到了一家久负盛名但并不活跃的大学出版社，我们后来才知道这家出版社并不擅长营销。所以，如果这本书能到达很多读者手里，只能说是口口相传的结果。（这本书的平装版版权后来被授权给了美国和英国的贸易出版商，而后终于出现在书店的书架上。[250]）

我们从来没有说过“助推”能够解决所有问题。有些禁令和命令是显而易见的，没有哪个社会能在毫无规章制度的状态下存在。我

① 虽然我们认为这个词是十分符合逻辑的，但并非所有人都认同我们的观点。有一位法学教授针对我们的论文写了一篇评论，名为“自由主义的温和专制主义是矛盾的”。我想在网上做出一一条没有正文的回复，只写出仅有几个词的标题“不，它不是”。桑斯坦劝我说，这么做根本没有什么用。

们要求学生上学（从任何方面讲这都是真正的温和专制主义），禁止人们袭击他人。我们还有规定人们应该在马路的哪一侧开车的交通规则，各个国家在这一点上有不同的要求，如果一个英国人在美国旅游，他就不可能在马路左侧驾车。即使是虔诚的自由主义者都会同意，不能因为你不喜欢你的邻居，就允许你开枪射杀他。所以，我们的目标是有限的。我们想知道，在不发号施令的基础上，人们对这种帮助性政策的接受程度有多高。

我们的前提条件很简单。因为人们都是普通人，而不是理性的经济人（即 Econ，这个词是我们在《助推》一书中发明的），所以他们都会犯一些可预测的错误。如果我们能够预测到这些错误，就能设计出相应的政策去减少错误发生的概率。以开车为例，尤其是开长途车时，司机往往会犯困，这就增加了他们越过道路中央隔离带而造成车祸的风险。针对这种情况，有些地区将中央隔离带刷上醒目的颜色，并铺上减速带，当有车闯进隔离带时会发生颠簸，从而使睡眼蒙眬的司机清醒过来（也许会停车休息一下买杯咖啡喝）。当然发光减速带更好，方便夜间开车。

减速带的例子也说明对我们这本书的批评是站不住脚的：我们的目的不是告诉人们该如何做，而是帮助他们达成自己的目标。如果读者读到《助推》英文版的第 5 页就会发现，我们的目标是试图“影响人们的选择，并使其受益，这建立在决策者自身判断的基础上”。在原书中我们对最后一句话引号里的部分用了斜体，但也许我们应该加黑并加大字号，因为有人曾无数次批评我们自以为是。的确，我们认为大多数人都希望在退休后过上舒适的生活，但我们还是想将选择权留给他们本人。我们只是想让人们少犯他们自己也认为是错误的错误。

《助推》这本书中有一个最著名的例子，讲的是发生在阿姆斯特丹史基浦国际机场的一件事，这件事告诉我们该如何帮助人们少犯错误。不知是哪位聪明绝顶的人想出了一个方法，可以让男士使用机场小便池时更小心一些。小便池的排水口附近有一个蚀刻的苍蝇图案，机场管理人员表示，有了这些苍蝇图案，尿液“溅出”的情况少了约80%，“溅出”这个词语用得不错，很委婉。我不知道有没有细致的实证研究分析过这些苍蝇图案的有效性，但这种图案（以及类似的做法）已经应用于全球多个机场，比如在世界杯比赛期间，配有足球球门的图案就格外流行。

在我看来，小便池中的苍蝇图案就是“助推”方法的一个绝佳例证。助推方法是指环境中能够吸引我们注意、影响我们行为的某个微小因素。助推方法对普通人是很有效的，但对经济人则没有任何用处，因为经济人已经做出了正确选择。助推是那些所谓的看似无关的因素，但其能够影响我们的行为，使我们生活得更好。苍蝇图案的案例还让我清楚意识到，虽然我和桑斯坦碰到有用的助推方法时能够识别出来，但我们还是没有找到如何设计有效助推方法的组织原则。

当我重读唐纳德·诺曼（Donald Norman）的经典著作《设计心理学》（*The Design of Everyday Things*）[251]时，我们对这一组织原则的探索取得了突破。这本书的封面是我见过的最好的封面之一，封面上有一个茶壶的图案，壶柄和壶嘴都在一边，你可以想象一下。又一次读完诺曼的书后，我意识到我们可以将他的很多原则应用于我们所研究的问题上。当时，我刚刚买了我的第一部苹果 iPhone 手机，这款手机使用起来十分方便，根本不需要说明书。那么，我们能否设计出便于人们执行的政策，创造出“以用户为中心”的决策环境呢？我们采用了“选择架构”（choice architecture）这个词，用来描述我们正在尝试的做法。神奇的是，我们只是用这个词来帮助我们组织想法，就列出了一张选择架构的原则清单，其中很多点子都借鉴了人性化设计原则。设计出好的公共政策与设计出受欢迎的消费品有很多共同之处。

既然我们已经掌握了新工具，那么我们要做的一个重大决定就是：我们可以用这套工具解决哪些政策问题。我们此前写过的一些话题很简单，但还有一些需要我们深入研究的文献，看看是否能够找到有用或有趣的论述。其中有一些研究会把人带入死胡同。我们写了一章有关卡特里娜飓风的内容，又删掉了，因为对此我们只找到了一个点子，它也没那么有趣，并且这个点子不属于我们。《纽约时报》专栏作家约翰·蒂尔尼（John Tierney）曾建议人们在风暴来临前逃到较高的地方去。[252]蒂尔尼的想法是给那些选择留在原地的人们一支马克笔，建议他们用这支笔在身上写上自己的社保号码，有助于风暴过后政府确认死者的身份。我们没有想出像蒂尔尼那么好的点子。

在其他案例中，随着研究的进行，我们改变了对某些话题的看法，器官捐献就是一个很好的例子。我们在列清单时，第一个列出的就是器官捐献，因为我们知道埃里克·约翰逊和丹尼尔·戈尔茨坦（Daniel Goldstein）曾写过一篇论文，证实默认选项在这个问题上极为有效。[253]大多数国家采用的都是“选择加入”的政策，捐献者必须采取主动的措施，比如填写表格，才能将自己的名字添加到注册表上。然而，有些欧洲国家，比如西班牙，采取的则是“选择退出”策略，即“推定同意”（presumed consent）。如果你没有明确选择退出，没有将自己的名字列入“非捐献者”清单中，就推定你同意捐献器官。

约翰逊和戈尔茨坦的研究结果表明，默认选项十分有效。在采用选择退出政策的国家，几乎没有人选择退出，但是在采用选择加入政策的国家，往往只有不到一半的人会选择加入！在这一点上，我们提出了一个简单的政策建议，即采用推定同意策略。不过，我们做了进一步研究。结果显示，大部分采用“推定同意”策略的国家并没有严格执行这项政策。实际上，医务人员还是会询问家属是否反对捐献逝去者的器官。在提出这个问题的时候，家属往往处于精神十分脆弱的状态中，因为很多逝去者都是在某次事故中骤然离世的。更糟糕的是，在采用选择退出策略的国家，亲属也许并不知道捐献者的意愿。人们没有填写表格申请退出，但这并不能代表他的真实想法。

我们得出的结论是，推定同意策略实际上并不是最好的政策。我们更倾向于伊利诺伊州最近采用的方法，而美国其他州现在也实施了这一方法。当人们更换驾照时，会被询问是否愿意捐献器官。简单提出这个问题，立刻记录他们选择，很容易就完成了登记。① 阿拉斯加州和蒙大拿州在采用这种方法后，器官捐献率超过 80%。[254] 在器官捐献的文献中，这种政策被冠以“强制性选择”(mandated choice)[255] 的名字，在这本书中我们也采用了这个名称。

不过，后来我发现，使用这个名称是有弊端的。《助推》那本书出版后，我为《纽约时报》的一个栏目撰写了一篇有关器官捐献的文章，文中对伊利诺伊州的政策表示支持，当时我仍将其称为“强制性选择”。[256] 几个星期后，《今日美国》的一位编辑打电话和我谈论这项政策，因为这份报纸也打算撰文支持这项政策。几天后，我接到了这位编辑的紧急电话。原来她先前给负责这项政策的官员打过电

① 大多数州都很明智，它们将这项政策与“当事人同意”的法律条文结合起来。该法律条文规定，如果捐献人去世，他 / 她的意愿将继续有效，这免去了家属们在痛苦时刻还要做出艰难抉择的义务。

话，这位官员的头衔是州务卿，他坚决否认有这种政策。我被搞糊涂了，我刚刚更换了驾照，并被询问是否愿意捐献器官（我回答愿意）。于是，我打了几通电话，搞清楚了事实。州务卿杰西·怀特（Jesse White）反对的是“强制”一词。他说，我们没有要求人们做任何事，从实际操作上讲，他是对的。当人们被问到是否愿意捐献器官时，如果有人拒绝回答或保持沉默，机动车辆管理局的官员会认定为此人不同意捐献器官。

事实证明杰西·怀特是位明智的政治家，他意识到选民并不喜欢强制令。[①] 通过这件事，我明白了命名的重要性，我把我心爱的这项政策称为“提示性选择”（prompted choice），这个名称更加准确，又没有什么强制意味。在与普通人沟通交流时，遣词造句很重要。

① 他应该和奥巴马总统分享一下自己的明智之处。奥巴马的医疗改革法案中有一点非常不受欢迎，即法案的“强制性”。因为该法案禁止保险公司因为购买者的病史而排斥某些人，所以需要制定相应条款防止人们等到生病或出了事故才购买医疗保险，强制覆盖被选为解决这个问题的方法。但是，其他方法也可以达到这个目的，比如我更倾向于自动加入（允许退出）的政策，外加一项条款，即任何选择退出的人在一定时期内（比如三年）不得购买医疗保险。

第 33 章

助推人们做出正确的决策

2008 年 7 月，我在去爱尔兰参加卡斯·桑斯坦和萨曼莎·鲍尔（Samantha Power）婚礼的途中，在伦敦待了几天。虽然《助推》一书在美国已经上市几个月了，但伦敦还很难看得到这本书。我一直不清楚出版商究竟使用的是什么货运方式，但我十分怀疑他们使用的是廉价的大型帆船，其速度也就略微胜过大学的赛艇队。

不过，有一个进取心很强的英国人弄到了一本《助推》，他就是理查德·里夫斯（Richard Reeves）。里夫斯这种人很罕见：他是一位专业人士，但却没有教授这样一个稳定的职位。当时，他即将管理一个名为“公民”（Demos）的智库，所以邀请我就《助推》一书做一场演讲。[①] 我和里夫斯见面之前，先接到了他打来的电话。他想知道我是否愿意见一见英国保守党（即人们所熟知的托利党）的领袖们，这是他的朋友罗翰·席尔瓦（Rohan Silva）的建议，席尔瓦刚刚读了《助推》，深受它的吸引。

① 里夫斯现已移居美国，在华盛顿特区的布鲁金斯学会任职。

我对这种会面能够产生什么成果深感怀疑。我尽力回想，却想不出我这一生什么时候被称作保守人士。我曾被描述为激进派、捣乱者、煽动家、讨厌鬼，还有很多其他不堪入耳的形容词，但从未有人说我是保守人士。

不过，我还是有种受宠若惊的感觉。我回答说："当然，请把我的电话号码给席尔瓦，我很愿意和他谈谈。"席尔瓦立刻给我打来电话，并且问我是否愿意当天下午到国会大厦去见见他的同事们。当天恰巧是伦敦的一个罕见的晴天，我穿着寻常的牛仔裤和T恤漫步在伦敦街头，这更增加了我是否应该和一群保守党人见面的疑虑。当时，我几乎对英国政治一无所知，我脑海中的英国保守党议员形象是一位西装革履的老先生，可能戴着一顶白色的假发，身着一袭长袍。我告诉席尔瓦，我的衣着可能不适合去国会大厦和他的同事们会面，但是他告诉我，不用担心，他们穿得也不正式。从电话中的声音判断，席尔瓦似乎很年轻。于是我说，好吧，那就见上一面吧。

我担心自己穿得不够正式其实是毫无根据的，就像我对将要会面的议员的刻板印象一样站不住脚。罗翰·席尔瓦当时27岁，他拥有斯里兰卡血统，看上去好像有三年都没有刮过胡子了。我印象中只有一次他把胡子刮得很干净，那是多年以后他结婚的时候。我们那天的会面地点是在一位资深的保守党议员奥利弗·莱特文（Oliver Letwin）的办公室里，他是保守党领导团队的一员，团队的领导者是40多岁的戴维·卡梅伦（David Cameron）和乔治·奥斯本（George Osborne）。当时还有一位比席尔瓦年长的人，史蒂夫·希尔顿（Steve Hilton），他还不到40岁，身穿一件T恤和洛杉矶湖人队的短裤，后来我知道这是他的惯常装束。总之，我没有看到任何戴假发的人，我想莱特文部长是唯一一位穿西服的人。

我做了一段简短的即席演讲，在场的人似乎认为，我们在《助推》一书中提倡的公共政策制定方法可以帮助保守党重塑形象，这也是卡梅伦和奥斯本当时正在做的事情，他们的目标是让保守党看起来更有进步意识和环保意识。那次会面之后，我和席尔瓦又多谈了一会儿，我得知他曾到过美国艾奥瓦州，在 2008 年民主党总统初选中支持过奥巴马。我对英国保守党的印象因而大为改观。

席尔瓦不知道通过什么途径买到了 10 本《助推》，可能在英国市场上在下一批《助推》运到之前再也买不到了。他把这些书放在办公室的桌子上，劝说经过的同事读一读。有一天，日后出任英国首相的戴维·卡梅伦看到了这些书，他问席尔瓦这是不是大家都在讨论的那本书。席尔瓦建议卡梅伦看一看，显然，卡梅伦很喜欢书中的内容，因为他把这本书放到了保守党议员夏季推荐书单中，不过我十分怀疑书单的初稿是席尔瓦拟定的。席尔瓦有很多工作，其中一项就是作为“指定读者”博览群书。

我第二次到伦敦是在 2009 年春天，当时主要是与英国的出版商一起为平装版《助推》做宣传。当我看到地铁站的广告牌上用特别大的字写着“你今天感受到助推了吗”时，我十分惊讶，这和上次我来伦敦时的情况有天壤之别。在一次宣传活动中，主办方告诉我，我用餐时将坐在格斯·奥唐奈（Gus O’Donnell）爵士旁边。我问主办方奥唐奈爵士是谁，这才得知他是英国的内阁秘书长，这再次凸显了我的无知。后来，我听说人们常称他是“GOD”（上帝），也就是他姓名的首字母大写，虽然只是文字游戏，但却证明了他的无上权力。大体来说，这个国家是由他来促动运转的，而令人惊奇的是，他已经成了行为经济学的粉丝。

格斯·奥唐奈已被授予勋爵爵位，他的背景非同凡响。奥唐奈勋爵拥有牛津大学的经济学博士学位，曾教过一段时间的书，后来在政府供职。在此期间，他担任过很多职务，其中最值得注意的是出任英国首相的新闻发言人。我从未见过哪位经济学家当过任何人的新闻发言人，更不用说是国家元首的新闻发言人了。此后，奥唐奈还担任过其他职务，最后荣升为英国最高级别的公务员。美国没有内阁秘书长这一职位，但通过我和奥唐奈勋爵及其继任者杰里米·海伍德（Jeremy Heywood）的接触，我觉得美国也应该设置这样一个职位。2010 年 5 月英国大选期间，没有一个政党在议会获得多数席位，但政府还是在奥唐奈的掌舵下正常运行，与此同时政界人士正试图组建联合政府。

最后，保守党同意与自民党联合，由保守党领袖戴维·卡梅伦出任首相，自民党领袖尼克·克莱格（Nick Clegg）担任副首相。那么，克莱格选择谁作为他的首席政策顾问呢？这个人就是理查德·里夫斯。与此同时，席尔瓦和史蒂夫·希尔顿出任首相的高级政策顾问，如果“高级”一词可以用来描述未满 30 岁的人的话。他们有着宏伟的计划，行为科学在其中扮演着重要角色，奥唐奈勋爵在计划的实施过程中也会起到重要作用。我在造访伦敦的短短几天内，似乎就碰到了认真对待《助推》一书的人，他们想看看能否将书中的想法付诸实践。

◇

戴维·卡梅伦和尼克·克莱格领导的联合政府刚一建立，席尔瓦就和我取得了联系。新政府希望运用行为经济学，或者说他们希望运用行为科学，让政府执政更有效，也更高效。席尔瓦问我是否愿意提供帮助，我一口就答应了。我们在写《助推》一书时，虽然觉得希望渺茫，但还是期望哪位有影响力的人能够读到此书，可以从中得到有用的想法并将其用于制定政策。从那时起，桑斯坦就开始为他在芝加哥大学法学院的同事和朋友工作了，那位朋友（奥巴马）当时已当上了美国总统。现在，英国人也对我们的书产生了兴趣。

戴维·哈尔彭（David Halpern）当选为我们这个项目的负责人，这真可谓是天时、地利、人和。哈尔彭不仅是一流的社会科学家，曾在剑桥大学教书，还是英国前任首相托尼·布莱尔（Tony Blair）战略小组的首席分析师。此前，英国曾多次组织专人编写关于行为科学方法该如何应用于政府的报告，哈尔彭是主要起草人之一，他在布莱尔任职期间就参与了报告的编写。从他的这些经历中我们可以得出两点：哈尔彭在政府事务方面拥有广博的知识和丰富的经验；他还具有无党派人士的优点，这对于建立一个提供公正客观信息的团队而言极为重要。另外，哈尔彭很有魅力，且虚怀若谷。如果你与哈尔彭合不来，那问题肯定出在你身上。

在这次访问期间，我们团队一行人等抽空去了一趟法国巴黎。法国心理学家奥利维耶·乌利耶（Olivier Oullier）正试图劝说萨科齐（Nicolas Sarkozy）政府重视行为科学。在去往巴黎的火车上，我和史蒂夫·希尔顿就团队的名称展开了热烈的讨论，当时团队还没有正式的名称。希尔顿想用“行为改变小组”这个名字，但我觉得它含义不好。我和戴维·哈尔彭强烈建议使用“行为洞察力小组”（Behavioral Insights Team），最后大家决定采用这个名称。一路上，我们都在争论团队名字的问题。其间，席尔瓦把希尔顿叫到一边，劝他不要太固执，听听大家的意见。席尔瓦说：“不管我们叫它什么，别人都会称其为‘助推小组’的。”他真的很富有预见性。

当我再次到访伦敦时，团队已经建成了，并且在海军拱门的一个不起眼的角落找到了临时办公场所。海军拱门离唐宁街 10 号和英国国会都很近。当时正值冬天，伦敦刚刚下过一场当地人眼中的暴风雪，积雪厚度约为 1 英寸（2.54 厘米）。行为洞察力小组的第一处办公场所总有风吹进来，所以室内比室外暖和不了多少。

行为洞察力小组的正式任务很宽泛：至少要在两个主要政策领域产生重大影响；在政府中普及行为研究方法；至少要获得 10 倍于团队成本的收益。简言之，就是要用行为科学的研究成果改善政府的工作方式。因为还没有相关的工作指南，所以我们必须快速制定一份。在这次行动之后，我又多次去往伦敦，几乎每次都要与英国政府的高级官员、某个部的部长或副部长，还有哈尔彭及另外一位团队成员开会。通常来说，会议一开始，我们就会询问这些部门有什么问题，然后共同探讨解决方案。我们让政府部门选择议题，而不是向他们灌输行为科学的伟大之处，这一点对于团队的成功极其重要。

我参加的第一次会议进行得十分顺利，当时给我的感觉是，用行为科学改善公共政策是很容易的。英国皇家税务与海关总署的尼克·唐（Nick Down）听说了行为洞察力小组后，就来寻求我们的帮助。尼克·唐的工作是催促拖欠税款的人尽快缴清税款。对于大多数英国纳税人来说，几乎不会出现这种情况。英国实行个人所得税代扣代缴制度，即 PAYE（Pay-as-you-earn）制度，由雇主从其支付给雇员的工资薪金中代扣相应的税款。如果人们的收入来源是周薪和月薪，就没有必要报税，也无须额外缴税。但是，个体经营者或有其他收入来源的人必须报税，他们可能要支付一大笔税款。

对于需要报税的人来说，必须在每年的 1 月 31 日和 7 月 31 日缴税。如果纳税人在第二次也没有缴税，就会收到一封催款通知书，之后皇家税务与海关总署还会通过信件和电话的方式催款，最后才会诉诸法律。像所有的债权方一样，英国皇家税务与海关总署委托收款代理人去催款或提起诉讼，都是不得已的方法，因为这些方法不仅成本较高，而且会引起纳税人的抵触情绪，要知道，纳税人也是选民。如果第一封催款通知书更有效力，就会为总署节省一大笔钱。这就是尼克·唐的目标。

尼克·唐其实已经开了一个很好的头，他读过心理学家罗伯特·西奥迪尼的经典著作《影响力》(*Influence*)[257]。很多人都说丹尼尔·卡尼曼是当下最重要的心理学家，对此我没有异议，但我认为西奥迪尼是当下最务实的心理学家，这么说一点儿也不夸张。除了西奥迪尼的书，尼克·唐还从西奥迪尼管理下的一家咨询公司[258]获得了一些建议，了解到如何才能让人们及时缴税。

西奥迪尼的经典论著中有一条标准意见：如果你想让人们遵守某项规范或规则，就可以告诉他们其他大多数人都在这样做（如果这是事实）。① 尼克·唐的团队根据这条建议写了一封催款信，并做了一项实验。在《助推》一书中，我们有一个案例就成功地运用了这个想法。在明尼苏达州进行的一项研究中，我们给逾期缴税的纳税人寄了一封催款信，其中的内容不尽相同。有的信告诉纳税人税款将如何使用，有的警告纳税人将被起诉，但最有效的方法就是告诉人们，明尼苏达州有 90% 的人都按时缴纳了税款。在英国也是如此，在尼克·唐

① 在第 15 章中我们讨论过“有条件的合作者”，我们可以认为这一策略对这些人是有吸引力的。

的团队所开展的实验中，也采用了类似的催款信，实验结果看上去也是积极的，但实验本身其实并不十分科学。这项实验中没有控制组，也没有同时使用内容不同的催款信。尼克·唐渴望做进一步研究，但他没有相关的专业背景，没有属下可以正确地完成这项实验，也没有足够的预算邀请顾问帮忙。

我们十分幸运，在行动洞察力小组组建初期就碰到了尼克·唐。他之前已经相信行为科学有助于他的工作，他也愿意开展实验。另外，实验成本很低，我们只需要写催款信，甚至都不用担心邮资。最好的是，仅靠一封信就有可能节省几百万英镑。行为洞察力小组计划试运行两年，之后要进行评估。税收实验作为初期的一场胜利，让那些认为将行为科学用于政府政策是微不足道、必然失败的做法的人们哑口无言。

自我们与尼克·唐的第一次会议之后，总共进行了三轮实验，一次比一次复杂。最近的一轮实验是由行为洞察力小组的迈克尔·霍尔斯沃思（Michael Hallsworth）和一个专家团队共同开展的。[259] 这项实验共涉及 12 万名纳税人，他们逾期未缴纳的税款金额从 351 英镑到 5 万英镑不等。（不同金额，处理方法也不同。）每个人都收到了一封催款信，信中解释了税款的用途。另外，除了对照组以外，其他信件中都含有一句具有助推作用的话语，这句话与西奥迪尼的“大多数人都及时缴费”类似，但略有不同，比如：

- 英国绝大多数人都已及时缴税。
- 你所在地区的绝大多数人都已及时缴税。
- 目前，只有极少数人未及时缴税，你也是其中之一。

其中，我们用“绝大多数”代替了更精确的“90% 的纳税人”，因为有些催款信是为特定人群设计的，行为洞察力小组无法确定90%这一数字是否适用于所有地区。这里有一点很重要，道德方面的助推手段必须是透明且真实的，这是行为洞察力小组严格遵守的一条规则。①

所有这些信件都起到了积极的作用，其中最有效的内容包含两点：大多数人都缴税了；你是极少数未及时缴税的人中的一员。这种催款信将在23天②之内补缴税款的人数提高了超过5个百分点。在催款信上多写一句话基本没有什么成本，所以这个策略的性价比极高。要精确计算究竟节省了多少钱是很难的，因为大多数人最终会把税款缴清，但因为这项实验，政府在23天内的收入增加了900万英镑。实际上，这项实验为英国政府节省的钱可能抵得上行为洞察力小组很多年的运营成本。

◇

与尼克·唐的会面其实并不合常规，一般来说，先要让部长或机构负责人相信行为科学的价值以及开展实验的必要性。我参加过很多

---

① 当然，“透明”一词存在一定的歧义。如果自助沙拉柜明显地摆在餐厅里（我可以自豪地说，芝加哥大学布斯商学院就是如此），我觉得没有必要贴上标签说，之所以将自助沙拉柜放在明显的位置，是想促使你选择沙拉而非汉堡。催款信中加的那句话也是如此，没有必要强调这句话，指出我们加了这句话是想提高你立刻缴税的概率。毕竟，这是整封信要达到的目的。所以，在我看来，“透明”是指没有隐瞒，所有研究结果最终都会向公众公开。[卡斯·桑斯坦最近在一篇名为“助推伦理学”（The Ethics of Nudging）的论文中详细论述了这个话题。]

② 你可能会问为什么是23天呢？在行政管理系统中，如果在23天内纳税人仍未缴款，那么管理部门会寄出另一封催款信，英国皇家税务与海关总署的计算机系统就是这样设置的。在涉及政府事宜的实验中，必须要接受既定事实的限制。

次类似的会议，我发现我常常重复两点，而这两点已经成为小组的行动指南了。

1. 如果你想鼓励某人做某事，一定要让事情简化。这是我从卡尼曼那儿学到的，他给我讲了库尔特·勒温（Kurt Lewin）的研究。勒温是20世纪上半叶最著名的心理学家，他把让人们改变行为的第一步称为“解冻”[260]，其中的一种方法就是不论阻碍人们改变行为的因素多么微小，都要移除它们。

2. 没有证据就无法制定循证政策。我们在宣传行为洞察力小组的大多时候，都在强调如何运用行为学研究改变政府的运作，这么做是正确的。但还有一项创新同样重要，即在可能的情况下，坚持用随机对照实验这一标准方法检验所有的干预措施。随机对照实验常常被用于医学研究中，实验时人们被随机分组并接受不同的处理（比如税收实验中催款信的措辞），其中包括不经任何处理的对照组（比如传统的催款信）。虽然这种方法非常理想，但并非永远可行。① 有时研究人员为了能够开展各种实验而不得不做出让步。

下面这个例子证明了行为洞察力小组这两点指南的重要性，以及在政府或大型私营机构开展这些实验时要面对的实际困难。

① 例如，据我所知，目前还没有针对“明天储蓄更多”计划的随机对照实验。其原因在于，我们不可能说服公司同意随机选取一部分员工参与这项计划，而不让其他员工参加。我们曾在一家公司的两家工厂进行了不同的实验，而将其他26家工厂作为对照组，这是我们研究中最接近于随机对照实验的方法。这些实验并不完美，但我们还是从中得出了一些结论，比如培训的价值。不过，因为员工是自愿选择参加培训，所以解释时一定要谨慎。当在政府和企业做实验时，我们没有办法成为纯粹主义者。

有一次，我参加了行为洞察力小组与英国能源和气候变化部的一次会议。开会那周所有人都在想方设法保暖，会议的主题是如何让更多的人给住所的阁楼加设保温层，所以说会议召开得恰逢其时。在理性经济人的世界中，所有人都已经给阁楼加设保温层了，这样一年所节约的能源成本就可以抵消加设保温层的成本。尽管如此，英国仍有约 1/3 的家庭没有给住所的阁楼加装保温层。能源和气候变化部推出了一项计划，旨在鼓励这些人不要再拖延。这项计划规定，如果业主或房东为房子安装更好的保温设施或是其他环保设施，就会得到政府的补贴，但并没有多少人接受政府的提议。小组许诺，会想一想可以做些什么。

小组提出的干预措施采用了“让事情简化”的方法。房主接受采访时被问到，既然加设保温层是省钱的做法，他们为何不这样做。很多人表示，阁楼太乱了，收拾起来很麻烦。行为洞察力小组建议，负责加设保温层的私营公司应该将保温设施升级与阁楼清理服务打包出售。如果房主购买这种捆绑式服务，就会有两名工人将阁楼清空，并帮助房主厘清哪些东西可以送人或丢掉，哪些东西需要留下。与此同时，还有几名工人负责安装保温层。清理阁楼服务以两种形式提供：一是折后价（190 英镑）；二是零售价（271 英镑）。此外，还要加上保温层的成本（179 英镑）。

我们做了一项实验来检验这条建议，结果显示它可能是有效的。我之所以用“可能”一词，是因为数据很少，所以要谨言慎行。为了省钱，让人们知道这项服务的唯一方法就是给三个独立但又类似的社区邮寄宣传单。之所以选择这三个社区，是因为这些地方的房子很可能需要加设保温层。某个特定社区的所有房主收到的宣传单是相同的，[①] 针对三个社区分别提供折后清理价格、零售清理价格或是标准的绿色方案（最后一个将作为对照组）。我们给三个社区总共寄出了近 2.4 万张宣传单。

遗憾的是，这项实验的结果表明，很少有人愿意给住所的阁楼加设保温层。原因可能包括他们没有打开信箱、认为价格没有吸引力或是很享受从屋顶进来的寒风。不管是什么原因，接受安装保温层的家庭极少，仅有 28 户人家在阁楼安装了保温层。不过，从数据中至少可以得出一点，提供清理阁楼的服务是一个好主意。虽然样本大小基本相同，但只有三户家庭选择仅安装保温层，而有 16 户人家选择了有折扣的清理服务，还有 9 户人家选择了较贵的清理服务。所以，如果帮助同意安装保温层的家庭做好准备，几乎所有家庭都会装上保温层。但是，样本量实在太小，必须重复做实验才能让人们相信这种效果是真实的。就目前而言，我认为这个案例介于科学发现和奇闻逸事之间。[261]

虽然行为力洞察小组的成员很想再做一次实验，但因为整体采纳率较低，英国能源和气候变化部不想再重复做实验。不过，为什么不将这个案例加入小组的战绩呢？我可以列举两个原因。第一，我没有见过哪个案例比这一个更能证明勒温提出的“移除障碍原则”。在此案例中，我们移除的是实实在在的障碍。不管政府部门最终是否会大规模实施这项计划，这个案例可能都会给人以启示，让人在其他情况下想到强有力的助推手段。

第二，这个案例说明随机对照实验在实地研究中的潜在缺陷。有些实验耗资巨大，并且在过程中很多事情都可能出错。如果把一项实

① 这项实验的设计并非完全随机，因为只有三个社区，社区间存在的细微差别，也许会导致结果发生错误。

验室实验搞砸了——实验室往往是由普通人负责的，结果至多是损失了付给实验对象的钱，而且损失的金额一般较少，实验往往可以再做一次。另外，聪明的实验人员会先投入极少的钱做一下尝试，发现实验设计中隐藏的问题。但是，所有这些却很难在大型的实地实验中实现，更糟糕的是，实验人员一般不可能在实验进行每一步时都在现场。当然，擅长随机对照实验的科学家可能可以减少错误和失败的风险，但这些风险不可能完全消失。

尽管会遇到挫折，但我们必须继续做实验，继续检验我们的想法，因为没有其他办法可以判断这些想法能否起到积极的作用。事实上，行为洞察力小组最重要的贡献，也许就是促使政府在实施某项计划前先检验其有效性。2013 年，英国政府建立了“有效性网络小组”（What Works Network），旨在通过检验来提高政府在医疗、犯罪、教育等各个领域的政策有效性。任何一个政府，实际上包括任何一家大型机构，都应该建立类似的小组来检验新想法。但是，我们应该客观地对待这些检验结果，并非每个想法都有效，任何一位科学家都能证明这一事实。

还有一点很重要，我们要知道很多改进从表面上看似乎微不足道，比如 1% 或 2% 的提高，但这不应该受到嘲笑，尤其是在基本上没有消耗任何成本的情况下。前文我们讨论竞猜类电视节目参赛者的行为时，曾提到“大个花生”谬误，在这里我们实际上也有落入这一陷阱的危险。如果某项计划的有效性提高了 2%，这听起来也许并不高，但如果所涉金额高达数十亿美元，即使是较小的比例实际上也相当于很大一笔钱。正如一位美国议员所说：“这里花 10 亿，那里花 10 亿，没多久你就会发现超支了。”[262]

降低对效果的预期也很重要，因为自动加入计划和“为明天储蓄更多”计划的成功可能会让人们产生错误的印象：找到能够产生重大影响的助推手段是很容易的，实则不然。这些退休金计划涵盖了三个重要因素，极大地提高了项目达到既定目标的概率。第一，计划设计者有充分的理由认为，通过改变某种行为，会有一部分人受益。在这个案例中，很多人要么是退休金账户金额不足，要么是根本没有加入退休金计划，这样事情就简单了。第二，受众群体必须认同这种改变，他们希望发生这种改变。在此案例中，调查显示绝大多数员工认为他们应该在退休金账户中存入更多的钱。第三，有可能在几乎不花钱的情况下实现这种改变（实施自动加入计划时，几乎没有采取任何行动）。我将这种政策称为“一次性”干预措施。只要在相应的方格中打钩，参加“明天储蓄更多”计划的人就选择了未来不断提高储蓄率，直至达到储蓄率上限，其他事情则一概不用做。

可是对很多问题而言，即使满足了前两个条件，也找不到一种一次性的解决方案。比如，某人的体重比标准体重多100磅（约45.36千克），可以肯定，如果能够减掉几磅对此人是有益的，并且大多数面临这个问题的人都会认同这一点。但是，除了手术以外，没有简单的办法。我一直未能设计出对我本人或其他人有效的“明天少吃点”计划，我们知道，大多数节食计划从长远来看都会失败，并不存在一个一次性的节食计划。不过，虽然我们不能针对每个问题都设计出一次性的解决方案，但在有些情况下确实可以设计出这种政策。愿意做出改变的人，最好不断寻找这样的方案，在公共政策领域，它们是很容易实现的。

举一个具体的例子：如果我们的目标是减少青少年怀孕的概率，最有效的方法就是使用子宫内避孕器等长效可逆的避孕措施。针对处于性冲动期的少女所做的实验显示，这种避孕措施的失败率低于

1%，这比其他任何避孕方式的失败率都低。只要将避孕器植入，就不再需要任何其他措施了。如果期望行为干预措施有很高的成功率，就应该寻找一次性干预措施能够解决问题的其他环境。如果还没有一次性的解决方法，那就发明一种！

在某些情况下，只是提醒人们不要忘记某事就是成功的干预方式。因为手机短信技术的出现，便有了很多类似的成功案例。所以，“助推”手段没有必要一定是具有创造性的、精心设计的或是深藏不露的，简单直接的短信就极为有效。我们举一个健康领域的例子，非营利性组织贫困行动创新组织（Innovations for Poverty Action）在加纳做了一项研究，通过随机对照实验检验用短信提醒病人服用抗疟疾药物，是否有助于他们遵医嘱。实验人员不仅发现短信提醒十分有效，而且发现最有效的短信通常都很简洁。所以重要的是提醒，而非额外信息。[263]

同样，一项教育研究也证明了简单的短信提醒所具有的效力和可测量性。这项研究测量了 READY4K! 项目的有效性，该项目会定期向学龄前孩子的家长发送短信，其中包括各种育儿经，比如如何帮助孩子学习读写技巧等。[264]研究显示，家长在家中和学校的读写培养活动中的参与度明显提升，从而提高了孩子的学习表现。

这些简单的提醒都证明了一点：助推手段绝对可以是温和透明的，并且有效。①

行为洞察力小组顺利通过了两年评估，并于 2012 年得到英国内阁办公室的许可而存在下来。因为小组的发展十分迅速，所以有必要寻找一个新的办公地点。幸运的是，在这个总有冷风吹进来的地方办

① 短信提醒说明，在很多情况下，助推手段在本质上就是透明的，没有必要加上“顺便说一下，本短信的目的是提醒你服用药物”之类的文字，这简直是废话。

公的时间并不长，小组随后搬到了在财政部里租借到的办公场所，但那里地方太小，无法满足小组快速成长的需要。于是，2014 年英国政府决定将行为洞察力小组部分私有化。目前，内阁办公厅、小组成员以及非营利合伙人英国国家科技艺术基金会共同拥有行为洞察力小组，小组现在的办公地点是由基金会提供的。行为洞察力小组与内阁办公室签订了 5 年的合同，所以它制订的计划不会受到 2015 年 5 月英国大选结果的影响。目前，小组成员近 50 人，为英国很多公共部门提供支持，也开始为其他国家政府提供帮助。

当我为英国行为洞察力小组“乱出主意”的同时，桑斯坦正在华盛顿担任白宫信息与规制事务办公室的副主任。信息与规制事务办公室之前隶属于白宫管理与预算办公室，于 1980 年独立出来，职责是评估新的政府规定所产生的经济影响，以确保其利大于弊。虽然桑斯坦手里没有强制令或预算来开展随机对照实验，但从某种程度上说，在奥巴马总统的第一个任期内，桑斯坦仿佛是一个人组成的行为洞察力小组。

为美国政府效力 4 年后，桑斯坦回到哈佛大学法学院执教。但是，美国的助推日程并没有因为桑斯坦的离开而终止。2014 年年初，玛雅 · 尚卡尔（Maya Shankar）博士在白宫建立了一个很小的团队。尚卡尔曾是一名小提琴神童，后来成为认知神经科学家，继而又成为致力于研究“助推”方法的人。她具有促成事情的天赋，在她面前，劲量兔都会显得无精打采。她是美国科学促进会成员，曾任白宫科技政策办公室顾问，正是在此期间，她开始筹建美国版的行为洞察力小组。令人称奇的是，她在没有政府授权和资助的情况下，竟然只用了不到一年的时间就完成了这一任务。

这个团队的官方名称是“白宫社会和行为科学小组”（White House Social and Behavioral Sciences Team），开始时只有6位行为科学家：尚卡尔、两位来自高校的贷款专家，还有三位来自非营利性智库贾米尔贫困行动实验室北美分部和ideas42智库。贾米尔贫困行动实验室擅长开展随机对照实验，而ideas42智库的专长是行为经济学。

在小组成立后的第一年内，白宫社会和行为科学小组就将12个与行为相关的随机对照实验融入了联邦政策。这些政策的目的各不相同，包括提高退伍军人对其福利的使用、帮助学生还清贷款等。小组的成长也极为迅速。最近联邦政府对小组的成功做出回应，许诺用部分预算资助小组聘用更多的人。得益于政府的资助以及外界人士的持续帮助，本书出版时白宫社会和行为科学小组的规模已经扩大了一倍。

其他国家也加入了这场运动，英国国家经济和社会研究委员会2014年发布的报告显示，全球共有136个国家将行为科学融入其公共政策，有51个国家“制定的中央政策受到了行为科学的影响”。[265]我们可以看到，行为科学的种子正在全世界播撒和发芽。

我们有必要强调一下，报告的作者选择用“行为科学”一词来描述这些国家所用的方法。人们对行为洞察力小组的工作往往存在误解，他们认为小组的工作主要建立在行为经济学的基础上，而实际上其中没有多少经济学的成分，至少到目前为止是这样的。小组采用的工具以及借鉴的成果主要来自心理学以及其他社会科学。建立行为洞察力小组的重点在于，运用其他社会科学的研究成果来增强经济学家通常所提供的建议的效用。如果人们坚持把任何与政策相关的研究称作经济学研究，那么这是对其他社会科学的一种诋毁。

◇

每次别人让我在《助推》上签名时，我总会加上一句话“把助推手段用在好的地方”。助推只是工具而已，这些工具早在我和桑斯坦为其命名前就已存在。在我们的助推下，人们会往养老储蓄账户多存些钱，多做运动，及时缴税，但是他们也会用房子做第二次抵押贷款，并尽情挥霍贷款得来的钱。居心不良的公司或政府可以运用行为科学的研究成果谋取私利，而那些受害的人将要为此付出代价，其实诈骗犯用不着读这本书就知道如何行事。足智多谋的行为科学家可以让世界变得更加美好，让我们借用他们的智慧，在科学的基础上仔细选择助推方法，然后严格检验这些干预措施是否有效。

我的故乡芝加哥在 ideas42 智库的帮助下，刚刚成立了行为洞察力小组，这让我倍感自豪。你也要鼓励自己国家的政府这样做，因为如果不这样做，就是极不合理的行为。

经济学的未来

从我在办公室的黑板上列出非理性行为清单开始，40 多年过去了，行为经济学领域发生了重大变化。行为经济学不再是一个边缘学科，经济学论文中描述的普通人的行为也不再被视为怪诞的行为，至少大多数 50 岁以下的经济学家都不会这样认为。当了一辈子离经叛道的人，我已经慢慢适应了行为经济学正成为主流学科这一事实。唉，这一领域现在发育得如此成熟，当本书在 2015 年出版时，如果我没有被弹劾，那么我担任美国经济学会会长也已经有一段时间了，而罗伯特·席勒将继任这一职务。这个组织竟然由我们这群疯狂的人在掌舵!

尽管如此，要建立一个把普通人放在重要位置的丰富的经济学学科，这一任务还远未完成。在这里，我想阐述一下我对这一学科的未来发展有什么希望，当然仅仅是我自己的“希望”。我绝不会预测这一学科随着时间流逝将会发生什么变化，唯一合理的预测是，这一学科的变化绝对会让我们大吃一惊。所以，我在这里不做预测，我只列出一个简短的心愿单，写一写我对这一领域未来发展的希望。大多数心愿都是针对经济学的研究者们，也就是我的经济学家同行们，但也有一些是针对经济学研究的目标用户，包括经理、官员、橄榄球球队老板和房主等。

◇

在展望经济学的未来发展之前，我们似乎应该回顾并评估一下过去。受行为经济学影响最大的竟然是金融领域，这是出乎所有人意料的。没有人在 1980 年时预测到这一点。事实上，这是不可想象的，因为经济学家知道，在所有市场中金融市场是最有效的，在金融市场套利也最容易，因此最不可能出现不合理的行为。现在回过头看，行为金融学的繁荣显然有两个原因：一是有严格规定的理论，比如一价定律；二是有充足的数据可以检验这些理论，比如自 1926 年以来数千只股票每日的交易数据。在 Palm 和 3Com 公司的案例中，股价的表现明显违反了经济学理论，我不知道有哪个经济学分支会考虑这种情况。[①]

当然，并非所有金融经济学家都宣布放弃对有效市场假说的支持。不过，行为研究法已经受到了严肃的对待，在很多问题上，理性主义者团队和行为经济学团队的争论一直存在于金融经济学领域，时间跨度长达 20 多年。

这场争论之所以有根有据，并且多半富有成效，其关键在于数据。尤金·法玛被问到如何看待我们之间的对立观点时常说：“我们认同事实，只是不认同对事实的解读。这里的事实是指，资本资产定

① 如果金融市场的表现不合逻辑，那么这里应该会有最佳的赚钱机会，所以很多智库开始研究可能获利的股市投资策略。

价模型显然不能充分描述股价的浮动。曾一度被视为唯一重要因素的“贝塔值”似乎也无法对此做出解释，而有很多曾经被视为看似无关的因素，其重要性现在却得到了证实，不过这些因素究竟为什么重要，这一点至今还存在争议。这一领域似乎正汇聚成我所指称的“循证经济学”。

我们自然会思考还会出现哪种经济学。不过，大多数经济学理论并非源自经验观察，而是从理性选择公理推导出来的，不管这些公理是否与我们在日常生活中观察到的现象有关。有关经济人行为的理论不可能以经验为基础，因为经济人是不存在的。

鉴于事实很难或者不可能符合有效市场假说，再加上行为经济学家的强烈呼声，在金融领域，有关“看不见的挥舞的手”的观点受到了最具建设性的审视。在我们生活的世界，一家公司的分公司股价会超过整个公司的股价，从中我们可以看出，无论怎么挥手都无济于事。金融经济学家必须认真看待“套利限制”，我们也可以将其简单地称为“挥手限制”。我们现在对价格如何以及何时会偏离其内在价值有了更多的了解，也深知什么会阻碍专业投资者让股价回归理性水平。（在某些情况下，渴求成为专业投资者的人可以趁股市泡沫之机，让自己的股票比其他人更早脱手而赚得更多的金钱，而不是将希望寄托于股市恢复正常。）金融领域的变化还说明，循证经济学有助于理论发展。正如托马斯·库恩所说，发现始于反常现象。虽然想让循证经济学领域充实还有很多工作要做，但大多数工作都在进行中。其他经济学分支也该有类似的进步。

如果有人问我最希望看到哪个经济学领域采用现实的行为学方法，那么我的回答是宏观经济学，因为目前该领域受到的行为学的影响最小。货币和财政政策等宏观问题对任何国家的福祉都极为重要，了解普通人的行为对明智选择这些政策十分关键。约翰·梅纳德·凯恩斯曾从事过宏观行为经济学的研究，但这一传统早已式微。乔治·阿克尔洛夫和罗伯特·席勒这两位著名的学者正努力让凯恩斯的宏观行为经济学研究延续下去，他们曾试图在美国国家经济研究局组织一次宏观行为经济学的年会，但多年来苦于找不到足够多的优秀论文，最终不得不放弃这一努力。[266]（相反，我和席勒组织的两年一次的行为金融学会议，每次都能收到大量的优质论文，而要从中仅挑选 6 篇参会真的十分困难。）

研究宏观经济学的行为经济学家队伍没有发展壮大，其中一个原因可能是这一领域缺少行为金融学取得成功的两个关键因素：首先，其理论所做出的预测并不容易被证明是错误的；其次，数据也相对稀少。也就是说，金融领域存在的这种确凿的实证证据，在宏观经济学领域中不容易找到。

也许更重要的是，这意味着即使在如何应对金融危机（比如 2007—2008 年的金融危机）这种问题上，经济学家都会发生分歧。左派人士支持凯恩斯的理论，认为政府应该利用高失业率和低利率进行基础设施投资，而右派人士则认为这种投资不值得，有可能会增加国家的财政赤字，导致预算危机或通货膨胀。右派的经济学家认为，减税能够刺激经济增长，而凯恩斯主义者认为增加公共支出会促进经济增长。一方将经济复苏缓慢归咎于另一方：原因要么是财政管理过于紧缩，要么是财政过于宽松。因为我们不可能让政府同意随机选择遏制经济衰退的政策，并开展随机对照实验，所以我们可能永远都无法解决这一争议。①

① 得益于一些“自然发生”的实验，比如柏林墙倒塌后，我们得以对比市场经济和计划经济的优劣。

虽然学者们在“理性”的宏观经济学模型的组成上没有达成一致，但这并不意味着行为经济学的原则无法应用于宏观政策。即使没有可以反驳或依赖的假设，行为学也可以给宏观经济学问题带来微妙的改变。在没有确凿证据的前提下，我们应该尽快着手收集证据。

作为一个重要的宏观经济学政策，如何制定减税政策以刺激经济发展迫切需要行为学的帮助。不管减税的动机是凯恩斯学派的刺激需求，还是供给学派的促进就业，行为分析都会派上用场。在制定减税政策的过程中有很多重要的行为细节，这些细节在任何理性模型中都会被视为看似无关的因素。如果是凯恩斯主义的减税政策，那么政策制定者希望借此尽可能地刺激消费。有一个看似无关的细节值得政策制定者考虑，那就是减税是一次性的还是在一年当中分为几次。没有消费者行为的循证模型，无法回答这个问题。（如果目的是刺激消费，我的建议是一年分几次减税。[①] 一次性减税节省下来的税款更可能被人们存到银行或用于偿还债务。）

同样的方法也适用于供给学派的减税政策。假设我们为公司提供免税优惠，它们就会把钱带回美国本土，而不是留在海外的子公司。要设计并评估这种政策，我们需要循证模型告诉我们，公司会如何处理这些从海外流回美国的资金。公司会用这些资金进行投资，将其返还给股东，还是囤积起来，就像金融危机后很多美国公司所做的那样？很难预测，如果公司将更多的资金放在美国国内，它们究竟会怎么做。一般来说，我们只有真正弄清楚这些由普通人管理的公司会如何做，才能正确评估重要的公共政策的影响力。后文我会更详细地谈到这一点。

① 即使是减税的名称都可能会产生影响。2006年，埃普利（Epley）等学者发现，如果将减税称作“额外津贴”而不是“退税”，人们就更倾向于把钱花掉。

还有一个宏观经济学问题需要更彻底的行为分析，即鼓励人们创业的最佳方式（尤其是那些很可能成功的人）。右派的经济学家往往会强调要减少高收入人群的边际税率，以此作为促进经济增长的重要措施；而左派的经济学家则倾向于为他们想鼓励的行业（比如新能源）提供有针对性的补贴，或是提高公司从美国联邦中小企业管理局获得贷款支持的可能性。美国联邦中小企业管理局属于政府机构，旨在鼓励人们创办新企业并获得成功。各个派别的经济学家和政治人士都希望中小公司可以从很多政府规定中得到豁免，对它们而言，遵守这些规定可能需要付出很高的代价。所有这些政策都值得考虑，但我们很少听到经济学家讨论如果新公司创业失败，如何降低公司面临的不利风险。要知道，即使新公司不至于大多会失败，创业失败的概率也至少达到 50%。[①] 我们知道，与收益相比，人们更担心损失，这也许是需要考虑的重要因素。以下是一条类似的建议，来自一次电视采访中嘉宾的即席发言（请原谅这句话的糟糕的表达）：

> 我们国家应该为创业失败者提供更好的保护措施。因为右派人士说创造就业机会的新公司需要更多的减税政策，它们需要为所承担的风险索取更大的回报……但是，如果放弃工作去创业，人们会很担心，因为此前的工作会给他们提供医疗保险，人们应该如何应对这种风险呢？……我们为什么不这样宣传：没有必要为了获得成功而冒险索取更多的回报，我们需要的是减少风险带来的损失？

---

① 当然，我们不能鼓励所有人都去创业。很多人开始时对创业成功概率的预期都不切实际：绝大多数人认为他们的创业成功率远高于一般水平，约有 1/3 的人认为他们肯定会成功。美国联邦中小企业管理局也许应该开设一些培训课程，告诉崭露头角的新企业主创业成功的概率，以遏制他们的过度自信。

这些观点并非出自经济学家，甚至不是行为经济学家，而是《每日秀》(*The Daily show*）主持人、喜剧演员乔恩·斯图尔特（Jon Stewart）[267]。他是在接受奥斯坦·古尔斯比（Austan Goolsbee）的采访时发表这番言论的。古尔斯比是我在芝加哥大学的同事，他曾担任奥巴马总统经济顾问委员会主席。经济学家应该不需要一档娱乐节目的主持人向他们指出，与给那些年薪超过25万美元的人减税相比，找到减少创业失败所导致的损失的方法可能会更有效地促进创业，尤其是有97%的美国中小企业主每年可能根本赚不到25万美元。

在我的心愿单上，宏观行为经济学位列榜首，但实际上经济学的所有分支都可以从仔细研究普通人的行为中获得益处。除了金融学以外，发展经济学可能是行为经济学家可以最大限度施加影响力的一个领域了，部分原因是这一领域因大量经济学家的涌入而得以复兴。这些经济学家用随机对照实验在贫穷国家检验他们的想法。[268]虽然有些穷困的非洲国家不可能一夜之间变成瑞士，但我们可以通过一次次的实验去学习如何让这些国家变得更好。

我们需要更多的循证经济学，不管是理论方面的还是实证方面的。前景理论当然是行为经济学领域开创性的循证理论。卡尼曼和特沃斯基（先根据自己的经验）收集人们的行为数据，然后构建理论，其目的是用最节俭的方式尽可能全面地描述这种行为。这与期望效用理论完全不同，作为一个规范性的选择理论，期望效用理论是从理性公理推导而来的。目前，前景理论已经被我们用各种数据进行了一遍又一遍的严格检验，包括竞猜类电视节目参赛者的行为、高尔夫专业选手、股市的投资者等。新一代的行为经济学家也是先从事实入手，然后构建理论，比如尼古拉斯·巴尔贝里斯、戴维·莱布森和马修·雷宾（仅举三例）。[269]

要建立新的理论，我们需要新的事实。可喜的是，我看到在顶级的经济学期刊上发表的文章中提到了很多极具创新性的证据。从发展经济学开始，随机对照实验越来越受欢迎，这很好地凸显了这一趋势，并证明实验可以为经济学家提供更多的工具，而此前他们常常只有一种工具，即货币激励政策。纵观本书我们可以看到，将金钱视为可替换的，并且将其视为人们的主要动机，这与现实不完全相符。

经济学家进行的实地实验也会产生积极的影响，教育领域就是一个很好的例子。经济学家没有任何理论可以让学生在学校学到的知识效用最大化（有一个明显错误的理论除外，即所有营利性的私立学校都采用了最佳方法）。有一个简单至极的方法，那就是向父母、老师和学生提供金钱激励措施，以提高学生的成绩。可惜，没有证据证明这些激励手段是有效的，但微小的改进也很重要。例如，罗兰·弗赖尔（Roland Fryer）得出了一项有趣的研究结果：根据输入（比如做作业）而非输出（比如成绩）来奖励学生，这个方法很有效。[270]我的第一感觉就是这项研究的结果很有意思，因为成绩最差的学生往往不知道如何才能成为好学生。根据他们所做的并且被老师视为有效的事情给予奖励，是有道理的。

还有一个有趣的发现直接源于行为经济学研究。弗赖尔、约翰·李斯特（John List）、史蒂芬·列维特（Steven Levitt）和萨利·萨多夫（Sally Sadoff）组成的研究团队[271]发现，老师的奖金设置与学生的表现有很大关系。有以下两种奖金设置方式：一是老师会在学期初拿到奖金，如果学期末学生成绩未达到目标，老师则要将奖金归还；另一种是在学期末根据老师的教学成果发放奖金。相比之下，前一种方式可以让学生的成绩提高幅度更显著。①

第三个积极的成果与传统的金融刺激政策相距更远，该成果源自英国最近开展的一项随机对照实验，使用的是日渐流行且成本很低的短信提醒方法。[272] 这项干预措施主要是给学校中一半的学生家长发短信，提醒他们，孩子们在 5 天后将有一次重要的数学考试，随后分别在考试开始的三天前和一天前重复发短信提醒。研究人员把这种方法叫作“提前通知”。学校中的另一半学生的家长则没有收到这些短信。提前通知短信帮助学生提高了数学考试的成绩，成绩提高的幅度相当于多上了一个月的课。另外，落后生的成绩提高幅度最大，相当于多上了两个月的课。这项实验结束后，家长和学生都表示希望继续参与这项计划，这表明他们很喜欢这个助推方法。我们经常听到这样的观点：助推必须在私下进行才会有效。实际上，没有任何证据能够证明这一点，短信提醒计划也证明这种观点是错误的。

正如贫穷国家的偏僻乡村一样，公立学校对实验人员来说也颇具挑战性。如何教学生、如何让他们有学习的动力，我们在这些问题上正不断得出重要的答案，所以教育界以外的人士以及发展经济学家也应该有信心去收集相关数据。实地实验也许是我们所拥有的最有力的工具之一，可以将证据引入循证经济学。[273]

除了经济学家以外，我对其他人也抱有类似的希望。学校是人类社会最古老的机构之一，显然我们到现在还没有弄清楚如何才能教育好学生。我们需要通过实验找到提高教学质量的方法，而这项

① 这项研究有一点需要注意：老师并不喜欢奖金被收回，其中一个原因是我们几乎从未在职场中看到过这种情况。把已经发给人们的钱收回去，这可能会被视为“不公平”的做法。

努力才刚刚开始。这对现代公司等后来建立的机构有什么启示呢?我们有必要思考一下，我们知道管理这些机构的最佳方法吗?从经济学家到官员，再到老师和公司领导，所有人都应该意识到我们生活的世界是由普通人组成的，应该在自己的工作和生活中采取优秀科学家所使用的以数据为中心的问题解决方法。

我参与了行为经济学发展的全过程，并从中汲取了一些基本经验。如果人们适当地注意一下，这些经验就可以应用于各种情境，以下列举三点。

细心观察。行为经济学始于简单的观察。如果把腰果碗继续留下，人们就会在饭前食用过多的腰果；人们拥有不同的心理账户，他们会区别对待金钱；人们会犯错误，甚至会犯很多错误。前文我们提到过萨默斯论文中的一句话，“看看四周，你就会看到傻瓜”；我们可以改编一下，“看看四周，你就会看到普通人”。如果传统观念是错误的，要想颠覆这种观点，第一步就是要看看四周，看看世界的本来面目。

收集数据。故事具有较强的说服力，并且很容易让人记住，我在本书中讲了这么多故事也是出于这个原因。不过，个人故事只能作为一个例证，要想说服自己甚至他人，我们需要改变做事的方式：我们需要数据，并且需要大量数据。正如马克·吐温所说：“让我们陷入困境的不是无知，而是看似正确的错误论断。”人们之所以过度自信，是因为他们从来不花费力气去记录自己过去所做的错误预测。更糟糕的是，他们会成为确认性偏见的受害者，他们只会寻找能够证实预先假设的证据。避免过度自信的唯一方法就是系统地收集数据，尤其是那些能够证明你是错误的数据。正如我在芝加哥大学的同事琳达·金泽尔（Linda Ginzel）反复向学生强调的：“如果你不把它写下来，它就不存在。"[274]

此外，大多数机构都应该尽快学会如何学习，然后通过这种学习方法积累知识。从最基本的层面上讲，这意味着要尝试新鲜事物，并记录结果。从较高的层面上来讲，就是要做实验。如果你所在的机构没有人知道该如何正确地开展实验，那么你们可以聘请一位当地的行为科学家，他们的收费可比律师或顾问少多了。

直言不讳。如果有人愿意告诉老板有些事情不大对头，很多组织中的错误可以轻松避免。

阿图尔·加万德（Atul Gawande）是一位致力于减少人类错误的斗士。他在《清单宣言》（*The Checklist Manifesto*）[275]一书中记录了一个生动的例子，这个例子来自商业航空这一高风险领域。1977 年，因为荷兰皇家航空公司一架航班上的第二副驾驶过于胆小，不敢质疑机长（即他的"老板"），从而导致跑道撞机事件，500 多人因此丧生。加万德恰当地将这次事件的原因定性为组织失效："（航空公司）没有为这一时刻做好准备，他们没有采取措施使自己成为一个团队。因此，第二副驾驶从来都不认为自己有权力甚至有责任阻止机长的错误行为。"

还有一个例子是登山队攀登珠穆朗玛峰的故事。乔恩·克拉考尔（Jon Krakauer）在《进入空气稀薄地带》（*Into Thin Air*）[276]一书中生动地记述了这一事件。罗布·霍尔（Rob Hall）和斯科特·费希尔（Scott Fisher）分别是两大探险公司的探险队队长，他们带领登山队花了几个星期的时间适应环境，并缓慢到达高处的营地。在此期间，两位队长反复向队员强调，如果他们没有在预定的时间，即下午 1 点钟到达峰顶，就一定要掉头返回。但是，这两位队长却违反了自己定下的规则，葬身珠峰。可悲的是，队员中竟然没有一个人提醒队长这条规则。这两个案例说明，有时即使你面对的人是老板，也要大胆地说出有一场灾难可能会发生。

在行为经济学的发展过程中，我们很多次都要向经济学领域的重要人物提出，理性模型是不符合事实的。我不能建议所有人都从事像我这样的风险很高的职业，我是个特例，我很幸运在最恰当的时间点碰到了卡尼曼和特沃斯基。另外，我的研究生论文导师曾坦率地指出，我成为经济学家的前景并不那么明朗。“当时我们对他没有寄予厚望”这句话就说明了一切。当你的机会成本很低时，承担风险并且直言不讳是值得的。当你所追寻的道路和我所从事的事业一样有趣时，你就更应如此。

如果人们会因为直言不讳或其他事情而遭到解雇，我们就不能指望所有人都愿意承担这些风险。真正的领导者必须创造一种环境，让员工觉得只要根据证据做出决策，不管结果如何都会受到奖励。理想的环境会鼓励所有人细心观察、收集数据并且直言不讳。能够创造出这种环境的老板只会面临一种风险：可能会伤害他们自己的自尊心，但与层出不穷的好点子和降低灾难发生的概率相比，这只是很小的代价。

◇

虽然我在本书中有时会对经济学家提出批评，但我对经济学的未来还是十分乐观的。近些年来，很多并不认为自己是“行为经济学家”的经济学家都写出了最好的行为经济学论文，我觉得这一点尤其令人振奋。这些经济学家不管结果如何，只是认真地在做实证研究。前文中我提到了两篇类似的论文：贾斯廷·黑斯廷斯和杰西·夏皮罗研究汽油心理账户的论文，还有拉伊·切蒂及其团队分析丹麦退休金数据的论文。切蒂的团队发现，减税政策对人们的退休金储蓄行为几乎没有任何影响，而99%的新增储蓄额来源于退休金计划的选项设计，[277]比如默认储蓄率，换句话说，就是来源于看似无关的因素。切蒂及其合作者撰写的很多文章都发现，行为分析能够加深我们对公共政策的了解，我提到的只是其中一篇。[278]

如果所有经济学家都同样开明，即使理性模型指出某些变量属于看似无关的因素，他们仍然愿意在自己的研究中融入这些重要变量，那么行为经济学这一领域将会消失。那时，所有的经济学领域的研究都会根据所需尽可能地进行行为分析，而那些认为世界是由理性经济人组成的顽固不化的人，挥舞的将是白旗而非看不见的手。

[1] "The foundation of political economy": Pareto ([1906] 2013), ch. 2, p. 21.

引 言

[2] *Choices, Values, and Frames*: Kahneman and Tversky (2000).

[3] article about my work for the *New York Times Magazine*: Lowenstein (2000).

[4] *When Genius Failed*: Lowenstein (2001).

第 1 章 经济人与非理性的人

[5] human "passions": Smith ([1776] 1981, [1759] 1981).

[6] behavior of peasant farmers: For evidence on Human farmers making decisions like these, see Duflo, Kremer, and Robinson (2011), Suri (2011), and Cole and Fernando (2012). On the one hand, farmers do seem responsive to information if communicated to them, and they understand how beneficial fertilizer will be on their land. On the other, they also increase their purchase and usage of fertilizer in response to simple behavioral nudges that would have no impact on an Econ.

第 2 章 机会成本和禀赋效应

[7] "Let a six-year-old girl": Schelling (1958).

[8] "The Value of Saving a Life": Thaler and Rosen (1976).

[9] think about this decision correctly: At Super Bowl XXXV, Alan Krueger (2001) asked fans who had been able to buy tickets for $400 or less (the face value of the tickets) about their willingness to buy and sell at the market price of approximately $3,000. An overwhelming majority (86%) would have been unwilling to buy (if they hadn't managed to secure tickets) yet would also be unwilling to sell at this price.

第 3 章 非理性行为清单

[10] "hindsight bias": Fischhoff (1975).

[11] "Judgment Under Uncertainty: Heuristics and Biases": Tversky and Kahneman (1974).

[12] twice as many gun deaths by suicide: DeSilver (2013), reporting on 2010 data from the Centers for Disease Control and Prevention.

第 4 章　前景理论和价值函数

[13] “Prospect Theory”: Kahneman and Tversky (1979).
[14] the theory of human capital formation: See Becker (1962, 1964).
[15] Bernoulli in 1738: See Bernoulli ([1738] 1954) for an English translation.
[16] *The Theory of Games and Economic Behavior*: von Neumann and Morgenstern (1947).
[17] Baumol had proposed an alternative: Baumol (1962).

第 5 章　加州圆梦之旅

[18] “Consumer Choice: A Theory of Economist’s Behavior”: Published as Thaler (1980).
[19] *Thinking, Fast and Slow*: Kahneman (2011).
[20] “slow hunch”: Johnson (2010).
[21] private value for a token: See Smith (1976).

第 6 章　行为经济学面临的挑战

[22] whether *real* managers actually behaved this way: See Mongin (1997) for a review of this debate on marginal analysis.
[23] “This paper raises grave doubts”: Lester (1946).
[24] “He would simply rely on his sense or his ‘feel’ of the situation”: Machlup (1946).
[25] billiard players: Friedman (1953), p. 21.
[26] “preference reversals”: Lichtenstein and Slovic (1973).
[27] Raising the stakes made things worse: Grether and Plott (1979).
[28] “Suppose there were people doing silly things”: Markets can actually exacerbate welfare losses resulting from the presence of consumer biases. Firms may not have an incentive to debias consumers since under some circumstances, firm profits are increasing in the degree of naiveté: credit card late payment fees (Heidhues and Kszegi, 2010); gym memberships (DellaVigna and Malmendier, 2006); printer cartridges and hotel room shrouded fees (Gabaix and Laibson, 2006).

study of how profit-maximizing firms interact with Human consumers is the subject of the exciting field of behavioral industrial organization. For a textbook treatment see Spiegler (2011). The examples discussed in chapter 13 are also relevant.

[29] Adam Smith’s invisible hand: For a thoughtful take on how to think about the concept of the invisible hand, see Ullmann-Margalit (1997).
[30] failing to act in accordance with the rational agent model is not fatal: For a thorough analysis of these kinds of arguments see Russell and Thaler (1985), Haltiwanger and Waldman (1985), and Akerlof and Yellen (1985).
[31] “An Economic Theory of Self-Control”: Thaler and Shefrin (1981).

第二部分 心理账户：1979—1985 年

[32] "mental accounting": My paper was Thaler (1980), and they suggested the term "mental accounting" in Kahneman and Tversky (1984).

第 7 章 这笔交易到底值不值?

[33] Macy's: Barbaro (2007).

[34] surprisingly candid press release: Tuttle (2012).

[35] JC Penney claimed the end price consumers paid was effectively the same: Chernev (2012).

[36] Johnson was ousted and coupons returned: Clifford and Rampell (2013).

[37] Walmart's "savings catcher" app: https://savingscatcher.walmart.com.

第 8 章 沉没成本

[38] "Knee-Deep in the Big Muddy": Staw (1976).

[39] If I want to go to the gym and will feel bad about wasting my membership fee: DellaVigna and Malmendier (2006).

[40] "payment depreciation": Gourville and Soman (1998).

[41] sunk costs matter . . . but may be forgotten eventually: Arkes and Blumer (1985).

[42] survey with one of his newsletters: Shafir and Thaler (2006). See also Thaler (1999a) for a discussion of the study.

[43] "kill their darlings": A nice piece on this phrase is Wickman (2013).

第 9 章 漏水的桶与财务预算

[44] most MBA students had budgets: Heath and Soll (1996).

[45] the most rigorous demonstration of the effects of mental budgeting to date: Hastings and Shapiro (2013).

[46] *House of Debt*: Mian and Sufi (2014).

第 10 章 扑克牌桌边的怪诞行为

[47] a study showing that the odds on long shots: The study cited by Kahneman and Tversky (1979) is McGlothin (1956).

[48] started work on a real paper: Thaler and Johnson (1990).

[49] Mutual fund portfolio managers take more risks in the last quarter of the year: Chevalier and Ellison (1997).

第 11 章 意志力和延迟消费

[50] "invisible hand": Smith ([1776] 1981, p. 456): vol. 1, book 4, ch. 2, par. 9.

[51] The same can be said of much of behavioral economics: See Ashraf, Camerer, and Loewenstein (2005) for a full discussion of this point. My discussion here draws heavily on their work and also that of George Loewenstein

(1992), who has long had a interest in this topic, and is not too lazy to read very long books.

[52] “The pleasure which we are to enjoy ten years hence”: Smith ([1759] 1981, p. 190): part 4, ch. 2, par. 8; cited in Ashraf, Camerer, and Loewenstein (2005).

[53] preference for present consumption over future consumption: “The change, again, must be less rapid the further we are from the moment, and more rapid as we come nearer to it. An event which is to happen a year hence affects us on the average about as much one day as another; but an event of importance, which is to take place three days hence, will probably affect us on each of the intervening days more acutely than the last” (Jevons [1871], 1957, ch. 2).

[54] “Our telescopic faculty is defective”: Pigou (1932), cited by Loewenstein (1992), which gives a nice historical overview of ideas about time preference.

[55] “This is illustrated by the story of the farmer”: Fisher (1930, p. 82): par. 9.

[56] “those working men who, before prohibition”: Ibid., p. 83: par. 9.

[57] annual rate of about 10%: To be precise, the exact discount rate is 11.11...%. If next year’s consumption is valued as 10% less than today’s, then the discount rate is usually defined as the value that satisfies 1/(1+)=.9, which is .11.... That is, saying that the value of consumption next year is 90% of its value today is equivalent to saying that the value of consumption today is 111.11...% of its value next year. For discount rates close to zero, the difference between these two numbers (here 10% and 11.11...%) is small.

[58] “present-biased”: The generalized hyperbolic discounting function introduced by Loewenstein and Prelec (1992) took a kind of faulty telescope as a starting assumption, namely that the interval between two future dates seems a fraction as long as an equivalently-sized interval that starts today.

[59] adding mathematical rigor to economics.: On Pareto’s important role in divorcing economics from psychology see Bruni and Sugden (2007).

[60] *The General Theory of Employment, Interest and Money:* Keynes (1936).

[61] “permanent income hypothesis”: Friedman (1957).

[62] a discount rate of 33% per year: Friedman (1963) clarifies the analysis of this case.

[63] Modigliani, writing with his student: Modigliani and Brumberg (1954).

[64] Robert Barro: Barro (1974).

[65] behavioral life cycle hypothesis: Thaler and Shefrin (1988).

[66] when investors in retirement plans earn high returns: Choi, Laibson, Madrian, and Metrick (2009).

第 12 章 计划者与行动者

[67] the only economics paper on self-control I found.: Strotz (1955–56).

[68] Mischel himself had done considerable research: Mischel (1968), p. 146, and Mischel (1969), p. 1014. For an update on the longitudinal research, see Mischel et al. (2011) and Mischel’s (2014) recent book for the general public.

[69] a large literature studying delay of gratification: Ainslie (1975) works out

a version of hyperbolic discounting that Loewenstein and Prelec (1992) would later build on.

[70] "The idea of self-control is paradoxical": McIntosh (1969), p. 122.

[71] the two-system view: The two-system model is not a Kahneman creation. Many other psychologists had written about such models. See for example Sloman (1996) and Stanovich and West (2000).

[72] Hersh Shefrin . . . to join the effort: Thaler and Shefrin (1981).

[73] a famous paper on the topic: Jensen and Meckling (1976).

[74] Recent research in neuro-economics: See Banich (2009) for a review of some of the relevant psychology and neuroscience.

[75] PhD dissertation: Laibson (1997).

[76] Two other behavioral economic theorists . . . elaborated: O'Donoghue and Rabin (1999).

[77] references to the key papers: An influential survey article on time preference is Frederick, Loewenstein, and O'Donoghue (2002).

[78] "hot-cold empathy gaps": Loewenstein (2005).

第 13 章 现实生活中的人类行为

[79] decoupling payment from consumption: Prelec and Loewenstein (1998).

[80] excess inventory: Another factor driving the pile-up of inventory was that President Nixon had imposed price controls around 1971–72. The next year, when the fixes were lifted, manufacturers raised prices more steeply than consumers were used to, to make up for the past fixes. This created highly negative transaction utility for consumers, such that fewer were willing to buy and inventory piled up.

[81] One innovation was the rebate: Technically, the first rebate was offered by Ford in 1914, but once it disappeared it didn't come back until the 1970s as Chrysler's "Car Clearance Carnival" campaign response to the inventory pile-up (Jewett, 1996).

[82] discounted auto loans: GM reluctantly offered loans after Chrysler and Ford first did so. "It is understood that GM had been resisting following Ford and Chrysler for fear of triggering an industrywide battle on incentives. In the past, many consumers who didn't buy cars before such programs expired have simply held off on purchases until the next round of incentives" (Nag, 1985).

[83] A reporter had crunched the numbers: Buss (1986).

第 14 章 怎样才算公平？

[84] experimental philosophy: Actual philosophers do this now. See Knobe and Nichols (2013), or for a shorter introduction, Knobe et al. (2012).

[85] "repugnant": Roth (2007).

[86] wages and salaries appear to be sticky: Daly, Hobijn, and Lucking (2012); Kaur (2014).

[87] the cheapest place in the country to buy plywood: Lohrn (1992).

[88] “FIRST CHICAGO LOSES TOUCH WITH HUMANS”: Miller (1995).
[89] “tin ear”: McKay, Deogun, and Lublin (1999).
[90] The *Guardian* was the first . . . to break the story: Halliday (2012).
[91] The *Daily Mail* quoted one customer . . . is totally parasitic.”: “Apple accused of exploiting Whitney Houston's death after cost of albums soar on iTunes,” *Daily Mail*, February 14, 2012.
[92] Whitney Houston albums sold in the U.S.: Nielsen SoundScan (2012).
[93] multiples charged during a blizzard in New York City: Brown (2014).
[94] “It is incredibly important for any business”: Kokonas (2014).

第 15 章 关于公平的博弈实验

[95] three German economists: Güth, Schmittberger, and Schwarze (1982). I wrote a survey article on this and other papers studying Ultimatum Games (Thaler, 1988b).
[96] Dictator Game: Kahneman, Knetch, and Thaler (1986).
[97] some remote tribes: The Machiguenga people in the Peruvian Amazon rarely turn down any offer of free money, and the offers they make tend to be low (Henrich, 2000). See also Henrich et al. (2002). For a popular treatment, see Watters (2013).
[98] results did not differ much from lower-stakes games: Hoffman, McCabe, and Smith (1996).
[99] virtually no difference in the behavior of Proposers: Cameron (1999). Slonim and Roth (1998) find similar results in Slovakia, though Andersen et al. (2011) find lower rejection rates with a different experimental design in northeast India.
[100] “The *purely* economic man”: Sen (1977), p. 336.
[101] “Economists Free Ride: Does Anyone Else?”: Marwell and Ames (1981). See also Frank, Gilovich, and Regan (1993), who argue that training in economics causes students to behave self-interestedly.
[102] tested this interpretation with a brilliant twist: Andreoni (1988).
[103] *conditional cooperators*: Fehr and Gächter (2000, 2002); Fischbacher, Gächter, and Fehr (2001); Fehr and Fischbacher, (2003); Kocher et al. (2008).
[104] an article about cooperation: Dawes and Thaler (1988).

第 16 章 从代币实验到马克杯实验

[105] *Laboratory Experimentation in Economics*: Roth (1987).
[106] a paper written by Jack Knetsch: Knetsch and Sinden (1984).
[107] joined forces with him: Kahneman, Knetsch, and Thaler (1991).
[108] “status quo bias”: Samuelson and Zeckhauser (1988).

第 17 章 理性主义者与行为主义者的辩论

[109] a conference at the University of Chicago: The proceedings of the conference were published, first as an issue of the *Journal of Business* (Hogarth and Reder, 1986), and then as a book, *Rational Choice* (Hogarth and Reder, 1987).

[110] "Let me dismiss a point of view": Arrow (1986), p. S385.
[111] When prices change, the consumer chooses: He notes that even this theory still involves some maximization. In fact, since this time economists have developed habit-based theories that are considered to be "rational." See Becker and Murphy (1988) and Becker (1992).
[112] "We have the curious situation": Arrow (1986), p. S391.
[113] "Obviously I am accepting the insight": Ibid., p. S397. See also Simon (1957), chs. 14–15, and Conlisk (1996).
[114] "Well, some people just can't tell a joke": Stigler (1977), p. 441.
[115] "the advantages of the division of labor are reaffirmed": Ibid., p. 442.
[116] "I will end my remarks with the following two false statements": Thaler (1986), p. S283.
[117] "Don't laugh. We proved it rigorously!": Modigliani and Miller (1958). See also Miller (1988).
[118] behavioral finance paper: Shefrin and Statman (1984).
[119] *did* pay dividends: Baker and Wurgler (2004) provide evidence that firms cater to investor's desire for dividends, offering them more at times when the market puts a premium on dividend-paying firms.
[120] In Lintner's model: Lintner (1956).
[121] "I assume it to be a behavioral model": Miller (1986), p. S467.
[122] "The purpose of this paper": Ibid., p. S466.
[123] "Behind each holding": Ibid., p. S467.
[124] "I tend to view": Shiller (1986), p. S501.

第 18 章 股市、赛马与反常现象

[125] *The Structure of Scientific Revolutions*: Kuhn (1962).
[126] the first two columns: Thaler (1987a, 1987b).
[127] A burst of papers: Rozeff and Kinney (1976).
[128] Another anomaly came from bettors at the racetrack: Thaler (1992).

第 19 章 打造一个行为经济学家的明星团队

[129] game theory in the 1940s: The catalyst was arguably von Neumann and Morgenstern (1947), the first edition of which was published in 1944.
[130] the field of behavioral game theory: Camerer (2003).
[131] Stanley Schachter: Schachter et al. (1985a, 1985b), Hood et al. (1985).
[132] generating new psychology of our own: An exception is the research associated with Sendhil Mullainathan and Eldar Shafir's (2013) book *Scarcity*, one of those rare collaborations between and economist and a psychologist.
[133] paper by Fehr that captured our attention: Fehr, Kirchsteiger, and Riedl (1993).
[134] employment contracts could be viewed partially as a gift exchange: Akerlof (1982).
[135] Rabin's model: Rabin (1993).

第 20 章 狭窄框架与出租车司机的工作时间

[136] bold forecasts and timid choices: Kahneman and Lovallo (1993).
[137] described in *Thinking, Fast and Slow*: Kahneman (2011), ch. 22.
[138] benefits are demonstrably large: Mullainathan (2013), Baicker, Mullainathan, and Schwartzstein (2013).
[139] Equity premium puzzle: Mehra and Prescott (1985).
[140] six years to get the paper published: Rajnish Mehra told me this.
[141] none of the explanations had proven to be completely satisfactory: Mehra (2007).
[142] words with one syllable: Samuelson (1979), p. 306.
[143] "Risk and Uncertainty: A Fallacy of Large Numbers": Samuelson (1963).
[144] "myopic loss aversion": Benartzi and Thaler (1995).
[145] The only way you can ever take 100 attractive bets: Barberis, Huang and Santos (2001) formalize this intuition in a dynamic model.
[146] experiment using recently hired nonfaculty employees: Benartzi and Thaler (1999).
[147] *Quarterly Journal of Economics* dedicated to Amos's memory: Thaler et al. (1997).
[148] A paper by Maya Shaton: Shaton (2014).
[149] Benartzi and I used: Benartzi and Thaler (1995).
[150] the actual decision-making of cab drivers: Camerer et al. (1997).
[151] The higher the wage, the less drivers worked: This result has been debated in the literature, with contrary findings by Farber (2005, 2008, 2014) and Andersen et al. (2014), and supportive results from Fehr and Goette (2007), Crawford and Meng (2011), Dupas and Robinson (2014), and, with the best data so far (on Singaporean cab drivers), Agarwal et al. (2014).

第 21 章 选美竞赛和股票投资

[152] "I believe there is no other proposition in economics": Jensen (1978), p. 95.
[153] Michael Jensen's PhD thesis: Published as Jensen (1969).
[154] his take on financial markets: Keynes (1936), ch. 12.
[155] "the element of real knowledge . . . seriously declined": Ibid., ch. 12, p. 153.
[156] "Day-to-day fluctuations . . . market": Ibid., p. 154.
[157] "Worldly wisdom teaches . . . unconventionally": Ibid., p. 158.
[158] Professional investment may be likened: Ibid.
[159] *A Beautiful Mind*: Nasar (1998).
[160] commonly referred to as the "beauty contest": Camerer (1997).
[161] first studied experimentally by Rosemarie Nagel: Nagel (1995).
[162] zero was the Nash equilibrium: Researchers have explored various alternatives to Nash equilibrium. See, for example, Geanakoplos, Pearce, and Stachetti (1989), McKelvey and Palfrey (1995), Camerer, Ho, and Chong (2004), Eyster and Rabin (2005), Hoffmann et al. (2012), and Tirole (2014).
[163] "In the long run, we are all dead": Keynes (1923), ch. 2, p. 80.

第 22 章 股市反应过度了吗?

[164] Groucho Marx theorem: This idea was formalized by Milgrom and Stokey (1982).

[165] why shares would turn over at a rate of about 5% per month: Based on data from New York Stock Exchange (2014).

[166] given a decile score . . . on a test of "sense of humor": Kahneman and Tversky (1973).

[167] *Security Analysis, The Intelligent Investor*: Graham and Dodd ([1934] 2008), Graham ([1949] 1973).

[168] Buying the entire original thirty-stock portfolio: Graham ([1949] 1973), ch. 7, p. 164.

[169] "overenthusiasm or artificial stimulants": Graham and Dodd ([1934] 2008), p. 270.

[170] "In conclusion, the behavior of security prices": Basu (1977), p. 680.

[171] "Given its longevity": Banz (1981), p. 17.

[172] *The New Contrarian Investment Strategy*: Dreman (1982).

[173] My paper with Werner: De Bondt and Thaler (1985).

第 23 章 价值股比成长股的风险更大?

[174] This subtlety was first articulated by Eugene Fama: Fama (1970).

[175] Capital Asset Pricing Model (CAPM): Sharpe (1964) and Lintner (1965a, 1965b). For a textbook treatment, see Cochrane (2005). The reason that these methods don't use the variance of price as a measure of a stock's risk is that in a wide portfolio of stocks, these movements would be a wash on average. Instead, the idea is to measure risk based on how sensitive the stock price is to market movements (e.g., an index like the S&P 500), so that you have a measure of how much riskier (or less risky) owning this stock would make your portfolio.

[176] the small firm effect: Banz (1981).

[177] "The CAPM is Wanted, Dead or Alive": Fama and French (1996).

[178] Fama–French Three Factor Model: Fama and French (1993).

[179] "Contrarian Investment, Extrapolation, and Risk": Lakonishok, Shleifer, and Vishny (1994).

[180] Fama concedes . . . risk or overreaction: See Fama's Nobel lecture, published as Fama (2014).

[181] a new five-factor model: Fama and French (2014). A related model is Asness, Frazzini, and Pedersen (2014).

第 24 章 价格并不都是合理的

[182] Shiller . . . published a paper: Shiller (1981).

[183] One of those papers . . . presented at the Chicago conference: Kleidon (1986).

[184] U.S. stock market dropped 4.4%: Cutler, Poterba, and Summers (1989).

[185] "Stock Prices and Social Dynamics": Shiller (1984).
[186] book with George Akerlof: Akerlof and Shiller (2009).
[187] Bob later borrowed that phrase: Shiller (2000).
[188] a thriving and mainstream component of financial economics research: You can find a list of all the programs from these workshops on Bob's website: http://www.econ.yale.edu/~shiller/behfin/.

第 25 章　动物精神和封闭式基金折价之谜

[189] "THERE ARE IDIOTS. Look around": Quoted in Fox (2009), p. 199.
[190] more rigorous, thorough, and polite version of the "idiots" paper: De Long et al. (1990).
[191] "an expensive monument": Graham ([1949] 1973), p. 242.
[192] That is exactly what we found: Lee, Shleifer, and Thaler (1991).
[193] thesis on closed-end funds: Thompson (1978).
[194] *A Random Walk Down Wall Street*: Malkiel (1973).
[195] "But they can't": Chen, Kan, and Miller (1993), p. 795.
[196] the last set of stones: The five papers are: Lee, Shleifer, and Thaler (1991), Chen, Kan, and Miller (1993a), Chopra et al. (1993a), Chen, Kan, and Miller (1993b), and Chopra et al. (1993b).

第 26 章　果蝇、冰山和负股价

[197] LTCM had collapsed: Lowenstein (2000).
[198] in a paper they published on this topic: Shleifer and Vishny (1997).
[199] an academic paper about this episode: Lamont and Thaler (2003).
[200] "we might define an efficient market": Black (1986), p. 553.
[201] "liar loans": See Mian and Sufi (2014).

第 27 章　当法律遇上行为经济学

[202] The published version of the paper: Jolls, Sunstein, and Thaler (1998).
[203] "Posner evidently writes": Solow (2009).
[204] "The Problem of Social Cost": Coase (1960).
[205] "This is, of course, a very unrealistic assumption": Ibid., p. 15.
[206] *More Guns, Less Crime*: Lott (1998).
[207] In not a single case did the parties even attempt to negotiate: Farnsworth (1999).
[208] *Oxford Handbook of Behavioral Economics and the Law*: Zamir and Teichman (2014).
[209] "The battle . . . has been won": Korobkin (2011).

第 28 章　挑选办公室的风波

[210] "if there is a number, people will use it": Hsee et al. (2009).

第 29 章 球队选秀与贝克尔猜想

[211] "Division of labor strongly attenuates": Stewart (1997).
[212] football paper: Massey and Thaler (2013).
[213] *The winner's curse*: For a review, see my "Anomalies" column on the subject (Thaler, 1988a).
[214] *The false consensus effect*: Ross, Greene, and House (1977).
[215] If a team is paying a high draft pick a lot of money: Camerer and Weber (1999).
[216] teams punt far too often: Romer (2006).
[217] *New York Times* used his model: For an example of Brian Burke's work, see http://www.advancedfootballanalytics.com/.
[218] "*New York Times* 4th Down Bot": The bot's recommendations can be found at http://nyt4thdownbot.com/. For a comparison between coaches and the *NYT* Bot's performances, see Burk and Quealy (2014).
[219] *The Signal and the Noise*: Silver (2012).
[220] *The Peter Principle*: Peter and Hull (1969).

第 30 章 有奖竞猜类节目你该怎么玩?

[221] They asked me if I would like to join the team: Post et al. (2008).
[222] my paper with Eric Johnson: Thaler and Johnson (1990).
[223] an experiment to measure the difference between public and private decisions: Baltussen, van den Assem, and van Dolder (2015).
[224] more risk averse in front of the crowd: This lines up with findings that investors take more risks online than in front of others. Barber and Odean (2002) find that investors trade more and more speculatively after switching from phone-based to online trading.
[225] "other-regarding" behavior, such as the Ultimatum Game and Dictator Game: Rabin (1993); Tesler (1995); Levitt and List (2007).
[226] low-stakes experiments of the Prisoner's Dilemma: See Sally (1995) for a meta-study of papers published over 35 years. Holfstadter (1983) and Rapoport (1988) are some representative examples.
[227] a sample of 287 pairs of players to study: Van den Assem, van Dolder, and Thaler (2012).
[228] "an effective story": WNYC (2014).

第八部分 让世界变得更美好：2004 年至今

[229] well-established theorists: See, for example, Ellison and Fudenberg (1993), Ellison (1997), Fudenberg and Levine (2006), and Bénabou and Tirole (2003).

第 31 章 "明天储蓄更多"计划

[230] standard theories of saving: Friedman (1957); Modigliani and Brumberg (1954).
[231] "As an economist, . . . empirical questions": Bernheim (2002).

[232] a heated debate in the economics literature: Poterba, Venti, and Wise (1996) argued that IRAs did increase savings. They pointed out that those who started such plans tended to keep contributing each year, and their balances steadily rose, with no apparent offset in other forms of saving. Engen, Gale, and Scholz (1996) focused on a different question: whether an increase in the maximum contribution would increase saving. They concluded that it would not. I think both were right. IRAs did increase saving because they induced some people who were not doing any retirement saving to put something aside each year. But an increase in the maximum contribution would only affect the affluent, who were already saving more than the maximum, and would merely shift money from taxable to non-taxable accounts. My reading of the Chetty et al. (2014) paper discussed at the end of this chapter supports this view.

[233] "Psychology and Savings Policies": Thaler (1994).

[234] The evidence suggests that when people get a windfall: Landsberger (1966); Epley, Mak, and Idson (2006); Shapiro and Slemrod (2003).

[235] When taxpayers are audited: Engstrm, Nordblom, Ohlsson, and Persson (2015).

[236] inertia could work for us instead of against us: Choi et al. (2003); Choi, Laibson, and Madrian (2004).

[237] "The Power of Suggestion": Madrian and Shea (2001).

[238] "Suppose a firm automatically enrolls employees": Internal Revenue Service (1998).

[239] survey conducted by Aon Hewitt: Hess and Xu (2011).

[240] "Behavioral Economics and the Retirement Savings Crisis": Benartzi and Thaler (2013).

[241] a national personal saving plan: U.K. Department for Work and Pensions (2014).

[242] Australia and New Zealand: Summers (2013) provides a brief and friendly description of Australian retirement saving plans. John and Levine (2009) describe the New Zealand model, among others.

[243] a team of American and Danish economists: Chetty et al. (2014).

[244] Shlomo and I wrote a paper: Benartzi and Thaler (2004).

第32章 自由主义的温和专制主义与助推策略

[245] "Asymmetric Paternalism": Camerer et al. (2003).

[246] "A regulation is asymmetrically paternalistic": Ibid., p. 1212.

[247] "cautious paternalism," "optimal paternalism": O'Donoghue and Rabin (1999, 2003).

[248] Cass and I wrote a short paper: Thaler and Sunstein (2003).

[249] "Libertarian Paternalism is Not an Oxymoron": Sunstein and Thaler (2003).

[250] paperback rights were later sold to a trade publisher: Thaler and Sunstein (2008).

[251] *The Design of Everyday Things*: Norman (1988).

[252] John Tierney . . . had a suggestion: Tierney (2005).
[253] paper . . . on the powerful effect of default options in this domain: Johnson and Goldstein (2004).
[254] In Alaska and Montana: Donate Life America (2014).
[255] "mandated choice": This was first called "mandated choice" in a report on organ donation by the Institute of Medicine (Childress et al., 2006).
[256] which I continued to call "mandated choice": Thaler (2009).

第 33 章 助推人们做出正确的决策

[257] the classic book *Influence*: Cialdini (2006).
[258] a consulting firm: Cialdini's consulting firm is called Influence at Work.
[259] the most recent experiment: Hallsworth et al. (2014).
[260] One way to unfreeze people: See Lewin (1947).
[261] something between a scientific finding and a nifty anecdote: Behavioural Insights Team (2013), p. 3.
[262] "A billion here, a billion there": For those who are curious, this is Senator Evvert Dirkson of Illinois.
[263] it was the reminder . . . which mattered: Raifman et al. (2014).
[264] READY4K!: York and Loeb (2014).
[265] "have developed . . . behavioural sciences": Whitehead et al. (2014).

结 语

[266] Akerlof and Shiller eventually abandoned the enterprise: See Akerlof (2007) for one perspective on the questions to be answered.
[267] Jon Stewart: Stewart (2012).
[268] testing ideas in poor countries using randomized control trials: Two recent books that describe what we have learned from many such experiments are Banerjee and Duflo (2011) and Karlan and Appel (2011). Mullainathan and Shafir (2013) and Haushofer and Fehr (2014) argue that for behavioral and psychological reasons, being in poverty can lead to worse decision-making, which makes it hard to escape poverty. See also World Bank (2015).
[269] See Post et al. (2008) and van den Assem, van Dolder, and Thaler (2012) on game shows, Pope and Schweitzer (2011) on golf, Barberis and Thaler (2003) and Kliger, van den Assem, and Zwinkels (2014) for reviews of behavioral finance, and Camerer (2000) and DellaVigns (2009) for surveys of empirical applications of behavioral economics more generally.
[270] intriguing finding by Roland Fryer: Fryer (2010).
[271] The team of Fryer, John List, Steven Levitt, and Sally Sadoff: Fryer et al. (2013).
[272] a recent randomized control trial: Kraft and Rogers (2014).
[273] Field experiments are perhaps the most powerful tool we have: Gneezy and List (2013).
[274] "If you don't write it down, it doesn't exist": Ginzel (2014).

[275] his recent book *The Checklist Manifesto*: Gawande (2010), p. 176–7.

[276] *Into Thin Air*: Krakauer (1997).

[277] 99% of the work is done by the choice architecture: Another example is Alexandre Mas who (sometimes collaborating with Alan Krueger) has shown that after labor disputes that go badly for workers, the quality of work declines. See Mas (2004) on the value of construction equipment after a dispute, Mas and Krueger (2004) on defects in tires after a strike, and Mas (2006) on police work after arbitration. One other example of mainstream economists doing research with a behavioral economics bent would be Edward Glaeser (2013) on speculation in real estate.

[278] improve our understanding of public policy: See Chetty's (2015) Ely lecture delivered at the American Economic Association Meeting that I organized in January 2015. In this case you can literally see it by going to the AEA website: https://www.aeaweb.org/webcasts/2015/Ely.php.

致谢

对于一个懒人来说，如果没有多方帮助，他是无法写出一本书的。我首先要感谢约翰·布洛克曼，正是在他的“诱骗”下，我才写出了这本书，当然也只有他有这种能力。我还要感谢本书的出版商美国诺顿出版社和英国企鹅出版社，即使最后我写出的书并非他们最初期待的那样，但他们还是十分耐心，并给予我大力支持。诺顿出版社的布伦丹·加里在图书编辑方面所下的功夫在当下真是越来越少见了，本书的每个词他都读了至少两遍。对大多数作者而言，一生之中受到一次这种优待就很幸运了。企鹅出版社的亚历克西斯·基尔申鲍姆在写作方向上给了我宝贵的建议，这体现了他高屋建瓴的智慧。另外，和他们二位合作也是乐趣多多。阿利格拉·休斯敦沉着冷静地对本书做了最后的整理和润色。

我的很多朋友都读了本书的初稿，鉴于他们的才华以及慷慨地抽出自己的宝贵时间，这真的应该成为一本更好的书。《金融时报》的卡罗琳·丹尼尔通读了整本书稿，并亲自写下了评语。我的写作梦之队由斯蒂芬·达布纳、马尔科姆·格拉德威尔和迈克尔·刘易斯组成，本书几经修改，而他们三人每次都会通读全稿并给出修改意见。迈克尔在一次徒步旅行中还带了一部分本书的书稿，他给我发了一封只有三个字的邮件：“不枯燥！”这三个字给了我些许坚持下去的动力。这三个人给我的建议分别代表着其各自所在领域的大师级水平。

卡斯·桑斯坦认为，这本书在三年前就应该完成，虽然他对此无法理解，但他却是我的力量源泉，从他那里我可以得到源源不断的鼓励和可行的建议。在本书成稿的全过程中，甚至包括文字编辑阶段，都渗透了丹尼尔·卡尼曼的睿智。卡尼曼肯定很吃惊，我竟然完成了这本书。玛雅·巴尔–希勒尔、德鲁·迪克森、雷夫·焦维纳佐、迪恩·卡兰、凯德·马西、曼尼·罗曼、罗翰·席尔瓦、马蒂因·范登阿西姆都读过本书的初稿，并给出了详细的建议，这使本书的品质大为改观。杰西·夏皮罗仔细阅读并修改了我的前两本书，对于了不起的杰西，我该说些什么呢？如果他出书了，大家一定要买上一本，他绝对不会让你失望的。还有很多朋友分别为本书的不同章节提出了宝贵的意见，他们是尼古拉斯·巴尔贝里斯、什洛莫·贝纳奇、阿兰·科恩、欧文·拉蒙德、安德烈·施莱费尔，以及罗伯特·维什尼。和往常一样，我和森德希尔·穆莱纳桑就本书交流了很长时间，本书因此增色不少，这一直都是森德希尔的特长。本书的名字得益于克莱格·富克斯，他是罗素·赛奇夏令营众多学员中的一位，在2014年夏天的一次会议上他想到了这个书名。在过去几年中，还有不少朋友都听我唠叨过本书，在此一并表示感谢！

本书的所有图表都出自凯文·奎利之手，他的创意和耐心令人赞叹。完成本书之后，我希望和他一起看场球赛，聊一聊橄榄球比赛第4档时的战术。芝加哥大学布斯商学院通过决策研究中心和全球市场项目为本书提供了资助。在布斯商学院工作，我不仅每天都可以从比我聪明的同事那里取经，还可以拿到可观的薪水。哦，学院还给我分了一间超棒的办公室。既然你已经耐着性子读到了这里，理应知道我很幸运，抽到了七号。

在完成本书的过程中，有三个人的工作可谓勤勤恳恳。其中两位是罗素·赛奇夏令营的毕业生，他们负责编写并核对本书的参考文献。保利纳·梅迪纳在夏天的时候建议我们开始进行这项工作，后来的工作由赛思·布鲁姆伯格接手，在最后阶段他简直成了工作狂，不仅将整本书检查了至少两遍，还帮忙做了些图表方面的工作。如果本书的内容基本正确，那都是他们的功劳，而且很快我们就会读到他们所写的精彩的行为经济学论文。保利纳、赛思和我都听命于林内亚·梅尔·甘地，她负责把握整本书的进度和出版事宜，唯有在芝加哥大学布斯商学院受过训练的咨询师才能做到和她一样。我简直无法想象如果没有她，这本书将怎么完成。（林内亚自己可能也想象不到。）尤其是在本书的收尾阶段，参与的人很多，分别负责不同的章节，而林内亚让我们（特别是我）的工作得以有条不紊地进行。我期待林内亚尽快开一家公司，如果你成了她的员工，就准备好努力工作吧，没有人会用“懒”字来形容她。

最后，我要感谢我的妻子弗朗斯·勒克莱尔，尽管很不容易，但她还是一直包容我。她本可以去周游世界，去拍摄只有她才能抓拍到的照片。正是因为弗朗斯的存在，我的整个世界才变得更加美丽、有趣。